독자의 1초를
아껴주는 정성을
만나보세요!

세상이 아무리 바쁘게 돌아가더라도 책까지 아무렇게나 빨리 만들 수는 없습니다.
인스턴트 식품 같은 책보다 오래 익힌 술이나 장맛이 밴 책을 만들고 싶습니다.
땀 흘리며 일하는 당신을 위해 한 권 한 권 마음을 다해 만들겠습니다.
마지막 페이지에서 만날 새로운 당신을 위해 더 나은 길을 준비하겠습니다.

MODERN C

Original English language edition published by Manning Publications. Copyright © 2019 by Manning Publications.
Korean edition copyright © 2022 by Gilbut Publishing Co,. Ltd.
All rights reserved.

이 책의 한국어판 저작권은 대니홍 에이전시를 통한 저작권사와의 독점 계약으로 ㈜도서출판 길벗에 있습니다.
신저작권법에 의해 한국 내에서 보호를 받는 저작물이므로 무단 전재와 복제를 금합니다.

모던 C

Modern C

초판 발행 · 2022년 1월 14일

지은이 · 엔스 구스테트
옮긴이 · 남기혁
발행인 · 이종원
발행처 · (주)도서출판 길벗
출판사 등록일 · 1990년 12월 24일
주소 · 서울시 마포구 월드컵로 10길 56(서교동)
대표 전화 · 02)332-0931 | **팩스** · 02)323-0586
홈페이지 · www.gilbut.co.kr | **이메일** · gilbut@gilbut.co.kr

기획 및 책임편집 · 이슬(leeseul@gilbut.co.kr) | **디자인** · 최주연 | **제작** · 이준호, 손일순, 이진혁
영업마케팅 · 임태호, 전선하, 차명환, 지운집, 박성용 | **영업관리** · 김명자 | **독자지원** · 윤정아, 홍혜진

교정교열 · 박한솔 | **전산편집** · 박진희 | **출력·인쇄** · 북토리 | **제본** · 신정문화사

▶ 잘못 만든 책은 구입한 서점에서 바꿔 드립니다.
▶ 이 책은 저작권법에 따라 보호받는 저작물이므로 무단전재와 무단복제를 금합니다. 이 책의 전부 또는 일부를 이용하려면
　반드시 사전에 저작권자와 (주)도서출판 길벗의 서면 동의를 받아야 합니다.

ISBN 979-11-6521-840-9 93000
(길벗 도서번호 080243)

정가 30,000원

독자의 1초를 아껴주는 정성 길벗출판사

길벗 | IT단행본, IT교육서, 교양&실용서, 경제경영서
길벗스쿨 | 어린이학습, 어린이어학

페이스북 · www.facebook.com/gbitbook
예제소스 · https://github.com/gilbutITbook/080243

MODERN C

MODERN C
MODERN C

모던 C

옌스 구스테트 지음
남기혁 옮김

 엔스 구스테트(Jens Gustedt)는 본 대학(University of Bonn)과 베를린 공과대학(Berlin Technical University)에서 수학을 전공했다. 당시 연구 주제는 이산 수학과 효율적인 계산에 대한 분야였다. 1998년부터 프랑스 국립 연구소인 INRIA에서 선임 과학자로 일하기 시작했다. 첫 부서는 낭시에 있는 LORIA 랩이었고, 2013년부터는 스트라스부르의 ICube 랩에서 근무하고 있다.

지금까지 과학 연구 경력의 대부분은 소프트웨어 개발과 관련이 있다. 처음에는 주로 C++를 다뤘지만 나중에는 C만 집중적으로 사용했다. 현재 ISO JTC1/SC22/WG14의 전문가(AFNOR)로 활동하고 있고, C 표준 문서인 ISO/IEC 9899:2018의 공동 에디터를 맡고 있다. C 프로그래밍을 주로 다루는 블로그도 활발히 운영하고 있다(https://gustedt.wordpress.com).

엔스 구스테트

고려대학교 컴퓨터학과에서 학사와 석사를 마치고 한국전자통신연구원에서 선임 연구원으로 재직하고 있다. 번역에 참여한 책으로는 〈핵심 C++ 표준 라이브러리〉(길벗, 2021), 〈Go 마스터하기 2판〉(에이콘출판사, 2021), 〈스콧 애론슨의 양자 컴퓨팅 강의〉(에이콘출판사, 2021), 〈리팩터링 2판〉(한빛미디어, 2020), 〈전문가를 위한 C++〉(한빛미디어, 2019) 등이 있다.

....

C 언어를 번역할 기회가 거의 없었는데 이렇게 만나 반갑기도 하고, 미처 모르던 모습이 많았다는 사실에 놀라기도 했습니다. 저자 특유의 수학적인 문체가 좀 생소했지만 무심코 지나치기 쉬운 부분이 명확히 드러나서 좋았습니다. 저자의 글을 최대한 자연스럽고 정확하게 옮기려고 노력했지만 항상 지나고 나면 아쉬운 부분이 잘 보입니다. 독자 여러분께 미리 양해 구합니다. 마지막으로 꼼꼼하고 예리한 검토로 원고의 완성도를 높여준 편집자님께 감사드립니다. 또한 초기 작업에 도움을 준 서영빈님께도 감사의 말을 남깁니다.

남기혁

C 프로그래밍 언어가 등장하고 매우 오랜 시간이 흘렀다. C 언어에 대한 정통 레퍼런스는 C 언어 창시자인 커니핸과 리치(Kernighan and Ritchie[1978])가 쓴 책이다. C 언어는 엄청나게 다양한 분야에 활용됐다. 실제로 우리 주변에서 C 언어로 작성한 프로그램과 시스템을 흔히 볼 수 있다. 개인용 컴퓨터, 전화기, 카메라, 셋톱박스, 냉장고, 자동차, 메인프레임, 위성 등 프로그래밍 인터페이스를 가진 거의 모든 기기의 시스템은 C 언어로 작성됐다.

이처럼 C 언어로 만든 프로그램과 시스템은 어디서나 볼 수 있지만 정작 C 언어에 대한 제대로 된 정보는 매우 드물다. 능숙한 C 프로그래머조차 잘 모르는 C 언어 기능도 있다. 흔히 C 언어는 '배우기 쉬운' 언어라서 초보자도 금세 작성할 수 있고, 최소한 다른 코드를 복제해서 원하는 기능을 쉽게 구현할 수 있다고 알려져서 그런 것 같다. 이 관점에서 보면 C 언어는 사용자로 하여금 더 높은 수준의 지식을 갖추도록 동기를 부여하는 데 실패한 셈이다.

이 책은 이러한 대중의 인식을 바꾸기 위해 C 언어에 대한 숙련도와 전반적인 프로그래밍 실력에 따라 단계를 나눠서 구성됐다. 어쩌면 독자에게는 생소한 구성일지도 모른다. 특히 포인터와 같은 어려운 주제를 처음부터 깊이 다루어 개념을 잘못 이해하지 않도록 여러 레벨에 걸쳐 설명한다. 이 책의 구성에 대해서는 잠시 후 자세히 설명하겠다.

(자바, 파이썬, 루비, C#, C++ 등을 비롯한) 다른 프로그래밍 언어와 마찬가지로 보편적으로 적용 가능한 아이디어를 많이 소개하긴 하지만, 이 책에서는 주로 C만의 고유한 개념과 작성 기법, C 언어에서 특별히 가치 있는 부분을 다룬다.

C 버전

이 책의 제목에서 알 수 있듯이 최신 C 언어는 창시자인 커니핸과 리치가 처음 만든 버전(흔히 K&R C라 부름)과는 상당히 다르다. C 언어는 표준화와 확장 과정을 거쳤으며, 현재는 국제 표준 기구인 ISO에서 C 언어 표준을 관리하고 있다. 그래서 흔히 C89, C99, C11, C17 등(각각 1989년, 1999년, 2011년 2018년에 제정)으로 부르는 C 표준이 발표됐다. C 표준 위원회는 최신 표준을 구현한 컴파일러가 예전 버전으로 작성된 코드를 의미상 동등한 실행 파일로 컴파일할 수 있도록 하위 호환성을 보장하는 데 상당한 노력을 기울인다. 아쉽게도 이런 하위 호환성 때문에 새 기능을 사용하면 큰 도움이 되는 프로젝트라도 코드 베이스를 업데이트하지 않도록 하는, 의도하지 않은 부작용이 생겼다.

이 책은 주로 JTC1/SC22/WG14에서 정의한 C17[2018]을 다룬다. 하지만 집필 시점에 이 버전을 완벽히 지원하지 않는 컴파일러도 몇몇 있었다. 이 책에 나온 예제를 컴파일하고 싶다면 최소한 C99를 지원하는 컴파일러 사용을 권장한다. C11에 더 추가된(C99) 기능은 필자가 만든 매크로 패키지인 P99와 같은 에뮬레이션 레이어를 이용하는 것으로 충분할 것이다. P99 패키지는 http://p99.gforge.inria.fr에서 내려받을 수 있다.

C와 C++

프로그래밍은 매우 중요한 문화이자 경제 활동으로 자리 잡았으며, 이러한 프로그래밍 세계에서 C는 여전히 큰 비중을 차지한다. 인간의 활동이 그렇듯이 C 언어는 기업이나 개인의 관심, 정치, 미적 요인, 논리, 운, 무지, 이기심, 자아, 파벌주의, 그 외 여러분의 주된 동기를 비롯한 여러 요인에 의해 발전하고 있다. 그래서 C 언어는 이상적인 형태로 발전하지 못했고 또 그럴 수도 없다. 여러 가지 결함과 어색한 부분이 존재할 수밖에 없는데, 이는 역사나 사회적 배경을 감안해야 이해할 수 있다.

자매 언어인 C++가 등장한 초창기는 C의 발전 과정에서 중요한 영향을 미쳤다. C++는 C를 바탕으로 몇 가지 기능을 추가해서 진화한 언어라고(C++는 아주 초창기 버전의 C에서 발전했다고) 잘못 아는 사람들이 많다. 역사적인 관점에서 완전히 틀린 말은 아니지만 현재는 크게 관련이 없다. 실제로 C와 C++의 계통이 갈라진 지 30년이 넘었으며, 이후로는 서로 독립적으로 발전했다. 하지만 두 언어의 발전 과정이 완전히 단절된 것은 아니었다. 개념과 기능에 대한 영향을 주고받고 서로의 기능을 도입하면서 발전했다. 최근 추가된 어토믹과 스레드처럼 몇 가지 새로운 기능은 C와 C++ 표준 위원회의 긴밀한 협업을 통해 설계된 것이다.

그렇지만 여전히 차이점은 많이 있으며, 이 책에서는 C++가 아닌 C를 주로 다룬다. 이 책에서 소개하는 코드 예제는 대부분 C++ 컴파일러로는 컴파일되지 않을 것이다. 따라서 두 언어를 혼용하지 않기 바란다.

TAKEAWAY A C와 C++는 다른 언어다. 혼동하지도 혼용하지도 말자.

참고로 이 책을 읽을 때 위와 같이 표시된 문장을 자주 볼 것이다. 이는 기능이나 규칙, 권장 사항 등에 대해 꼭 기억할 만한 요점을 정리한 것이다. 이 책의 뒷부분을 보면 이 요점만 모아둔 장이 있는데, 필요할 때마다 틈틈이 참고하기 바란다.

준비 사항

이 책을 제대로 활용하려면 몇 가지 사항을 준비해야 한다. 준비가 제대로 되지 않았다고 판단되면 먼저 여기서 제시하는 사항부터 행한 후 책을 읽기 바란다. 이 과정을 생략하고 책을 읽으면 시간 낭비만 하게 될 수 있다.

무엇보다도 프로그래밍은 직접 해 보지 않고는 절대 배울 수 없다. 따라서 PC나 노트북에 적절한 프로그래밍 환경부터 갖추고, 이에 어느 정도 익숙해지기 바란다. 프로그래밍 환경을 IDE로 구성할 수도 있고, 여러 가지 커맨드 라인 유틸리티로 구성할 수도 있다. 플랫폼마다 제공하는 형태나 내용이 천차만별이기 때문에 상세하게 제시하기는 어렵다. 리눅스나 애플의 macOS와 같은 유닉스 계열 환경에서는 emacs나 vim과 같은 에디터(편집기)와 c99, gcc, clang과 같은 컴파일러를 제공한다.

독자는 다음 사항들도 할 줄 알아야 한다.

1. 파일 시스템을 탐색할 줄 안다. 컴퓨터에 있는 파일 시스템은 디렉터리(directory)를 중심으로 계층화되어 있다. 이런 파일 시스템에서 원하는 파일을 찾아 다룰 수 있어야 한다.

2. 프로그램 코드를 수정할 줄 안다. 이는 워드 프로세서로 문서를 편집하는 것과는 성격이 다르다. 에디터를 비롯한 프로그래밍 환경도 C라는 프로그래밍 언어를 이해할 수 있어야 한다. C 파일(흔히 확장자가 .c로 된 파일)을 열 수 있다면 C를 이해한다고 볼 수 있다. 어떤 것은 주요 키워드를 다른 색깔로 표시해 주기도 하고, 중괄호({})가 중첩될 때마다 적합한 들여쓰기 수준을 제시해 주기도 한다.

3. 프로그램을 실행시킬 수 있다. 이 책에서 소개하는 프로그램은 아주 기초적인 것이며 그래픽 화면에 관련된 기능은 다루지 않는다. 모두 커맨드 라인에서 실행하도록 구성했다. 이런 식으로 실행하는 프로그램의 대표적인 예로 컴파일러(compiler)를 들 수 있다. 유닉스 계열 환경에서 커맨드 라인을 흔히 셸(shell)이라 부르며, 콘솔이니 터미널에서 구동된다.

4. 코드를 컴파일할 수 있다. 일부 환경에서는 컴파일 기능을 메뉴 버튼이나 키보드 단축키로 제공한다. 컴파일러를 터미널의 커맨드 라인에서 구동할 수도 있다. 이때 컴파일러는 최신 표준을 준수해야 한다. 표준을 따르지 않는 컴파일러를 사용해서 시간 낭비하지 않도록 주의하자.

프로그래밍을 한 번도 해 본 적 없다면 이 책을 읽기 쉽지 않을 것이다. 베이식(Basic), C(초기 버전), C++, 포트란(Fortran), R, 배시(Bash), 자바스크립트(JavaScript), 자바(Java), 매트랩(MATLAB), 펄(Perl), 파이썬(Python) 등에 대해 알고 있으면 이 책을 읽는 데 도움이 된다. 어쩌면 자신도 모르게 다른 프로그래밍 경험을 한 적이 있을 수 있다. 기술 규격 중 상당 부분은 특정 언어로 제공되는 경우가 많다. 가령 웹페이지는 HTML로, 문서 포맷팅은 래이텍(LaTeX)을 사용한다.

또한 다음 개념들도 이해하고 있어야 한다. 물론 C 언어에서는 이에 대한 구체적인 의미가 다소 다를 수 있다.

1. 변수(variable) – 값을 담는 이름 있는 개체

2. 조건문(conditional) – 주어진 조건에 따라 어떤 일을 하거나 하지 않음

3. 반복문(iteration) – 특정한 조건을 만족하는 동안 일정한 횟수만큼 반복적으로 동작을 수행함

예제 파일 내려받기

이 책에 나오는 프로그램 코드 중 상당수는 다음 사이트에서 도서명으로 검색하여 내려받거나 깃허브에서 내려받을 수 있다.

- 길벗출판사 웹 사이트: http://www.gilbut.co.kr
- 길벗출판사 깃허브: https://github.com/gilbutITbook/080243

예제를 통해 C 언어를 구체적인 문맥으로 볼 수 있고 실제로 컴파일해서 실행해 볼 수도 있다. 이 압축 파일에는 Makefile도 함께 제공된다. 이 파일은 코드를 컴파일하는 데 필요한 구성 요소를 명시한다. 리눅스와 같은 POSIX 시스템을 대상으로 작성했지만, 다른 시스템에서 컴파일하는 데 필요한 요소를 확인할 때 참고할 수도 있다.

연습 문제와 도전 문제

이 책 전반에 걸쳐 다양한 연습 문제를 제공하는데, 이를 통해 책에서 설명한 개념을 좀 더 깊이 있게 생각해 볼 수 있다. 연습 문제는 해당 주제를 읽고 나서 곧바로 해 보는 것이 가장 좋다. 또한 '도전(challenge)' 문제도 있는데, 연습 문제보다는 난이도가 좀 있다. 도전에서 제시하는 문제를 파악하는 데도 시간이 걸릴 수 있고 해답을 스스로 찾기 힘들 수도 있다. 그만큼 어느 정도 노력을 기울여야 하는 문제다. 푸는 데 몇 시간 이상 걸릴 수도 있고, 해답에 대한 만족도에 따라 며칠씩 걸릴지도 모른다. 도전 문제는 필자의 개인적인 경험에서 느낀 '흥미로운 문제'를 중심으로 구성한 것이다. 여기서 다루는 것과 비슷한 주제의 문제나 프로젝트를 나중에 마주친다면, 도전 문제에서 했던 것처럼 풀면 된다. 중요한 것은 문제 해결에 필요한 정보를 스스로 찾은 후, 직접 노력해서 결과를 내야 한다는 것이다. 물에 뛰어들어야만 수영을 배울 수 있듯이 말이다.

구성

이 책은 레벨 0부터 레벨 3까지 단계별로 구성됐다. 가장 첫 단계인 레벨 0 '만남'에서는 C 프로그래밍에 대한 아주 기본적인 사항을 간략히 소개한다. 이 레벨의 주 목적은 앞에서 언급했던 주요 개념을 상기하고 C 언어의 전문 용어나 스타일에 익숙해지는 것이다.[1] 이 레벨을 마치고 나면 C 프로그래밍 경험이 많지 않더라도 C 프로그램의 구조를 이해하여 간단한 코드는 직접 작성할 수 있다.

그 다음 레벨 1 '친숙'에서는 C 언어의 핵심 개념과 기능(예 제어 구문, 데이터 타입, 연산자, 함수)에 대해 자세히 소개한다. 이 내용은 프로그램을 실행하는 과정을 깊이 이해하는 데 필요하며, 알고리즘 입문 수업이나 이와 비슷한 수준의 수업을 듣는 데 충분한 지식을 제공한다. 이 단계에서는 C 언어에서 어렵다고 손꼽히는 기능인 포인터에 대해 간단히 소개하고 넘어간다.

레벨 2 '이해'에서는 C 언어에서 가장 핵심적인 영역을 다룬다. 포인터에 대해 구체적으로 설명하고 C의 메모리 모델에 대해서도 자세히 다루는데, 이 개념은 C 라이브러리 인터페이스를 이해하는 데 중요하다. 이 레벨을 마치면 C 코드를 전문가 수준으로 작성할 수 있다. 이때부터 C 프로그램의 구성과 작성법에 대한 주요 내용을 다루기 시작한다. 개인적으로는 컴퓨터나 C 프로그래밍과 관련된 전공을 가진 대학생이라면 이 레벨을 반드시 마치기 바란다. 그 아래 레벨에 머물지 않기 바란다.

레벨 3 '숙달'에 이르러서는 성능, 재진입, 원자성, 스레드, 타입-독립 프로그래밍과 같은 세부 주제를 다룬다. 이 주제들은 실전에서 익히는 것이 가장 좋다. 하지만 책 전반에 대해 마무리하고 C에 대해 완벽히 파악하기 위해 여기서 다루고 넘어간다. C 프로그래밍에 대한 실전 경험이 풍부하거나 C 언어를 사용하는 프로젝트를 이끌어 본 경험이 있다면 이 레벨을 반드시 마스터해야 한다.

---

1 C만의 독특한 스타일 중 하나는 인덱스가 0부터 시작한다는 것이다. 참고로 포트란은 인덱스가 1부터 시작한다.

C++뿐만 아니라 C 언어의 표준도 지속적으로 발전하고 있습니다. 최신의 C 언어 코드 모양새는 C++ 언어에 익숙한 개발자들에게 난감함을 선사하기도 합니다. 기본 바이블 서적은 완전히 기반에 둔 내용만을 설명하는 경우가 많은데, 이 책은 입문자의 기반을 튼튼히 하는 내용과 실무에서 누구나 한 번쯤 실수할 만한 내용(예를 들어 멀티바이트 스트링을 다루는 함수, volatile 키워드 영향력 테스트, 스레드와 뮤텍스 등)을 충실히 설명하고 있습니다. 프로젝트에 따라 C 언어를 훑어봐야 하는 개발자나 C 언어의 구석구석을 살펴보고 싶은 개발자에게 추천합니다.

김용현_Microsoft MVP

사물인터넷, 자동차, 에너지, 로봇 등 다양한 산업 분야에서 C, C++, HTML, 자바, 파이썬, Go 등 다양한 프로그래밍 언어를 접하다가 결국 C 언어로 돌아오는 길목에서 이 책을 만났습니다. 전문 프로그래머는 아니지만 C 언어는 포인터만 잘 이해하면 된다고 생각했었는데, 그동안 접하지 못했던 제어 흐름, 어토믹, 스레드, 표준화된 C 언어 용어와 코딩 스타일을 레벨 0부터 레벨 3까지 단계별로 하나씩 배울 수 있어 좋았습니다. 기본으로 돌아가 다시 C 언어를 시작하는 분이나 표준화된 C 언어의 깊이를 놓쳐 더 찾아보고 싶은 분께 이 책이 좋은 안내서가 될 것입니다.

심태형_ETRI 선임연구원

요즘은 다양한 언어를 사용하지만 C 언어만큼 컴퓨터를 잘 알 수 있는 언어는 없다고 생각합니다. 이 책에서는 C 언어의 기초부터 고급 문법, 다양한 라이브러리를 접할 수 있고, 깔끔한 코드 작성, 매크로, CS적인 내용까지 활용해 볼 수 있습니다. 입문자에게는 기초부터 탄탄하게 배울 기회를, 중급자에게는 스킬업 기회를 제공합니다. C 언어를 활용하는 현업 개발자라면 항상 옆에 두고 필요할 때 꺼내 보는 참고서가 되어 줄 것입니다.

전은영_네트워크 개발자

이 책은 레벨을 나누어 같은 기술도 난이도에 맞는 수준으로 설명합니다. 레벨 0부터 레벨 3까지 순서대로 읽다 보면 자연스럽게 지식을 습득하는 구조라 책을 읽으면서 나의 레벨은 어느 정도일까 가늠해 보는 재미도 있습니다. 레벨 후반부로 갈수록 난이도가 높아 읽는 속도가 느려지긴 해도 나의 수준을 파악하고 앞으로의 공부 방향을 결정하는 데 도움이 됩니다. 이 책의 특히 좋은 점은 원리나 역사와 함께 언어의 특징을 설명한다는 것입니다. 데이터 형식부터 포인터, 구조체, 표준 라이브러리나 코딩 스타일까지 C 언어와 관련된 모든 내용을 깊이 있게 살펴보므로 심도 있는 C 언어 학습이나 더 좋은 코드를 짜는 힌트를 얻을 수 있습니다.

최사랑_42서울 교육생

0 ^{레벨}

만남

이 레벨의 마스코트인 까치는 사람을 제외한 지구상의 생물 중에서 가장 똑똑하다고 알려져 있으며, 고도의 사회적 의식을 가졌으며 도구를 사용할 줄 안다.

지금 시작하는 레벨 0에서 C 프로그래밍 언어를 처음 접하는 독자도 있을 것이다. 이 레벨에서는 C 프로그램의 목적과 구조, 사용법 등을 개략적으로 소개한다. 구체적인 설명은 하지 않을 것이다. 그럴 수도 없고 그럴 생각도 없다. 지금은 C 프로그래밍에 대한 감을 잡고 궁금증이 일어 주요 개념을 파악하는 단계다. 자세한 사항은 레벨 1부터 소개한다.

01 들어가며

이 장에서 다루는 내용

- 명령형 프로그래밍
- 코드 컴파일하고 실행하기

이 장에서는 C 언어의 다양한 구문으로 간단히 작성한 프로그램을 소개한다. 프로그래밍 경험이 있는 독자는 굳이 읽어야 하나 생각할 것이고, 처음 접하는 독자는 쏟아져 나오는 생소한 용어와 개념에 지레 겁먹을지도 모른다.

둘 중 어느 쪽에 해당하더라도 참고 읽어 주기 바란다. 프로그래밍 경험이 있는 사람도 여기서 소개할 예제를 통해 그동안 몰랐던 세부 기능이나 잘못 알고 있던 부분을 발견할 수 있다. 심지어 C 프로그래밍을 어느 정도 해 본 사람도 그럴 수 있다. 프로그래밍을 처음 접하는 독자라면 첫 열 페이지만 읽어도 상당히 많은 것을 배울 수 있고, 프로그래밍이 무엇인지 보다 확실히 이해할 수 있다.

프로그래밍 전반에 대해 특히 이 책을 읽는 자세와 관련하여 꼭 해 주고 싶은 말이 있는데, 더글러스 애덤스(Douglas Adams)가 1986년에 쓴 〈은하수를 여행하는 히치하이커를 위한 안내서(Hitchhiker's Guide to the Galaxy)〉에 다음과 같이 잘 표현돼 있다.

TAKEAWAY B 겁내지 말자.

겁낼 이유가 전혀 없다. 이 책에서는 본문과 관련된 참고 자료와 링크를 충분히 제공한다. 게다가 맨 뒤에 색인도 마련해 뒀다. 책을 읽다가 궁금한 점이 있으면 이를 활용하기 바란다. 아니면 잠시 쉬어도 좋다.

C 프로그래밍은 원하는 작업을 컴퓨터로 처리하는 기법을 의미한다. C 언어는 명령을 내리는 방식으로 작업을 표현하는데, 이는 우리가 말로 명령하는 것과 상당히 비슷하다. 그래서 이러한 프로그래밍 방식을 **명령형 프로그래밍**(imperative programming)이라 부른다. 우리가 볼 첫 프로그램인 예제 1-1을 통해 구체적으로 살펴보자.

```
1   /* 장난스런 문장 같지만 정식 C 표현이다. -*- mode: c -*- */
2   #include <stdlib.h>
3   #include <stdio.h>
4
5   /* 이 부분이 핵심이다. */
6   int main(void) {
7     // 선언문
8     double A[5] = {
9       [0] = 9.0,
10      [1] = 2.9,
11      [4] = 3.E+25,
12      [3] = .00007,
13    };
14
15    // 필요한 작업을 수행한다.
16    for (size_t i = 0; i < 5; ++i) {
17      printf("element %zu is %g, \tits square is %g\n",
18             i,
19             A[i],
20             A[i]*A[i]);
21    }
22
23    return EXIT_SUCCESS;
24  }
```

1.1 명령형 프로그래밍

실제 코드를 보면 main, include, for와 같은 단어들이 알록달록한 색으로 일정한 형식에 맞게 작성되어 있는데 중간중간에 이상한 문자와 숫자, 그리고 '필요한 작업을 수행한다'처럼 일반 텍스트도 섞여 있다. 이 코드는 사람인 프로그래머와 기계인 컴퓨터를 연결해 준다. 즉, 프로그래머가 원하는 작업을 컴퓨터가 수행하도록 명령을 내리는 것이다.

TAKEAWAY 1.1 C는 명령형 프로그래밍 언어다.

이 책을 읽다 보면 C 언어에 정의된 구문은 물론이고 C 언어와 관련된 전문 용어도 많이 나온다. 이런 용어들이 나올 때마다 일일이 설명하지 못할 수도 있다. 그래도 이 책 어딘가에서 최소한 한 번은 설명하니 색인을 보고 해당 페이지로 **점프**(jump)^{C}하기 바란다.[1]

첫 예제를 보면 알겠지만 C 프로그램은 다양한 계층에 속한 요소로 구성된다. 그럼 이 코드를 속속들이 살펴보자. 이 프로그램을 실행하면 터미널 화면에 텍스트 다섯 줄이 출력된다. 필자의 컴퓨터에서 실행했을 때는 다음과 같이 나왔다.

터미널

```
0 > ./getting-started
1 element 0 is 9,        its square is 81
2 element 1 is 2.9,      its square is 8.41
3 element 2 is 0,        its square is 0
4 element 3 is 7e-05,    its square is 4.9e-09
5 element 4 is 3e+25,    its square is 9e+50
```

이 결과를 보면 코드 17줄에서 따옴표로 묶은 부분이 화면에 표시(C 용어로 **출력**(print)^{C}되는 것을 알 수 있다. 실제로 프로그램이 동작을 수행하는 부분은 17줄부터 20줄까지다. C 언어에서는 이런 코드를 **문장**(statement)^{C}이라 부르는데, 이 단어에는 다소 오해의 소지가 있다. 다른 언어에서는 이를 **명령**(instruction)이라 부르며, 이렇게 표현하는 것이 본래 목적을 잘 드러내는 것 같다. 17줄에 나온 문장은 **printf**란 **함수**(function)^{C}를 **호출**(call)^{C}한다.

getting-started.c

```
17    printf("element %zu is %g, \tits square is %g\n",
18        i,
19        A[i],
20        A[i]*A[i]);
```

이 **printf** 함수는 **인수**(argument)^{C}를 네 개 받는데, (...)와 같이 **소괄호**(parenthesis)^{C}로 묶은 순서 쌍으로 표현한다.

---

[1] C 전문 용어는 이렇게 윗첨자 C로 표기한다.

- 따옴표 안에 있는 특이하게 생긴 텍스트를 **스트링 리터럴**(string literal)[C]이라 부르며, 출력할 텍스트의 포맷(format)(서식/형식)[C]을 지정한다. 이 문장 안에는 % 문자로 시작하는 **포맷 지정자**(format specifier)(서식/형식 지정자)[C]가 세 개 있는데, 숫자가 들어갈 지점을 표시한다. 또한 \t나 \n처럼 백슬래시로 시작하는 이스케이프 문자(escape character)(확장/탈출 문자)[C] 도 있다.
- 뒤에 나오는 i란 단어가 가리키는 값은 첫 번째 포맷 지정자인 %zu가 있는 지점에 출력된다.
- 그 다음 콤마 뒤에 A[i]란 인수가 나오는데, 이 값은 두 %g 중 첫 번째에 해당하는 자리에 출력된다.
- 그 다음 콤마 뒤에 A[i]*A[i]란 인수가 나오는데, 이 값은 마지막 %g가 있는 지점에 출력된다.

위 세 가지 인수에 대해서는 뒤에서 자세히 살펴보기로 하고, 일단 여기서는 이 프로그램의 주목적이 터미널에 텍스트 몇 줄을 출력하는 것이고, 이를 위해 **printf** 함수로 명령한다는 정도만 이해하고 넘어가자. 나머지 코드는 화면에 출력할 숫자와 그 개수를 지정하는 간편 **표기법**(sugar)[C]이다.

1.2 컴파일하고 실행하기

앞 절에서 살펴본 것처럼 프로그램 코드는 컴퓨터로 하고 싶은 일을 표현한 것으로, 하드디스크 어딘가에 저장된 텍스트 문서와 다를 바 없다. 그런데 컴퓨터는 이렇게 텍스트 형태로 작성된 코드를 바로 이해할 수 없다. 그래서 **컴파일러**(compiler)라 부르는 특별한 프로그램으로 C 코드를 컴퓨터가 알아들을 수 있는 형태인 **바이너리**(binary)[C] 또는 **실행 파일**(executable)[C]로 번역해야 한다. 이러한 번역 프로그램의 형태나 처리 방식은 현재 레벨에서 설명하기에는 매우 어렵다.[2] 게다가 이를 설명하려면 책 한 권을 써야 할 정도이므로 자세히 다룰 수도 없다. 일단 이 모든 작업을 처리해 주는 도구를 컴파일러라고 부른다고만 알아 두자.

TAKEAWAY 1.2 C는 컴파일 방식 프로그래밍 언어다.

컴파일러의 명칭과 컴파일러에서 제공하는 **커맨드 라인 인수**(command-line argument)(명령줄 인수)는 프로그램을 실행할 **플랫폼**(platform)[C]마다 다르다. 그 이유는 간단하다. 타깃 바이너리 코드가 **플랫폼 종속적**(platform dependent)[C]이기 때문이다. 다시 말해 코드 형태와 세부 사항은 프로그램을

---

2 여기서 말하는 '번역'은 여러 단계를 거쳐 진행된다. 즉, 컴파일(compile) 작업을 통해 텍스트를 변환하고, 이렇게 나온 조각들을 서로 연결하는 링크(link) 과정을 거친다. 엄밀히 말해서 이 모든 작업을 처리하는 도구를 번역기(translator)라고 부르는 것이 적절하지만, 전통적으로 컴파일러(compiler)라고 부른다.

실행할 컴퓨터마다 다르다는 것이다. PC는 전화기보다 용도가 다양하다. 냉장고와 셋톱박스는 사용하는 '언어'가 서로 다르다. C 언어도 마찬가지로 이런 문제가 존재한다. C는 다양한 기계어(어셈블리(assembly)^C)를 추상화한 것이다.

TAKEAWAY 1.3 제대로 작성된 C 프로그램은 여러 플랫폼에 이식할 수 있다.

필자는 이 책에서 C 프로그램의 **이식성**(portability)을 보장하도록 '올바르게' 작성하려고 최선을 다했다. 아쉽게도 C를 지원한다고 내세우지만 최신 표준과 맞지 않은 플랫폼도 존재한다. 게다가 제대로 작성하지 않은 부분을 그냥 넘기거나, 이식성이 떨어진 확장 기능을 사용하는 플랫폼도 있다. 이렇듯 한 플랫폼에서 실행하고 테스트하는 것만으로는 이식성을 보장할 수 없다.

컴파일러는 앞에서 본 조그만 프로그램을 여러분이 사용하는 PC, 전화기, 셋톱박스, 냉장고 등을 비롯한 특정 플랫폼에 맞게 번역했을 때 제대로 실행될지를 검사한다.

(리눅스나 맥 OS 같은) POSIX 시스템이라면 대부분 c99라는 C 컴파일러가 제공된다. 앞에서 본 예제 프로그램을 컴파일하려면 다음과 같이 명령을 실행하면 된다.

터미널

```
0 > c99 -o getting-started getting-started.c -lm
```

그러면 아무 문제 없이 컴파일되어 getting-started란 이름의 실행 파일이 현재 디렉터리에 생성된다.$^{Exs 1}$ 이 명령의 구성 요소를 하나씩 살펴보면 다음과 같다.

- c99: 컴파일러 프로그램
- -o getting-started: 컴파일러에서 처리한 결과(**컴파일러 출력**(compiler output)^C)를 getting-started라는 파일에 저장한다.
- getting-started.c: **소스 파일**(source file)^C, 즉 작성한 C 코드가 담긴 파일의 이름을 지정한다. 파일 이름 끝에 붙은 .c라는 확장자는 이 파일이 C 프로그래밍 언어로 작성된 것임을 나타낸다.
- -lm: 필요하다면 표준 수학 함수를 추가한다. 뒤에서 이런 함수를 사용할 것이다.

이제 새로 생성된 **실행 파일**(executable)^{C}을 실행한다. 방법은 다음과 같다.

Exs 1 각자 터미널에서 컴파일해 보기 바란다.

```
0 > ./getting-started
```

그러면 앞에서 본 것과 똑같이 출력된다. '이식성이 있다(portable)'는 말이 바로 이런 의미다. 프로그램을 어디서 실행하든 **동작**(behavior)^{C}이 똑같다.

앞에서 소개한 컴파일러(c99)를 현재 사용하는 시스템에서 제공하지 않는다면 시스템의 매뉴얼에서 어떤 **컴파일러**^{C}를 제공하는지 찾아보면 된다. 없다면 새로 설치해야 할 수도 있다.[3] 컴파일러이름은 제각각이다. 흔히 쓰는 컴파일러 몇 가지를 소개하면 다음과 같다.

```
0 > clang -Wall -lm -o getting-started getting-started.c
1 > gcc -std=c99  Wall -lm -o getting-started getting-started.c
2 > icc -std=c99 -Wall -lm -o getting-started getting-started.c
```

이 컴파일러 중 어떤 것은 현재 시스템에 설치되어 있더라도 컴파일 과정에 문제가 발생할 수 있다.[Exs 2]

예제 1-1은 가장 이상적인 상황을 보여 준다. 어느 플랫폼에서도 잘 작동하고 똑같은 결과를 내기 때문이다. 하지만 C 프로그래밍을 하다 보면 특정 환경에서만 작동하거나 플랫폼마다 결과가 다른 경우가 종종 있다. 예제 1-2를 살펴보자. 언뜻 보면 예제 1-1과 비슷하다.

예제 1-2 문제 있는 C 프로그램 예

```
1  /* 장난스런 문장 같지만 정식 C 표현이다. -*- mode: c -*- */
2  /* 이 프로그램의 핵심이다. */
3  void main() {
4     // 선언문
5     int i;
6     double A[5] = {
7        9.0,
8        2.9,
9        3.E+25,
10       .00007,
```

---

3   특히 MS 운영체제를 사용한다면 별도로 설치해야 한다. 윈도우 OS에서 기본으로 제공하는 컴파일러는 C99 표준도 완벽히 지원하지 않을뿐더러 이 책에서 소개하는 여러 기능이 제대로 작동하지 않는다. 윈도우 환경에서 사용할 수 있는 컴파일러의 종류에 대해서는 크리스 웰론스(Chris Wellons)의 블로그 글 중에서 'Four Ways to Compile C for Windows'(https://nullprogram.com/blog/2016/06/13/)를 참고하기 바란다.

Exs 2   이 책에 나온 예제를 직접 테스트해서 결과를 기록해 둔다. 특히 잘 작동하는 명령을 기억해 둔다.

```
11     };
12
13     // 필요한 작업을 수행한다.
14     for (i = 0; i < 5; ++i) {
15       printf("element %d is %g, \tits square is %g\n",
16             i,
17             A[i],
18             A[i]*A[i]);
19     }
20
21     return 0;
22   }
```

이 프로그램을 컴파일하면 다음과 같은 **진단 정보**(diagnostic)^{C}가 출력된다.

터미널

```
0 > c99 -Wall -o bad bad.c
1 bad.c:4:6: warning: return type of 'main' is not 'int' [-Wmain]
2 bad.c: In function 'main':
3 bad.c:16:6: warning: implicit declaration of function 'printf' [-Wimplicit-function...
4 bad.c:16:6: warning: incompatible implicit declaration of built-in function 'printf'...
5 bad.c:22:3: warning: 'return' with a value, in function returning void [enabled by de...
```

결과를 보면 한 줄을 꽉 채울 정도로 긴 '경고' 메시지가 여러 줄 나온다. 실행 파일이 생성되긴 하지만 프로그램을 실행해 보면 결과가 다르게 나온다. 이럴 때는 세부 사항에 주의를 기울여 확인해 봐야 한다.

clang은 gcc보다 진단 메시지가 더 길게 나온다.

터미널

```
0 > clang -Wall -o getting-started-badly bad.c
1 bad.c:4:1: warning: return type of 'main' is not 'int' [-Wmain-return-type]
2 void main() {
3 ^
4 bad.c:16:6: warning: implicitly declaring library function 'printf' with type
5     'int (const char *, ...)'
6     printf("element %d is %g, \tits square is %g\n", /*@\label{printf-start-badly}*/
7     ^
8 bad.c:16:6: note: please include the header <stdio.h> or explicitly provide a
9       declaration for 'printf'
10 bad.c:22:3: error: void function 'main' should not return a value [-Wreturn-type]
```

```
11    return 0;
12    ^    ~
13  2 warnings and 1 error generated.
```

이렇게 진단 출력(diagnostic output)^{C}이 길수록 많은 정보가 담긴 것이므로 오히려 도움이 된다. 특히 여기서는 두 가지 힌트를 제공한다. 하나는 **main**의 리턴 타입이 이상하다는 것이고, 다른 하나는 예제 1-1의 3줄처럼 **printf** 함수가 어디서 나온 것인지 지정하는 문장이 없다는 것이다. gcc와 달리 clang은 실행 파일을 생성하지 않는다. 22줄의 문제가 심각하다고 판단하기 때문이다. 이는 clang의 특징이라 할 수 있다.

여러분이 사용하는 플랫폼에 따라 이런 진단 정보가 나오는 프로그램에 대해 무조건 컴파일을 중단하도록 지정할 수 있다. gcc에서는 -Werror 옵션을 지정하면 된다.

이처럼 예제 1-1과 예제 1-2는 두 가지 부분이 다른데, 그 때문에 표준을 준수하고 이식성도 있던 프로그램이 문제 있는 프로그램으로 변했다. 또한 컴파일러가 문제 해결에 도움을 준다는 사실도 알 수 있다. 문제를 일으키는 부분을 줄 단위로 지적해 주는데, 경험이 어느 정도 있다면 그 의미를 제대로 파악할 수 있다.$^{Exs\ 3,\ Exs\ 4}$

TAKEAWAY 1.4 C 프로그램을 컴파일했을 때 경고 메시지가 하나도 없어야 한다.

1.3 요약

- C는 컴퓨터가 할 일을 명령하도록 설계된 언어다. 따라서 프로그래머와 컴퓨터를 연결해 준다.

- C 코드를 실행하려면 반드시 컴파일해야 한다. 컴파일러는 사람이 이해할 수 있도록 C 언어로 작성된 텍스트를 특정 플랫폼에서 실행할 수 있는 형태로 번역해 준다.

- C는 이식성을 위해 추상화를 제공한다. 한 번 작성한 C 프로그램을 다양한 아키텍처의 컴퓨터에서 사용할 수 있다.

- C 컴파일러는 프로그래머를 도와주는 존재다. 컴파일러가 출력한 경고 메시지를 주의 깊게 살펴본다.

Exs 3 예제 1-2를 하나씩 고쳐 본다. 첫 번째 진단 메시지부터 하나씩 해결해서 다시 컴파일하는 식으로 프로그램의 문제를 모두 해결한다.

Exs 4 예제 1-1과 예제1-2의 차이점 중 여기서 소개하지 않은 것이 하나 더 있는데, 이 차이점이 무엇인지 찾아본다.

02 프로그램의 핵심 구조

이 장에서 다루는 내용

- C 언어 문법
- 식별자 선언하기
- 객체 정의하기
- 컴파일러에게 지시하기

실전에서 다룰 프로그램은 앞 장에서 본 예제보다 훨씬 다양하고 복잡하게 구성되겠지만 기본 골격은 거의 비슷하다. C 프로그램의 구조와 관련된 주요 요소들은 예제 1-1에 거의 다 나왔다.

C 프로그램에서 고려할 두 가지 관점이 있는데, 하나는 (컴파일러가 이해할 수 있도록 프로그램을 작성하는) 구문 관점(syntactic aspect)이고, 다른 하나는 (우리가 의도한 대로 작동하도록 프로그램을 작성하는) 의미 관점(semantic aspect)이다. 이 장에서는 구문 관점과 의미 관점의 세 가지 핵심 요소인 **선언**(declarative part)(대상이 무엇인지를 표현), **정의**(definition)(대상이 어디 있는지를 표현), **문장**(statement)(대상이 수행할 사항)에 대해 차례대로 살펴본다.

2.1 문법

C 프로그램의 전반적인 구조를 살펴보면 특정한 문법에 따라 여러 텍스트 요소가 엮인 것을 알 수 있다. 여기서 텍스트 요소란 다음과 같다.

- **특수어**(special word): 예제 1-1에서는 **#include**, **int**, **void**, **double**, **for**, **return**과 같은 특수어[1]를 사용했다. 이 책에서는 이런 특수어를 굵게 표시한다(더불어 일반 함수와 8장에서 소개할 타입-독립 매크로도 굵게 표시한다). 특수어는 C 언어에서 특별히 정의되어 변하지 않는 개념이나 기능을 가리킨다.

---

1 C 언어에서는 이런 식별자(identifier)를 지시어(directive)[C], 키워드(keyword)[C], 예약어(reserved)[C]라 부른다.

- **구두점**(punctuation)^C: C 언어는 프로그램 구조와 관련된 구두점을 다양하게 제공한다.

  - 괄호의 종류는 모두 {...}, (...), [...], /*...*/, ⟨...⟩로 다섯 가지다. 괄호는 프로그램의 특정 부분을 한데 묶으며, 항상 여는 괄호와 닫는 괄호가 짝을 이뤄야 한다. 그 중 ⟨...⟩는 이 책의 예제에 나온 것처럼 드문 경우에만 논리적으로 동일한 문장의 한 줄 안에서 사용한다. 나머지 네 가지 괄호는 앞에서 **printf**를 사용했을 때처럼 한 줄 뿐만 아니라 여러 줄에 걸쳐 사용할 수 있다.

  - 구분자(separator, terminator)는 크게 두 가지인데, 바로 **콤마**(comma, ',')와 세미콜론(semicolon, ';')이다. 앞에서 **printf**로 전달하는 네 가지 인수를 구분하는 데 콤마를 사용했다. 또 12줄에서 리스트의 마지막 원소 뒤에도 콤마를 붙였다.

---

getting-started.c

```
12 [3] = .0000/,
```

C 언어를 처음 배울 때 힘든 점 중 하나는 구두점의 의미가 다양한 경우가 있다는 것이다. 예를 들어 예제 1-1에서 {}와 []는 각각 세 가지 용도로 사용됐다.^{Exs1}

TAKEAWAY 2.1 구두점은 다양한 의미로 사용할 수 있다.

- **주석**(comment)^C: 앞에서 본 /* ... */ 구문은 그 안에 담긴 내용이 주석임을 컴파일러에게 알려 준다. 예를 들면 5줄과 같다.

---

getting-started.c

```
5  /* 이 프로그램의 핵심이다. */
```

컴파일러는 주석 부분을 무시한다. 주석은 코드에 대한 설명을 담고 문서화하는 데 가장 적합하다. 이렇게 코드를 곧바로 문서화하면 이해하기 훨씬 쉬워진다. 15줄에 나온 것처럼 //로 시작하는(C++ 스타일) 주석도 사용할 수 있다. 그러면 //부터 그 줄 끝까지 주석으로 처리된다.

- **리터럴**(literal)^C: 앞의 코드를 보면 0, 1, 3, 4, 5, 9.0, 2.9, 3.E+25, .00007이나 "element %zu is %g, \tits square is %g\n" 같은 고정된 값이 다양하게 나오는데, 이런 요소를 리터럴이라 부른다.

- **식별자**(identifier)^C: 프로그램의 구성 요소 중에는 성격이 '이름'과 같은 것들이 있다. 앞의 예제에서 A, i, **main**, **printf**, **size_t**, **EXIT_SUCCESS**가 여기에 해당한다. 식별자는 프로그램에서 다음과 같은 다양한 역할을 한다.

Exs 1 {}와 []의 용도를 모두 찾아보자.

- **데이터 오브젝트**(data object)^C: 예제에서 A와 i가 여기에 해당하며 변수(variable)^{C}라고도 부른다.
- **타입**(type)^C 또는 타입 앨리어스(type alias): 새로운 오브젝트의 종류를 지정한다. 예제에서 i의 타입을 지정하는 **size_t**가 여기에 해당한다. 여기서 **_t**는 타입을 가리키는 식별자 뒤에 붙이는 C 표준에서 흔히 사용하는 명명규칙이다.
- **함수**(function): 예제에서 **main**, **printf**가 여기에 해당한다.
- **상수**(constant): 예제에서 **EXIT_SUCCESS**가 여기에 해당한다.

- **함수**(function)^C: 예제에 나온 식별자 중 **main**과 **printf**는 함수나. 앞에서 본 것처럼 **printf**는 프로그램에서 화면에 뭔가를 출력하기 위해 '사용'한 것이다. 반면, **main** 함수가 나온 문장들은 코드에서 이 함수를 **정의한**(defined)^C 것이다. 다시 말해 **int main(void)**라는 선언문(declaration)^C 뒤에 {...}로 묶은 **블록**(block)^C 안에 이 함수가 수행할 일을 나열했다. 예제 1-1에서 6줄부터 24줄까지가 **main** 함수의 **정의**(definition)^{C}다. C 프로그램에서 **main**은 특별한 역할을 하는데, 구체적인 내용은 뒤에서 소개한다. 이 함수는 반드시 있어야 한다. 프로그램 실행을 시작하는 부분이기 때문이다.
- **연산자**(operator)^C: C 언어에는 다양한 연산자가 있는데, 그 중 예제 1-1에서 사용한 연산자는 다음과 같다.
  - **=**: **초기화**(initialization)^C 또는 **대입**(assignment)^C
  - **<**: 비교
  - **++**: 변수 값을 1만큼 증가시킨다.
  - *****: 두 값을 곱한다.

자연어를 쓸 때와 마찬가지로 C 프로그램의 어휘나 문법도 실제 의미를 구분해서 사용해야 한다. 하지만 자연어와 달리 C 언어는 그 의미가 엄격하게 정의되어 있어서 모호함이 거의 없다. 이어지는 절에서는 C 언어의 의미에서 세 가지 핵심 요소인 선언, 정의, 문장에 대해 차례대로 살펴본다.

2.2 선언

프로그램에서 어떤 식별자를 사용하기 전에 그 식별자가 무엇을 가리키는지 컴파일러에게 알려주도록 **선언**(declaration)^{C}해야 한다. 식별자와 키워드의 차이점이 바로 여기에 있다. 키워드는 언어에서 미리 정의했기 때문에 따로 선언하거나 다시 정의할 수 없다.

TAKEAWAY 2.2 프로그램에 나온 식별자는 모두 선언해야 한다.

예제 1-1을 보면 프로그램 안에서 직접 선언한 식별자는 A, i, main이다. 다른 식별자(printf, size_t, EXIT_SUCCESS)의 선언에 대해서는 나중에 설명할 것이다. main 함수 선언에 대해서는 앞에서 살펴봤다. 이 세 식별자의 선언문만 모아 보면 다음과 같다.

```
int main(void);
double A[5];
size_t i;
```

세 선언문은 일정한 패턴을 따른다. 각 문장마다 식별자(A, i, main)가 나오고, 그 식별자가 갖는 특정한 속성을 명시한다.

- i와 타입^{C}은 size_t다.
- main 뒤에는 소괄호(parenthesis) (...)가 나온다. 그래서 선언 대상은 타입이 int인 함수라는 것을 알 수 있다.
- A 뒤에는 꺾쇠괄호(bracket) [...]가 나온다. 따라서 선언 대상은 배열(array)^{C}이다. 배열은 타입이 같은 원소를 하나로 묶는 데 사용한다. 여기서는 double 타입 원소 다섯 개로 구성했다. 이 배열을 구성하는 다섯 원소는 순서가 정해져 있고 인덱스(index)^{C}라 부르는 숫자(0부터 4)로 각 원소를 가리킬 수 있다.

선언문의 맨 앞에는 타입(type)^{C}이 나온다. 세 선언문에서는 각각 int, double, size_t로 지정했다. 각각의 의미에 대해서는 뒤에서 소개할 텐데, 일단 이렇게 타입이 지정된 식별자는 문장 안에서 숫자처럼 사용한다는 정도만 알아 두자.

i와 A에 대한 선언문은, i와 A가 값(value)^{C}을 저장하는 이름 있는 요소인 변수(variable)^{C}라고 선언한다. 변수는 특정한 타입의 '뭔가'를 담은 박스로 표현하면 이해하기 쉽다.

▼ 그림 2-1 배열의 구조

i	size_t ??

	[0]	[1]	[2]	[3]	[4]
A	double ??	double ??	double ??	double ??	double ??

여기서 박스 전체(오브젝트)와 박스 종류(타입)와 박스 내용(값) 그리고 박스에 적힌 이름 또는 레이블(식별자)을 구분할 줄 알아야 한다. 그림에서 ?? 부분은 구체적인 값을 모른다는 뜻이다.

다른 식별자(**printf**, **size_t**, **EXIT_SUCCESS**)에 대한 선언문은 코드에 나오지 않는다. 사실 이 식별자들은 이미 선언된 상태인데, 예제 1-2를 컴파일할 때 본 것처럼 이 식별자에 대한 정보를 컴파일러에게 명시적으로 알려 줘야 한다. 1줄과 2줄에 나온 문장이 바로 이런 정보를 전달하기 위해 적은 것이다. **printf**는 stdio.h에, **size_t**와 **EXIT_SUCCESS**는 stdlib.h에 선언되어 있다. 이런 식별자를 실제로 선언하는 문장은 컴퓨터 어딘가에 저장된 .h 파일에 담겨 있다. 예를 들면 다음과 같다.

```
int printf(char const format[static 1], ...);
typedef unsigned long size t;
#define EXIT_SUCCESS 0
```

이렇게 미리 선언된 문장이 구체적으로 어떻게 작성됐는지는 그리 중요하지 않기 때문에 일반적으로 인클루드 파일(include file)^C 또는 헤더 파일(header file)^C에 숨겨 둔다. 이러한 식별자의 의미를 알기 위해 헤더 파일을 읽어보는 것은 좋은 방법이 아니다. 대부분 읽기 어렵게 적혀 있기 때문이다. 그보다는 현재 플랫폼에서 제공하는 문서를 참조하는 것이 낫다. 번거로움을 감수할 수 있다면 최신 C 표준 문서를 참조하는 것이 좋다. 가장 근본이 되는 문서다. 쉬운 방법을 원한다면 다음과 같이 명령을 실행해 보자.

터미널

```
0  > apropos printf
1  > man printf
2  > man 3 printf
```

선언은 대상의 특징을 표현하기만 할 뿐, 실제로 생성하지 않는다. 따라서 같은 선언을 여러 번 적으면 텍스트만 중복될 뿐 문제가 발생하지는 않는다.

TAKEAWAY 2.3 식별자의 선언문이 서로 일치한다면 여러 번 나와도 문제는 없다.

프로그램의 일정한 영역 안에서 어떤 식별자에 대해 서로 다른 선언문이 여러 개 나오면 (컴파일러나 프로그래머 입장에서) 확실히 헷갈릴 것이다. 그래서 상충하는 선언문이 동시에 나올 수 없다. C 표준에서는 '프로그램의 일정한 영역'의 의미를 구체적으로 정의한다. 이처럼 프로그램에서 식별자가 보이는(visible)^C 영역을 **스코프**(scope)^C라고 부른다.

TAKEAWAY 2.4 식별자는 선언문이 속한 스코프에 바인딩(binding)된다.

식별자의 스코프는 문법에 의해 명확히 표현된다. 예제 1-1의 세 선언문에 대한 스코프는 다음과 같다.

- A: main의 정의 안에서만 보인다. 즉, A의 스코프는 선언을 시작하는 8줄부터 가장 안쪽 {...} 블록을 닫는 24줄까지다.

- i: 가시성(visibility)이 가장 낮다(가시 범위가 가장 좁다). i를 선언한 **for** 구문에 바인딩되어 16줄의 선언문부터 **for** 구문의 {...} 블록 마지막 문장인 21줄까지다.

- **main**: {...} 블록에 담겨 있지 않기 때문에 선언문부터 파일의 끝까지가 스코프다.

첫 번째와 두 번째 같은 스코프를 **블록 스코프**(block scope)^{C}라 부른다. 스코프가 {...} 블록으로 제한되기 때문이다. 세 번째에 나온 **main**처럼 {...} 블록으로 감싸지 않은 스코프를 **파일 스코프** (file scope)^{C}라 하고, 파일 스코프에 속한 식별자를 흔히 **글로벌**(global)(전역) 식별자라 부른다.

2.3 정의

일반적으로 선언은 식별자가 가리키는 오브젝트의 종류만 지정하고, 구체적인 값이나 오브젝트의 위치는 지정하지 않는다. 이러한 역할은 **정의**(definition)^{C}가 담당한다.

TAKEAWAY 2.5 선언은 식별자를 지정하고, 정의는 오브젝트를 지정한다.

뒤에서 자세히 다루겠지만 실제로는 다소 복잡한 과정이다. 지금은 일단 변수를 항상 초기화한다고 가정한다. **초기화**(initialization)란 선언 과정에 나올 수 있는 구문으로서, 선언 대상인 오브젝트의 초깃값을 지정한다. 예를 들어 다음과 같이 변수 i를 선언하면서 초깃값을 0으로 지정할 수 있다.

```
size_t i = 0;
```

C 언어에서는 이렇게 선언에 **초기자**(initializer)(이니셜라이저)를 함께 사용하는 방식으로 식별자에 오브젝트를 정의할 수 있다. 다시 말해 변수의 값을 저장할 공간을 제공하도록 컴파일러에게 지시한다.

TAKEAWAY 2.6 오브젝트는 초기화할 때 정의된다.

다음과 같이 앞에서 본 표현에 값을 담을 수 있다.

▼ 그림 2-2 size_t i = 0;을 배열로 나타냄

i `[size_t 0]`

A는 여러 요소로 구성되어 있어서 이보다 좀 복잡하다.

```
8    double A[5] = {
9      [0] = 9.0,
10     [1] = 2.9,
11     [4] = 3.E+25,
12     [3] = .00007,
13    };
```

이렇게 하면 A를 구성하는 다섯 요소의 값은 각각 9.0, 2.9, 0.0, 0.00007, 3.0E+25가 된다.

▼ 그림 2-3 배열 A의 구조

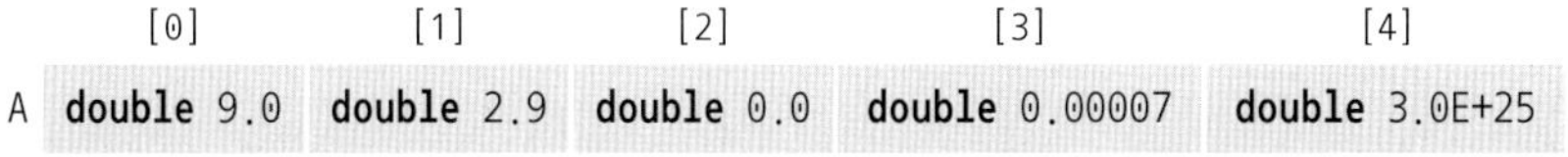

[0]	[1]	[2]	[3]	[4]
double 9.0	double 2.9	double 0.0	double 0.00007	double 3.0E+25

A

이런 방식을 **지정 초기자**(designated initializer)^{C}라 부른다. 즉, 초기화할 배열 원소를 대괄호 안의 정수로 지정해서 해당 원소의 값을 초기화한다. 예를 들어 [4] = 3.E+25라고 적으면 배열 A의 마지막 원소의 값을 3.E+25로 지정한다. 또한 C 언어 규칙에 따르면 초기자로 지정하지 않은 원소 값은 0으로 설정된다. 예제에서 [2]가 이 경우에 해당하며 값이 0.0으로 설정된다.[2]

TAKEAWAY 2.7 초기자에서 값을 지정하지 않은 원소는 디폴트 값인 0으로 지정된다.

여기서 볼 수 있듯이 배열의 **위치**(index)^{C}를 표현할 때 첫 번째 원소는 1이 아닌 0부터 시작한다. 인덱스는 배열의 시작점으로부터 떨어진 거리로 생각하면 기억하기 쉽다.

TAKEAWAY 2.8 원소가 n개인 배열에서 첫 번째 원소의 인덱스는 0이고, 마지막 원소의 인덱스는 n-1이다.

함수를 정의하려면 선언문 뒤에 함수 코드를 중괄호({...})로 묶어서 적으면 된다.

```
int main(void) {
  ...
}
```

지금까지 살펴본 예제에서는 두 가지 요소에 대해 이름 짓는 방법을 살펴봤다. i와 A는 **오브젝트**(object)^{C}를 가리켰고, **main**과 **printf**는 함수(function)^{C}를 가리켰다. 오브젝트와 함수를 선언하는

---

2   소수점(.)과 지수(E+25)가 있는 숫자 리터럴에 대해서는 뒤에서 설명한다.

문장은 여러 번 나올 수 있지만, 오브젝트와 함수를 정의하는 문장은 고유해야 한다. C 프로그램이 제대로 작동하려면 프로그램에서 사용하는 함수와 오브젝트는 반드시 정의되어 있어야 한다(그렇지 않으면 실행할 내용을 찾을 수 없기 때문이다). 또한 정의는 하나만 있어야 한다(그렇지 않으면 실행의 일관성이 깨질 수 있다).

TAKEAWAY 2.9 정의는 오브젝트와 함수마다 딱 하나씩 있어야 한다.

2.4 문장

예제의 **main** 함수에서 두 번째 부분은 문장으로 구성된다. **문장**(statement)은 지금까지 선언된 식별자를 다루는 방법을 컴파일러에게 알려 준다. 예제에서 문장은 다음과 같이 구성돼 있다.

getting-started.c

```
16   for (size_t i = 0; i < 5; ++i) {
17     printf("element %zu is %g, \tits square is %g\n",
18            i,
19            A[i],
20            A[i]*A[i]);
21   }
22
23   return EXIT_SUCCESS;
```

printf 함수를 호출하는 부분은 앞에서 살펴봤다. 이번에는 **for**와 **return**, **++** 연산자(operator)^{C}로 표현한 증가 연산(increment operation)이 나오는데, 이들은 **printf**와는 성격이 좀 다르다. 이어지는 절에서 이러한 세 가지 문장, 즉 작업을 여러 번 수행하는 **반복문**(iteration), 어떤 일을 다른 곳에서 실행하도록 위임하는 **함수 호출문**(function call), 함수가 호출된 지점으로 돌아가서 실행을 재개하는 **함수 리턴문**(function return)에 대해 하나씩 살펴본다.

2.4.1 반복

앞에 나온 예제에서 **for**문은 **printf**문을 여러 번 실행하라고 컴파일러에게 알려 준다. C 언어에서 정의하는 도메인 반복(domain iteration)^{C}의 가장 간단한 형태이며, 크게 네 부분으로 구성된다.

반복할 코드를 루프 바디(loop body)^{C}라고 부르며, **for** (...) 뒤에 나오는 { ... } 블록으로 표현한다. 나머지 세 부분은 다음과 같으며 (...) 안에서 각각을 세미콜론(;)으로 구분한다.

1. **루프 변수**(loop variable)[C]인 i의 선언, 정의, 초기화가 나온다. 각각에 대해서는 앞에서 설명했다. 여기 나온 초기화 부분은 뒤에 나오는 **for**문 전체를 실행하기 전에 단 한 번만 실행된다.

2. **루프 조건**(loop condition)[C]인 i < 5는 **for**문을 지속할 기간을 지정한다. 이 부분은 i가 5보다 작은 동안에는 계속 반복한다는 것을 컴파일러에게 전달한다.

3. 세 번째 부분인 ++i문은 반복할 때마다 실행된다. 이 코드에서는 반복문을 한 번씩 돌 때마다 i의 값을 1만큼 증가시킨다.

이 모든 부분을 합치면, 루프 본문에 있는 코드를 다섯 번 반복하면서 i의 값을 차례로 0, 1, 2, 3, 4로 설정한다. 이처럼 i가 0, ⋯, 4라는 **도메인**(domain)[C]에 대해 반복하기 때문에 반복할 때마다 i에 특정한 값을 지정할 수 있다. C 언어는 다른 반복문도 제공하지만 예제에 나온 작업을 처리하는 데는 **for**가 가장 쉽고 간결하며 적합하다.

[TAKEAWAY 2.10] 도메인에 대한 반복문은 반드시 **for**문으로 작성한다.

for문을 방금 살펴본 방식과 다르게 작성할 수도 있다. 루프 변수를 정의하는 부분을 **for**문 앞에 두거나 같은 변수를 루프 안에서 여러 번 사용하는 사람이 많은데, 그러지 않는 것이 좋다. 루프 변수는 주어진 **for** 루프에서 반복 카운터라는 특수한 역할을 한다는 것을 확실히 표현하는 것이 사람이나 컴파일러 입장에서 코드를 이해하는 데 유리하다.

[TAKEAWAY 2.11] 루프 변수는 반드시 **for**의 초기화 부분에서 정의한다.

2.4.2 함수 호출

함수 호출(function call)은 현재 함수(프로그램 시작 시점에는 **main** 함수)의 실행을 잠시 멈추고 호출문으로 지정한 함수로 제어권을 넘긴다. 예제에서는 다음과 같이 **printf**란 함수를 호출했다.

getting-started.c
```
17      printf("element %zu is %g, \tits square is %g\n",
18          i,
19          A[i],
20          A[i]*A[i]);
```

함수 호출문에서 함수 이름뿐만 아니라 인수(argument)도 함께 지정할 때가 많다. 예제에서는 i, A[i], A[i]*A[i]와 같이 인수 목록이 길게 나열되어 있다. 이렇게 지정된 인수의 값은 호출하는 함수로 전달된다. 예제에서는 **printf**를 이용하여 인수의 값을 화면에 출력한다. 여기서 중요한 것은 '값'이다. i도 인수의 일부이지만 **printf**에서 i 값 자체를 바꿀 수는 없다. 이런 호출 방식을 **값 호출**(call by value)이라 한다. 참고로 호출된 함수가 변수의 값을 변경할 수 있는 방식인 **참조 호출**(call by reference)을 지원하는 프로그래밍 언어도 있다. C 언어는 참조 호출 방식을 제공하지 않지만, 변수의 주소를 알아내서 포인터로 전달하는 방식으로 제어권을 다른 함수로 넘기는 메커니즘을 지원한다. 자세한 사항은 이 책의 후반부에서 소개한다.

2.4.3 함수 리턴

main의 마지막 문장은 **return**이다. 이 문장은 **main** 함수가 원래 호출된 자리로 돌려보낸다. 앞의 예제에서 **main**을 선언할 때 **int** 값을 리턴한다고 했으므로 **return**은 **main**을 호출한 곳으로 **int** 타입 값을 전달해야 한다. 예제에서는 **EXIT_SUCCESS**라는 값을 지정했다.

printf 함수를 정의한 코드는 직접 볼 수 없지만 여기 나온 것처럼 **return**문이 징의되어 있다는 것은 상식적으로 알 수 있다. 17줄에서 이 함수를 호출하면 **main**에 있는 문장의 실행을 잠시 멈추고, **printf** 함수를 실행하다가 **return**을 만나면, 좀 전에 멈췄던 **main** 문장으로 돌아가서 실행을 재개한다.

▼ 그림 2-4 프로그램 실행 과정

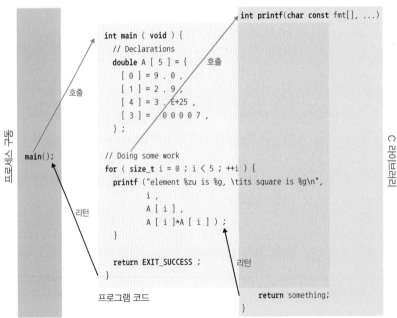

그림 2-4는 예제의 실행 과정, 즉 **제어 흐름**(control flow)을 시각적으로 표현한 것이다. 가장 먼저 현재 플랫폼에서 제공하는 프로세스 구동(process-startup) 루틴(왼쪽 박스)이 사용자가 제공한 함수인 **main**(가운데 박스)을 호출한다. 그러면 **main**은 다시 C 라이브러리^C에서 제공하는 **printf**를 호출한다. **printf**를 실행하다가 **return**을 만나면 제어권이 다시 **main**으로 넘어온다. 그리고 나서 **main**이 **return**을 만나면 프로세스 구동 루틴으로 다시 돌아간다. 여기서 제어권이 넘어가는 과정은 프로그래머 입장에서 프로그램이 종료되는 것으로 보인다.

2.5 요약

- C 언어는 어휘(lexical structure)(**예** 구두점, 식별자, 숫자 등)와 구문(문법)과 의미를 명확히 구분한다.

- 식별자(이름)는 표현하려는 대상의 속성이 잘 드러나도록 선언한다.

- 프로그램에서 다루는 대상인 오브젝트와 이런 대상을 다루는 수단인 함수를 반드시 정의해야 한다. 다시 말해 이들이 어디서 나와서 어떻게 작동하는지를 명시해야 한다.

- 문장은 주어진 대상을 처리하는 방식을 표현한다. (**for**와 같은) 반복문은 특정한 작업을 매번 약간씩 변형해서 실행시키고, (**printf**와 같은) 함수 호출은 특정한 작업을 함수에게 위임하고, (**return**과 같은) 함수 리턴은 호출 이전의 지점으로 돌아간다.

1 ^{레벨}

친숙

이 레벨의 마스코트인 큰까마귀(common raven)는 까마귀과 중에서도 굉장히 사교적이고 문제 해결 능력이 뛰어난 새로 유명하다. 까마귀가 사람처럼 팀 단위로 협력하는 장면이 관찰된 적도 있다.

이 레벨은 C 프로그래밍 언어를 알아가는 과정이다. 다시 말해 C 프로그램을 잘 작성하고 사용하는 데 필요한 지식을 제공한다. 여기서 '잘' 작성한다는 말은 C 언어의 최신 규격을 이해하는 것이며, 이 레벨에서는 초창기 C 언어의 다양한 방언에서 저지르기 쉬운 실수를 피하고, 예전에는 없던 휴대폰부터 메인프레임에 이르는 최신 컴퓨터 아키텍처에 이식 가능한 새로운 구문을 사용한다는 뜻이다. 이 레벨을 마치고 나면 아주 정교한 코드까지는 아니겠지만, 일상에서 사용할 수 있는 코드를 이식 가능하고 유용한 형태로 작성할 수 있게 된다.

준비

여러모로 볼 때 C 언어는 제약이 없는 편이다. 다시 말해 프로그래머가 원한다면 자폭에 가까운 일도 할 수 있다. 언어 차원에서 이런 일들을 막지 않는 것이다. 먼저 몇 가지 제약 사항에 대해 알아보자. 아직은 총을 건넬 만한 수준에 이르지 않았으므로 당분간은 손이 닿지 않는 곳에 넣고 자물쇠를 단단히 채운 뒤 경고 문구를 붙여 두자.

C에서 가장 위험한 구문은 타입 변환(cast)ᶜ이다. 레벨 1에서는 이에 대한 설명은 생략한다. 이것 말고도 빠지기 쉬운 함정 몇 가지를 소개하는데, 좀 생소할 수 있다. 특히 C 언어를 90년대에 배웠거나 최신 ISO C로 업그레이드하지 않은 플랫폼에서만 작업했다면 더욱 그럴 것이다.

- **숙련된 C 프로그래머**: C 프로그래밍 경험이 많다면 여기서 소개할 내용을 이해하는 데 시간이 좀 걸리거나 심하면 거부감이 들 수도 있다. 여기 나온 코드 중에서 어려운 부분이 나오면 잠시 마음을 진정시킨 뒤에 읽기 바란다.

- **초보 C 프로그래머**: C 프로그래밍 경험이 적다면 지금부터 설명할 내용이 좀 어려울 수 있다. 가령 설명 과정에 모르는 용어가 나올 수도 있다. 따라가기 너무 힘들다 싶으면 3장부터 읽고 이 부분은 여유가 생길 때 다시 읽어도 좋다. 단, 레벨 1을 마치기 전에는 반드시 한 번 읽고 넘어가기 바란다.

이 레벨에서 받아들이기 힘든 내용 중 일부는 다음과 같이 일정한 순서에 따라 점진적으로 소개한다.

- 정수 타입은 부호 없는(unsigned)ᶜ 버전 위주로 소개한다.
- 포인터는 단계를 나눠서 소개한다. 먼저 함수 매개변수(6.1.4절)로 사용하는 방법과 이때의 (유효하거나 유효하지 않은) 상태에 대해 살펴보고(6.2절), 이후 레벨 2(11장)에서 자세히 소개한다.
- 레벨 1에서는 포인터를 주로 배열 사용 관점에서 살펴본다.

레벨 1의 설명 과정에서 스타일이 생소한 부분이 있을 수도 있다. 자세한 사항은 레벨 2(9장)에서 살펴볼 것이므로 우선은 답답함을 참고 넘어가자. 예를 들면 다음과 같다.

1. **타입 수정자(type modifier)와 타입 한정자(type qualifier)는 왼쪽에 바인딩된다.** 식별자를 타입과 시각적으로 구분하기 위해 일반적으로 다음과 같이 작성한다.

   ```
   char* name;
   ```

   여기서 **char***는 타입이고 name은 식별자다. 한정자를 적을 때는 왼쪽 바인딩을 적용하여 다음과 같이 표기한다.

   ```
   char const* const path_name;
   ```

   첫 번째 **const** 한정자는 왼쪽에 나온 **char**에 적용되며 *를 붙여서 포인터로 만들었다. 두 번째 **const** 한정자도 왼쪽으로 바인딩된다.

2. **연달아 선언하지 않는다.** 타입 선언이 연달아 나오면 바인딩 과정이 모호해진다. 다음 예를 살펴보자.

   ```
   unsigned const*const a, b;
   ```

   여기서 b의 타입은 **unsigned const**다. 다시 말해 첫 번째 **const**는 타입에 적용되고, 두 번째 **const**는 a 선언문에 적용된다. 굉장히 헷갈리는 데 비해 그리 중요한 규칙은 아니다.

3. **포인터 매개변수를 배열로 표기한다.** null이 될 수 없는 포인터는 항상 이렇게 표기한다. 예를 들면 다음과 같다.

   ```
   /* 인수가 null이 될 수 없음을 강조한다. */
   size_t strlen(char const string[static 1]);
   int main(int argc, char* argv[argc+1]);
   /* 위 함수를 다음과 같이 선언할 수도 있다. */
   size_t strlen(const char *string);
   int main(int argc, char **argv);
   ```

   첫 번째 문장은 **strlen**이 유효한 (null이 아닌) 포인터를 받고 string 원소를 최소한 한 개 받는다는 것을 강조한 것이다. 두 번째 문장은 **main**이 **char**에 대한 포인터로 구성된 배열을 받는다는 것을 표현한 것이다. 이 배열은 프로그램 이름과 프로그램 인수(argc-1)와 배열의 끝을 나타내는 null 포인터로 구성된다.

앞에 나온 그대로 네 문장을 모두 작성해도 문제없다. 세 번째와 네 번째 선언문은 이미 컴파일러가 아는 사실과 동일한 선언을 추가했을 뿐이다.

4. **함수 포인터 매개변수는 함수처럼 표기한다.** 배열과 마찬가지로 함수 포인터도 null이 될 수 없을 때마다 이렇게 표현한다.

```
/* handler란 인수가 null이 될 수 없음을 강조한 표현 */
int atexit(void handler(void));
/* 같은 내용을 다르게 선언한 문장 */
int atexit(void (*handler)(void));
```

첫 번째 **atexit** 선언은 handler란 이름의 함수를 인수로 받으며 null 함수 포인터는 허용하지 않는다고 강조한 것이다. 참고로 배열 매개변수가 오브젝트 포인터로 변환되듯이, 함수 매개변수인 handler는 함수 포인터로 변환된다.

이 코드 역시 두 문장 모두 작성해도 문제없다. 두 번째 문장은 첫 번째 선언과 표현 방식이 다를 뿐이다.

5. **변수 선언문은 그 변수를 처음 사용하는 지점과 최대한 가까이 둔다.** 초보 C 프로그래머는 변수(특히 포인터 변수)의 초기화를 깜박하는 실수를 가장 많이 한다. 그래서 가능하면 변수 선언과 값 대입문을 하나로 묶는 것이 좋다. C 언어는 이런 취지로 **정의**(definition)라는 기능을 제공한다. 다시 말해 정의는 선언과 초기화를 하나로 묶은 것이다. 그러면 변수 이름에 값을 할당한 뒤 곧바로 변수를 사용할 수 있다.

이 방식은 **for** 루프를 작성할 때 특히 유용하다. 한 루프에서 사용하는 반복자(iterator) 변수는 다른 루프에서 사용하는 반복자와는 별개인 오브젝트다. 따라서 이 변수를 **for**문 안에 선언해서 스코프가 해당 루프를 벗어나지 않도록 한다.

6. **코드 블록은 전위 표기법**(prefix notation)**을 따른다.** 코드 블록을 쉽게 이해하려면 목적과 범위가 잘 드러나도록 다음과 같이 표기해야 한다.

- {는 항상 첫 문장이나 선언문과 같은 줄에 적는다.
- 블록 안에 나오는 코드는 한 단계 들여 쓴다.
- 마지막 }는 새 줄에 쓰고 해당 블록을 시작하는 문장과 들여쓰기 수준을 맞춘다.
- } 뒤에 이어지는 블록 문장은 같은 줄에 쓴다.

예를 들면 다음과 같다.

```c
int main(int argc, char* argv[argc+1]) {
  puts("Hello world!");
  if (argc > 1) {
    while (true) {
      puts("절대 멈추지 않는 프로그램은 존재한다.");
    }
  } else {
    do {
      puts("하지만 이 프로그램은 멈춘다.");
    } while (false);
  }
  return EXIT_SUCCESS;
}
```

03 결국은 제어

이 장에서 다루는 내용

- if를 이용한 조건부 실행
- 도메인에 대해 반복하기
- 다중 선택하기

예제 1-1에서는 프로그램의 실행 흐름을 제어하는 데 함수와 **for** 반복문이라는 두 가지 구문을 사용했다. 함수는 제어 흐름을 무조건 전환하는 용도로 사용한다. 함수를 호출할 때의 제어 흐름은, 호출 대상인 함수로 넘어가서 그 함수를 실행하다가 **return**문을 만나면 호출문이 있는 원래 코드로 돌아온다. 함수에 대해서는 7장에서 자세히 설명한다.

for문은 특정한 문장이나 블록(예제 1-1에서 { printf(...) })의 실행 흐름을 조건(예제 1-1에서 i < 5)에 따라 바꾼다는 점에서 함수와 다르다. C 언어는 **if**, **for**, **do**, **while**, **switch**라는 다섯 가지 **조건부 제어문**(conditional control statement)을 제공하며, 이 장에서 이들에 대해 하나씩 살펴볼 것이다. **if**는 불리언 표현식의 값을 기준으로 **조건부 실행**(conditional execution) 기능을 제공한다. **for**, **do**, **while**은 **반복문**(iteration)이고, **switch**는 정수 값을 기준으로 **다중 선택**(multiple selection) 기능을 제공한다.

C 언어는 4.4절에서 설명할 **삼항 연산자**(ternary operator)^{C}라는 조건문도 제공한다. 이 연산자는 조건 ? A : B 형태의 표현식으로 나타낸다. 또한 컴파일 시간 전처리기 조건문인 #if / #ifdef / #ifndef / #elif / #else / #endif(8.1.5절)과, _Generic이라는 키워드로 표기하는 범용 타입 표현식(16.6절)도 있다.

3.1 조건부 실행

첫 번째로 살펴볼 구문은 **if**라는 키워드로 표현하는 것으로 다음과 같이 작성한다.

```
if (i > 25) {
  j = i - 25;
}
```

이 코드에서는 i의 값과 25라는 값을 비교한다. 즉, i의 값이 25보다 크면 j의 값을 i - 25로 설정한다. 이 코드에서 i > 25와 같은 부분을 제어 표현식(controlling expression)^C이라 하고, 뒤이어 나오는 {...}를 의존 블록(dependent block)^C이라 한다.

얼핏 if문은 앞에서 본 for문과 생김새가 비슷하지만 작동 방식은 다르다. 소괄호 안에 한 부분만 있고, 그 값에 따라 의존 문장 또는 의존 블록을 한 번 실행시킬지 아니면 그냥 건너뛸지를 결정한다.

앞의 코드보다 일반적인 if문의 형태는 다음과 같다.

```
if (i > 25) {
  j = i - 25;
} else {
  j = i;
}
```

이 코드를 보면 if의 제어 조건을 만족하지 못할 때 실행되는 의존 문장 혹은 의존 블록이 하나 더 달려 있다. 두 종류의 문장 혹은 블록을 코드에서 구분하기 위해 else라는 키워드를 따로 제공한다.

if (...) ... else ...를 선택문(selection statement)^C이라 부른다. 이 문장은 (...) 안에 담긴 값에 따라 두 가지 코드 경로(code path)^C 중 하나를 선택한다. 기본 형식은 다음과 같다.

```
if (조건) 문장0_또는_블록0
else 문장1_또는_블록1
```

조건 부분에 들어가는 제어 표현식(controlling expression)의 형태는 다양하다. 앞에 나온 코드처럼 간단한 비교부터 굉장히 복잡한 중첩 표현식까지 나올 수 있다. 이 부분에 사용할 수 있는 기본 요소(primitive)에 대해서는 4.3.2절에서 자세히 소개한다.

if문의 조건 부분에 나올 수 있는 형태 중에서 가장 간단한 예는 다음과 같다. 예제 1-1의 for 루프를 약간 변형한 것이다.

```
for (size_t i = 0; i < 5; ++i) {
  if (i) {
    printf("element %zu is %g, \tits square is %g\n",
```

```
        i,
        A[i],
        A[i]*A[i]);
    }
}
```

이 코드에서 **printf**의 실행 여부를 결정하는 조건으로 달랑 i만 나온다. 즉, 숫값 하나만을 조건으로 사용한다. 이 코드에 따르면 i가 0이 아닐 때만 **printf**가 실행된다.[Exs 1]

숫값 하나로 주어진 조건을 평가할 때는 다음과 같이 간단한 두 가지 규칙이 적용된다.

TAKEAWAY 3.1 0은 논리값 '거짓(**false**)'을 의미한다.

TAKEAWAY 3.2 0이 아닌 모든 값은 논리값 '참(**true**)'을 의미한다.

==와 != 연산자로 두 값이 같은지 혹은 다른지 비교할 수 있다. a == b이란 표현식에서 a 값과 b 값이 같으면 이 식은 참이 되고, 나머지 경우는 거짓이 된다. 또한 a와 b가 같으면 a != b는 거짓이 되고, 나머지 경우는 참이 된다. 조건으로 숫값을 지정했을 때 평가되는 방식을 잘 알고 있으면 중복된 표현을 피할 수 있다. 예를 들어 다음 문장을 보자.

```
if (i != 0) {
  ...
}
```

이 문장을 다음과 같이 간결하게 표현할 수 있다.

```
if (i) {
  ...
}
```

사실 둘 중 어느 것이 읽기 쉬운지는 **코딩 스타일**(coding style)^C^의 문제라서 소모적인 논쟁에 빠지기 쉽다. C 코드를 가끔 읽는 이들은 첫 번째 방식이 쉽게 느껴질 것이고, C의 타입 시스템에 익숙한 이들은 두 번째 스타일을 선호할 것이다.

bool 타입은 진리값을 저장하는 데 사용되며 stdbool.h 파일에 정의돼 있다. bool 타입이 가질 수 있는 값은 **false**나 **true**다. 내부적으로 **false**는 0과 같고, **true**는 1이다. 조건을 표현할 때는 숫자보다는 **false**/**true**로 표현하는 것이 좋다. bool 타입에 대해서는 5.7.4절에서 자세히 소개한다.

Exs 1 예제 코드에 **if** (i) 조건을 추가하고 실행해서 출력 결과가 어떻게 달라지는지 비교해 보자.

비교문에 군더더기가 많으면 읽기 힘들고 코드가 지저분해진다. 조건을 표현할 때는 곧바로 진리값만 쓰는 것이 좋다. 다음 예를 살펴보자.

```
bool b = ...;
...
if ((b != false) == true) {
  ...
}
```

이 문장은 다음과 같이 간결하게 표현할 수 있다.

```
bool b = ...;
...
if (b) {
  ...
}
```

일반적으로 다음 규칙을 따른다.

TAKEAWAY 3.3　0, false, true끼리 비교하는 표현은 쓰지 않는다.

진리값을 곧바로 사용하면 코드가 명확해진다. 이는 C 언어의 기본 특징 중 하나이기도 하다.

TAKEAWAY 3.4　스칼라값은 모두 진리값이 될 수 있다.

여기서 말하는 **스칼라**(scala)^{C} 타입은 앞에서 본 **size_t**, **bool**, **int**와 같은 숫자 타입뿐만 아니라 **포인터**(pointer)^{C} 타입도 포함한다. 표 3-1은 이 책에서 자주 사용하는 타입을 정리한 것이다. 자세한 내용은 6.2절에서 설명한다.

▼ 표 3-1 이 책에서 사용하는 스칼라 타입

레벨	이름	이름	분류	소속	printf
0	size_t		부호 없는 타입(unsigned)	<stddef.h>	"%zu" "%zx"
0	double		부동소수점(Floating)	기본 제공	"%e" "%f" "%g" "%a"
0	signed	int	부호 있는 타입(signed)	기본 제공	"%d"
0	unsigned		부호 없는 타입	기본 제공	"%u" "%x"
0	bool	_Bool	부호 없는 타입	<stdbool.h>	"%d"(0, 1과 같음)
1	ptrdiff_t		부호 있는 타입	<stddef.h>	"%td"
1	char const*		스트링(string, 문자열)	기본 제공	"%s"

○ 계속

레벨	이름	이름	분류	소속	printf
1	char		문자(character)	기본 제공	"%c"
1	void*		포인터(pointer)	기본 제공	"%p"
2	unsigned char		부호 없는 타입	기본 제공	"%hhu" "%02hhx"

3.2 반복문

지금까지는 **for**문으로 어떤 도메인을 반복했다. 첫 번째 예제에서는 변수 i를 선언한 뒤, 한 번씩 반복할 때마다 그 값을 0, 1, 2, 3, 4로 설정했다. 이 문장의 기본 형태는 다음과 같다.

> **for** (절1; 조건2; 표현식3) 문장_or_블록

굉장히 범용적인 문장이다. 흔히 절1 자리에 대입(assignment) 표현식이나 변수 정의를 적는다. 즉, 반복 도메인의 초깃값을 지정하는 역할을 한다. 조건2는 반복을 계속할지 검사한다. 그 뒤에 나오는 표현식3은 절1에 나왔던 반복 변수의 값을 업데이트하는데, 반복이 끝날 때마다 실행된다. 여기에 대해 몇 가지 조언을 하면 다음과 같다.

- 반복 변수(iteration variable)는 **for** 루프의 문맥에 종속되도록 정의해야 하므로 (TAKEAWAY 2.11) 참고), 대부분 절1 자리에 변수 정의를 적는다.
- **for**는 네 가지 요소로 구성되어 다소 복잡하고 시각적으로 표현하기 쉽지 않으므로 문장_or_블록을 블록({...})으로 표현할 때가 많다.

다른 예제도 살펴보자.

```
for (size_t i = 10; i; --i) {
  something(i);
}

for (size_t i = 0; stop = upper_bound(); i < stop; ++i) {
  something_else(i);
}

for (size_t i = 9; i <= 9; --i) {
  something_else(i);
}
```

첫 번째 **for**문은 i를 10부터 1까지 거꾸로 센다(경계값 포함). 조건문은 단순히 변수 i를 평가하기만(값을 가져오기만) 한다. 이때 값이 0인지 비교하는 문장을 굳이 적을 필요 없다. i 값이 0이 되면 조건은 **false**가 돼서 루프가 멈춘다. 두 번째 **for**문은 i와 stop이라는 변수 두 개를 선언한다. 이번에도 i를 루프 변수로 사용한다. stop은 조건에서 다른 값과 비교하는데, i가 stop보다 크거나 같으면 루프를 종료한다.

세 번째 for문은 끝없이 반복되는 것처럼 보이지만 실제로는 9부터 0까지 거꾸로 센다. 다음 장에서 설명하겠지만, C 언어에서 **size_t** 타입으로 된 숫자(크기와 관련된 숫자)는 절대 음수가 되지 않는다.^{Exs2}

세 **for**문 모두 변수를 i란 이름으로 똑같이 선언했다. 이름이 같아도 스코프가 다르면 서로 영향을 미치지 않고 나란히 둘 수 있다.

C 언어는 **while**과 **do**라는 반복문도 제공한다.

```
while (조건) 문장_or_블록
do 문장_or_블록 while(조건)
```

while문의 대표적인 예는 다음과 같다. 이 코드는 **헤론의 근사 공식**(Heron approximation)을 이용하여 숫자 x에 대한 곱셈 역원(곱셈에 대한 역수)인 $\frac{1}{x}$을 계산한다.

```
#include <tgmath.h>

double const eps = 1E-9;         // 원하는 정밀도
...
double const a = 34.0;
double x 0.5;
while (fabs(1.0 - a*x) >= eps) { // 기준에 근접할 때까지 반복한다.
  x *= (2.0 - a*x);              // 헤론의 근사 공식
}
```

이 반복문은 지정한 조건이 참이 될 때까지 반복한다. **do** 루프도 거의 비슷하지만 의존 블록을 실행하고 나서 조건을 검사한다는 점이 다르다.

```
do {                            // 반복 시작
  x *= (2.0 - a*x);             // 헤론의 근사 공식
} while (fabs(1.0 - a*x) >= eps); // 기준에 근접할 때까지 반복한다.
```

Exs 2 i 값이 0인 상태에서 -- 연산자로 i 값을 감소시키면 어떻게 될까?

다시 말해 **while** 루프는 조건이 처음부터 거짓(**false**)이면 의존 블록이 실행되지 않지만, **do** 루프는 의존 블록이 최소한 한 번은 실행된다.

for문과 마찬가지로 **do**와 **while**도 {...} 블록을 사용하는 것이 좋다. **do**와 **while**의 차이점 중 좀 미묘한 부분이 하나 더 있다. **do**는 항상 **while** (조건) 뒤에 세미콜론(;)이 붙는다. 10.2.1절에서 자세히 설명하겠지만 이러한 문법적 특성은 여러 문장을 중첩할 때 상당히 유용하다.

지금까지 살펴본 세 가지 반복문에 **break**와 **continue**문을 곁들이면 훨씬 다양하게 제어할 수 있다. **break**문은 종료 조건을 다시 평가하지 않고 종료한다. 의존 블록 안에서도 **break**문 뒤에 나온 부분은 실행하지 않고 루프를 종료한다.

```
while (true) {
  double prod = a*x;
  if (fabs(1.0 - prod) < eps) {   // 기준에 충분히 근접하면 멈춘다
    break;
  }
  x *= (2.0 - prod);              // 헤론의 근사 공식
}
```

이렇게 하면 a*x라는 곱셈 연산, 종료 조건의 평가, x의 업데이트 연산을 서로 분리할 수 있다. 그러면 **while**의 조건이 할 일은 없어진다. 이를 **for**문으로도 작성할 수 있는데, C 프로그래머들은 관용적으로 다음과 같이 쓴다.

```
for (;;) {
  double prod = a*x;
  if (fabs(1.0 - prod) < eps) {   // 기준에 충분히 근접하면 멈춘다.
    break;
  }
  x *= (2.0 - prod);              // 헤론의 근사 공식
}
```

여기서 **for**(;;)는 **while**(**true**)와 같다. **for**의 제어 표현식(;;에서 가운데 부분)을 생략하면 '항상 참(**true**)'으로 처리되는데, 특별한 이유나 목적이 있어서가 아니라 단지 예전부터 그렇게 처리해서 관례로 자리 잡았기 때문이다.

continue문은 **break**에 비해 사용 빈도가 낮다. **break**와 마찬가지로 의존 블록에서 이 문장의 뒤에 나온 부분은 실행되지 않는다. 따라서 블록에서 **continue** 뒤에 나온 부분은 현재 반복 회차에서 실행하지 않고 다음 회차로 넘어간다. 이후 조건을 검사한 다음 참이 나오면 의존 블록의 처음부터 실행을 이어간다.

```
for (size_t i = 0; i < max_iterations; ++i) {
  if (x > 1.0) {    // 올바른 방향인지 확인한다.
    x = 1.0/x;
    continue;
  }
  double prod = a*x;
  if (fabs(1.0 - prod) < eps) {    // 기준에 충분히 근접하면 멈춘다.
    break;
  }
  x *= (2.0 - prod);                // 헤론의 근사 공식
}
```

지금까지 소개한 예제 코드에서는 tgmath.h 헤더[1]에 정의된 표준 매크로인 **fabs**를 사용했다. 이 매크로는 **double** 타입의 절댓값을 계산한다. 다음으로 소개할 예제 3-1(heron.c)은 지금까지 본 예제와 알고리즘은 같지만, **fabs** 대신 여러 가지 비교 연산자를 사용해서 특정한 고정 숫자와 비교한다. 가령 eps1m24를 $1 - 2^{-24}$으로 정의하고, eps1p24를 $1 + 2^{-24}$으로 정의한다. 5.3절에서 0x1P-24와 같은 상수를 정의 작업에 활용하는 방법에 대해 살펴볼 것이다.

가장 먼저 할 일은 현재 관심 대상 숫자인 a와 현재 추정값 x를 곱한 값을 각각 1.5, 0.5와 비교하고, 곱셈 결과가 1에 가까워질 때까지 x에 0.5나 2를 곱하는 것이다. 그리고 나서 두 번째 반복할 때 코드에 나온 것처럼 헤론의 근사 공식을 적용해서 근삿값을 구하고 곱의 역수를 높은 정확도로 계산한다.

이 프로그램이 하는 일을 크게 보면 커맨드 라인을 통해 전달된 숫자의 역수를 계산하는 것이다. 이 프로그램을 실행하면 다음과 같은 결과가 나온다.

터미널

```
0 > ./heron 0.07 5 6E+23
1 heron: a=7.00000e-02, x=1.42857e+01, a*x=0.999999999996
2 heron: a=5.00000e+00, x=2.00000e-01, a*x=0.999999999767
3 heron: a=6.00000e+23, x=1.66667e-24, a*x=0.999999997028
```

커맨드 라인으로부터 전달된 숫자를 처리하기 위해 stdlib.h[Exs 3, Exs 4, Exs 5]에 정의된 **strtod** 함수를 사용한다.

---

1   tgmath는 'type generic mathematical functions'의 줄임말이다.

Exs 3 x의 중간값을 출력하는 **printf**문을 추가해서 예제 3-1을 분석해 보자.

Exs 4 예제 3-1에 나온 매개변수인 args와 argv의 사용 방법에 대해 설명해 보자.

Exs 5 eps1m01의 값을 화면에 출력하고 이 값을 조금씩 바꾸면 결과가 어떻게 달라지는지 살펴보자.

도전 1 순차 정렬 알고리즘

double이나 string 중 원하는 키값 타입에 대해 다음 두 알고리즘으로 배열을 정렬해 보자.

1. 병합 정렬(재귀 사용)

2. 퀵 정렬(재귀 사용)

프로그램이 정확한지 판단할 수 없다면 의미가 없다. 따라서 결과로 나온 배열이 제대로 정렬됐는지 확인하는 간단한 테스트 루틴도 함께 제공해 보자.

테스트 루틴은 결과로 나온 배열을 한 번만 스캔해야 하고, 정렬 알고리즘보다 훨씬 빨라야 한다.

예제 3-1 곱의 역원 계산

```
 1 #include <stdlib.h>
 2 #include <stdio.h>
 3
 4 /* 1.0을 중심으로 한 반복 기준점의 상한과 하한 */
 5 static double const eps1m01 = 1.0 - 0x1P-01;
 6 static double const eps1p01 = 1.0 + 0x1P-01;
 7 static double const eps1m24 = 1.0 - 0x1P-24;
 8 static double const eps1p24 = 1.0 + 0x1P-24;
 9
10 int main(int argc, char* argv[argc+1]) {
11   for (int i = 1; i < argc; ++i) {         // 커맨드 라인 인수를 처리한다.
12     double const a = strtod(argv[i], 0); // arg -> double
13     double x = 1.0;
14     for (;;) {                           // 2의 제곱
15       double prod = a*x;
16       if (prod < eps1m01) {
17         x *= 2.0;
18       } else if (eps1p01 < prod) {
19         x *= 0.5;
20       } else {
21         break;
22       }
23     }
24     for (;;) {                           // 헤론의 근사 공식
25       double prod = a*x;
26       if ((prod < eps1m24) || (eps1p24 < prod)) {
27         x *= (2.0 - prod);
28       } else {
29         break;
```

54

```
30          }
31      }
32      printf("heron: a=%.5e,\tx=%.5e,\ta*x=%.12f\n",
33              a, x, a*x)
34    }
35    return EXIT_SUCCESS;
36 }
```

3.3 다중 선택

마지막으로 소개할 제어문은 **switch**문으로서 선택문(selection statement)[C]의 한 종류다. **switch**는 **if-else**문이 너무 길어서 코드가 복잡해질 때 주로 사용한다.

```
if (arg == 'm') {
  puts("this is a magpie");
} else if (arg == 'r') {
  puts("this is a raven");
} else if (arg == 'j') {
  puts("this is a jay");
} else if (arg == 'c') {
  puts("this is a chough");
} else {
  puts("this is an unknown corvid");
}
```

이 코드는 단순히 참·거짓 여부를 결정하는 것보다 훨씬 복잡하고 각 조건에 따른 결과도 다양하다. **switch**문을 사용하면 이 코드를 다음과 같이 좀 더 간결하게 표현할 수 있다.

```
switch (arg) {
  case 'm': puts("this is a magpie"); // 까치
            break;
  case 'r': puts("this is a raven");  // 까마귀
            break;
  case 'j': puts("this is a jay");    // 어치
            break;
  case 'c': puts("this is a chough"); // (붉은 다리)까마귀
            break;
  default:  puts("this is an unknown corvid"); // 알 수 없는 까마귀과
}
```

이 코드는 여러 가지 **puts** 호출문 중에서 arg 변수의 값에 따라 하나를 선택한다. **puts** 함수도 **printf**처럼 stdio.h에 정의되어 있다. 이 함수는 인수로 전달한 스트링 한 줄을 화면에 출력한다. 각 경우마다 'm', 'r', 'j', 'c'와 같은 문자로 표현하고, **default**라는 레이블로 표시한 폴백 (fallback)^C 케이스도 지정했다. default 케이스는 arg의 값과 일치하는 **case**가 없을 때 선택된 다.[Exs 6]

다음과 같이 **switch** 문법은 간단하다.

  switch (표현식) 문장_또는_블록

switch문의 의미도 상당히 직관적이다. **case**와 **default** 레이블은 **점프 타깃**(jump target)^C 역할을 한다. 표현식의 값과 일치하는 레이블의 문장을 실행한다. **break**문을 만나면 그 문장이 속한 switch문이 종료되고, 이후 switch 다음 문장으로 넘어간다.

이러한 점 때문에 **if-else**를 반복하는 대신, 다음과 같이 **switch**문을 사용하는 경우가 훨씬 많다.

```
switch (count) {
    default:puts("++++ ..... +++");
    case 4: puts("++++");
    case 3: puts("+++");
    case 2: puts("++");
    case 1: puts("+");
    case 0:;
}
```

일단 **switch**문의 블록 안으로 들어가고 나면 **break**를 만나거나 블록이 끝날 때까지 계속 실행된다. 이 코드에는 **break**문이 하나도 없기 때문에 블록 안에 있는 **puts**가 모두 실행된다. 가령 count 값이 3이라면 다음과 같이 세 줄에 걸쳐진 삼각형 모양이 출력된다.

터미널

---

0 +++

1 ++

2 +

---

switch는 **if-else**보다 구조가 좀 더 유연하지만 다음과 같은 제약 사항이 있다.

Exs 6 여기 나온 **switch**문을 테스트하는 프로그램을 작성해 보자. **break**문 중 몇 개를 지우면 어떻게 되는지도 살펴보자.

TAKEAWAY 3.5 **case** 값은 반드시 정수 타입의 상수 표현식으로 지정한다.

구체적으로 어떤 표현식을 사용할 수 있는지는 5.6.2절에서 자세히 설명한다. 지금은 일단 예제 코드에 나온 4, 3, 2, 1, 0처럼 소스 코드에서 직접 지정한 고정값이어야 한다는 점만 기억하자. 특히 count와 같은 변수는 **switch** 키워드 옆에만 적을 수 있고, **case**에서는 사용할 수 없다.

switch문은 유연성이 상당히 높지만 에러가 발생하기 쉽다는 단점도 있다. 특히 변수 정의를 깜박 잊고 지나치기 쉽다.

TAKEAWAY 3.6 **case** 레이블은 변수 정의 범위를 벗어나면 안 된다.

도전 2 수치 미분(numerical derivatives)

수치 알고리즘(numerical algorithm)을 사용할 일이 많으므로 함수 **double** F(**double** x)의 수치 미분인 **double** f(**double** x)를 구현하는 실습을 해 보자.

F를 구현할 때 미분 결과를 이미 알고 있는 함수(sin, cos, sqrt 등)를 F로 지정하면 결과가 정확한지 쉽게 확인할 수 있다.

도전 3 π

π 값을 N번째 소수점 자리까지 계산한다.

3.4 요약

- **if**문의 조건을 숫값으로 지정해도 된다. 0은 **false**로, 나머지 숫자는 **true**로 처리한다.
- 반복문은 크게 세 가지(**for**, **do**, **while**)가 있다. 특정한 도메인에 대해 반복할 때는 **for**를 가장 많이 쓴다.
- **switch**문은 다중 선택을 표현할 수 있다. **case** 안의 문장에 **break**가 없으면 이어지는 **case**문을 연달아 실행한다.

04 계산 표현하기

이 장에서 다루는 내용

- 산술 연산 수행하기
- 오브젝트 수정하기
- 불 타입 다루기
- 삼항 연산자로 조건부 컴파일하기
- 평가 순서 지정하기

표현식(expression)^C에 대해서는 앞에서 몇 가지 예제를 통해 살펴본 적 있다. 주로 다른 값으로부터 원하는 값을 계산하는 데 사용했다. 여러 표현식 중에서도 우리가 학교 다닐 때 배운 것과 비슷한 산술 표현식이 가장 간단하다. 또한 ==나 !=와 같은 비교 연산자를 사용하는 예도 살펴봤다.

이 장에서 연산을 수행하는 데 사용하는 값이나 오브젝트의 타입은 대부분 **size_t**로 지정한다. 이 타입으로 선언한 값은 '크기(size)'를 나타내며 음수가 될 수 없고 0부터 시작한다. 즉, 수학에서 흔히 N, N₀, '자연수'라고 부르는 음이 아닌 정수를 의미한다. 그런데 컴퓨터는 유한하기 때문에 자연수 전체를 직접 표현할 수 없고, 무한에 가까운 값은 적절히 근사(approximation)한다. **size_t**로 표현할 수 있는 값의 상한은 **SIZE_MAX**로 표현한다.

TAKEAWAY 4.1 **size_t** 타입은 [0, **SIZE_MAX**] 구간의 값을 의미한다.

SIZE_MAX는 꽤 큰 값을 나타낸다. 플랫폼에 따라 다음 값 중 하나로 정해진다.

$$2^{16} - 1 = 65535$$
$$2^{32} - 1 = 4294967295$$
$$2^{64} - 1 = 18446744073709551615$$

플랫폼에서 최소한 첫 번째 값은 지원해야 한다. 요즘은 임베디드 플랫폼이 아닌 이상 **SIZE_MAX**를 이 정도로 작게 표현하는 플랫폼은 거의 없다. 현재는 주로 두 번째와 세 번째 값을 사용한다. 특히 세 번째 값이 다수를 차지하는데, 아직 두 번째 값을 사용하는 PC나 노트북도 있긴 하다. 굉장히 복잡한 계산이 아니면 이 정도 값으로도 충분하다. `SIZE_MAX`는 표준 헤더 파일인 stdint.h에서 제공하기 때문에 이 값을 따로 정의하는 등 프로그램 작성에 특별히 신경 쓸 일은 없다.

C 언어에서는 `size_t`처럼 '음이 될 수 없는 숫자'를 **부호 없는 정수 타입**(unsigned integer type)^{C}이라 부른다. +나 !=와 같은 기호를 **연산자**(operator)^{C}라 하고, 이런 연산자에 적용되는 대상을 **피연산자**(operand)^{C}라 한다. 예를 들어 a + b에서 +는 연산자고, a와 b는 피연산자다.

표 4-1부터 표 4-3은 C에서 제공하는 모든 연산자를 간단히 정리한 것이다. 표 4-1은 값에 적용되는 연산자를, 표 4-2는 오브젝트에 적용되는 연산자를, 표 4-3은 타입에 적용되는 연산자를 정리한 것이다. 원하는 연산을 구성할 때는 여러 표를 함께 참조해야 할 수도 있다. 예를 들어 a + 5에서 a는 `unsigned` 타입의 변수이므로, 표 4-2의 셋째 줄을 보면 a가 평가된다는 것을 알 수 있다. 그리고 나서 표 4-1의 셋째 줄에 따라 a의 값과 5가 산술 연산자인 +로 결합된다. 표에서 지금 이해가 되지 않는 부분이 있더라도 걱정할 필요 없다. 아직 설명하지 않은 개념이 많이 나오기 때문이다. 이 책 전반에 걸쳐 참조하기 좋도록 정리한 것이다.

❤ 표 4-1 값 연산자. '형식' 열은 연산의 구문 형태를 표현한 것이다. 여기서 @는 연산자를, a와 b는 피연산자에 해당하는 값을 의미한다. 산술 연산과 비트 연산을 수행한 결과의 타입은 a 타입과 b 타입을 조합해서 결정된다. '별칭' 열에는 연산자의 다른 표현 방식이나, 특별한 의미가 있는 연산자 조합을 보여 준다. 여기에 나온 연산자나 항에 대한 자세한 사항은 뒤에서 소개한다.

연산자	별칭	형식	타입 제약			
			a	b	결과	
		a	축소		확장	승격
+ -		a@b	포인터	정수	포인터	산술
+ - * /		a@b	산술	산술	산술	산술
+ -		@a	산술		산술	산술
%		a@b	정수	정수	정수	산술
~	compl	@a	정수		정수	비트
&	bitand	a@b	정수	정수	정수	비트
¦	bitor					
^	xor					
≪ ≫		a@b	정수	양수	정수	비트

⊕ 계속

연산자	별칭	형식	타입 제약			
			a	b	결과	
== ⟨ ⟩ ⟨= ⟩=		a@b	스칼라	스칼라	0, 1	비교
!=	not_eq	a@b	스칼라	스칼라	0, 1	비교
	!!a	a	스칼라		0, 1	논리
!a	not	@a	스칼라		0, 1	논리
&& ¦¦	and or	a@b	스칼라	스칼라	0, 1	논리
.		a@m	struct		값	멤버
*		@a	포인터		오브젝트	레퍼런스
[ ]		a[b]	포인터	정수	오브젝트	멤버
->		a@m	struct 포인터		오브젝트	멤버
( )		a(b …)	함수 포인터		값	호출
sizeof		@ a	없음		size_t	크기, ICE
_Alignof	alignof	@(a)	없음		size_t	정렬, ICE

▼ 표 4-2 오브젝트 연산자. '형식' 열은 연산의 구문 형태를 표현한 것이다. 여기서 @는 연산자를, o는 오브젝트를, a는 피연산자 값을 의미한다. '타입' 열에서 *로 표시한 것은 해당 오브젝트 o의 주소값을 가져올 수 있다는 뜻이다.

연산자	별칭	형식	타입	결과	
		o	배열*	포인터	배열 퇴화
		o	함수	포인터	함수 퇴화
		o	기타	값	평가
=		o@a	배열 아닌 타입	값	대입
+= -= *= /=		o@a	산술	값	산술
+= -=		o@a	포인터	값	산술
%=		o@a	정수	값	산술
++ --		@o o@	산술 또는 포인터	값	산술
&=	and_eq	o@a	정수	값	비트
¦=	or_eq				
^=	xor_eq				

⊙ 계속

연산자	별칭	형식	타입	결과	
<<= >>=		o@a	정수	값	비트
.		o@m	**struct**	오브젝트	멤버
[]		o[a]	배열*	오브젝트	멤버
&		@o	모든 타입*	포인터	주소
sizeof		@ o	데이터 오브젝트, 비VLA	**size_t**	크기, ICE
sizeof		@ o	VLA	**size_t**	크기, ICE
_Alignof	**alignof**	@(o)	함수 아닌 타입	**size_t**	정렬, ICE

▼ 표 4-3 타입 연산자. 여기에 나온 연산자는 **size_t**로 된 정수 타입 상수(integer constant, ICE)를 리턴한다. 함수처럼 소괄호 안에 피연산자를 넣는 문법을 따른다.

연산자	별칭	형식	T의 타입	
sizeof		**sizeof**(T)	모든 타입	크기
_Alignof	**alignof**	**_Alignof**(T)	모든 타입	정렬
	offsetof	**offsetof**(T, m)	**struct**	멤버 오프셋

4.1 산술

산술 연산자(arithmetic operator)는 값에 적용되는 연산자며 표 4-1에서 첫 번째 그룹에 해당한다.

4.1.1 +, -, *

쉽게 예상하듯이 +, -, * 산술 연산자는 각각 두 값을 더하고, 빼고, 곱한다.

```
size_t a = 45;
size_t b = 7;
size_t c = (a - b)*2;
size_t d = a - b*2;
```

이 예에서 c는 76이고, d는 31이 된다. 이렇듯 부분 표현식을 소괄호로 묶어서 연산자를 원하는 형태로 바인딩할 수 있다.

+와 -는 단항 연산자로도 사용할 수 있다. -b는 b의 음수값을 나타낸다. 다시 말해 b + a = 0에서
a에 해당하는 값이다. 다음 표현식의 결과도 76이다.

```
size_t c = (+a + -b)*2;
```

부호 없는 타입으로 계산하더라도 - 연산자를 통해 얼마든지 음수로 만들거나 뺄셈을 할 수 있다.
전문 용어로 - 연산자는 부호 없는 타입에 대해서도 잘 정의되어 있다(well-defined)^C고 표현한다.
size_t의 장점 중 하나는 +, -, * 연산을 얼마든지 적용할 수 있다는 것이다. 최종 계산 결과가 [0,
SIZE_MAX] 구간을 벗어나지 않는 한 정식 결과값이 된다.

[TAKEAWAY 4.2] 산술 연산은 부호 없는 타입에 대해서도 잘 정의되어 있다.

[TAKEAWAY 4.3] size_t에 대한 +, -, * 연산 결과가 size_t로 표현될 수 있다면 정식 결과가 된다.

계산 결과가 이 구간을 벗어날 때, 즉 **size_t**로 표현 가능(representable)^C하지 않을 때, 오버플로
(overflow)^C가 발생했다고 말한다. 예를 들어 두 값을 곱한 결과가 **SIZE_MAX**를 넘을 정도로 너무 클
때 오버플로가 발생할 수 있다. C 언어에서 오버플로를 처리하는 방법에 대해서는 다음 장에서 설
명한다.

4.1.2 나눗셈과 나머지

정수의 나눗셈과 나머지 연산을 표현하는 /와 % 연산자는 앞에서 본 세 가지 산술 연산자(+, -, *)
에 비해 좀 복잡하며, 사용 빈도도 상대적으로 낮을 가능성이 높다. a/b란 표현식은 a를 b로 나눈
값으로 평가되고, a%b는 a를 b로 나눈 나머지 값으로 평가되며 여기서 b의 최대 수는 a에서 제외
한다. /와 % 연산자는 항상 짝을 이룬다. z = a / b라는 식이 있다면, 이 연산에서 나머지에 해당
하는 a % b는 a - z*b로 구할 수 있다.

[TAKEAWAY 4.4] 부호 없는 값이라면 a == (a/b)*b + (a%b)가 성립한다.

% 연산자를 응용한 대표적인 예로 시간이 있다. 가령 12시간 기준 시계에서 8:00으로부터 6시간
후는 2:00이다. 12시간 또는 24시간으로 표현하는 시계에서 시간 차를 % 연산자로 표현할 수 있
다(예를 들어 a % 12). 그래서 08:00부터 6시간 후를 % 연산으로 계산하면 (8 + 6) % 12 == 2
다.^{Exs 1} 비슷한 예로 분 단위로 주어진 값이 몇 시간인지를 a % 60으로 구할 수 있다.

/와 % 연산에서 사용할 수 없는 숫자가 딱 하나 있다. 바로 0이다. 0으로 나눌 수 없기 때문이다.

Exs 1 24시간으로 표현하는 시계에서 10:00으로부터 3시간 지난 시각과 20:00에서 8시간 지난 시각을 계산하는 코드를 작성해 보자.

TAKEAWAY 4.5 부호 없는 /와 %에서 두 번째 피연산자는 0일 수 없다.

% 연산자는 부호 없는 타입에 대한 덧셈과 곱셈 연산을 보완하는 용도로도 사용한다. 앞에서 설명했듯이 부호 없는 타입에 대한 값이 허용 범위를 벗어나면 오버플로(overflow)^C가 발생한다. 이럴 때는 마치 % 연산자가 적용된 것처럼 계산 결과가 축소된다. 다시 말해 해당 타입의 허용 구간의 시작점으로 되돌아간다. 예를 들어 `size_t`의 허용 구간은 [0, `SIZE_MAX`]이며 오버플로 발생 시 0으로 돌아간다.

TAKEAWAY 4.6 `size_t`에 대한 산술 연산을 수행할 때는 암묵적으로 % (`SIZE_MAX`+1)이 적용된다.

TAKEAWAY 4.7 부호 없는 타입에 대한 산술 연산 과정에서 오버플로가 발생하면 구간의 시작점으로 되돌아간다.

다시 말해 `size_t` 값이 `SIZE_MAX` + 1이면 0이 되고, 0 - 1의 결과는 `SIZE_MAX`가 된다.

- 연산자가 부호 없는 타입에 적용될 때는 이렇게 시작점으로 되돌아가는 현상이 발생한다. 예를 들어 `size_t` 타입에서 −1이란 값은 `SIZE_MAX`와 같다. 따라서 a에 −1을 더한 결과는 a + `SIZE_MAX`가 되고, 이 값은 구간의 시작점으로 되돌아가서 다음과 같은 결과가 나온다.

  a + `SIZE_MAX` − (`SIZE_MAX`+1) = a - 1

/와 % 연산을 수행한 결과는 항상 피연산자보다 작거나 같다.

TAKEAWAY 4.8 부호 없는 타입에 대한 /와 % 연산의 결과는 항상 피연산자보다 작다.

따라서 다음도 성립한다.

TAKEAWAY 4.9 부호 없는 /와 % 연산에서는 오버플로가 발생하지 않는다.

4.2 오브젝트를 수정하는 연산자

앞에서 본 a = 42란 문장에 나온 **대입**(assignment) 연산도 중요한 연산이다. 예제를 보면 알겠지만 이 연산자는 대칭적이지 않다. 다시 말해 오른쪽은 값이고 왼쪽은 오브젝트다. 좀 거창하게 표현하면 C 언어에서 오른쪽 부분을 rvalue(우측값)^C라 하고, 왼쪽 부분을 lvalue(좌측값)^C라 한다. 하지만 이런 용어는 가능하면 쓰지 않을 것이다. 그냥 값과 오브젝트라고만 해도 충분하다.

C 언어는 다음과 같은 형태의 대입 연산자도 지원한다. 지금까지 본 바이너리 연산자 @에 대해 다음 문법을 적용할 수 있다.

   오브젝트 @= 표현식;

이 문법을 적용하면 산술 연산자 @와 대입 연산을 하나로 합쳐서 간결하게 표현할 수 있다(표 4-2 참조). 이 표현을 풀어 쓰면 다음과 같다.

   오브젝트 = (오브젝트 @ (표현식));

다시 말해 +=, -=, *=, /=, %=란 연산자가 추가로 제공되는 셈이다. 예를 들어 **for** 루프에서 += 연산자를 다음과 같이 활용할 수 있다.

```
for (size_t i - 0; i < 25; i += 7) {
  ...
}
```

이 연산자를 쓸 때 주의할 점이 있다. 두 연산자 사이에 공백을 넣으면 안 된다. 가령 i += 7을 i + = 7과 같이 쓰면 구문 오류가 발생한다.

TAKEAWAY 4.10 연산자를 구성하는 문자는 반드시 붙여 써야 한다.

오브젝트를 수정하는 또 다른 연산자인 **증가 연산자**(increment operator)[C] ++와 **감소 연산자** (decrement operator)[C] --는 앞에 나온 적이 있다.

- ++i는 i += 1과 같다.
- --i는 i -= 1과 같다.

이 대입 연산자들은 값 연산자이며, 오브젝트를 수정한 후의 값을 리턴한다(오브젝트를 리턴하는 것이 아니다). 취향이 특이하다면 다음과 같이 쓸 수도 있다.

```
a = b = c += ++d;
a = (b = (c += (++d))); // 위와 같은 문장이다.
```

여러 오브젝트를 수정하는 문장을 이렇게 하나로 합쳐서 표현하는 것은 바람직하지 않다. 일부러 코드를 난해하게 표현하고 싶지 않는 한, 이런 식으로 작성하지 않기 바란다. 이 코드처럼 표현식을 처리하는 과정에서 오브젝트가 변하는 현상을 **부작용**(side effect)[C]이라고 부른다.

| TAKEAWAY 4.11 | 값 표현식에서 부작용은 암적인 존재다.

| TAKEAWAY 4.12 | 한 문장 안에서 한 오브젝트를 여러 번 수정하지 않는다.

증가 연산자와 감소 연산자는 앞에서 본 형태 말고도 **후행 증가**(postfix increment)^{C}와 **후행 감소** (postfix decrement)^{C}라는 두 가지 방식이 더 있으며 주변 표현식에 결과를 전달하는 방식이 좀 다르다. 앞에서 본 **선행 증가**(prefix increment)(++a)와 **선행 감소**(prefix decrement)(--a)는 연산을 먼저 수행하고 나서 결과를 리턴한다. 선행 방식의 대입 연산(a+=1 또는 a-=1)도 마찬가지다. 반면, 후행 방식 연산은 값을 먼저 리턴한 뒤에 연산을 수행하여 오브젝트를 변경한다. 두 방식 모두 변수에 미치는 영향은 같다. 즉, 값이 증가하거나 감소하기는 마찬가지다.

이렇게 부작용이 있는 표현식을 사용하는 코드는 파악하기 쉽지 않으므로 이런 표현은 자제하도록 한다.

4.3 불 연산

특정한 조건의 만족 여부에 따라 0이나 1의 값을 내는 연산자가 있다(표 4-1 참조). 크게 비교 연산과 논리 연산으로 구분할 수 있다.

4.3.1 비교 연산

비교 연산자(comparison operator)(==, !=, <, >)는 앞에서 본 적이 있다. <와 >는 피연산자가 서로 같을 수 없는 경우를 비교하고, <=와 >=는 각각 '작거나 같다'와 '크거나 같다'를 표현한다. 이런 연산자는 제어문에서 흔히 사용하지만 그 이상의 역할도 한다.

| TAKEAWAY 4.13 | 비교 연산자는 **false**나 **true** 값을 리턴한다.

true나 **false**는 어디까지나 1과 0을 다르게 표현한 단어일 뿐이다. 따라서 산술 연산이나 배열 인덱스로도 사용할 수 있다. 다음 코드에서 c는 항상 1이고, d는 a와 b가 같으면 1이고 그렇지 않으면 0이다.

```
size_t c = (a < b) + (a == b) + (a > b);
size_t d = (a <= b) + (a >= b) - 1;
```

다음 예에 나온 배열 원소 중에서 sign[**false**]는 largeA에 있는 값 중 1.0보다 같거나 큰 것의 개수를 기록하고, sign[**true**]는 1.0보다 작은 값의 개수를 기록한다.

```
double largeA[N] = { 0 };
...
/* largeA를 채운다. */

size_t sign[2] = { 0, 0 };
for (size_t i = 0; i < N; ++i) {
    sign[(largeA[i] < 1.0)] += 1;
}
```

▼ 그림 4-1 sign 배열의 구조

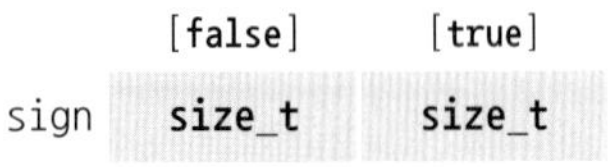

	[false]	[true]
sign	size_t	size_t

마지막으로 **not_eq**란 식별자도 있는데, != 대신 쓸 수 있지만 실제로 사용하는 경우는 거의 없다. 이 구문은 !=를 제대로 표현하지 못하는 컴퓨터가 있던 시절에 나온 것이며, 이를 사용하려면 iso646.h 헤더 파일을 인클루드해야 한다.

4.3.2 논리 연산

논리 연산자(logic operator)는 **false**나 **true**를 표현하는 값에 대해 연산을 수행한다. 그렇지 않은 경우에는 조건부 실행에 대한 규칙이 먼저 적용된다(TAKEAWAY 3.1). ! 연산자(**not** 연산자)는 논리 부정을, && 연산(**and** 연산)은 논리곱을, || 연산(**or** 연산)은 논리합을 구한다. 이러한 논리 연산의 수행 결과를 정리하면 표 4-4와 같다.

▼ 표 4-4 논리 연산자

a	not a		a and b	false	true		a or b	false	true
false	true		false	false	false		false	false	true
true	false		true	false	true		true	true	true

비교 연산자와 마찬가지로 논리 연산자는 다음 규칙이 적용된다.

TAKEAWAY 4.14 논리 연산자는 **false**나 **true** 값을 리턴한다.

앞에서 설명했지만 **true**나 **false**는 1과 0을 다르게 표현한 것에 불과하다. 따라서 다음과 같이 배열의 인덱스로 사용할 수도 있다.

```
double largeA[N] = { 0 };
...
/* largeA를 채운다. */

size_t isset[2] = { 0, 0 };
for (size_t i = 0; i < N; ++i) {
  isset[!!largeA[i]] += 1;
}
```

!!largeA[i]란 표현식에서 largeA[i] 값이 반드시 진리값으로 평가되도록 강조하기 위해 ! 연산자가 두 번 사용됐다(TAKEAWAY 3.4). 따라서 isset[0]과 isset[1]에는 각각 0.0과 같은 값의 개수와 그렇지 않은 값의 개수가 담긴다.

▼ 그림 4-2 isset 배열의 구조

```
        [false]      [true]
isset    size_t       size_t
```

&&와 || 연산자는 **단락 평가**(short-circuit evaluation)[C]가 적용된다. 표현이 다소 생소하지만 쉽게 말하면 두 번째 피연산자에 대한 평가는 상황에 따라 생략할 수 있다는 뜻이다.

```
// 0으로 나누는 일은 절대 발생할 수 없다.
if (b != 0 && ((a/b) > 1)) {
  ++x;
}
```

실행 과정에서 a/b 부분에 대한 평가는 생략할 수 있다. 따라서 0으로 나누는 일은 절대로 발생하지 않는다. 이 코드를 다음과 같이 작성할 수도 있다.

```
if (b) {
  // 0으로 나누는 일은 절대 발생하지 않는다.
  if (a/b > 1) {
    ++x;
  }
}
```

4.4 삼항 연산자와 조건 연산자

삼항 연산자(ternary operator)는 **if**문처럼 두 가지 갈래 중 조건에 맞는 것을 골라서 리턴하는 표현식이다.

```
size_t size_min(size_t a, size_t b) {
  return (a < b) ? a : b;
}
```

&&와 || 연산자와 마찬가지로 두 번째와 세 번째 피연산자는 꼭 필요할 때만 평가된다. tgmath.h 헤더 파일에 정의된 **sqrt** 매크로는 음이 아닌 값의 제곱근을 계산한다. 이 매크로에 음수를 지정해서 호출하면 **도메인 에러**(domain error)[C]가 발생한다.

```
#include <tgmath.h>

#ifdef __STDC_NO_COMPLEX__
# error "we need complex arithmetic"
#endif

double complex sqrt_real(double x) {
  return (x < 0) ? CMPLX(0, sqrt(-x)) : CMPLX(sqrt(x), 0);
}
```

이 함수에서 **sqrt**는 단 한 번만 호출되며, 인수는 절대 음수가 되지 않는다. 따라서 sqrt_real에서 오류가 발생할 일이 없다. **sqrt**에 잘못된 값이 전달될 일이 없기 때문이다.

복잡한 산술 연산을 수행하거나 그런 연산이 많을 때는 complex.h 헤더 파일을 사용해야 한다. tgmath.h에서는 이 헤더 파일을 직접 인클루드한다. 이에 대해서는 5.7.7절에서 자세히 소개한다.

앞의 예제는 **전처리기 지시자**(preprocessor directive)[C]를 사용하여 조건부 컴파일을 지정했다. **#ifdef** 구문은 __STDC_NO_COMPLEX__ 매크로가 정의된 경우에만 **#error** 조건이 적용되도록 설정한다.

4.5 평가 순서

지금까지 살펴본 연산자 중 &&, ||, ?:는 조건에 따라 피연산자의 평가 방식이 달라진다. 특히 피연산자의 평가 순서에 차이가 있다. 첫 번째 피연산자는 나머지 피연산자에 대한 조건에 해당하므로 가장 먼저 평가된다.

4

계산 표현하기

TAKEAWAY 4.15 &&와 ||와 ?:와 , 연산자는 항상 첫 번째 피연산부터 평가한다.

콤마 연산자(,)는 앞에서 설명하지 않았는데, 피연산자를 순서대로 평가해서 오른쪽 피연산자에 결과값을 담는 연산자다. 예를 들어 (f(a), f(b))는 f(a)를 평가한 뒤에 f(b)를 평가하고, 그 결과는 f(b)의 값이 된다. 여기서 주의할 점은 콤마를 나타내는 문자는 C 언어에서 다른 역할도 담당하고 있는데, 그때는 지금과 다른 평가 규칙이 적용된다. 예를 들어 초기화 구문을 구분할 때 사용하는 콤마는 함수 인수를 구분하는 콤마와 속성이 다르다.

콤마 연산자는 깔끔한 코드(clean code) 작성에 도움이 안 되며, 초보자를 헷갈리게만 한다. 가령 A[i, j]는 행렬 A에 대한 이차원 인덱스가 아니라 A[j]다.

TAKEAWAY 4.16 콤마(,) 연산자는 사용하지 않는다.

다른 연산자는 평가에 대한 제약이 없다. 예를 들어 f(a)+g(b)라는 표현식에서 f(a)와 g(b) 중 어느 것을 먼저 계산해야 하는지 정해진 바가 없다. f와 g 중 부작용이 발생한다면, 예를 들어 f를 수행하면서 b를 수정한다면 f(a)+g(b)라는 표현식의 결과는 실행 순서에 따라 달라진다.

TAKEAWAY 4.17 대부분의 연산자는 피연산자의 평가 순서가 따로 정해져 있지 않다.

이때 순서는 컴파일러마다 다를 수 있고, 같은 컴파일러라도 버전에 따라, 컴파일 옵션에 따라 다를 수도 있으며, 표현식 주변의 코드에 따라 달라질 수도 있다. 따라서 환경마다 순서가 얼마든지 달라질 수 있다는 점을 명심하기 바란다. 그렇지 않으면 매우 고생할 수 있다.

함수 인수에 대해서도 마찬가지다. 예를 들어 다음 문장에 나오는 두 인수 중 어느 것이 먼저 평가될지 알 수 없다.

```
printf("%g and %g\n", f(a), f(b));
```

TAKEAWAY 4.18 함수 호출문에서 인수로 주어진 표현식의 평가 순서는 따로 정해져 있지 않다.

산술 표현식에서 부작용을 피하는 가장 확실한 방법은 평가 순서에 의존하지 않는 것이다.

TAKEAWAY 4.19 표현식 안에서 호출되는 함수는 부작용이 없어야 한다.

도전 4 Union–Find

Union–Find 문제는 집합의 파티션을 표현하는 데 사용한다. 집합의 원소를 숫자 0, 1 등으로 표현하고, 각 원소마다 같은 파티션 안의 다른 원소를 부모로 두는 포레스트 데이터 구조로 파티션을 표현한다. 한 파티션 안에 있는 집합들은 그 집합의 루트로 지정된 원소에 의해 구분된다.

여기서 사용하는 두 가지 핵심 연산은 다음과 같다.

- Find: 첫 시작 집합의 원소 하나를 받아서 해당 집합의 루트를 리턴한다.
- Union[1]: 원소 두 개를 받아서 각 원소가 속한 두 집합을 하나로 합친다.

포레스트 데이터 구조를 parent란 이름의 타입이 `size_t`인 인덱스 테이블에 구현할 수 있는가? 이 테이블에서 `SIZE_MAX`란 값은 여러 트리의 루트를 의미하고, 나머지 숫자는 해당 트리에서 부모의 위치를 나타낸다. 구현하기 전에 parent를 싱글턴 파티션으로 만드는 초기화 함수를 반드시 고려해야 한다. 다시 말해 자기가 속한 집합의 루트를 원소로 갖는 파티션이다.

인덱스 테이블을 이렇게 만들었을 때, 주어진 인덱스에 대해 트리의 루트를 찾는 Find 함수를 구현할 수 있는가?

루트 경로에 나오는 모든 parent 항목을 특정한 값으로 변경하는 FindReplace 함수를 구현할 수 있는가?

모든 parent 항목을 앞서 찾아낸 루트로 변경하는 FindCompress 함수를 구현할 수 있는가?

주어진 두 원소에 대해 각각의 트리를 하나로 합치는 Union 함수를 구현할 수 있는가? 이때 한쪽은 FindCompress 함수를 사용하고, 다른 한쪽은 FindReplace를 사용하도록 만들어야 한다.

4.6 요약

- 산술 연산자는 값에 대한 연산을 수행한다.
- 대입 연산자는 오브젝트를 수정한다.
- 비교 연산자는 값을 비교해서 0과 1 중 하나를 리턴한다.
- 함수 호출과 연산자는 피연산자를 평가하는 데 특정한 순서를 따르지 않는다. 단, &&, ||, ?: 연산자는 피연산자에 대한 평가 순서가 정해져 있다.

---

[1] 뒤에서 설명하겠지만 C에서 **union** 연산도 제공한다. 이 연산은 여기서의 Union과는 전혀 다른 것이며 C 언어의 키워드로 정의되어 있다. 두 연산을 구분하기 위해 Union을 대문자 U로 나타낸다.

05 값과 데이터

이 장에서 다루는 내용

- 추상 상태 기계 이해하기
- 타입과 값 다루기
- 변수 초기화하기
- 이름 붙은 상수 사용하기
- 타입의 바이너리 표현

지금까지 문장과 표현식을 이용한 '작업을 수행하는 방식'의 관점에서 살펴봤는데, 이제부터는 **값**(value)[C]과 **데이터**(data)[C]라는 '작업의 대상'의 관점에서 알아보자. 프로그램은 실행 중 특정한 순간에 값을 표현해야 할 때가 있다. 사람도 마찬가지다. 요즘은 숫자를 글로 표현할 때 힌두-아라비아 수체계를 이용하여 십진수로 숫자를 표현한다. 그런데 수체계는 이것 말고도 다양하다. 예를 들어 i, ii, iii, iv 등과 같은 로마 숫자도 있고, 텍스트 형태의 표기법도 있다. '십이(twelve)'라는 단어가 12라는 값을 표현한다는 것은 누구나 알고 있다. 또한 사람들은 십진수가 아닌 다른 진수도 사용한다. 영어와 독일어에는 12진수가 섞여 있고, 프랑스어에는 16진수나 20진수가 혼용된다. 프랑스어가 모국어가 아닌 사람이라면 quatre vingt quinze(4 곱하기 20 더하기 15)는 95라는 대답이 바로 나오지 않을 것이다.

마찬가지로 컴퓨터가 숫자를 표현하는 방법도 아키텍처마다 또는 프로그래머가 지정한 값의 타입에 따라 달라진다. 그래서 코드의 이식성을 높이기 위해서는 표현 방식보다는 값을 잘 다루는 것이 중요하다.

C를 사용한 경험이 어느 정도 있고 비트나 바이트 단위 연산에 익숙하다면 이 장을 읽는 동안만큼은 기존에 알고 있던 지식을 잠시 잊기 바란다. 여러분이 지금껏 컴퓨터에서 값을 구체적으로 표현하던 방식이 도움은커녕 오히려 방해가 될 수 있기 때문이다.

TAKEAWAY 5.1 C 프로그램은 표현 방식보다는 값을 중심으로 처리한다.

특정한 값에 대한 표현은 크게 상관없는 경우가 많다. 값과 표현 사이의 변환 작업은 컴파일러가 처리해 준다.

이 장에서는 이러한 변환이 구체적으로 어떻게 처리되는지 살펴본다. C 언어는 프로그램이 의도한 이상적인 상황을 추상 상태 기계(abstract state machine)(5.1절)로 표현한다. 다시 말해 작성한 프로그램이 실제로 구동되는 플랫폼에 관계없이 그 프로그램이 수행하고자 하는 바를 표현한다. 추상 상태 기계의 상태(state)를 구성하는 요소인 오브젝트(object)는 지정된 타입(type)에 따라 해석되고 일정한 값을 가지는데, 그 값은 실행 중에 수시로 변할 수 있다. 5.2절에서 C의 기본 타입에 대해 살펴본 후 5.3절에서는 이러한 기본 타입으로 특정한 값을 표현하는 방법에 대해 살펴본다. 5.4절에서는 표현식에서 여러 타입을 조합하는 방법을 알아보고 5.5절에서는 오브젝트가 올바른 초깃값을 갖도록 보장하는 방법을 살펴보며 5.6절에서는 반복해서 등장하는 값에 특정한 이름을 붙이는 방법을 설명하고 5.7절에서는 이러한 값을 추상 상태 기계로 표현하는 방법을 알아본다.

5.1 추상 상태 기계

C 프로그램은 값을 처리하는 기계라고 볼 수 있다. 프로그램에서 사용하는 변수는 실행 시점마다 특정한 값을 가지는데, 이 값은 복합 표현식의 최종 표현식으로 이어지는 중간값일 수도 있다. 다음과 같은 간단한 예제를 살펴보자.

```
double x = 5.0;
double y = 3.0;
...
x = (x * 1.5) - y;
printf("x is \%g\n", x);
```

이 코드는 x와 y라는 두 변수를 사용하며 초깃값이 각각 5.0과 3.0이다. 이후 x 값을 계산하는 문장을 보면 다음과 같은 부분 표현식이 나온다.

```
(x * 1.5)
```

이 시점에서 x 값은 5.0이므로 식을 계산하면 7.5라는 결과가 나온다.

```
(5.0 * 1.5)
```

이어서 - y 부분을 계산할 때 y는 3.0이므로 다음과 같이 4.5란 결과가 나온다.

```
7.5 - 3.0
```

따라서 셋째 줄의 실행 결과는 다음과 같다.

```
x = 4.5;
```

여기서부터 x의 평가 결과가 4.5이므로 이후 문장은 다음과 같이 실행된다.

```
printf("x is \%g\n", 4.5);
```

이 문장은 터미널에 텍스트 한 줄을 출력한다.

프로그램에서 연산의 수행 과정과 결과가 항상 **관측 가능**(observable)한 것은 아니다. **주소 기반 메모리**(addressable memory)에 저장하거나 출력 장치에 쓸 때만 볼 수 있다. 앞에 나온 예제에서 **printf**는 x를 평가해 그 결과를 스트링으로 표현하여 터미널에 출력하므로 앞 줄에서 수행한 결과를 어느 정도 '관측할 수 있다'. 하지만 그 앞에 나온 부분 표현식이나 (곱셈이나 뺄셈 같은) 중간 결과는 전혀 볼 수 없다. 그 값을 담을 변수를 정의하지 않았기 때문이다.

C 컴파일러는 **최적화**(optimization)^C 과정을 수행할 때, 최종 결과의 정확성을 해치지 않는다면 겉으로 드러나지 않는 계산 과정을 얼마든지 축약할 수 있다. 방금 본 예제 코드를 최적화하는 방법은 크게 두 가지가 있다. 하나는 변수 x가 **printf** 이후에 사용하지 않고 터미널 출력에만 사용한다고 판단해서 **printf**를 호출하는 문장을 다음과 같이 바꿀 수 있다(최적화를 고려하면 바람직한 방법이다).

```
printf("x is 4.5\n");
```

다시 말해 앞에 나온 계산 과정을 모두 컴파일 시간에 처리하고, 실행 파일에는 고정된 스트링 하나를 출력하도록 한다. 변수 정의를 비롯한 다른 부분은 모두 제거된다.

또 다른 최적화 방법은 x를 뒤에서 다시 사용하는 경우에 적용된다. 이럴 때 컴파일러는 다음과 같이 처리할 수도 있다.

```
double x = 4.5;
printf("x is 4.5\n");
```

또는 다음과 같이 처리할 수도 있다. x 값을 할당하는 문장이 있는 곳이 **printf** 앞인지 뒤인지는 나중에 x를 사용하는 데 아무 상관이 없기 때문이다.

```
printf("x is 4.5\n");
double x = 4.5;
```

오류 없이 최적화할 때 중요한 단 한 가지 사항은, C 컴파일러가 **관측 가능한 상태**(observable state)^C를 재현하는 실행 파일을 만들어내는지 여부다. 관측 가능한 상태는 몇 가지 변수(또는 뒤에서 소개할 이와 비슷한 개체)의 내용과, 프로그램 실행 중에 출력되는 내용으로 구성된다. 그리고 이런 상태가 변경되는 전반적인 메커니즘을 **추상 상태 기계**(abstract state machine)^C라고 부른다.

추상 상태 기계에 대해 알아보기 위해서는 현재 상태를 표현하는 **값**(value), 그 상태가 표현하는 대상인 **타입**(type), 상태를 구분하는 방식인 **표현**(representation)이란 개념부터 살펴볼 필요가 있다.

추상(abstract)이란 단어가 의미하는 것처럼, C 언어는 프로그램이 표현하는 추상 상태 기계를 다양한 플랫폼에서 각자의 능력과 필요에 맞게 구현할 수 있는 메커니즘을 제공한다. 이러한 포용성은 C 언어의 최적화 역량에 중요한 요인 중 하나다.

5.1.1 값

C에서 **값**(value)은 프로그램의 구체적인 구현 방식이나 프로그램 실행 중에 표현되는 방식과는 독립적인 추상적인 개체다. 예를 들어 0이란 값은 모든 C 플랫폼에서 똑같은 효과를 내야 한다. 즉, 0을 x라는 값과 더하면 그 결과는 여전히 x여야 하고, 제어문에 나온 표현식의 결과가 0이면 항상 **false**에 해당하는 제어문으로 분기해야 한다.

지금까지 소개한 예제에 나온 값은 대부분 숫자였는데, 이는 우연이 아니라 C의 핵심 속성이기 때문이다.

TAKEAWAY 5.2 값은 모두 숫자거나 숫자로 변환된다.

이 속성은 C 프로그램에서 다루는 모든 값에 적용된다. 즉, 화면에 출력하는 문자나 텍스트뿐만 아니라 진리값, 측정값, 관계식 등에도 똑같이 적용된다. 숫자는 작성한 프로그램 코드나 구현 방식과는 별개로 수학적인 개체로 취급해야 한다.

프로그램 실행에서 **데이터**(data)란 어떤 시점의 모든 오브젝트가 갖는 값 전체를 의미한다. 프로그램 실행 **상태**(state)는 다음 요소로 구성된다.

- 실행 파일
- 현재 실행 지점
- 데이터
- 외부 개입(사용자 IO 등)

마지막 네 번째 요소를 제외할 때, 프로그램을 동일한 실행 지점에서 동일한 데이터에 대해 실행하면 항상 똑같은 결과를 내야 한다. 그런데 C 프로그램을 다양한 시스템에 포팅(이식)할 수 있어야 하므로 이것만으로는 부족하다. 계산 결과가 (플랫폼에 종속적인) 실행 파일이 아니라 프로그램 규격(specification)에만 종속돼야 바람직한데, 이렇게 플랫폼 독립성을 실현하기 위해서는 **타입**(type)^C의 역할이 중요하다.

5.1.2 타입

C에서 **타입**(type)은 값에 적용되는 속성이다. 지금까지 예제 코드에서 `size_t`, `double`, `bool` 등과 같은 타입을 봤다.

[TAKEAWAY 5.3] 값마다 타입이 있으며 컴파일 시간에 따라 결정된다.

[TAKEAWAY 5.4] 값에 적용할 수 있는 연산은 타입에 따라 결정된다.

[TAKEAWAY 5.5] 값의 타입에 따라 연산의 결과가 달라진다.

5.1.3 바이너리 표현과 추상 상태 기계

아쉽게도 C 표준에는 타입의 종류에 따른 연산의 결과가 모든 컴퓨터 플랫폼에서 완벽하게 정의되어 있지 않다. 예를 들어 부호 있는 타입의 부호 표현 방식과, **double** 타입의 부동 소수점 연산에 적용할 정밀도가 그렇다.[1] 이러한 표현에 대해 C 언어 규격에는 다음과 같은 두 가지 요소만으로 연산의 결과를 사전에 추론할 수 있어야 한다고만 정해 두고 있다.

- 피연산자의 값
- 특정한 플랫폼을 표현하는 고웃값(characteristic value)

예를 들어 `size_t` 타입 연산은 피연산자뿐만 아니라 `SIZE_MAX` 값을 확인할 때 확실히 결정된다.

---

1 다른 국제 표준은 이런 사항에 대해 C 언어보다 훨씬 구체적으로 정해 두고 있다. 예를 들어 POSIX [2009] 표준은 특정한 방식으로만 부호를 표현하도록 정해 뒀고, ISO/IEC/IEEE 60559 [2011] 표준은 정규화된 부동 소수점 표현을 정의했다.

이렇게 특정 플랫폼에서 타입의 값을 표현하는 것을 **바이너리 표현**(binary representation)^{C}이라 부른다.

TAKEAWAY 5.6 타입의 바이너리 표현에 따라 연산의 결과가 결정된다.

일반적으로 이런 모델을 결정할 때 필요한 정보는 모두 C 프로그램 안에 있다. C 라이브러리 헤더는 이렇게 필요한 정보를 (`SIZE_MAX`와 같은) 이름 있는 값, 연산자, 함수 호출 등을 통해 제공한다.

TAKEAWAY 5.7 타입의 바이너리 표현은 모두 관측 가능하다.

이러한 바이너리 표현 역시 일종의 모델이다. 컴퓨터의 메모리나 디스크 또는 영구 저장 장치에 값이 저장되는 방식을 구체적으로 지정하지 않는다는 점에서 추상 표현(abstract representation)이라고 볼 수 있다. 참고로 저장 방식을 구체적으로 지정하는 표현을 **오브젝트 표현**(object representation)이라 한다. 그런데 바이너리 표현과 달리, 메인 메모리에 있는 오브젝트의 값을 해킹하거나 플랫폼 모델이 상이한 컴퓨터끼리 통신하지 않는 한 오브젝트 표현에 대해 크게 신경 쓸 일은 없다. 12.1절에서 오브젝트 표현도 관측할 수 있다는 것을 배울 것이다. 단, 그 오브젝트가 메모리에 저장되어 있고 주소도 알고 있을 때만 그렇다.

정리하면 모든 연산은 값과 타입과 프로그램에 지정된 바이너리 표현에 의해 결정된다. 프로그램 텍스트는 **추상 상태 기계**(abstract state machine)^{C}를 표현하며, 이에 따라 프로그램은 한 상태에서 다른 상태로 전이된다. 이러한 **전이**(transition)는 오직 값, 타입, 바이너리 표현에 따라 결정된다.

TAKEAWAY 5.8 **as-if 규칙**: 프로그램은 추상 상태 기계를 따르는 것처럼 실행된다.

5.1.4 최적화

추상 상태 기계에 명시된 내용을 구체적으로 실행하는 방식은 컴파일러 제작자의 재량으로 결정된다. 최신 C 컴파일러는 프로그램 코드에는 좀 다르게 코드를 생성하는 경향이 있다. 추상 상태 기계의 관측 가능한 상태를 벗어나지 않는 범위에서 코드를 최대한 짧게 만든다. 예를 들어 다음 코드처럼 상수 값을 연달아 더하는 경우를 살펴보자.

```
x += 5;
/* x를 건드리지 않는 다른 작업을 수행한다. */
x += 7;
```

이 코드를 다음과 같이 처리하는 컴파일러가 많다.

```
/* x를 건드리지 않는 다른 작업을 수행한다. */
x += 12;
```

또는 다음과 같이 처리할 수도 있다.

```
x += 12;
/* x를 건드리지 않는 다른 작업을 수행한다. */
```

컴파일러는 결과의 차이점이 겉으로 드러나지 않는 범위에서 얼마든지 실행 순서를 변경한다. 예를 들어 x의 중간값을 출력하지 않는 한, 그리고 그 중간값을 다른 연산에 사용하지 않는 한 실행 순서를 바꿀 수 있다.

하지만 프로그램이 중단되지 않는다고 보장할 수 없는 연산은 이렇게 최적화하지 않는다. 앞의 예제에서는 x의 타입에 큰 영향을 받는다. x의 현재 값이 타입의 상한에 가깝다면 x += 7이라는 단순한 연산에서 **오버플로**(overflow)가 발생할 수 있다. 오버플로는 타입마다 처리 방식이 다르다. 지금까지 본 것처럼 부호 없는 타입에서 발생하는 오버플로는 큰 문제가 없다. 따라서 최적화된 연산의 결과는 항상 최적화 이전에 두 개로 분리된 문장의 결과와 항상 일치한다. 하지만 (**signed**와 같은) 부호 있는 정수 타입이나 (**double**과 같은) 부동 소수점 타입에서 발생하는 오버플로는 **예외**(exception)가 발생하여 프로그램이 중단될 수 있으므로 이럴 때는 최적화를 적용하면 안 된다.

앞에서 설명했듯이 프로그램 코드와 추상 상태 기계 사이의 이러한 느슨한 관계를 **최적화**(optimization)라고 부른다. 이는 굉장히 중요한 특성으로서 간결한 표현과 함께 C 언어가 그보다 기능이 풍부한 다른 프로그래밍 언어에 비해 뛰어난 주된 이유로 꼽힌다. 결론적으로 다음과 같이 한 마디로 정리할 수 있다.

TAKEAWAY 5.9 최적화 수준은 타입에 따라 결정된다.

5.2 기본 타입

C는 다양한 **기본 타입**(basic type)을 제공하며 이를 토대로 **파생 타입**(derived type)[c]을 만들 수 있다. 여기에 대해서는 6장에서 자세히 소개한다.

기본 타입 체계는 다소 복잡하고 관련 문법도 직관적이지 않은 편인데, 특별히 기술적인 이유가 있어서라기보다는 역사적인 이유 때문인 경우가 많다. 먼저 **signed int**, **double**과 같이 C 언어의 키워드만을 이용한 **1차 규격**(first level of specification)이 있다. 1차 규격은 주로 C의 내부 기능에 따라 구성된다. 이러한 1차 규격을 토대로 헤더 파일을 통해 **2차 규격**(second level of specification)을 제공할 수 있는데, 앞에서 본 예제의 **size_t**와 bool이 여기에 해당한다. 이러한 2차 규격은 타입 의미론(type semantics)에 따라 구성되며, 해당 타입이 프로그래머에게 제공할 속성들을 지정한다.

먼저 1차 규격부터 살펴보자. 앞에서(TAKEAWAY 5.2) 말했듯이 C에서 값은 기본적으로 모두 숫자다. 그런데 종류가 좀 다른 숫자도 있다. 크게 정수와 부동 소수점 수로 나눌 수 있고, 각각에 대해 두 가지씩 구분할 수 있다. 즉, 정수는 **부호 없는 정수**(unsigned integer)[C]와 **부호 있는 정수**(signed integer)[C]가 있고, 부동 소수점 수는 **실수 부동 소수점 수**(real floating-point number)[C]와 **복소수 부동 소수점 수**(complex floating-point number)[C]가 있다. 이 네 가지 타입은 각각 세부 타입으로 나눠지며, 각 타입마다 허용하는 값의 범위(**정밀도**(precision)[C])가 다르다.[2] 표 5-1은 18가지의 기본 타입을 개략적으로 정리한 것이다.

▼ 표 5-1 네 가지 주요 타입에 따라 분류한 기본 타입. 회색으로 표시된 타입은 산술 연산에 사용할 수 없다. 산술 표현식에 이 타입을 사용하면 먼저 승격(promotion)된 후에 평가된다. char 타입은 좀 특별하다. 플랫폼에 따라 부호 없는 타입일 수도 부호 있는 타입일 수도 있다. 이 표에 나온 타입은 같은 부류에 속하거나 정밀도가 같더라도 서로 엄격히 구분된다.

부류		시스템 이름	별칭	순위
정수	부호 없는	_Bool	bool	0
		unsigned char		1
		unsigned short		2
		unsigned int	unsigned	3
		unsigned long		4
		unsigned long long		5
	부호 없는 또는 부호 있는	char		1
	부호 있는	signed char		1
		signed short	short	2
		signed int	short 또는 int	3
		signed long	long	4
		signed long long	long long	5

○ 계속

---

2   여기서 말하는 정밀도(precision)란 용어는 C 표준에 정의된 문맥에 국한된 의미로 사용한다. 부동 소수점 연산의 **정확도**(accuracy)와는 다르다.

부류		시스템 이름	별칭	순위
부동 소수점 수	실수	`float`		
		`double`		
		`long double`		
	복소수	`float _Complex`	`float complex`	
		`double _Complex`	`double complex`	
		`long double _Complex`	`long double complex`	

표에서 회색으로 표시된 것처럼 산술 연산에 직접 쓸 수 없는 타입은 여섯 개다. 이를 **좁은 타입**(narrow type)^C이라 하며, 이 타입을 산술 표현식에 사용하면 먼저 넓은 타입으로 **승격**(promote)^C된다. 요즘 나온 플랫폼에서는 부호 있는 타입이 아니어도 좁은 타입을 무조건 **signed int**로 승격시킨다.

TAKEAWAY 5.10 좁은 정수 타입을 산술 표현식에 사용하면 **signed int**로 승격된다.

좁은 정수 타입 중에서도 **char**와 **bool**에 주목할 필요가 있다. **char**는 텍스트로 출력할 수 있는 문자에 대한 타입이고, **bool**은 **false**와 **true**라는 진리값을 갖는다. 앞에서 말했듯이 C에서는 이런 값도 모두 숫자다.

승격되지 않은 나머지 12가지 타입은 네 종류로 깔끔하게 나뉜다.

TAKEAWAY 5.11 네 가지 기본 타입마다 승격되지 않은 타입이 세 가지씩 있다.

사람들이 잘못 알고 있는 경우가 많은데, 이 12가지 타입에 대한 정밀도는 C 표준에 명시되어 있지 않다. 그래서 구현에 따라 달라지는 경우가 많다.

이와 달리 부호 있는 타입이 가질 수 있는 값의 범위의 포함 관계는 **등급**(rank)에 맞게 정의돼야 한다고 표준에서 명시하고 있다.

▼ 그림 5-1 부호 있는 타입의 포함 관계

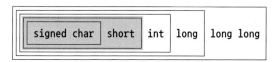

이러한 포함 관계를 엄격하게 정할 필요는 없다. 가령 **int**와 **long**은 서로 다른 타입이지만 값의 범위는 동일하게 정의한 플랫폼이 많다. 부호 없는 타입 여섯 가지도 마찬가지다.

▼ 그림 5-2 부호 없는 타입의 포함 관계

반면, 산술이나 비교 연산에서 부호 없는 좁은 타입은 **unsigned int**가 아닌 **signed int**로 **승격**된다는 점에 주의한다.

부호 있는 타입과 부호 없는 타입의 범위를 정확히 비교하기는 쉽지 않다. 한 가지 확실한 점은 부호 없는 타입은 부호 있는 타입의 음수 값을 가질 수 없다는 것이다. 음이 아닌 값은 다음과 같은 등급에 따라 값의 포함 관계가 결정된다.

▼ 그림 5-3 음이 아닌 값의 포함 관계

음이 아닌 부호 있는 값	부호 없는 값

다시 말해 해당 등급에서 부호 있는 타입의 음이 아닌 값은 부호 없는 타입에 포함된다. 요즘 나온 플랫폼은 이러한 포함 관계가 엄격하다. 부호 없는 타입은 부호 있는 타입에 포함되지 않는 값을 가진다. 예를 들어 흔히 **signed int**의 최댓값은 $2^{31} - 1 = 2,147,483,647$이고, **unsigned int**의 최댓값은 $2^{32} - 1 = 4,294,967,295$다.

정수 타입 사이의 상호 관계가 플랫폼마다 다르기 때문에 이식성을 보장하면서 원하는 목적에 딱 맞게 타입을 선택하기 상당히 번거로울 수 있다. 다행히 컴파일러가 이 작업을 어느 정도 도와준다. 가령 특정한 속성을 가진 **size_t**와 같은 **typedef**들을 제공한다.

TAKEAWAY 5.12 크기(size), 원소의 개수(cardinality), 순서수(ordinal number)는 **size_t** 타입으로 표현한다.

참고로 부호 없는 타입이 가장 편리하다. 수학의 모듈로(modulo) 연산과 동일한 연산을 지원하기 때문이다. 오버플로가 발생해도 예외를 발생시키지 않고 최적화도 잘 된다. 자세한 내용은 5.7.1절에서 설명한다.

TAKEAWAY 5.13 음수를 가질 수 없는 작은 양(quantity)은 **unsigned**로 표현한다.

양수와 음수 둘 다 가질 수 있지만 분수(소수)는 가질 수 없는 값을 꼭 써야 할 경우에는 부호 있는 타입을 사용한다(5.7.5절 참고).

TAKEAWAY 5.14 부호를 가질 수 있는 작은 양은 **signed**로 표현한다.

TAKEAWAY 5.15 부호를 가질 수 있는 큰 차(difference)의 연산에는 **ptrdiff_t**를 사용한다.

0.5나 3.77189E+89와 같은 값에 대해 분수 연산을 수행하려면 부동 소수점 타입을 사용한다(5.7.7
절 참고).

TAKEAWAY 5.16 부동 소수점 연산에는 **double**을 사용한다.

TAKEAWAY 5.17 복소수 연산에는 **double complex**를 사용한다.

C 표준에는 다른 타입도 많이 정의돼 있는데, 그 중에서도 특별한 종류의 산술 타입이 있다. 몇
가지만 예를 들면 표 5-2와 같다. 또 다른 타입으로 플랫폼에서 지원하는 최대 너비에 대한 타입
도 있다. 이 타입은 전처리기가 산술 연산이나 비교 연산을 수행하는 데 쓰이기도 한다.

▼ 표 5-2 특별한 종류의 산술 타입.

타입	헤더	정의	의미
size_t	stddef.h		크기나 원소 개수를 표현하는 데 적합
ptrdiff_t	stddef.h	.	크기 차를 표현하는 데 적합
uintmax_t	stdint.h		최대 너비 부호 없는 정수, 전처리기
intmax_t	stdint.h		최대 너비 부호 있는 정수, 전처리기
time_t	time.h	**time(0)**, **difftime**(t1, t0)	에포크 이후의 달력 시간(초 단위)
clock_t	clock_t	**clock()**	프로세서 시간

time_t와 **clock_t** 타입은 시간을 다루는 데 사용된다. 두 타입에 대한 시간 연산의 정밀도가 플랫
폼마다 다르다(semantic type). 산술식에 사용할 수 있는 초 단위 시간은 **difftime** 함수로 구하며,
이 함수는 두 타임스탬프(timestamp)의 차를 구한다. **clock_t** 값은 현재 플랫폼의 프로세서 클럭
사이클 모델을 제공한다. 그래서 초보다 작은 단위를 사용하는 경우가 많다. 이런 값을 초 단위로
변환하려면 **CLOCKS_PER_SEC**를 사용하면 된다.

5.3 값 지정하기

숫자 상수(리터럴(literal)ᶜ)를 지정하는 방법은 이미 여러 차례 다뤘다.

- 123 **십진 정수 상수**(decimal integer constant)[C]: 가장 많이 사용하는 방식

- 077 **팔진 정수 상수**(octal integer constant)[C]: 첫 글자가 0이고 이후에 0부터 7 사이의 숫자들이 나열되는 방식. 예를 들어 077은 십진수로 63이다. 이 표기법은 단지 예전에 이렇게 썼기 때문에 남아 있는 것으로 요즘은 거의 사용하지 않는다. 가장 많이 사용되는 팔진 리터럴은 0 뿐이다.

- 0xFFFF **십육진 정수 상수**(hexadecimal integer constant)[C]: 0x로 시작해서 0부터 9 사이의 숫자와 a부터 f까지 알파벳을 조합한 값으로 표현한다. 예를 들어 0xbeaf는 십진수로 48815다. a부터 f까지 알파벳과 x는 0XBEAF와 같이 대문자로 써도 된다.

- 1.7E-13 **십진 부동 소수점 상수**(decimal floating-point constant)[C]: 소수점을 포함한 십진수로 표현하는 친숙한 방식이다. 여기에 지수를 이용한 과학 표기법도 가능하다. 일반적으로 mEe 라고 쓰면 $m \cdot 10^e$을 의미한다.

- 0x1.7aP-13 **십육진 부동 소수점 상수**(hexadecimal floating-point constant)[C]: 정확한 표기법을 적용해야 하는 부동 소수점 값을 쉽게 표현할 때 사용한다. 일반적으로 0XhPe라고 쓰면 $h \cdot 2^e$ 을 의미한다. 여기서 h 자리에 십육진수 소수나 분수를 적고, 지수 2는 십진수로 표기한다.

- 'a' **정수형 문자 상수**(integer character constant)[C]: 'a'와 '?'처럼 문자를 아포스트로피(')로 묶어서 표현한다. 이런 문자마다 C 표준에서 암묵적으로 정해둔 값이 있다. 예를 들어 'a' 라고 표현하면 이는 라틴 알파벳 a라는 문자에 대응되는 정수형 코드로 정해진다.

  이러한 문자 상수에서 \ 문자는 특별한 의미가 있다. 예를 들어 앞에서 나온 '\n'은 줄바꿈 **문자**(newline character)를 의미한다.

- "hello" **스트링 리터럴**(string literal)[C]: printf나 puts 함수 등에서 텍스트를 지정하는 데 사용된다. 문자 상수와 마찬가지로 \ 문자는 특별한 의미가 있다.[3]

이 목록에서 스트링 리터럴을 제외하면 모두 숫자를 지정하는 **숫자 상수**(numerical constant)다[4]. 스트링 리터럴만 예외로 숫자 상수가 아닌데, 이는 컴파일 시간에 결정되는 텍스트를 지정할 때 사용한다. 스트링 리터럴을 청크 단위로 자르는 기능 덕분에 긴 텍스트를 간편하게 코드에 넣을 수 있다.

---

3 printf 함수에서 사용하는 % 문자도 특별한 의미가 있다. 그래서 %이란 리터럴을 printf로 출력하려면 %%와 같이 지정해야 한다.

4 여기에 빠진 복소수에 대해서는 5.3.1절에서 소개한다.

```
puts("first line\n"
     "another line\n"
     "first and "
     "second part of the third line");
```

TAKEAWAY 5.18 스트링 리터럴을 연달아 적으면 하나로 연결된다.

숫자 리터럴에 적용되는 규칙은 좀 복잡하다.

TAKEAWAY 5.19 숫자 리터럴은 절대 음수가 될 수 없다.

다시 말해 -34나 -1.5E-23과 같이 적을 때, 맨 앞에 나온 부호는 숫자에 포함되지 않은, 그 숫자에 적용되는 **부정**(negation) 연산자다. 이 연산이 언제 중요해지는지 잠시 후 설명한다. 그런데 특이하게도 지수에 나온 마이너스 부호는 부동 소수점 리터럴에 포함된다.

TAKEAWAY 5.3 에서 봤듯이 리터럴은 값을 가지며 타입도 반드시 지정해야 한다. 상수가 양의 값을 가진다는 것과 그 상수에 타입을 지정하는 것은 별개며, 타입은 **signed**로 지정할 수도 있다는 점에 주의한다.

TAKEAWAY 5.20 십진 정수 상수는 부호를 가질 수 있다.

이 속성은 상당히 중요하다. 가령 표현식에 -1이란 십진 정수 상수는 부호 있는 음수 값을 가진다는 것을 의미한다.

정수 리터럴의 정확한 타입은 **최초 적합 규칙**(first fit rule)에 의해 결정된다.

TAKEAWAY 5.21 십진 정수 상수는 세 가지 부호 있는 타입 중에서 첫 번째로 적합한 타입으로 정해진다.

이 규칙에 의해 의외의 현상이 일어날 수 있다. 가령 현재 플랫폼에서 **signed** 값의 최솟값이 -2^{15} = -32768이고, 최댓값이 $2^{15} - 1$ = 32767이라 하자. 그러면 상수 32768은 **signed** 범위를 벗어나므로 **signed long**이어야 한다. 따라서 -32768이란 표현식의 타입은 **signed long**이 된다. 이런 플랫폼에서는 **signed** 타입의 최솟값을 리터럴 상수로 표현할 수 없다.[Exs 1]

TAKEAWAY 5.22 같은 값이라도 타입이 서로 다를 수 있다.

팔진수나 십육진수 상수의 타입을 결정하는 과정은 다소 복잡하다. 부호 있는 타입의 범위를 벗어난 값이 부호 없는 타입이 될 수도 있다. 앞에서 본 예제에서 십육진수 상수인 0x7FFF는 십진

Exs 1 **signed long long**의 최솟값과 최댓값의 속성도 이와 비슷하다면, 해당 플랫폼에서 가장 작은 정수 값은 마이너스 부호와 리터럴 하나를 조합하는 방식으로는 표현할 수 없음을 보여라.

수로 32767이므로 **signed** 타입이 된다. 반면, 십육진수 상수인 0x8000는 십진수로 32768이어서 **unsigned** 타입이 되고, -0x8000도 마찬가지로 **unsigned**가 된다.[Exs 2]

TAKEAWAY 5.23 음수 값은 팔진수나 십육진수 상수로 표현하지 않는다.

따라서 음수 값을 갖는 상수를 표현하려면 한 가지 방법밖에 없다.

TAKEAWAY 5.24 음수 값은 십진수 상수로 표현한다.

정수형 상수를 부호 없는 타입이나 너비가 최소인 타입으로 만들 수 있는데, 상수 값을 나타내는 리터럴 뒤에 U, L, LL 등을 붙이면 된다. 예를 들어 1U라고 적으면 값은 1이고 타입은 **unsigned**가 된다. 1L은 **signed long**이고, 1ULL이라고 적으면 값은 1L과 마찬가지로 1이지만 타입은 **unsigned long long**이 된다.[Exs 3] 여기서 주목할 점은 C 언어의 상수(예 1ULL)를 표현하는 글씨체와 값(예 1)을 표현하는 글씨체를 다르게 적용했다는 것이다.

십육진수 상수에 **signed** 타입을 적용하여 음수를 표현하는 실수를 하는 경우가 많다. 예를 들어 **int** x = 0xFFFFFFFF라고 선언했다고 하자. 이 십육진수 값이 바이너리 표현으로는 -1과 같다는 생각에 이렇게 적을 수 있다. 실제로 32비트 **signed** 타입을 지원하는 아키텍처는 그런 경우가 많다(모두 그런 것은 아니다). 하지만 +4294967295가 항상 -1로 변환되는 것은 아니다. 표 5-3에서 값과 타입이 특이한 상수의 예를 볼 수 있다.

▼ 표 5-3 상수 타입의 예. 여기서는 signed와 unsigned를 32비트로 표현한다고 가정했다.

상수 x	값	타입	$-x$의 값
2147483647	+2147483647	signed	−2147483647
2147483648	+2147483648	signed long	−2147483648
4294967295	+4294967295	signed long	−4294967295
0x7FFFFFFF	+2147483647	signed	−2147483647
0x80000000	+2147483648	unsigned	+2147483648
0xFFFFFFFF	+4294967295	unsigned	+1
1	+1	signed	−1
1U	+1	unsigned	+4294967295

Exs 2 unsigned의 최댓값이 $2^{16} - 1$이어도 -0x8000는 32768임을 보여라.

Exs 3 -1U, -1UL, -1ULL로 지정하면 각각 승격되지 않은 부호 없는 타입으로 최댓값을 갖는다는 것을 보여라.

앞에서 설명했지만 여기서 0이 중요하다. 매우 중요하여 0, 0x0, '\0'과 같이 다양한 표현 방식을 지원한다. 세 가지 표현 모두 값은 같고 타입은 **signed int**다. 0에 대한 정수형 소수점 표현은 없다. 0.0이 0이란 값에 대한 소수점 표현이긴 하지만, 정수가 아닌 **double** 타입의 부동 소수점 값으로 취급한다.

TAKEAWAY 5.25 서로 다른 리터럴이 같은 값을 가질 수 있다.

이는 정수에 대해서는 당연한 말 같지만 부동 소수점 상수는 그렇지 않다. 부동 소수점 값은 텍스트로 표현된 근삿값일 뿐이다. 바이너리로 표현할 때 소수점 아래 자리를 버리거나 반올림하기 때문이다.

TAKEAWAY 5.26 십진 부동 소수점 상수의 실제 값은 리터럴 값과 다를 수 있다.

예를 들어 필자의 머신에선 상수 0.2의 값이 0.20000000000000000111이므로 0.2와 0.20000000000000000111의 값이 서로 같게 된다.

십육진 부동 소수점 상수는 부동 소수점 값을 바이너리로 잘 표현하도록 고안됐다. 실제로 대다수의 최신 아키텍처에서 (자릿수가 너무 많지 않은) 십육진 부동 소수점 상수는 리터럴 값과 일치한다. 아쉽게도 이런 괴물 같은 값은 사람이 읽기 힘들다. 예를 들어 0x1.99999AP-3과 0xC. CCCCCCCCCCCCCCDP-6이라는 두 상수를 살펴보자. 첫 번째 상수는 $1.60000002384 * 2^{-3}$에 해당하고, 두 번째 상수는 $12.800000000000000002 * 2^{-6}$에 해당한다. 따라서 십진 부동 소수점으로 표현할 때 두 값은 대략 0.2000000298과 0.20000000000000000003이 된다. 따라서 값으로 보면 두 상수가 비슷하지만 십육진 부동 소수점 상수 표현으로는 상당히 달라진다.

마지막으로 부동 소수점 상수는 **float**을 의미하는 f 또는 F로 시작하거나 **long double**을 의미하는 l 또는 L로 시작할 수 있다. 이렇게 적지 않으면 모두 **double** 타입이 된다. 주의할 점은 같은 리터럴이라도 상수의 타입에 따라 값이 달라진다는 것이다. 대표적인 예로 다음과 같은 경우가 있다.

▼ 표 5-4 타입에 따라 다른 리터럴 값

	float	double	long double
리터럴	0.2F	0.2	0.2L
값	0x1.99999AP-3F	0x1.999999999999AP-3	0xC.CCCCCCCCCCCCCDP-6

TAKEAWAY 5.27 리터럴은 값과 타입과 바이너리 표현으로 구성된다.

5.3.1 복소수 상수

C 플랫폼이라고 해서 모두 복소수 타입을 지원하는 것은 아니다. 현재 플랫폼에서 복소수를 지원하는지 확인하려면 `__STDC_NO_COMPLEX__`를 확인해 보면 된다. 복소수 타입을 제대로 지원하려면 complex.h 헤더 파일을 인클루드해야 한다. 수학 함수를 사용하기 위해 tgmath.h를 인클루드했다면 이 헤더도 함께 인클루드된다.

아쉽게도 C 언어에는 복소수 타입 상수를 지정하는 리터럴이 없다. 복소수 타입을 쉽게 다루기 위한 매크로(macro) 몇 가지만 제공할 뿐이다.[5]

복소수 값을 표현하기 위한 첫 번째 방법은 `CMPLX` 매크로를 사용하는 것이다. 이 매크로는 복소수의 실수부와 허수부를 표현하는 부동 소수점 값 두 개로 구성된다. 예를 들어 `CMPLX(0.5, 0.5)`는 실수부와 허수부의 값이 절반인 `double complex` 값이다. 이런 식으로 `float complex`에 대한 `CMPLXF`와 `long double complex`에 대한 `CMPLXL`도 있다.

또 다른 방법은 I 매크로를 사용하는 것으로 `CMPLX` 매크로보다 간편하다. 이 매크로는 I*I=-1을 만족하는 `float complex` 상수 값을 표현한다. I 매크로처럼 이름이 대문자 하나만으로 이루어진 매크로는 프로그램 전체에서 고정된 숫자를 표현할 때 주로 사용한다. 이렇게 한 문자로 된 이름은 문자 수가 제한되므로 그리 좋은 방법은 아니지만, 어쨌든 코드에서 대문자 I를 다른 용도로 사용하면 안 된다.

TAKEAWAY 5.28 I는 허수부를 표현하는 예약어다.

I는 수학 표기법과 비슷한 방식으로 복소수 타입 상수를 표현하는 데 사용된다. 예를 들어 0.5 + 0.5*I와 같이 적으면 `double complex` 타입이 되고, 0.5F + 0.5F*I라고 적으면 `float complex` 타입이 된다. 실수부와 허수부를 각각 `float`와 `double` 상수로 지정하는 것처럼 타입을 섞어 쓰면, 컴파일러는 결과를 표현할 때 내부적으로 둘 중 넓은 타입으로 변환한다.

도전 5 복소수

(도전 2에 나온) 미분을 복소수로 확장할 수 있는가? 다시 말해 입력과 출력이 `double complex` 값인 함수로 만들 수 있는가?

---

5   매크로는 5.6.3절에서 정식으로 소개한다. 일단 여기서는 특정한 속성에 대해 컴파일러가 정한 이름이라는 정도만 알고 넘어가자.

5.4 암묵적 변환

예제에서 본 것처럼 피연산자의 타입에 의해 연산자 표현식의 타입이 결정된다. 가령 -1은 **signed int**인 반면, -1U는 **unsigned int**가 된다. 초보자는 -1U가 **unsigned int**라는 점이 의외라고 생각할 수 있는데, **unsigned int**는 음수가 없으므로 -1U는 값이 큰 양수가 된다.

TAKEAWAY 5.29 단항 연산자인 -와 +의 타입은 승격된 인수 타입을 따른다.

따라서 이런 연산자는 대체로 타입이 변하지 않는다. 변하더라도 C의 **암묵적 변환**(implicit conversion) 규칙을 따른다. 다시 말해 이는 특정한 타입의 값을 다른 타입으로 변환할 때 적용되는 규칙이다. 다음 예를 살펴보자. 앞에서와 마찬가지로 이번에도 **signed int**의 최솟값과 최댓값이 각각 -2147483648과 2147483648이라고 가정했다.

```
double         a = 1;          // 문제 없음. 타입에 맞는 값이다.
signed short   b = -1;         // 문제 없음. 타입에 맞는 값이다.
signed int     c = 0x80000000; // 위험. 지정된 타입을 벗어나는 값이다.
signed int     d = -0x80000000; // 위험. 지정된 타입을 벗어나는 값이다.
signed int     e = -2147483648; // 문제 없음. 타입에 맞는 값이다.
unsigned short g = 0x80000000; // 정보 손실 발생. 0이 된다.
```

여기서 a와 b를 초기화하는 데는 아무 문제가 없다. 각각의 값이 주어진 타입의 범위를 벗어나지 않는다. 따라서 C 컴파일러는 타입을 암묵적으로 변환할 수 있다.

그 뒤에 나온 c와 d를 초기화하는 문장에는 문제가 있다. 앞에서 봤듯이 0x80000000은 **unsigned int** 타입이므로 **signed int**의 범위를 벗어난다. c의 값은 C 구현에 따라 달라진다. 정확한 값을 알아내려면 플랫폼에서 제공하는 문서를 참고해야 한다. c를 이렇게 지정했을 때, 오른쪽에 나온 값의 비트 패턴을 그대로 재활용할 수도 있고 프로그램이 종료될 수도 있다. 이처럼 구현마다 달라지는 특성에 대한 처리 방식은 플랫폼 문서로 제공돼야 한다. 그런데 이런 세부 사항은 컴파일러 버전이나 인수에 따라 얼마든지 달라질 수 있으므로 주의해야 한다.

d는 c보다 훨씬 복잡하다. 0x80000000은 십진수로 2147483648이므로 -0x80000000은 -2147483648이어야 한다. 하지만 실제로는 c에서와 마찬가지로 -0x80000000이 다시 2147483648이 되어 버린다.[Exs 4]

Exs 4 **unsigned int**의 최댓값이 0xFFFFFFFF라고 가정할 때, -0x80000000 == 0x80000000임을 증명해 보자.

e는 문제없다. 왜냐하면 −2147483648이라는 음의 십진 리터럴을 사용했기 때문이다. 이 값은 **signed long** 타입이라서 (앞에서 봤듯이) 실제 값도 −2147483648이다. 값이 **signed int** 범위를 벗어나지 않기 때문에 아무 문제없이 변환된다.

마지막에 나온 g의 결과를 보면 좀 모호한 점이 있다. 부호 없는 타입에 담기에는 값이 너무 커서 모듈로 연산에 따라 변환된다. 특히 여기서 **unsigned short**의 최댓값이 $2^{16} - 1$이라고 가정하면 결과가 0이 된다. 이렇게 **축소 변환**(narrowing)이 적용된 결과가 올바른 값인지 판단하기 어려울 때가 많다.

TAKEAWAY 5.30 축소 변환(narrowing)은 가급적 사용하지 않는다.

TAKEAWAY 5.31 산술식에서 좁은 타입(narrow type)을 사용하지 않는다.

덧셈과 곱셈과 같이 피연산자가 두 개인 연산자에 적용되는 타입 규칙은 이보다 훨씬 복잡하다. 두 피연산자의 타입이 서로 다를 수 있기 때문이다. 부동 소수점 타입 연산의 예를 몇 가지 살펴보자. 첫 번째와 두 번째 예는 문제가 없다. 정수 상수 1의 값이 **double**이나 **complex float** 타입의 범위를 벗어나지 않기 때문이다. 실제로 이런 혼합 연산에서 한쪽 타입의 범위가 다른 쪽 타입의 범위 안에 포함될 때, 결과에 대한 타입은 넓은 쪽 타입을 따를 때가 많다.

```
1       + 0.0  // 문제 없다. double
1       + I    // 문제 없다. complex float
INT_MAX + 0.0F // 정밀도가 떨어질 수 있다. float
INT_MAX + I    // 정밀도가 떨어질 수 있다. complex float
INT_MAX + 0.0  // 문제 없을 때가 많다. double
```

세 번째와 네 번째 예는 문제가 있다. **signed int**의 최댓값인 **INT_MAX**는 **float**이나 **complex float**의 범위를 벗어날 때가 많기 때문이다. 예를 들어 필자의 머신에서 **INT_MAX** + 0.0F는 **INT_MAX** + 1.0F와 같고 십진수로 2147483648이다. 마지막에 나온 예처럼 **double** 연산일 때는 대부분의 플랫폼에서 문제가 없다. 그렇지만 **int**가 64비트인, 현재 혹은 향후에 나올 플랫폼에서 정밀도가 떨어지는 문제가 발생할 가능성은 얼마든지 있다.

정수 타입에 대한 값의 범위에서 경곗값을 포함하지 않기 때문에 부호 있는 값과 부호 없는 값이 섞인 연산에서 타입을 결정하는 과정은 상당히 복잡하다.

```
-1  < 0    // 참. 문제 없음. 부호는 동일
-1L < 0    // 참. 문제 없음. 부호는 동일
-1U < 0U   // 참. 문제 없음. 부호는 동일
-1  < 0U   // 거짓. 위험. 부호가 뒤섞임
-1U < 0    // 거짓. 위험. 부호가 뒤섞임
```

```
    -1L  < 0U    // 상황에 따라 참일 수도 있고 거짓일 수도 있음. 위험. 부호가 같거나 뒤섞임
    -1LL < 0UL   // 상황에 따라 참일 수도 있고 거짓일 수도 있음. 위험. 부호가 같거나 뒤섞임
```

첫 번째부터 세 번째 비교 연산은 아무 문제가 없다. 피연산자의 타입이 다르더라도 부호가 섞이진 않기 때문이다. 이런 경우에는 어느 한 쪽 값의 범위가 다른 쪽을 포함하므로 C 언어에서는 넓은 타입으로 변환한 후 비교 연산을 수행한다.

네 번째와 다섯 번째 연산은 모호한 점은 없지만 초보 프로그래머 입장에선 의외라는 생각이 들수 있다. 실제로 둘 다 피연산자가 `unsigned int`로 변환된다. 따라서 여기 나온 음수 값 두 개는 모두 부호 없는 큰 값으로 변환되어 비교 연산의 결과는 거짓(`false`)이 된다.

여섯 번째와 일곱 번째 연산은 좀 심각한 문제가 발생한다. UINT_MAX ≤ LONG_MAX인 플랫폼에서는 0U는 0L로 변환된다. 그래서 여섯 번째 연산의 결과는 **true**가 된다. LONG_MAX < UINT_MAX인 플랫폼에서는 -1L이 -1U(즉, UINT_MAX)로 변환되어 여섯 번째 연산의 결과는 **false**가 된다. 일곱 번째 연산도 마찬가지다. 하지만 여섯 번째 연산과 일곱 번째 연산의 결과가 얼마든지 달라질 수 있으니 주의해야 한다.

마지막 두 예제와 같은 비교 연산에 대해 부호 없는 타입이 적합한지 아니면 부호 있는 타입이 적합한지에 대해 아직도 논쟁 중이다. 한 가지 확실한 것은 부호 있는 피연산자와 부호 없는 피연산자가 섞이면 그 의미가 분명하지 않을 때가 있다는 것이다. 암묵적으로 변환할 때 둘 중 어느 타입을 따르더라도 문제가 발생할 가능성은 있다.

[TAKEAWAY 5.32] 부호가 서로 다른 피연산자에 대한 연산은 피한다.

[TAKEAWAY 5.33] 가능하면 부호 없는 타입을 사용한다.

[TAKEAWAY 5.34] 산술 연산을 표현할 때는 암묵적으로 변환되더라도 문제가 없는 타입을 사용한다.

5.5 초기자

2.3절에서 설명했듯이 **초기자**(initializer)는 오브젝트 정의에서 중요한 역할을 담당한다. 초기자를 이용하면 프로그램이 실행될 때 항상 일정한 상태에서 시작하도록 보장할 수 있다. 그래서 오브젝트에 접근할 때마다 언제나 추상 기계의 상태를 표현하는 값이 존재한다.

[TAKEAWAY 5.35] 변수는 반드시 초기화한다.

이 규칙이 적용되지 않는 때가 있다. 초기자를 사용할 수 없는 **VLA**(variable-length array)(가변 길이 배열, 6.1.3절)와 고도로 최적화해야 하는 코드가 그렇다. 후자는 주로 포인터를 사용하므로 자세한 사항은 뒷 장에서 소개한다. 지금까지 배운 지식으로 작성할 수 있는 코드라면 대부분 최신 컴파일러로 초깃값부터 최종 대입한 값까지 추적할 수 있다. 그래서 불필요한 초기화나 대입문은 최적화 과정에서 제거된다.

정수나 부동 소수점과 같은 스칼라 타입에 대한 초기자는 해당 타입으로 변환 가능한 표현식으로 지정한다. 이런 예는 지금까지 많이 봤다. 초기자 표현식을 중괄호({})로 묶어도 된다. 예를 들면 다음과 같다.

```
double a = 7.8;
double b = 2 * a;
double c = { 7.8 };
double d = { 0 };
```

나머지 타입에 대한 초기자는 반드시 중괄호로 묶어야 한다. 예를 들어 배열 초기자는 원소마다 지정할 수 있으며 각각 콤마로 구분한다.

```
double A[]  = { 7.8 };
double B[3] = { 2 * A[0], 7, 33, };
double C[]  = { [0] = 6, [3] = 1,};
```

▼ 그림 5-4 배열 초기자

```
     [0]
A  double 7.8

     [0]            [1]            [2]
B  double 15.6   double 7.0   double 33.0

     [0]            [1]            [2]            [3]
C  double 6.0   double 0.0   double 0.0   double 1.0
```

앞의 코드에서 길이가 구체적으로 지정되지 않은 **불완전 타입**(incomplete type)[C] 배열에 초기자를 지정하면 구체적인 길이가 결정된다. 세 배열 중에서 A는 원소가 하나뿐이지만 C는 네 개로 구성된다. A와 B에서 각 원소에 대해 스칼라 초기화를 수행할 값은 초기자 목록에 나온 순서에 따라 결정된다. 가령 B[1]은 7로 초기화된다. 하지만 C처럼 **지정 초기자**(designated initializer)를 사용하는 것이 가장 바람직하다. 그러면 선언문이 바뀌더라도 영향을 받지 않아서 코드가 좀 더 견고해진다.

TAKEAWAY 5.36 묶음형(aggregate) 데이터 타입은 지정 초기자로 초기화한다.

T 타입 변수를 초기화하는 방법을 모를 때는 **디폴트 초기자**(default initializer)^{C}인 T a = {0}을 사용하면 대부분 해결된다.[6]

TAKEAWAY 5.37 VLA를 제외한 모든 오브젝트 타입은 디폴트 초기자인 { 0 }을 사용할 수 있다.

이 과정에서 몇 가지 규칙이 적용된다. **struct**의 멤버(6.3절 참조)나 배열의 원소(6.1절 참조)에서 초기화 대상을 구체적으로 지정하지 않으면 **선언 순서**(declaration order)^{C}대로 초기화된다. 다시 말해 디폴트 초기자에서 0은 맨 앞에 선언된 멤버를 가리키며, 나머지 멤버도 0으로 초기화된다. 스칼라에 대한 초기자를 {} 형태로 지정하면 {0}도 석용할 수 있다.

이때 컴파일러가 경고 메시지를 출력할 수도 있다. 아쉽게도 몇몇 컴파일러는 이러한 특수 규칙이 구현되어 있지 않다. 이 규칙은 C 표준에서는 catch-all 초기자로 특별히 정의한 것이다. 필자는 항상 컴파일러 경고 메시지를 켜두지만, 이 경우에는 예외적으로 경고 출력 옵션을 끈다.

초기자의 값은 프로그램에서 특별한 의미를 갖는 것으로 지정한다.

5.6 이름 있는 상수

조그만 프로그램이라도 특정한 값을 반복적으로 사용할 때가 많다. 이때 실수로 어느 한 곳의 값이 바뀌면 프로그램에 문제가 발생한다. 예를 들어 스트링 배열에 대해 어떤 연산을 수행할 때 일어나는 가상의 상황을 살펴보자.[7]

여기서 볼 예제는 상수 3을 여러 군데에서 사용하는데, 그 중 세 곳은 서로 관련도 없고 의미도 다르다. 예를 들어 까마귀 집합에 원소를 추가하려면 코드에서 두 군데를 고쳐야 한다. 실전에서는 이런 값에 의존하는 코드가 훨씬 많아서 고쳐야 할 부분도 많을 수 있다. 코드 베이스가 크다면 유지 보수가 상당히 번거로워진다.

TAKEAWAY 5.38 특별한 의미가 있는 상수는 반드시 이름을 붙인다.

상수의 값이 서로 같더라도 의미가 다르면 반드시 구분해야 한다.

TAKEAWAY 5.39 의미가 다른 상수는 반드시 구분한다.

---

6 6.1.3절에서 설명하는 가변 길이 배열(VLA)은 예외다.

7 스트링 배열은 char const*const 타입 포인터로 스트링을 표현한다. 구체적인 사항은 뒤에서 자세히 소개한다.

C 언어는 의외로 상수에 이름을 붙이는 기능이 빈약하다. 게다가 어느 구문이 컴파일 시간 상수로 만드는 것인지 헷갈리게 표현되어 있다. 따라서 먼저 용어부터 정리한 후(5.6.1절), C에서 유일하게 공식적으로 지원하는 **이름 있는 상수**(named constant)인 열거형 상수(enumeration constant)를 소개한다(5.6.2절). 열거형 상수를 활용하면 우리가 살펴볼 예제에서 다양한 용도로 사용하는 3 대신, 좀 더 구체적인 정보를 담은 표현으로 바꿀 수 있다. 5.6.3절에서는 단순 텍스트 교체 기능을 이용하는 매크로(macro) 기능을 이용하여 열거형 상수를 보완하는 방법을 소개한다. 앞에서 봤듯이 매크로를 기본 타입 리터럴로만 구성하면 컴파일 시간 상수로 쓸 수 있다. 복잡한 데이터 타입에 상수와 같은 개념을 적용하고 싶다면 임시 오브젝트를 제공해야 한다(5.6.4절).

```
char const*const bird[3] = {
  "raven",
  "magpie",
  "jay",
};
char const*const pronoun[3] = {
  "we",
  "you",
  "they",
};
char const*const ordinal[3] = {
  "first",
  "second",
  "third",
};
...
for (unsigned i = 0; i < 3; ++i)
    printf("Corvid %u is the %s\n", i, bird[i]);
...
for (unsigned i = 0; i < 3; ++i)
    printf("%s plural pronoun is %s\n", ordinal[i], pronoun[i]);
```

5.6.1 읽기 전용 오브젝트

상수(constant)와 **오브젝트**(object)란 용어를 헷갈리면 안 된다. C에서 상수는 특별한 의미가 있다. 예를 들어 앞의 코드에서 bird, pronoun, ordinal 등은 엄밀히 말해서 상수가 아니라 **const**로 선언한 오브젝트다. **const 한정자**(qualifier)[c]는 대상 오브젝트를 변경할 수 없도록 한다. 예를 들어 bird 배열에서 원소뿐만 아니라 스트링 값조차 수정할 수 없다. 만약 오브젝트를 수정하는 코드를 작성하면 컴파일러가 메시지를 출력한다.

const로 지정한 오브젝트는 읽기 전용이다.

그렇다고 해서 컴파일러나 런타임 시스템이 이런 오브젝트 값을 전혀 못 바꾸는 것은 아니다. 프로그램의 다른 부분에서 이 오브젝트를 볼 수 있어서 함부로 바꿀 가능성이 있다. 비유하자면 은행 계좌의 잔액 정보를 수정할 수 없고 읽기만 가능하더라도 실제 잔액은 얼마든지 바뀔 수 있는 것과 같다.

또 다른 읽기 전용 오브젝트로 **스트링 리터럴**(string literal)이 있다.

스트링 리터럴은 읽기 전용이다.

스트링 리터럴이 최근에 추가됐다면 const 한정 문자 배열인 char const[] 타입으로 정의됐을 것이다. 하지만 아쉽게도 const 키워드보다 한참 전에 스트링 리터럴이 추가됐기 때문에 하위 호환성을 위해 예전 상태 그대로 남아 있다.[8]

bird 배열을 보면 스트링 리터럴을 다루는 과정에서 또 다른 기법을 사용한다. 즉, **포인터**(pointer)[C] 타입인 char const*const로 스트링 리터럴을 가리킨다. 그림으로 표현하면 다음과 같다.

▼ 그림 5-5 포인터 타입으로 표현한 스트링 리터럴

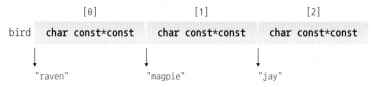

다시 말해 스트링 리터럴은 bird 배열 안이 아닌 다른 곳에 저장된다. bird 배열은 저장 장소를 가리킬 뿐이다. 구체적인 메커니즘은 6.2절과 11장에서 자세히 설명한다.

5.6.2 열거형

C 언어는 앞에서 본 예제처럼 작은 정수에 이름을 붙이기에 간편한 메커니즘인 **열거형**(enumeration)[C]을 제공한다.

```
enum corvid { magpie, raven, jay, corvid_num, };
char const*const bird[corvid_num] = {
  [raven]   = "raven",
  [magpie]  = "magpie",
  [jay]     = "jay",
```

---

8 또 다른 읽기 전용 오브젝트로 임시 오브젝트(temporary object)가 있는데, 이는 13.2.2절에서 소개한다.

```
    };
    ...
    for (unsigned i = 0; i < corvid_num; ++i)
        printf("Corvid %u is the %s\n", i, bird[i]);
```

이 코드에서는 서로 다른 네 가지 값을 갖는 **enum** corvid라는 새로운 정수 타입을 만들었다.

TAKEAWAY 5.42 열거형 상수 값을 직접 지정할 수도 있고, 위치에 따라 결정할 수도 있다.

예상하듯이 값을 위치로 결정할 때는 0부터 시작한다. 따라서 앞 코드에서 raven은 0, magpie는 1, jay는 2, corvid_num은 3이 된다. 마지막에 나오는 3은 까마귀 종류의 수를 가리킨다.

❤ 그림 5-6 열거형 상수로 배열의 값을 지정한 경우

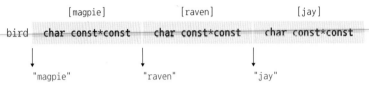

이때 앞에서 본 것과 배열 원소의 순서가 다르다. 이처럼 열거형은 배열의 순서를 그대로 따르지 않아도 되는 장점이 있다. 열거형 타입을 선언할 때 정한 순서에 따라 자동으로 처리되는 것이다.

까마귀 종류를 추가하고 싶다면 corvid_num 앞에 그냥 추가하면 된다.

예제 5-1 열거 타입과 스트링 배열

```
enum corvid {magpie, raven, jay, chough, corvid_num, };
char const*const bird[corvid_num] = {
    [chough]  = "chough",
    [raven]   = "raven",
    [magpie]  = "magpie",
    [jay]     = "jay",
};
```

다른 좁은 타입과 마찬가지로 열거형 배열을 선언할 때 특별히 신경 쓸 일은 없다. 열거형을 인덱스나 산술식에서 사용할 때는 어차피 넓은 타입 정수로 변환되기 때문이다. 게다가 열거형 상수 자체는 열거 타입이 아니다.

TAKEAWAY 5.43 열거형 상수(enumeration constant)는 **signed int** 타입이다.

94

여기서 중요한 부분은 새로 생성된 타입이 아니라 상수에 있다. 타입 이름에 태그(tag)^C를 따로 제공할 필요 없이 모든 signed int 상수에 이름을 붙일 수 있다.

```
enum { p0 = 1, p1 = 2*p0, p2 = 2*p1, p3 = 2*p2, };
```

열거형 상수를 정의하는 과정에서 **정수형 상수 표현식**(integer constant expression, ICE)^C을 사용할 수 있다. ICE는 컴파일 시간에 정수 값을 제공하는 데 제약이 좀 있다. 값을 함수 호출로 표현할 수 없고 반드시 컴파일 시간에 결정할 수 있어야 하며, 값을 평가하는 과정에서 오브젝트를 피연산자로 사용할 수 없다.

```
signed const o42 = 42;
enum {
  b42 = 42,      // Ok: 42는 리터럴이다.
  c52 = o42 + 10, // 에러: o42는 오브젝트다.
  b52 = b42 + 10, // Ok: b42는 오브젝트가 아니다.
};
```

여기서 o42에 const 지시자가 붙더라도 엄연히 오브젝트다. 따라서 c52에 대한 표현식은 '정수형 상수 표현식'이 아니다.

[TAKEAWAY 5.44] 정수형 상수 표현식(ICE)은 오브젝트를 평가하지 않는다.

따라서 원칙적으로 ICE에서 정수형 리터럴, 열거형 상수, _Alignof와 offsetof 부분 표현식, 몇 가지 sizeof 부분 표현식을 이용한 연산을 사용할 수 있다.[9]

값이 ICE이더라도 열거형 상수를 정의하는 데 사용하려면 signed 타입의 범위를 벗어나지 않아야 한다.

5.6.3 매크로

아쉽게도 C 언어에서 상수 선언을 위해 정식으로 지원하는 타입은 signed int뿐이다. 그래서 C 언어는 프로그램 코드를 텍스트 단위로 교체하는 **매크로**(macro)^C라는 강력한 메커니즘을 제공한다. 매크로는 **전처리기**(preprocessor)^C인 **#define**으로 정의한다.

```
# define M_PI 3.14159265358979323846
```

---

9 offsetof와 sizeof는 12.7절과 12.1절에서 자세히 소개한다.

매크로를 이렇게 정의하면 프로그램 코드에 M_PI라고 나온 부분을 **double** 타입 상수로 교체한다. 매크로 정의는 다음과 같이 다섯 부분으로 구성된다.

1. **#** 문자: 현재 줄에서 공백을 제외한 첫 문자는 반드시 이 문자로 시작해야 한다.

2. **define** 키워드

3. 선언할 식별자(예제의 M_PI)

4. 교체할 텍스트(예제의 3.14159265358979323846)

5. 매크로 정의를 끝내는 줄바꿈 문자

이처럼 매크로라는 텍스트 교체 방식을 이용하면 **unsigned**, **size_t**, **double** 타입의 상수를 선언할 수 있다. 참고로 **size_t**, **SIZE_MAX**의 경곗값을 비롯한 여러 시스템 속성(**EXIT_SUCCESS**, **false**, **true**, **not_eq**, bool, **complex** 등)은 구현마다 값이 다르다.

C 표준의 예제에 나온 매크로는 소프트웨어 프로젝트에서 흔히 사용하는 관례를 완벽히 따르고 있지 않다. 일반적으로는 이보다 엄격한 관례를 적용해서 매크로를 다른 코드와 명확히 구별한다.

TAKEAWAY 5.45 매크로 이름은 모두 대문자로 적는다.

레벨 3에 도달하기 전까진 특별한 이유가 없는 한 이 규칙을 반드시 지킨다.

5.6.4 복합 리터럴

상수를 표현하는 리터럴이 없는 타입은 상황이 좀 복잡하다. 이런 타입은 매크로에서 교체할 텍스트를 적는 부분을 **복합 리터럴**(compound literal)ᶜ로 지정해야 한다. 복합 리터럴은 다음과 같이 소괄호 안에 타입을 적고 나서 초기자를 적는다.

```
(T) { INIT }
```

예를 들면 다음과 같다.

```
# define CORVID_NAME /**/              \
(char const*const[corvid_num]){        \
  [chough] = "chough",                 \
  [raven]  = "raven",                  \
  [magpie] = "magpie",                 \
  [jay]    = "jay",                    \
}
```

이렇게 하면 앞의 예제에서 **for** 루프를 작성할 때 bird 배열 대신 방금 정의한 CORVID_NAME 매크로를 넣을 수 있다.

```
for (unsigned i = 0; i < corvid_num; ++i)
    printf("Corvid %u is the %s\n", i, CORVID_NAME[i]);
```

매크로를 정의할 때 복합 리터럴을 사용하면 지정한 타입의 상수처럼 작동하도록 선언할 수 있지만, 엄밀히 말해서 C 언어의 상수는 아니다.

TAKEAWAY 5.46 복합 리터럴은 오브젝트를 정의한다.

복합 리터럴은 다음을 주의해야 한다.

- 복합 리터럴은 ICE에 적합하지 않다.

- 예제처럼 이름 있는 상수를 선언하려면 T 타입을 반드시 **const**로 한정(const-qualified)[C]해야 한다. 그래야 최적화기(optimizer)가 매크로 부분에 대한 바이너리 코드를 더 잘 생성할 수 있다.

- 복합 리터럴의 ( ) 부분과 매크로 이름 사이에 반드시 공백이 있어야 한다. 앞에서는 /**/ 주석으로 이 점을 표시했다. 이렇게 하지 않으면 **함수 같은 매크로**(function-like macro, 매크로 함수)를 정의하는 것으로 해석된다. 함수 같은 매크로는 8.1.2절에서 정식으로 소개한다.

- 매크로 정의를 여러 줄에 걸쳐 작성할 때는 중간 줄 끝마다 백스페이스 문자 \를 넣는다.

- 매크로 정의 끝에는 ;을 붙이면 안 된다. 매크로는 어디까지나 텍스트 교체 메커니즘이라는 사실을 명심하기 바란다.

TAKEAWAY 5.47 매크로에 문장 끝을 표시하는 세미콜론을 넣지 않는다.

코드의 가독성을 높이도록 매크로를 읽기 쉽게 작성한다.

TAKEAWAY 5.48 줄이음 문자(continuation marker)는 오른쪽 끝에 맞게 들여 쓴다.

예제를 보면 알 수 있듯이 이렇게 작성하면 매크로 정의 부분이 눈에 띈다.

5.7 바이너리 표현

타입에 대한 바이너리 표현(binary representation)을 **모델**(model)이라고 한다. 모델은 타입이 가질 수 있는 값을 표현한다. 이는 주어진 타입에 대한 값을 물리 저장 장치인 메모리에 표현하는 **오브젝트 표현**(object representation)과는 다르다.

TAKEAWAY 5.49 같은 값이라도 바이너리 표현은 다를 수 있다.

5.7.1 부호 없는 정수

부호 없는 정수(unsigned integer) 타입을 사용하면 표준 산술 연산을 수학적으로 깔끔하게 표현할 수 있다. 이 타입은 산술 연산에 닫혀 있다.

TAKEAWAY 5.50 부호 없는 산술 타입은 경계값을 넘으면 원점으로 돌아간다(wrap around).

수학적으로 표현하면 숫자 N에 대한 모듈로 정수 집합인 Z_N 환(ring)을 구현한 것으로, 0부터 $N-1$까지의 값을 표현한다. 최댓값인 $N-1$은 부호 없는 정수 타입마다 다르며, 각 타입마다 이름 끝에 **_MAX**가 붙는 매크로가 제공된다. 예를 들어 부호 없는 기본 정수 타입의 최댓값에 대해 **UINT_MAX**, **ULONG_MAX**, **ULLONG_MAX** 등이 제공되며 limits.h에 정의되어 있다. 앞에서 본 것처럼 **size_t**의 최댓값인 **SIZE_MAX**는 stdint.h에 정의되어 있다.

음이 아닌 정수 값에 대한 바이너리 표현은 **비트**(bit)^{C}라고 부르는 이진수 b_0, b_1, $\cdots$, b_{p-1}로 구성되며, 각 비트는 0 또는 1이란 값을 갖는다. 이렇게 표현한 바이너리 숫자에 대한 십진수 값은 다음 식으로 구할 수 있다.

$$\sum_{i=0}^{p-1} b_i 2^i \tag{5.1}$$

여기서 p를 해당 타입의 **정밀도**(precision)^C, b_0 비트를 LSB(Least-Significant Bit)(최하위 비트)^C, b_{p-1} 비트를 MSB(Most-Significant Bit)(최상위 비트)^{C}라고 한다.

값이 1인 b_i 비트 중 인덱스 i가 가장 작은 것을 **최하위 설정 비트**(least-significant bit set)^{C}라 하고, 인덱스 i가 가장 큰 것을 **최상위 설정 비트**(most-significant bit set)^{C}라 한다. 예를 들어 $p = 16$인 부호 없는 타입의 값 240에 대한 바이너리 표현은 $b_4 = 1$, $b_5 = 1$, $b_6 = 1$, $b_7 = 1$이고 나머지 비트는 0이다. 이때 최하위 설정 비트는 b_4고, 최상위 설정 비트는 b_7이다. 식 (5.1)에 따르면 이 타입에서 표현할 수 없는 값 중 첫 번째는 2^p임을 쉽게 알 수 있다. 따라서 $N = 2^p$이다.

TAKEAWAY 5.51 모든 정수 타입의 최댓값은 $2^p - 1$이다.

지금까지 음이 아닌 값을 표현하는 방법을 설명하면서 부호 있는 타입과 그렇지 않은 타입을 구분하지 않았다. 방금 설명한 규칙은 부호 있는 타입과 부호 없는 타입 모두에 적용된다. 다행히 지금까지 설명한 사항은 부호 없는 타입을 표현하는 데 문제가 없다.

TAKEAWAY 5.52 부호 없는 타입에 대한 산술 연산은 정밀도에 영향을 받는다.

마지막으로 이 책에서 자주 사용하는 스칼라 타입의 경계값을 정리하면 표 5-5와 같다.

▼ 표 5-5 이 책에서 사용하는 스칼라 타입의 경계값

이름	[min, max]	정의된 곳	주요 범위
size_t	[0, SIZE_MAX]	<stdint.h>	$[0, 2^w-1]$, w=32, 64
double	[±DBL_MIN, ±DBL_MAX]	<float.h>	$[\pm 2^{-w-2}, \pm 2^w]$, w=1024
signed	[INT_MIN, INT_MAX]	<limits.h>	$[-2^w, 2^w-1]$, w=31
unsigned	[0, UINT_MAX]	<limits.h>	$[0, 2^w-1]$, w=32
bool	[false, true]	<stdbool.h>	[0,1]
ptrdiff_t	[PTRDIFF_MIN, PTRDIFF_MAX]	<stdint.h>	$[-2^w, 2^w-1]$, w=31, 63
char	[CHAR_MIN, CHAR_MAX]	<limits.h>	$[0, 2^w-1]$, w=7, 8
unsigned char	[0, UCHAR_MAX]	<limits.h>	[0,255]

5.7.2 비트 집합과 비트 단위 연산자

방금 본, 부호 없는 타입에 대한 바이너리 표현은 산술 연산과 직접적으로 관련이 없는 용도로 사용할 수 있다. 가령 부호 없는 값을 **비트 집합**(bit set)으로 해석할 수도 있다. 비트 집합은 기본 집합 $V = \{0, \cdots, p-1\}$의 부분집합으로서 b_i=1인 i로 구성된다.

비트 집합에 대해 |, &, ^라는 세 가지 바이너리 연산자를 적용할 수 있으며, 각각 합집합 $A \cup B$, 교집합 $A \cap B$, 대칭 차집합(symmetric difference) $A \Delta B$를 의미한다.

비트 연산	십진수 값	16진수 값	$b_{15} \cdots b_0$	집합 연산	집합 표현
V	65535	0xFFFF	1111111111111111		{0, 1, 2, 3, 4, 5, 6, 7, 8, 9, 10, 11, 12, 13, 14, 15}
A	240	0x00F0	0000000011110000		{4, 5, 6, 7}
~A	65295	0xFF0F	1111111100001111	$V \setminus A$	{0, 1, 2, 3, 8, 9, 10, 11, 12, 13, 14, 15}
-A	65296	0xFF10	1111111100010000		{4, 8, 9, 10, 11, 12, 13, 14, 15}
B	287	0x011F	0000000100011111		{0, 1, 2, 3, 4, 8}
A¦B	511	0x01FF	0000000111111111	$A \cup B$	{0, 1, 2, 3, 4, 5, 6, 7, 8}
A&B	16	0x0010	0000000000010000	$A \cap B$	{4}
A^B	495	0x01EF	0000000111101111	$A \, \Delta \, B$	{0, 1, 2, 3, 5, 6, 7, 8}

예를 들어 표 5-6에 따르면 $A = 240$에 대한 비트 집합은 {4, 5, 6, 7}이고, $B=287$에 대한 비트 집합은 {0, 1, 2, 3, 4, 8}이다. 표에 나온 연산의 결과를 구할 때는 기본 집합의 전체 크기(정밀도 p)가 없어도 된다. 비트 집합의 세 가지 연산자에 대해 대입 연산자 버전인 &=, ¦=, ^=도 제공된다. [Exs 5, Exs 6, Exs 7, Exs 8]

또 다른 비트 연산자로 **보수 연산자**(complement operator)인 ~가 있다. 가령 A의 보수인 ~A의 값은 십진수로 65295이고 비트 집합은 {0, 1, 2, 3, 8, 9, 10, 11, 12, 13, 14, 15}다. 보수 연산은 해당 타입의 정밀도 p에 따라 달라진다. [Exs 9, Exs 10]

iso646.h 헤더를 인클루드하면 여기 나온 연산자를 각각 `bitor`, `bitand`, `xor`, `or_eq`, `and_eq`, `xor_eq`, `compl` 등으로 표현할 수 있다.

비트 집합은 주로 프로그램의 설정 사항을 지정하는 **플래그**(flag)를 표현할 때 활용한다.

```
enum corvid { magpie, raven, jay, chough, corvid_num, };
#define FLOCK_MAGPIE  1U
#define FLOCK_RAVEN   2U
#define FLOCK_JAY     4U
```

Exs 5 $A \setminus B$는 A - (A&B)로 계산할 수 있음을 증명해 보자.

Exs 6 V + 1은 0임을 증명해 보자.

Exs 7 A^B는 (A - (A&B)) + (B - (A&B)) 또는 A + B - 2*(A&B)와 동치임을 증명해 보자.

Exs 8 A¦B는 A + B - (A&B)와 동치임을 증명해 보자.

Exs 9 ~B를 V - B로 계산할 수 있음을 증명해 보자.

Exs10 -B = ~B + 1임을 증명해 보자.

```c
#define FLOCK_CHOUGH  8U
#define FLOCK_EMPTY   0U
#define FLOCK_FULL    15U

int main(void) {
  unsigned flock = FLOCK_EMPTY;
  ...
  if (something) flock |= FLOCK_JAY;
  ...
  if (flock&FLOCK_CHOUGH)
    do_something_chough_specific(flock);
}
```

다양한 까마귀과에 대한 상수 값을 2의 거듭제곱으로 표현했다. 이렇게 하면 바이너리 표현과 비트 집합을 딱 맞출 수 있어서 flock의 원소를 |=, & 연산자로 처리할 수 있다. |= 연산자는 flock에 까마귀과를 추가하는 데 사용하고, &와 상수를 조합하여 해당 까마귀과가 존재하는지 검사할 수 있다.

&와 &&, |와 ||는 서로 비슷하지만 &와 |는 비트 단위로 연산을 수행한다. 가령 **unsigned** 값에서 비트 b_i의 진리값을 확인할 때 &는 피연산자를 구성하는 모든 비트에 대해 논리곱(logical and) 연산을 동시에 수행한다. |도 마찬가지다. 이와 달리 ||와 && 연산자는 단락 평가(short-circuit evaluation)가 적용된다.

5.7.3 시프트 연산자

이번에 소개할 연산자는 부호 없는 수에 대한 숫자 표현과 비트 집합 표현을 서로 연결해 준다. **왼쪽 시프트**(left-shift) 연산인 ≪는 2의 거듭제곱과 같다. 예를 들어 $A = 240$(비트 집합 {4, 5, 6, 7})에 대해 A ≪ 2는 $240 \cdot 2^2 = 240 \cdot 4 = 960$이며 비트 집합으로 표현하면 {6, 7, 8, 9}이다. 해당 타입의 바이너리 표현 범위를 벗어나는 비트는 버린다. 가령 A ≪ 9를 비트 집합으로 표현하면 {13, 14, 15, 16}이고, 값으로 표현하면 122880이어야 하지만, 16번째 비트가 없으므로 비트 집합은 {13, 14, 15}가 되고 값은 57344가 된다.

따라서 시프트 연산에서도 정밀도 p의 역할이 중요하다. 정밀도에 따라 잘려 나가는 비트의 범위가 달라질 뿐만 아니라, 우측의 피연산자에 나올 수 있는 값의 범위도 달라진다.

TAKEAWAY 5.53 시프트 연산의 두 번째 피연산자는 반드시 정밀도보다 작아야 한다.

바이너리 표현을 최하위 비트 쪽으로 이동시키는 **오른쪽 시프트**(right-shift) 연산 >>도 마찬가지다. 이 연산도 비트 표현과 숫자 표현을 연결하며 2의 거듭제곱만큼 나누는 것과 같다. 자릿수가 시프트할 값보다 작거나 같은 비트는 버린다. 주목할 점은 이 연산에서 정밀도는 중요하지 않다는 것이다. [Exs 11]

시프트의 대입 연산 버전인 <<=와 >>=도 이와 비슷한 원칙이 적용된다.

왼쪽 시프트 연산자 <<는 주로 2의 거듭제곱을 표현할 때 사용한다. 가령 앞의 예제에서 #define 문을 다음과 같이 바꿀 수 있다.

```
#define FLOCK_MAGPIE (1U << magpie)
#define FLOCK_RAVEN  (1U << raven)
#define FLOCK_JAY    (1U << jay)
#define FLOCK_CHOUGH (1U << chough)
#define FLOCK_EMPTY   0U
#define FLOCK_FULL   ((1U << corvid_num)-1)
```

이렇게 하면 열거형으로 표현할 때보다 코드를 더욱 견고하게 구성할 수 있다.

5.7.4 불 값

C에서는 불(Boolean)(불리언) 타입도 부호 없는 타입이다. 이 타입은 0과 1 중 하나만 값으로 갖고 음수는 가질 수 없다. 이 타입의 기본 이름은 _Bool인데, 지금은 옛날 버전으로 작성된 프로그램에 대한 하위 호환성을 보장하기 위한 용도로 사용된다. bool이란 이름과 **false** 및 **true** 상수는 stdbool.h를 인클루드해야만 쓸 수 있다. 아주 오래된 코드가 아니라면 _Bool보다는 bool이나 **false**/**true**를 사용하기 바란다.

개념을 확장해서 bool을 부호 없는 타입처럼 사용할 수 있다. 이 타입으로 선언한 변수에 값을 대입할 때는 TAKEAWAY 4.6 에서 말한 모듈로(modulus) 규칙이 아니라 TAKEAWAY 3.1 에서 말한 불 값에 대한 특수 규칙이 적용된다.

bool 변수가 필요한 경우는 드물다. 대입할 때 값이 항상 **false**나 **true**가 되도록 보장할 때만 쓸모가 있다. C의 초기 버전에서는 불 타입이 없었을 뿐만 아니라, 숙련된 C 프로그래머 중 이 타입을 사용하지 않는 사람도 많다.

5.7.5 부호 있는 정수

부호 있는 타입은 부호 없는 타입보다 훨씬 복잡하다. C 언어를 구현할 때 다음과 같은 두 가지 사항을 결정해야 한다.

Exs 11 x>>n 연산에서 사라지는 비트는 x % (1ULL << n)의 나머지임을 증명해 보자.

- 산술 연산에서 오버플로가 발생할 때 처리하는 방법
- 부호 있는 타입의 부호를 표현하는 방법

정수 등급(rank) 관점에서 보면 부호 있는 타입과 부호 없는 타입은 서로 동급이다. 표 5-1에서 예외적인 경우는 **char**와 bool 정도다. 부호 있는 타입의 바이너리 표현은 그림 5-1에서 본 포함 관계가 적용된다.

TAKEAWAY 5.54 양수 값의 표현 방식은 부호의 존재 여부와 관계없다.

다르게 말하면 양수 값의 표현은 부호 있는 타입일 때와 부호 없는 타입일 때가 같다. 그래서 정수 타입의 최댓값을 쉽게 표현할 수 있는 것이다(TAKEAWAY 5.51). 즉, 부호 있는 타입도 정밀도 p 에 의해 해당 타입의 최댓값이 결정된다.

C 표준의 정의에 따르면 부호 있는 타입에는 **부호 비트**(sign bit)^{C}가 있다. 이 비트가 0이면 양수고, 1이면 음수가 된다. 헷갈리게도 음수를 표현하는 데 부호 비트를 사용하는 방법이 여러 가지다. C에서 허용하는 **부호 표현 방식**(sign representation)^{C}은 다음과 같이 세 가지다.

- **부호와 크기**(sign and magnitude)^C
- **1의 보수**(one's complement)^C
- **2의 보수**(two's complement)^C

첫 번째와 두 번째는 초창기에 사용하던 방식으로 요즘엔 거의 안 쓴다. 부호와 크기 방식에서 크기 비트는 양의 값을 표현하고, 부호 비트는 음수 부호의 존재 여부만 지정한다. 1의 보수 방식은 양수 값에 해당하는 비트 전체에 대해 보수(complement)를 구한다. 두 표현 방식 모두 양수 0과 음수 0을 구분할 수 없다는 단점이 있다.[10]

최신 플랫폼은 대부분 2의 보수 표현을 사용한다. 이 방식은 앞에서 봤던 부호 없는 타입에 대한 산술 연산을 그대로 따르면서, 부호 없는 값의 범위에서 상위 절반(가장 높은 비트가 1인 값들)을 음수로 해석한다. 이러한 부호 없는 값을 부호 있는 값으로 해석하기 위해서는 다음 두 함수만 있으면 된다.

```
boo is_negative(unsigned a) {
  unsigned const int_max = UINT_MAX/2;
  return a > int_max;
}
```

---

10 최신 아키텍처에서는 두 가지 0을 구분할 필요가 없기 때문에 C 표준의 다음 버전에서 이 부분을 삭제하는 작업을 진행하고 있다.

```
bool is_signed_less(unsigned a, unsigned b) {
  if (is_negative(b) && !is_negative(a)) return false;
  else return a < b;
}
```

표 5-7은 예제에 나온 240이란 값을 음수로 만드는 과정을 보여 준다. 부호 없는 타입에서 -A는
~A + 1이다.[Exs 12, Exs 13, Exs 14] 2의 보수 표현에서 부호 있는 타입에 대한 비트 연산은 부호 없는 타
입과 똑같다. 단지 높은 자리 비트(high-order bit)를 음수로 해석할 뿐이다.

▼ 표 5-7 16비트 부호 없는 정수 타입을 음수로 만드는 과정

연산	십진수 값	$b_{15} \cdots b_0$
A	240	0000000011110000
~A	65295	1111111100001111
+1	65295	0000000000000001
-A	65296	1111111100010000

이렇게 하면 부호 있는 정수 타입 산술식도 다소 깔끔하게 처리할 수 있다. 하지만 부호 있는 산술
식에서 오버플로 발생 여부를 예측하기 어려워질 가능성이 있다. 부호 없는 값이라면 원점으로 되
돌아갈 상황에 대해 부호 있는 타입은 오버플로 동작이 정의되어 있지 않기(비정의(undefined) 동
작이기) 때문이다. 예를 들어 동일한 동작을 수행하는 두 루프를 살펴보자.

```
for (unsigned i = 1; i; ++i) do_something();
for (  signed i = 1; i; ++i) do_something();
```

첫 번째 루프에서 값이 변하는 과정은 쉽게 예측할 수 있다. 카운터 i는 **UINT_MAX**까지 증가하다가
0으로 되돌아간다. **UINT_MAX**-1번째를 실행한 뒤에 i가 다시 0으로 돌아가기 때문에 시간은 좀 걸
리겠지만 루프는 결국 멈춘다.

두 번째 루프도 비슷하게 실행되지만 부호 있는 타입에 대한 오버플로 동작이 정의되어 있지 않
기 때문에 컴파일러는 이 부분을 완전히 무시할 가능성이 있다. 게다가 양수 값에서 시작했으므
로 프로그램에 정의된 동작이 존재하는 한 i는 절대 음수나 0이 되지 않는다고 간주할 수 있다.

Exs 12 부호 없는 산술식에서 A + ~A가 최댓값임을 증명해 보자.
Exs13 부호 없는 산술식에서 A + ~A가 -1임을 증명해 보자.
Exs14 부호 없는 산술식에서 A + (~A + 1) == 0임을 증명해 보자.

as-if 규칙(TAKEAWAY 5.8)에 따르면 두 번째 루프는 다음과 같이 **무한 루프**(infinite loop) 형태로 최적화된다.

```
while (true) do_something();
```

TAKEAWAY 5.55 추상 상태 기계가 비정의 상태에 도달하면 더 이상 실행을 지속한다는 가정을 할 수 없다.

그뿐 아니라 컴파일러는 이러한 비정의 연산을 내키는 대로 정의해버릴 수 있는데, 그 상태에 도달할 수 없다고 가정하고 결론을 낼 가능성도 있다.

일반적으로 정의되지 않은 상태(비정의 상태)에 도달한 프로그램 동작을 **비정의 동작**(undefined behavior)이라고 표현한다. 표현이 좀 부정적이지만 프로그램의 겉보기 동작에는 문제가 없을 때가 많다. 하지만 문제가 발생하더라도 상당 시간 동안 눈치채지 못할 수 있다.

TAKEAWAY 5.56 연산에서 비정의 동작이 발생하지 않게 하는 것은 프로그래머의 책임이다.

더 심각한 문제는 '일부' 플랫폼에 제공되는 '일부' 표준 컴파일러에서는 아무런 문제없이 컴파일된다는 것이다. 이런 플랫폼에서는 부호 있는 정수의 산술 연산이 정의되어 있지 않기 때문에 사실상 부호 없는 타입과 같다. 그런데 플랫폼이나 컴파일러나 옵션이 달라지면 컴파일 결과도 달라지므로 수년 동안 문제없이 작동하던 프로그램에서 갑자기 문제가 발생할 수 있다.

이 장에서 지금까지 소개한 내용은 모두 잘 정의된 동작이다. 그래서 이런 동작을 수행하는 동안에는 추상 상태 기계는 항상 잘 정의된 상태에 있게 된다. 하지만 부호 있는 산술 연산에 의해 이 상태가 깨질 수 있다. 따라서 꼭 필요한 경우가 아니라면 부호 있는 산술 연산은 사용하지 않는 것이 좋다. 참고로 프로그램이 정상 종료되지 않고 갑자기 꺼지는 것을 **트랩**(trap)^{C}이라 한다.

TAKEAWAY 5.57 부호 있는 산술 연산에서 심각한 트랩이 발생할 수 있다.

부호 있는 타입에서 오버플로가 발생할 때 일어날 수 있는 현상 중 하나는 부정 연산(negation)의 효과가 발생하는 것이다. 앞에서 설명했듯이 `INT_MAX`는 부호 비트를 제외한 나머지 비트가 1이다. 이 값의 바로 다음 수는 `INT_MIN`이 된다. 즉, 부호 비트가 1이고 나머지가 0인 값이 된다. 이 값은 `-INT_MAX`와 다르다.[Exs 15]

TAKEAWAY 5.58 2의 보수 표현에서 `INT_MIN` < `-INT_MAX`다.

Exs 15 `INT_MIN`+`INT_MAX`는 -1임을 증명해 보자.

다르게 말하면 2의 보수 표현에서는 양의 값인 `-INT_MIN`은 경계를 벗어난다. 값이 `INT_MAX`보다 크기 때문이다.

TAKEAWAY 5.59 부호 있는 산술에서 부정 연산을 수행하면 오버플로가 발생할 수 있다.

부호 있는 타입에서 비트 연산은 바이너리 표현을 기준으로 처리한다. 그래서 비트 연산의 값은 특히 부호 표현에 따라 달라진다. 실제로 비트 연산으로 부호 표현을 감지할 수도 있다.

```c
char const* sign_rep[4] =
  {
    [1] = "sign and magnitude",
    [2] = "ones' complement",
    [3] = "two's complement",
    [0] = "weird",
  };
enum { sign_magic = -1&3, };
...
printf("Sign representation: %s.\n", sign_rep[sign_magic]);
```

시프트 연산을 사용하다 보면 코드가 금세 지저분해진다. 음수에 대한 시프트 연산을 수행할 때의 의미가 불분명하기 때문이다.

TAKEAWAY 5.60 비트 연산에서는 부호 없는 타입을 사용한다.

5.7.6 고정폭 정수 타입

지금까지 소개한 정수 타입의 정밀도는 limits.h에 정의된 `UINT_MAX`나 `LONG_MIN`과 같은 매크로를 이용하여 간접적으로 검사할 수 있다. C 표준에서는 이런 타입에 대해 최소한의 정밀도만 제공한다. 부호 없는 타입에 대한 **최소 정밀도**(minimal precision)는 다음과 같다.

▼ 표 5-8 부호 없는 타입에 대한 최소 정밀도

타입	최소 정밀도
bool	1
unsigned char	8
unsigned short	16
unsigned	16
unsigned long	32
unsigned long long	64

일반적인 상황에서는 이 정도로 충분하지만 구체적인 제약 사항이 있을 때는 이 정보만으로는 부족하거나 특정한 정밀도를 지정해야 할 수도 있다. 특히 부호 없는 값으로 최대 크기가 정해진 비트 집합을 표현할 때가 그렇다. 표현하려는 집합이 32비트만으로 충분하다면 플랫폼에 따라 **unsigned**나 **unsigned long**으로 표현하면 된다.

C 표준에서는 stdint.h를 통해 **고정폭 정수 타입**(exact-width integer type)을 제공한다. 이름에서 예상할 수 있듯이 '폭'을 구체적으로 지정한 것으로서, 제공되는 부호 없는 타입에 대해 정밀도가 동일하다.

TAKEAWAY 5.61 uintN_t 타입이 제공된다면 이는 폭과 정밀도가 정확히 N비트인 부호 없는 정수 타입이다.

TAKEAWAY 5.62 intN_t 타입이 제공된다면 이는 2의 보수로 표현하는 부호 있는 타입이며 폭은 정확히 N비트고 정밀도는 $N-1$이다.

이런 타입은 존재할 수 없지만, 2의 제곱을 쉽게 쓸 수 있도록 이런 속성을 제공하는 타입이 없다면 반드시 **typedef**로 제공해야 한다.

TAKEAWAY 5.63 필요한 속성을 제공하는 타입이 $N = 8, 16, 32, 64$에 대해 존재한다면 uintN_t와 intN_t 타입이 반드시 제공돼야 한다.

최근 플랫폼은 대부분 **uint8_t**, **uint16_t**, **uint32_t**, **uint64_t**와 같은 부호 없는 타입과 **int8_t**, **int16_t**, **int32_t**, **int64_t**와 같은 부호 있는 타입을 제공한다. 각 타입의 표현과 경계를 확인하려면 부호 없는 타입은 **UINT8_MAX**, ⋯, **UINT64_MAX** 매크로를, 부호 있는 타입은 **INT8_MIN**, **INT8_MAX**, ⋯, **INT64_MIN**과 **INT64_MAX** 매크로를 사용하면 된다.[Exs 16]

요청된 타입의 리터럴을 인코딩하려면 **UINT8_C**, ⋯, **UINT64_C**, **INT8_C**, ⋯, **INT64_C** 등과 같은 매크로를 사용하면 된다. 예를 들어 **uint64_t**가 **unsigned long**으로 정의된 플랫폼에서 **INT64_C(1)**을 펼치면 1UL이 된다.

TAKEAWAY 5.64 C에서 제공하는 고정폭 타입마다 _MIN(부호 있는 타입에 대해서만), _MAX(최댓값), 리터럴 _C라는 매크로도 함께 제공된다.

고정폭 타입에서 내부적으로 사용하는 타입을 알 수 없기 때문에 **printf** 류에 대한 포맷 지정자(format specifier)를 정확하게 추측하기 어렵다. 이런 매크로는 inttypes.h 헤더에 정의되어 있다. 예를 들어 $N = 64$일 때 PRId64, PRIi64, PRIo64, PRIu64, PRIx64, PRIX64 등이 있고, **printf** 포맷으로 "%d", "%i", "%o", "%u", "%x", "%X" 등이 있다.

Exs 16 이런 매크로가 제공되면 그 값은 타입 속성에 나와 있다. 이 값을 N에 대한 공식으로 표현해 보자.

```
uint32_t n = 78;
int64_t max = (-UINT64_C(1))>>1;    // INT64_MAX와 값이 같다.
printf("n is %" PRIu32 ", and max is %" PRId64 "\n", n, max);
```

여기서 볼 수 있듯이 이런 매크로는 스트링 리터럴을 합쳐서 포맷 스트링을 만들 때 활용할 수도 있다. 물론 코딩 스타일 관점에서 바람직한 방법은 아니다.

5.7.7 부동 소수점 데이터

정수는 수학에서 말하는 (부호 없는 정수인) $\mathbb{N}$이나 (부호 있는 정수인) $\mathbb{Z}$와 거의 같고, 부동 소수점 타입은 수학의 실수 $\mathbb{R}$이나 복소수 $\mathbb{C}$에 가깝다. 수학 개념과 C 언어의 차이점은 두 가지다. 하나는 표현할 수 있는 크기가 제한되어 있다는 것이다. 앞에서 정수 타입이 제한된 것과 비슷하다. float.h를 보면 double이 최솟값과 최댓값을 표현하는 DBL_MIN과 DBL_MAX라는 상수가 있다. 그런데 주의할 것은 DBL_MIN은 0.0보다 큰 값 중에서 가장 작은 숫자라는 것이다. 음수인 double 값의 최솟값은 -DBL_MAX다.

그런데 실수($\mathbb{R}$)를 물리 시스템에 표현할 때는 이보다 좀 더 까다롭다. 십진수 표현에서 소수점 아래 숫자 3이 무한히 반복되는 $\frac{1}{3}$이나, 초월수인 π처럼 숫자가 끝없이 전개되지만 반복되지는 않는 경우가 있기 때문이다.

C를 비롯한 여러 프로그래밍 언어에서는 소수점 아래를 자르는 방식으로 이 문제를 해결한다. 자르는 지점이 숫자의 크기에 따라 일정하지 않아서(floating) '부동' 소수점이라 부른다.

부동 소수점 값을 계산하는 과정을 간략히 정리하면 다음과 같다.

s 부호 (± 1)

e 지수(정수값)

$f_1, \cdots, f_p$ 0 또는 1, 가수 비트(mantissa bit)

지수는 $e_{min} \le e \le e_{max} \cdot p$를 만족하고 가수 부분의 비트 수를 **정밀도**(precision)라고 부른다. 따라서 부동 소수점 수를 공식으로 표현하면 다음과 같다.

$$s \cdot 2^e \cdot \sum_{k=1}^{p} f_k 2^{-k}$$

여기서 p, e_{min}, e_{max}는 타입마다 다르므로 직접 숫자로 표현할 수 없고, **DBL_MANT_DIG**(대부분 p = 53), **DBL_MIN_EXP**(e_{min}, −1021), **DBL_MAX_EXP**(e_{max}, 1024) 등과 같은 매크로로 구한다.

예를 들어 s=−1, e=−2, f_1=1, f_2=0, f_3=1일 때, 값은 다음과 같다.

$$-1 \cdot 2^{-2} \cdot (f_1 2^{-1} + f_2 2^{-2} + f_2 2^{-3}) = -1 \cdot \frac{1}{4} \cdot \left(\frac{1}{2} + \frac{1}{8}\right) = -1 \cdot \frac{1}{4} \cdot \frac{4+1}{8} = \frac{-5}{32}$$

이 값은 십진수로 −0.15625다. 위 계산을 통해 부동 소수점 값은 항상 분모가 2의 거듭제곱인 분수로 표현할 수 있다는 것을 알 수 있다.[Exs 17]

이렇게 부동 소수점을 표현하는 중간 계산 과정에서 값이 잘릴 수 있다는 점을 반드시 명심해야 한다.

TAKEAWAY 5.65 부동 소수점 연산에 대해서는 결합법칙, 교환법칙, 분배법칙이 성립하지 않는다.

결국 우리가 수학에서 알던 대수 속성은 거의 만족하지 않는다고 할 수 있다. 특히 자릿수가 크게 다른 값끼리 계산할 때 이런 문제가 두드러진다.[Exs 18] 예를 들어 지수가 −p보다 작은, 아주 조그만 부동 소수점 값 x를 1보다 큰 y에 더하면 결과는 그냥 y가 나온다. 따라서 두 연산의 결과가 서로 같음을 보이려면 좀 더 자세히 살펴봐야 한다. 그런데 이렇게 살펴보는 과정 자체가 최신 연구 주제인 경우가 많다. 따라서 두 값의 동등(equility) 여부를 정확히 알아내기는 힘들고, 결과가 서로 비슷하다고만 말할 수 있다.

TAKEAWAY 5.66 부동 소수점 값끼리는 동등 여부를 비교하지 않는다.

복소수 타입을 표현하는 과정은 간단하다. 부동 소수점 실수 타입 원소 두 개로 구성된 배열과 같고, 복소수의 실수부와 허수부에 접근하도록 tgmath.h 헤더에 두 가지 타입 독립(type-generic) 매크로인 **creal**과 **cimag**를 제공한다. 세 가지 복소수 타입 중 하나인 z에 대해 z == **creal**(z) + **cimag**(z) * I가 성립한다.[11]

Exs 17 e > p인 표현 가능한 부동 소수점 값은 모두 2^{e-p}의 곱임을 증명해 보자.

Exs 18 1.0E-13 + 1.0E-13과 (1.0E-13 + (1.0E-13 + 1.0)) - 1.0의 결과를 출력해 보자.

11 이렇게 함수처럼 생긴 매크로에 대해서는 8.1.2절에서 자세히 소개한다.

5.8 요약

- C 프로그램은 추상 상태 기계에 따라 실행되며, 프로그램을 구동하는 실제 컴퓨터와는 별개다.

- 기본 C 타입은 대부분 숫자에 대한 것이지만, 그렇다고 해서 모두 산술 연산에 직접 사용할 수 있는 것은 아니다.

- 값마다 타입과 바이너리 표현이 있다.

- 값을 사용하는 과정에서 필요에 따라 값의 타입이 암묵적으로 변환될 수 있다.

- 값을 사용하기 전에 반드시 명시적으로 초기화해야 한다.

- 정수를 계산할 때 오버플로가 발생하지 않았다면 항상 정확한 값이 나온다.

- 부동 소수점 계산으로는 근삿값만 구할 수 있다. 비이니리 자릿수를 넘어가는 부분은 잘릴 수밖에 없다.

06 파생 데이터 타입

이 장에서 다루는 내용

- 오브젝트를 배열로 묶기
- 포인터를 불투명 타입으로 사용하기
- 오브젝트를 묶어서 구조체로 만들기
- **typedef**로 타입 이름 새로 짓기

이 장에서는 지금까지 소개한 기본 타입에서 파생된 타입을 살펴본다. 파생 데이터 타입은 네 가지가 있다. 그 중 다음 두 가지를 **묶음형 데이터 타입**(aggregate data type)이라 한다. 하나 또는 여러 데이터 타입의 인스턴스를 하나로 묶기 때문이다.

- **배열**(array): 타입이 같은 원소를 묶는다(6.1절).
- **구조체**(structure): 타입이 다른 원소를 묶는다(6.3절).

다음과 같이 좀 더 복잡한 타입도 있다.

- **포인터**(pointer): 메모리에 있는 오브젝트를 가리킨다. 포인터는 C에서 가장 어려운 개념 중 하나라서 11장에서 자세히 설명한다. 6.2절에서는 불투명 데이터 타입(opaque data type) 측면만 살펴보고, 포인터의 본래 목적은 언급하지 않는다.
- **유니온**(union): 다양한 기본 타입을 동일한 메모리 위치에 겹쳐서 나열한다. 유니온을 제대로 이해하려면 C의 메모리 모델을 잘 알아야 한다. 그 중에는 일상적인 프로그래밍에서 잘 쓰지 않는 것도 있다. 자세한 사항은 12.2절에서 소개한다.

이외에도 타입의 이름을 새로 짓는 **typedef**(6.4절)가 있다. 이는 새 타입을 만드는 앞의 네 타입과 달리, 기존 타입에 대한 이름만 새로 짓는 것이다. 마치 **#define**으로 매크로를 정의하는 것과 비슷하다.

6.1 배열

배열(array)은 타입이 같은 오브젝트 여러 개를 하나로 묶는다. 이는 11장에서 설명할 포인터와 더불어 C를 처음 접할 때 상당히 헷갈리기 쉬운 개념이다. C 언어에서 배열과 포인터는 서로 밀접한 관련이 있다. 그래서 두 개념을 설명할 때 '닭이 먼저냐 달걀이 먼저냐'란 문제가 발생한다. 배열은 여러모로 포인터와 비슷하고, 포인터는 배열 오브젝트를 가리킨다. 이 책에서는 흔히 설명하는 방식과는 좀 다른 순서로 소개한다. 즉, 배열부터 소개하고 이를 기준으로 설명하다가 나중에 포인터를 소개한다. 순서를 거꾸로 설명한다고 생각할 수도 있지만 여기서 소개하는 모든 내용은 **as-if 규칙**(TAKEAWAY 5.8) 관점으로 봐야 한다. 먼저 C의 추상 상태 기계에 대한 가정과 일관성을 유지하는 방식으로 배열을 소개한다.

TAKEAWAY 6.1 배열은 포인터가 아니다.

두 개념의 관계에 대해서는 뒤에서 자세히 살펴보기로 하고, 일단 여기서는 배열에 대해 특별히 편견 없이 바라보자. 자칫 C를 제대로 이해하는 데 걸림돌이 될 수 있기 때문이다.

6.1.1 배열 선언

배열을 선언하는 방법은 앞에서 여러 차례 본 것처럼, 선언문 끝에 [N]을 붙인다. 예를 들면 다음과 같다.

```
double a[4];
signed b[N];
```

a는 **double** 타입 오브젝트 4개로 구성되고, b는 **signed** 타입 오브젝트 N개로 구성된다. 두 배열을 그림으로 나타내면 다음과 같이 기본 타입으로 지정된 박스들을 한 줄로 연결한 것과 같다.

▼ 그림 6-1 배열의 구조

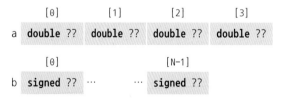

이 그림에서 점(⋯)으로 표시한 부분은 동일한 타입의 원소가 얼마든지 많이 나올 수 있다는 뜻이다.

배열의 타입 역시 배열일 수 있다. 이런 배열을 **다차원 배열**(multidimensional array)[C]이라 한다. 다차원 배열 선언문에서 [ ]가 왼쪽으로 바인딩되기 때문에 좀 헷갈릴 수 있다. 다음 두 선언문의 타입은 서로 같다.

```
double C[M][N];
double (D[M])[N];
```

C와 D는 모두 **double**[N] 타입 오브젝트가 M개인 배열이다. 즉, 배열 선언문이 중첩되어 있을 때는 안에서 바깥 순서로 읽어야 한다.

▼ 그림 6-2 다차원 배열의 구조

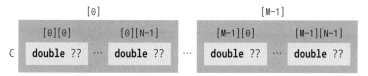

배열의 원소에 접근하고 그 값을 초기화하는 방법은 기존 방법과 같다. 다차원 배열에서도 [ ] 쌍을 이용한다. 다시 말해 앞에서 본 a[0]은 **double** 타입 오브젝트로서 간단한 변수 하나가 필요할 때마다 활용할 수 있다. 그런데 이번에는 C[0]이 배열이므로 C[0][0](또는 (C[0])[0])이 **double** 타입 오브젝트가 된다.

지정 초기자(designated initializer)로 초기화할 지점을 구체적으로 지정할 수도 있다(지정 초기자도 마찬가지로 [ ] 표기법을 따른다). 코드 5-1에서 바로 이렇게 했다. 개발 단계에서 지정 초기자를 사용하면 배열의 크기나 위치를 조금씩 변경하더라도 전체 코드의 일관성을 유지할 수 있다.

6.1.2 배열 연산

배열 역시 일종의 오브젝트다. 단지 타입이 좀 다를 뿐이다.

TAKEAWAY 6.2 조건문에서 배열은 **true**로 평가된다.

이러한 진리값을 가지는 이유는 뒤에서 설명할 **배열 퇴화**(array decay) 연산 때문이다. 또한 배열은 다른 오브젝트처럼 평가할 수 없다는 특성도 있다.

TAKEAWAY 6.3 배열 오브젝트는 있지만 배열 값이란 것은 없다.

그래서 배열은 표 4-1에 나온 값 연산의 피연산자가 될 수 없고, 배열에 대한 산술식을 선언할 수 없다.

TAKEAWAY 6.4 배열끼리 비교할 수 없다.

또한 배열은 표 4-2에 나온 오브젝트 연산의 값 부분에 나올 수 없다. 오브젝트 연산자 중 대다수는 배열을 피연산자로 사용할 수 없다. 그 이유는 피연산자가 산술식이라고 가정하기 때문이거나 두 번째 값의 피연산자 역시 배열이어야 하기 때문이다.

TAKEAWAY 6.5 배열은 대입될 수 없다.

표 4-2를 보면 배열을 다루는 오브젝트 연산자는 네 개뿐이고, [] 연산자도 있다.[1] 배열 퇴화(array decay) 연산, 주소 연산자(&), sizeof 연산자에 대해서는 뒤에서 자세히 설명한다.

6.1.3 배열 길이

배열은 두 가지가 있다. **고정 길이 배열**(fixed-length array, FLA)^C**과 가변 길이 배열**(variable-length array, VLA)^C이다. FLA는 C 언어가 처음 나올 때부터 있던 기능이며, 다른 프로그래밍 언어에서도 동일하게 작동한다. VLA는 C99부터 도입된 C 언어 고유의 기능이며 사용하는 데 제약이 좀 있다.

TAKEAWAY 6.6 VLA는 초기자를 가질 수 없다.

TAKEAWAY 6.7 VLA를 함수 밖에서 선언할 수 없다.

그럼 먼저 이런 제약 사항에 영향을 받지 않는 FLA부터 살펴보자.

TAKEAWAY 6.8 FLA의 길이는 정수형 상수 표현식(ICE)이나 초기자로 결정한다.

첫 번째 방법은 (5.6.2절에서 소개한) ICE를 이용하여 컴파일 시간에 길이를 알 수 있다. ICE에서 타입에 대한 제약은 없다. 정수 타입이라면 어떤 것도 가능하다.

TAKEAWAY 6.9 배열 길이는 반드시 양수여야 한다.

FLA과 관련하여 또 다른 특이한 점은 길이를 지정하지 않는다는 것이다. 배열 선언문에서 []를 비워 두면 초기자에 의해 길이가 결정된다.

```
double E[] = { [3] = 42.0, [2] = 37.0, };
double F[] = { 22.0, 17.0, 1, 0.5, };
```

여기서 E와 F의 타입은 모두 **double**[4]가 된다. 원소의 값은 모르지만 초기자의 구조는 컴파일 시간에 결정되기 때문에 FLA다.

---

[1] 배열과 []의 실제 C 용어에 대한 이야기는 좀 복잡하다. 그래서 as-if 규칙(TAKEAWAY 5.8)을 적용해서 설명한다. 모든 C 프로그램은 마치 []가 배열 오브젝트에 직접 적용되는 것처럼 작동한다.

❤ 그림 6-3 고정 길이 배열의 구조

	[0]	[1]	[2]	[3]
E	**double** 0.0	**double** 0.0	**double** 37.0	**double** 42.0

	[0]	[1]	[2]	[3]
F	**double** 22.0	**double** 17.0	**double** 1.0	**double** 0.5

이 방식을 제외한 나머지 배열 변수 선언은 모두 VLA가 된다.

TAKEAWAY 6.10 | 길이가 정수형 상수 표현식으로 지정되지 않은 배열은 VLA다.

sizeof 연산자를 이용하면 배열의 길이를 계산할 수 있다.[2] **sizeof**는 오브젝트의 크기를 알려 주므로 배열 전체 크기를 개별 원소의 크기로 나누는 간단한 나눗셈 연산만으로 배열의 길이를 알아낼 수 있다.[3]

TAKEAWAY 6.11 | 배열 A의 길이는 (**sizeof** A) / (**sizeof** A[0])이다.

6.1.4 매개변수로 사용하는 배열

배열을 함수의 매개변수(parameter)로 사용할 수도 있다. **printf**의 프로토타입에서 본 것처럼 이렇게 배열을 매개변수로 사용할 때는 [ ]가 없을 수도 있다. 이런 매개변수는 초기자가 없기 때문에 배열의 차원을 결정할 수 없다.

TAKEAWAY 6.12 | 함수의 매개변수로 사용하는 배열에서 가장 안쪽 차원은 제거된다.

TAKEAWAY 6.13 | 함수의 매개변수로 사용하는 배열에는 **sizeof** 연산자를 사용하면 안 된다.

배열 매개변수가 더욱 특이한 점은 (TAKEAWAY 6.3에서 말했듯이) 배열 값을 만들 수 없기 때문에 값으로 전달할 수 없다.

TAKEAWAY 6.14 | 배열 매개변수는 **참조 전달 방식**(pass by reference)[C]처럼 작동한다.

예제 6-1을 살펴보자.

---

2   크기의 측정 단위에 대해서는 뒤에서 소개한다.

3   한 가지 주의할 점은 **sizeof** 연산자의 구문은 두 가지 형태가 있다는 것이다. **sizeof**를 오브젝트에 적용할 때는 소괄호를 생략해도 되지만, 타입에 적용할 때는 반드시 소괄호를 적어야 한다.

```c
#include <stdio.h>

void swap_double(double a[static 2]) {
  double tmp = a[0];
  a[0] = a[1];
  a[1] = tmp;
}
int main(void) {
  double A[2] = { 1.0, 2.0, };
  swap_double(A);
  printf("A[0] = %g, A[1] = %g\n", A[0], A[1]);
}
```

여기서 swap_double(A)는 배열 A의 복제본이 아닌 배열 A를 직접 다룬다. 따라서 이 프로그램은 A의 두 원소의 값을 맞바꾼다.

도전 6 선형 대수

배열을 사용하는 중요한 문제 중 일부는 선형 대수로부터 나온 것이다.

그렇다면 벡터끼리 곱하거나 행렬과 벡터를 곱하는 함수를 작성해 보자.

또한 가우스 소거법(Gauss elimination)이나 반복 알고리즘(iterative algorithm)으로 역행렬을 구해보자.

6.1.5 스트링은 특별하다

스트링(string)^{C}은 배열의 특수한 형태로서 지금까지 여러 번 본 적이 있는데, 다른 배열과 달리 리터럴도 있다.

TAKEAWAY 6.15 스트링은 0으로 끝나는 **char** 타입 배열이다.

다시 말해 "hello"란 스트링의 끝에는 값이 0이면서 겉으로는 드러나지 않는 원소가 하나 더 있다. 따라서 이 스트링의 길이는 6이다.

스트링 역시 배열이므로 다른 값을 대입할 수 없지만, 스트링 리터럴로 전체를 초기화할 수는 있다.

```c
char jay0[] = "jay";
char jay1[] = { "jay" };
char jay2[] = { 'j', 'a', 'y', 0, };
char jay3[4] = { 'j', 'a', 'y', };
```

네 선언문은 모두 같다. 주의할 점은 **char** 배열이라고 해서 모두 스트링은 아니라는 것이다. 예를 들면 다음과 같다.

```
char jay4[3] = { 'j', 'a', 'y', };
char jay5[3] = "jay";
```

두 문장은 모두 0이 아닌 'y'로 끝난다.

▼ 그림 6-4 char 배열의 구조

	[0]	[1]	[2]	[3]
jay0	char 'j'	char 'a'	char 'y'	char '\0'
jay1	char 'j'	char 'a'	char 'y'	char '\0'
jay2	char 'j'	char 'a'	char 'y'	char '\0'
jay3	char 'j'	char 'a'	char 'y'	char '\0'
jay4	char 'j'	char 'a'	char 'y'	
jay5	char 'j'	char 'a'	char 'y'	

지금까지 정수 타입 중에서도 가장 기본인 **char** 스트링을 간단히 봤다. 이 타입은 **기본 문자 집합**(basic character set)^C^에 속한 모든 문자를 인코딩할 수 있는 좁은 정수 타입(narrow integer type)이다. 기본 문자 집합은 C 프로그래밍에 사용되는 라틴 알파벳, 아라비아 숫자, 구두점으로 구성된다. 특수 문자(예를 들어 ä, á)나 다른 문자 체계에 속한 글자는 없다.

현재 널리 사용되는 플랫폼은 **char** 타입을 인코딩할 때 ASCII(American Standard Code for Information Interchange)를 사용한다. 기본 문자 집합만 사용한다면 현재 어떤 인코딩 방식을 사용하는지 알 필요가 없다. C와 표준 라이브러리에서 사용하는 문자는 모두 이 인코딩 방식을 따른다.

표준 라이브러리는 **char** 배열과 스트링을 다루기 위한 함수를 다양하게 제공한다. 이 라이브러리는 string.h 헤더 파일을 통해 제공된다. 배열 인수만 필요한 함수는 mem으로 시작하고, 스트링 인수도 추가로 받는 함수는 str로 시작한다. 예제 6-2는 이런 함수를 사용하는 예다.

```
#include <string.h>
#include <stdio.h>
int main(int argc, char* argv[argc+1]) {
  size_t const len = strlen(argv[0]); // 길이를 계산한다.
  char name[len+1];                   // VLA를 생성한다.
                                      // 0이 들어갈 자리를 확보한다.
  memcpy(name, argv[0], len);         // 이름을 복제한다.
  name[len] = 0;                      // 문자 0을 넣는다.
  if (!strcmp(name, argv[0])) {
    printf("program name \"%s\" successfully copied\n",
           name);
  } else {
    printf("copying %s leads to different string %s\n",
           argv[0], name);
  }
}
```

char 배열을 다루는 함수는 다음과 같다.

- **memcpy**(target, source, len): 어떤 배열을 다른 곳으로 복제할 때 사용한다. 이때 두 배열은 서로 별개여야 한다. 복제될 문자(**char**)의 개수는 반드시 세 번째 인수인 len으로 지정해야 한다.

- **memcmp**(s0, s1, len): 두 배열을 사전 순서로 비교한다. 다시 말해 두 배열의 앞에서 시작해서 같은 부분을 확인하다가 뒤에서 서로 다른 문자가 나오면 그 차이를 리턴한다. len으로 지정한 지점까지 서로 다른 문자가 하나도 없으면 0을 리턴한다.

- **memchr**(s, c, len): 배열 s에 문자 c가 있는지 검색한다.

스트링을 다루는 함수는 다음과 같다.

- **strlen**(s): 스트링 s의 길이를 리턴한다. 이 값은 배열의 길이가 아니라 가장 처음 나오는 0의 위치다. s가 진짜 스트링인지(0으로 끝나는지)는 직접 확인해야 한다.

- **strcpy**(target, source): **memcpy**와 비슷하다. 이때 source 스트링의 길이만큼만 복제하므로 len 매개변수가 필요 없다. memcpy와 마찬가지로 source는 반드시 0으로 끝나야 한다. 또한 target은 복제본을 담을 만큼 충분히 커야 한다.

- **strcmp**(s0, s1): 두 배열을 사전 순서로 비교한다는 점에서 **memcpy**와 비슷하지만 언어의 특수성을 고려하지 않을 수 있다. 두 배열의 첫 문자부터 비교하다가 s0이나 s1 중 어느 한 곳에서 문자 0이 나오면 비교 연산을 중단한다. 여기서도 역시 두 인수는 0으로 끝나야 한다.
- **strcoll**(s0, s1): 두 배열을 사전 순서로 비교하며, 언어에 특화된 환경 설정을 고려한다. 적절히 설정하는 방법은 8.6절에서 자세히 소개한다.
- **strchr**(s, c): 스트링 s가 0으로 끝나야 한다는 점을 제외하면 **memchr**과 같다.
- **strspn**(s0, s1): s0 중에서 s1과 앞부분이 같은 부분의 길이를 리턴한다.
- **strcspn**(s0, s1): s0 중에서 s1과 앞부분이 다른 부분의 길이를 리턴한다.

TAKEAWAY 6.16 스트링 함수에 스트링이 아닌 인수를 전달하면 예측할 수 없는 동작이 발생한다.

이렇게 잘못 입력할 때 흔히 볼 수 있는 현상은 다음과 같다.

- **strlen**과 같은 함수는 0 문자를 찾지 못하기 때문에 결과가 리턴될 때까지 오래 걸린다.
- 배열 오브젝트의 경계를 벗어난 영역에 접근해서 세그먼테이션(segmentation) 오류가 발생한다.
- 허용되지 않은 영역에 데이터를 쓰면 데이터가 손상된 것처럼 보인다.

따라서 스트링 인수에 전달하는 값이 실제 스트링인지 반드시 확인해야 한다. 문자 배열의 길이는 아는데 0으로 끝나는지는 모른다면 **strlen**보다는 **memchr**과 포인터 연산(11장 참고)을 이용하는 것이 안전하다. 마찬가지로 스트링이 아닌 문자 배열은 **memcpy**로 복제하는 것이 좋다.[Exs 1]

지금까지 설명하면서 언급하지 않은 중요한 사실 한 가지가 있다. 바로 함수 프로토타입이다. 스트링 함수의 프로토타입은 다음과 같다.

```
size_t strlen(char const s[static 1]);
char* strcpy(char target[static 1], char const source[static 1]);
signed strcmp(char const s0[static 1], char const s1[static 1]);
signed strcoll(char const s0[static 1], char const s1[static 1]);
char* strchr(const char s[static 1], int c);
size_t strspn(const char s1[static 1], const char s2[static 1]);
size_t strcspn(const char s1[static 1], const char s2[static 1]);
```

strcpy나 **strchr**의 리턴 타입이 이상하다는 것만 빼면 자연스러워 보인다. 매개변수로 전달하는 배열은 길이를 모르기 때문에 [**static** 1]이라고 표시한 부분은 최소한 **char**가 하나 있는 배열이

Exs 1 **memchr**와 **memcmp**를 이용하여 **strcmp**의 경계 검사 버전을 구현해 보자.

다. **strlen**, **strspn**, **strcspn**은 크기를 리턴하고, **strcmp**는 인수의 정렬 순서에 따라 음수와 0, 양수 값 중 하나를 리턴한다.

배열 함수의 선언문은 그보다 더 복잡하다.

```
void* memcpy(void* target, void const* source, size_t len);
signed memcmp(void const* s0, void const* s1, size_t len);
void* memchr(const void *s, int c, size_t n);
```

void*로 지정한 대상의 의미는 아직 설명한 적이 없는데, 타입을 모르는 오브젝트에 대한 포인터(pointer)를 의미한다. 포인터 개념에 대한 상세한 설명과 **void** 타입에 대해서는 레벨 2(11장)에서 자세히 소개한다.

도전 7 인접 행렬

어떤 그래프 G에 대한 인접 행렬(adjacency matrix)은 노드 i가 노드 j로 이어지는 간선(arc)의 존재 여부에 따라 원소 A[i][j]의 값이 **true** 또는 **false**인 행렬이다.

그렇다면 인접 행렬을 이용하여 그래프 *G*에 대해 너비 우선 탐색(breadth-first search)을 수행하고, 연결된 성분을 찾아보자. 또한 스패닝 트리(spanning tree)도 구해 보자.

도전 8 최단 경로

그래프 *G*에 대한 인접 행렬이란 개념을 확장해서 점 i에서 점 j까지의 거리를 담은 거리 행렬(distance matrix)을 정의해 보자. 이때 직접 연결되는 간선이 없다는 것을 굉장히 큰 값(**데** SIZE_MAX)으로 표현한다. 그렇다면 입력으로 주어진 두 노드 x와 y 사이의 최단 경로(shortest path)를 찾을 수 있을까?

6.2 불투명 타입으로 사용하는 포인터

지금까지 설명하면서 **포인터**(pointer) 개념이 여러 번 나왔다. 특히 **void*** 타입 인수와 리턴 타입 그리고 **char const*const**로 스트링 레퍼런스를 다뤘다. 이러한 포인터의 핵심은 우리가 다루고자 하는 대상에 대한 정보를 직접 담지 않고, 그 데이터가 있는 곳을 가리키기만 하는 것이다. C에서는 포인터를 다음과 같이 *로 표기한다.

```
char const*const p2string = "some text";
```

이 포인터를 그림으로 표현하면 다음과 같다.

▼ 그림 6-5 p2string의 내부 구조

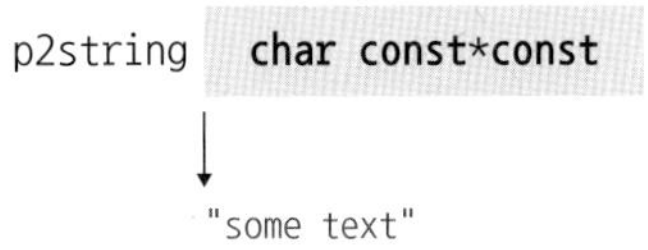

```
p2string    char const*const
                 │
                 ▼
            "some text"
```

앞에서 본 배열인 jay0과 비교해 보자. 이 배열에는 스트링을 구성하는 문자가 모두 담겨 있다.

```
char jay0[] - "jay";
```

▼ 그림 6-6 jay0 배열의 구조

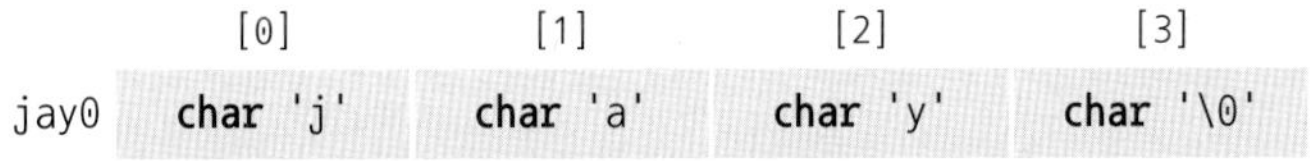

```
            [0]          [1]          [2]          [3]
jay0    char 'j'     char 'a'     char 'y'     char '\0'
```

처음에는 포인터의 속성 중에서도 몇 가지만 알아도 된다. 포인터를 바이너리로 표현하는 방식은 플랫폼에서 결정할 영역이므로 우리가 신경 쓸 필요는 없다.

TAKEAWAY 6.17 포인터는 불투명(opaque) 오브젝트다.

다시 말해 C 언어에서 허용하는 연산으로만 포인터를 다룰 수 있다는 뜻이다. 이런 연산은 대부분 뒤에서 자세히 소개할 것이다. 지금은 처음 소개하는 것인 만큼 초기화, 대입, 평가에 대해서만 설명한다.

포인터가 다른 변수와 구분되는 속성 중 하나는 상태다.

TAKEAWAY 6.18 포인터는 **유효한 상태**(valid)거나 **널 상태**(null)거나 **미확정 상태**(indeterminate)에 있다.

예를 들어 변수 p2string은 항상 유효한 상태에 있다. 왜냐하면 스트링 리터럴인 "some text"를 가리키고 있는데다, 두 번째 **const**에 의해 이러한 연결 관계가 변하지 않기 때문이다.

포인터 타입에서 널 상태라는 말은 우리가 잘 아는 0과 관련이 있다. 때로는 이와 동일한 값인 **false**를 의미할 수도 있다.

TAKEAWAY 6.19 포인터를 0으로 초기화하거나 0을 대입하면 그 포인터는 널 상태가 된다.

다음 예를 살펴보자.

```
char const*const p2nothing = 0;
```

이 특수한 상황을 그림으로 표현하면 다음과 같다.

▼ 그림 6-7 널 상태 포인터

p2nothing   `char const*const`

↓

null

여기서 주의할 점은 위 상황이 다음과 같이 공백 스트링을 가리키는 것과는 엄연히 다르다는 것이다.

```
char const*const p2empty = "";
```

▼ 그림 6-8 공백 스트링을 가리키는 포인터

p2empty   `char const*const`

↓

""

널 상태에 있는 포인터를 흔히 **널 포인터**(null pointer)ᶜ라 한다. 놀랍게도 널 포인터를 처리하는 것도 C 언어의 정식 기능이다.

TAKEAWAY 6.20 논리 표현식에서 널 포인터는 **false**로 평가된다.

주의할 점은 논리 표현식에서는 포인터를 유효 포인터와 **미확정 포인터**를 구분할 수 없다는 것이다. 따라서 포인터에서 정말 '나쁜' 상태는 **미확정 상태**다. 상태를 정확히 알 수 없기 때문이다.

TAKEAWAY 6.21 포인터가 미확정 상태면 알 수 없는 동작(undefined behavior)이 나타날 수 있다.

예를 들어 미확정 상태인 포인터는 다음과 같다.

```
char const*const p2invalid;
```

그림 6-9 미확정 상태 포인터

p2invalid   `char const*const`

↓

null

이 포인터는 초기화를 하지 않았기 때문에 미확정 상태이며, 그대로 사용하면 프로그램이 알 수 없는 상태(undefined state)에 빠질 수 있다(TAKEAWAY 5.55). 따라서 포인터가 유효한지 확실하지 않으면 반드시 널로 설정하는 것이 좋다.

TAKEAWAY 6.22 항상 포인터를 초기화한다.

6.3 구조체

지금까지 본 것처럼 배열은 기본 타입으로 된 오브젝트 여러 개를 거대한 오브젝트 하나로 묶는 것이다. 첫 번째부터 마지막까지 순서를 정할 필요가 있다면 배열로 묶는 것이 좋다. 하지만 순서가 중요하지 않거나 원소의 타입이 서로 다르다면 구조체(structure)를 사용한다. 구조체는 **struct**란 키워드로 정의한다.

첫 번째 예로 5.6.2절에서 본 까마귀 예를 다시 살펴보자. 이 예에서는 열거 타입(enumeration type)을 이용하여 배열의 각 원소를 이름으로 접근했다. C 언어의 구조체는 각 원소(멤버(member) 또는 필드(field))를 보다 체계적으로 묶는 기능을 제공한다.

```
struct birdStruct {
  char const* jay;
  char const* magpie;
  char const* raven;
  char const* chough;
};
struct birdStruct const aName = {
  .chough = "Henry",
  .raven = "Lissy",
  .magpie = "Frau",
  .jay = "Joe",
};
```

다시 말해 첫 번째 줄부터 여섯 번째 줄까지 **struct** birdStruct라는 구문으로 완전히 새로운 타입을 선언한다. 이 구조체는 **멤버**(member)[c]가 네 개며, 각각의 선언문은 기존 변수 선언과 동일하다. 그래서 네 원소를 배열 하나에 묶어서 선언하기보다는 멤버마다 이름을 따로 정하고 타입도 별도로 선언했다. 이렇게 구조체로 선언한 문장은 오로지 타입만 표현한다. 아직 이 타입의 오브젝트를 선언한 것이 아니고, 그런 오브젝트를 정의한 것은 더더욱 아니다.

이후 일곱 번째 줄부터 변수(aName) 하나를 선언해서 새로운 타입을 정의한다. 초기자와 그 뒤에 나온 용례를 보면 개별 멤버는 닷(dot) 기호(.)로 표기했다. 5.6.1절에서 본 bird[raven]과 같은 표기법 대신 구조체에서는 aName.raven과 같이 표현한다.

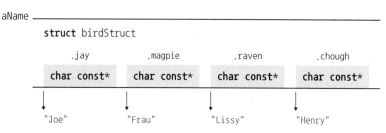

▼ 그림 6-10 birdStruct의 구조

이 예에서 주목할 점은 배열처럼 개별 멤버가 스트링을 가리키기만 한다는 것이다. 예를 들어 aName.magpie란 멤버는 박스 밖에 있는 "Frau"란 개체를 가리키는데, 이 개체는 **struct**와는 별개인 대상이다.

두 번째 예로 타임 스탬프(time stamp)를 구성하는 방법에 대해 살펴보자. 캘린더 타임은 연, 월, 일, 분, 초 등을 복잡한 방식으로 센다. 시간 단위의 종류(例 월, 년)마다 길이도 다르다. 이런 데이터를 다루는 한 가지 방법은 바로 배열을 활용하는 것이다.

```
typedef int calArra[9];
```

▼ 그림 6-11 calArray의 구조

	[0]	[1]	[3]	[4]		[8]
calArray	int ??	int ??	int ??	int ??	…	int ??

이렇게 배열 타입으로 정의하면 모호한 점이 생긴다. 연 단위 값을 [0]번 원소에 저장할지 아니면 [5]번 원소에 저장할지 명확하지 않다. 예전에 사용했던 **enum**을 활용하는 방식을 여기에도 적용해서 모호함을 제거할 수 있지만 C 표준은 좀 다른 방식을 채용했다. time.h 헤더를 보면 다음과 같이 **struct**를 이용하여 정의하고 있다.

```
struct tm {
    int tm_sec;    // 현재 분에서 지난 초      [0, 60]
    int tm_min;    // 현재 시로부터 지난 분     [0, 59]
    int tm_hour;   // 자정 이후로 지난 시간     [0, 23]
    int tm_mday;   // 이번 달에서 몇 일         [1, 31]
    int tm_mon;    // 1월 이후로 지난 달        [0, 11]
    int tm_year;   // 1900 이후로 지난 햇수
    int tm_wday;   // 일요일 이후로 지난 날     [0, 6]
    int tm_yday;   // 1월 이후로 지난 날        [0, 365]
    int tm_isdst;  // 일광 절약 시간제(Daylight Saving Time) 적용 여부
};
```

이 **struct**는 이름 있는 **멤버**(named member)로 구성된다. 즉, 초 단위를 **tm_sec**로, 연 단위를 **tm_year**로 표현했다. 날짜를 인코딩하는 방법은 간단하다. 가령 이 글을 쓰는 현재 날짜를 표현하면 다음과 같다.

터미널

```
0   〉 LC_TIME=C date -u
1   Wed Apr 3 10:00:47 UTC 2019
```

yday.c

```
29   struct tm today = {
30     .tm_year = 2019-1900,
31     .tm_mon = 4-1,
32     .tm_mday = 3,
33     .tm_hour = 10,
34     .tm_min = 0,
35     .tm_sec = 47,
36   };
```

이렇게 하면 **struct tm** 타입 변수 하나가 생성되면서 각 멤버가 적절한 값으로 초기화된다. 이 구조체에서 멤버의 위치나 순서는 중요하지 않다. 닷(.) 뒤에 멤버의 이름을 적기만 하면 해당 데이터를 지정할 수 있다.

▼ 그림 6-12 이름 있는 멤버로 정의한 today

		.tm_sec	.tm_min	.tm_hour	.tm_mday		.tm_isdst
today	struct tm	int 5	int 7	int 16	int 29	⋯	int 0

앞에 나온 today를 그림으로 표현하면 calArray와는 달리 박스 하나가 더 있음을 알 수 있다. 실제로 제대로 된 **struct** 타입이라면 추상화 단계가 하나 더 생긴다. 여기서 사용한 **struct tm**은 정식 C 타입이다.

이 구조체의 멤버에 접근하는 방법은 간단하다. 앞에서와 마찬가지로 닷(.) 표기법을 사용하면 된다.

yday.c

```
37   printf("this year is %d, next year will be %d\n",
38         today.tm_year+1900, today.tm_year+1900+1);
```

today.tm_year처럼, 멤버에 대한 레퍼런스를 표현식에서 사용하는 방법은 기본 타입으로 된 변수를 사용하는 방법과 같다.

struct tm에는 tm_wday, tm_yday, tm_isdst라는 세 멤버가 더 있는데, 초기자 리스트에서 언급하지 않았다. 이렇게 초기자에 명시하지 않으면 자동으로 0으로 설정된다.

TAKEAWAY 6.23 struct의 초기자에 명시하지 않은 멤버는 0으로 설정된다.

극단적인 경우로 여러 멤버 중 하나만 초기화될 수 있다.

TAKEAWAY 6.24 struct 초기자는 최소한 한 멤버를 초기화해야 한다.

모든 데이터 타입에 적용되는 디폴트 초기자인 {0}에 대해 설명한 적이 있다(TAKEAWAY 5.37).

따라서 struct tm을 앞에서처럼 초기화하면 이 구조체의 일관성이 깨지게 된다. tm_wday와 tm_yday 멤버는 다른 멤버와 연결되는 값을 가지지 못한다. 다음과 같이 함수를 만들면 이 멤버의 값을 일관성 있게 설정할 수 있다.

yday.c

```
19  struct tm time_set_yday(struct tm t) {
20    // tm_mdayssms 1부터 시작한다.
21    t.tm_yday += DAYS_BEFORE[t.tm_mon] + t.tm_mday - 1;
22    // 윤년을 처리하는 로직
23    if ((t.tm_mon > 1) && leapyear(t.tm_year+1900))
24      ++t.tm_yday;
25    return t;
26  }
```

이 함수는 이전 달의 날수와 tm_mday 멤버와 윤년을 반영한 값을 이용해서 올해의 날을 계산한다. 이 함수는 현재 수준(레벨 1)에서 주목할 부분이 있다. 즉, 함수의 매개변수 중에서도 t의 멤버만 수정할 뿐 원본 오브젝트(t 자체)는 건드리지 않는다.

TAKEAWAY 6.25 struct 타입 매개변수는 값 전달 방식(pass-by-value)으로 전달된다.

변경 내역을 추적하도록 함수의 결과를 원본에 다시 대입한다.

yday.c

```
39    today = time_set_yday(today);
```

현재 레벨에서는 이 정도로만 하고, 다음 레벨에 가서 포인터 타입을 사용하는 방법을 소개한다. 참고로 대입 연산자 =의 동작은 모든 구조체 타입에 대해 명확히 정의됐지만 비교 연산자(==, !=)는 그렇지 않다.

TAKEAWAY 6.26 구조체는 =로 대입할 수 있지만 ==나 !=로 비교할 수는 없다.

예제 6-3은 struct tm을 활용하는 예 전체를 보여 준다. 여기서는 표준 헤더인 time.h를 사용하기 때문에 struct tm을 선언하는 예전 방식은 나오지 않는다. 요즘은 개별 멤버의 타입을 서로 다르게 지정할 때가 많지만, C 언어는 오래 전에 결정했던 방식을 그대로 유지하는 경우가 많다.

예제 6-3 struct tm을 다루는 예제

```
1  #include <time.h>
2  #include <stdbool.h>
3  #include <stdio.h>
4
5  bool leapyear(unsigned year) {
6    /* 세기 첫 해가 아니고
7       400으로 나눠떨어지지 않는 해 중에서
8       4로 나눠떨어지는 해는 모두 윤년이다. */
9    return !(year % 4) && ((year % 100) || !(year % 400));
10 }
11
12 #define DAYS_BEFORE \
13 (int const[12]){ \
14   [0] = 0, [1] = 31, [2] = 59, [3] = 90, \
15   [4] = 120, [5] = 151, [6] = 181, [7] = 212, \
16   [8] = 243, [9] = 273, [10] = 304, [11] = 334, \
17 }
18
19 struct tm time_set_yday(struct tm t) {
20   // tm_mdays starts at 1.
21   t.tm_yday += DAYS_BEFORE[t.tm_mon] + t.tm_mday - 1;
22   // Takes care of leap years
23   if ((t.tm_mon > 1) && leapyear(t.tm_year+1900))
24     ++t.tm_yday;
25   return t;
26 }
27
28 int main(void) {
29   struct tm today = {
30     .tm_year = 2019-1900,
31     .tm_mon = 4-1,
```

```
32      .tm_mday = 3,
33      .tm_hour = 10,
34      .tm_min = 0,
35      .tm_sec = 47,
36    };
37    printf("this year is %d, next year will be %d\n",
38          today.tm_year+1900, today.tm_year+1900+1);
39    today = time_set_yday(today);
40    printf("day of the year is %d\n", today.tm_yday);
41  }
```

TAKEAWAY 6.27 구조체의 레이아웃은 설계 시 주요 결정 사항이다.

몇 년 전에 정해진 설계에 아쉬운 부분이 있을 수 있다. 특히 그 부분을 사용하는 기존 코드를 새 고친 상황에 서의 를 수 없을 지경에 이를 때 그렇다.

struct는 타입이 서로 다른 오브젝트를 더 큰 오브젝트 하나로 묶는 용도로도 사용한다. 참고로 C 표준은 시간을 나노 초 단위로 다루는 부분을 이렇게 정의했다.

```
struct timespec {
  time_t tv_sec;   // 총 초 단위 시간 ≥ 0
  long tv_nsec;    // 나노 초 [0, 999999999]
};
```

▼ 그림 6-13 timespec 구조

	.tv_sec	.tv_nsec
struct timespec	time_t ??	long ??

여기서 표 5-2에서 본 불투명 타입인 **time_t**로 초 단위를 표현하고, 나노 초는 **long** 타입으로 표현했다.[4] 이렇게 표현하는 이유는 역시 예전 방식을 따르기 때문이다. 요즘에는 다른 타입으로 표현할 수도 있다. **struct timespec** 타입으로 표현한 두 시각의 차이를 계산하는 함수는 따로 설명하지 않아도 쉽게 구현할 수 있을 것이다.

C 표준인 **difftime** 함수와 달리 여기서 사용할 함수는 기능이 굉장히 간단하고 플랫폼에 종속적이지 않다. 따라서 이 기능은 누구나 쉽게 구현할 수 있다.[Exs 2]

---

4   아쉽게도 여기 나온 **time_t**의 의미가 표 5-2와 다르다. 특히 **tv_sec**은 산술식에서 사용될 수도 있다.
Exs 2   두 **timespec** 값의 차이를 구하는 timespec_diff 함수를 구현해 보자.

VLA가 아닌 모든 데이터 타입은 구조체의 멤버에서 쓸 수 있다. 또한 구조체는 중첩될 수도 있다. 즉, **struct** 멤버의 타입이 다시 **struct**가 될 수 있고, 큰 구조체 안에서 작은 구조체를 선언할 수도 있다.

```
struct person {
  char name[256];
  struct stardate {
    struct tm date;
    struct timespec precision;
  } bdate;
};
```

▼ 그림 6-14 **struct** person의 구조

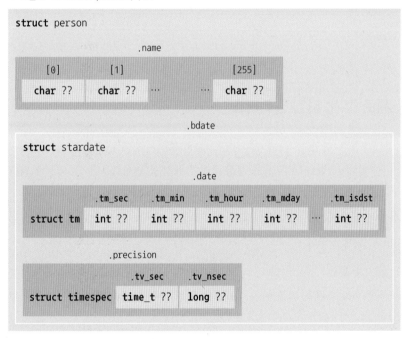

struct stardate 선언문의 가시 범위(visibility)는 **struct** person과 같다. 가장 바깥쪽의 **struct** 선언문(즉, person)의 {} 안에 중첩해서 정의한 **struct**(즉, stardate)에 대해서는 스코프가 새로 정의되지 않는다. 이는 C++를 비롯한 다른 프로그래밍 언어와 다른 점이다.

TAKEAWAY 6.28 중첩된 선언문에 나오는 **struct**는 모두 스코프가 같다.

다시 말해 앞에서 중첩해서 선언했던 **struct**의 스코프가 전역 범위라면 두 **struct** 모두 C 파일 전체에서 볼 수 있다. 두 **struct**가 함수 안에 선언됐다면 스코프는 그 함수의 {} 블록 안으로 제한된다.

따라서 다음과 같이 정의하는 것이 좀 더 적절하다.

```
struct stardate {
  struct tm date;
  struct timespec precision;
};
struct person {
  char name[256];
  struct stardate bdate;
};
```

이렇게 하면 모든 **struct**를 동급으로 만들 수 있다.

6.4 타입 이름 새로 짓기: 타입 앨리어스

앞 장에서 본 것처럼 구조체는 다양한 정보를 한 단위로 묶을 뿐만 아니라 새로운 타입을 정의하기도 한다. 구조체 이름 앞에 **struct**란 키워드를 항상 붙여야 해서 좀 번거로운데, 이 역시 특별한 이유가 있어서가 아니라 단순히 초창기 관례를 따르는 것뿐이다. C 언어를 처음 접하는 이들은 이 표기 방식에 적응하지 못해 **struct** 키워드를 종종 누락하여 컴파일 에러를 내기도 하고, 왜 그런 에러가 발생하는지도 모를 때가 많다.

이러한 번거로움을 해결해 주는 도구가 있다. 바로 기존 타입에 대한 새로운 별칭을 지정하는 **typedef**다. **typedef**를 이용하면 한 타입을 여러 이름으로 표현할 수 있다. 심지어 (다음 코드 두 번째 문장처럼) 구조체 선언에 사용한 태그 이름(tag name)^C을 그대로 써도 된다.

```
typedef struct birdStruct birdStructure;
typedef struct birdStruct birdStruct;
```

이렇게 하면 **struct** birdStruct, birdStruct, birdStructure 중 아무거나 써도 된다. 필자는 주로 다음과 같이 작성한다.

```
typedef struct birdStruct birdStruct;
struct birdStruct {
    ...
};
```

다시 말해 **struct** 선언에서 사용했던 이름과 똑같은 이름으로 **typedef**를 정의하는 것이다. 이렇게 쓸 수 있는 이유는 **struct**와 그 뒤에 나오는 이름(**typedef**문에 나온 **struct** birdStruct 부분)은 뒤에서 정의할 구조체(**struct** birdStruct { ... };)에 대한 정식 **전방 선언문**(forward declaration)^C 이기 때문이다.

TAKEAWAY 6.29 **typedef** 안에 **struct**의 태그 이름과 동일한 식별자를 사용하여 전방 선언할 수 있다.

C++도 기본적으로 이와 비슷한 방식을 따른다. 그래서 이런 식으로 작성하면 C++에 익숙한 이들도 코드를 쉽게 읽을 수 있다.

typedef 메커니즘은 구조체가 아닌 타입에도 얼마든지 적용할 수 있다. 가령 다음과 같이 배열 선언에도 활용할 수 있다.

```
typedef double vector[64];
typedef vector vecvec[16];
vecvec A;
typedef double matrix[16][64];
matrix B;
double C[16][64];
```

여기서 **typedef**는 기존 타입에 대해 이름만 새로 만들 뿐이다. 그래서 A, B, C의 타입은 **double** [16][64]로 모두 같다.

TAKEAWAY 6.30 **typedef**는 타입에 대한 별칭(alias)만 만들 뿐, 새로운 타입을 만드는 것이 아니다.

C 표준에서는 내부적으로 **typedef**를 매우 많이 쓴다. 대표적인 예로 5.2절에서 본 **size_t**와 같은 의미상 정수 타입(semantic integer type)이 그렇다. C 표준에서는 **typedef**로 정의한 이름 뒤에 **_t**를 붙이는 경우가 많다. 이러한 명명 규칙을 따르면 향후 버전의 표준에서 같은 이름을 사용하더라도 기존 코드와 충돌하지 않는다. 따라서 코드에서 이런 이름을 직접 정의하면 안 된다.

TAKEAWAY 6.31 **_t**로 끝나는 식별자 이름은 예약어이므로 사용하지 않는다.

6.5 요약

- 배열은 타입이 같은 오브젝트들을 하나로 묶는다.

- 포인터는 다른 오브젝트를 가리키거나 널 상태거나 미정 상태다.

- 구조체는 서로 다른 기본 타입으로 된 값을 한 오브젝트로 묶는다.

- `typedef`를 이용하면 기존 타입의 이름을 새로 지을 수 있다.

07 함수

이 장에서 다루는 내용

- 간단한 함수 소개
- **main** 사용법
- 재귀호출 소개

앞에서 조건부 실행을 위해 C 언어에서 제공하는 다양한 기능에 대해 살펴본 적이 있다. **조건부 실행**(conditional execution)이란 어떤 값을 기준으로 프로그램의 여러 실행 경로 중 하나를 선택하는 것이다. 여러 갈래 중에서 어디로 '점프'할지는 실행 시간에 주어진 데이터에 의해 결정된다. 이 장에서는 코드의 실행 경로를 무조건 변경하는 방법에 대해 소개한다. 이 과정에서는 런타임 데이터가 필요 없다.

지금까지 본 코드 예제에서는 C 라이브러리에서 제공하는 함수를 많이 썼는데, 이런 함수는 우리가 직접 구현하고 싶지 않거나 구현할 수 없는 기능을 제공했다. 가령 **printf**는 화면 출력을 제공하고, **strlen**은 스트링의 길이를 계산하는 기능을 제공했다. 이런 함수는 어떤 확정된 기능을 여러 코드에서 그대로 활용할 수 있도록 하는 것이다.

main 함수를 정의하는 예는 지금까지 많이 봤다. 프로그램은 **main** 함수에서 실행을 시작한다. 이 장에서는 C 라이브러리에서 제공하는 함수와 같은 것을 우리가 직접 구현하는 방법에 대해 소개한다. **함수**(function)의 주된 목적은 **모듈화**(modularity)와 코드 **인수분해**(code factorization)를 제공하는 것이다.

- 함수를 활용하면 코드 중복을 줄일 수 있다. 특히 복사해서 붙여 넣는 방식으로 작업할 때 흔히 발생하는 에러를 방지하고, 여러 군데 퍼져 있는 동일한 기능의 코드를 관리하는 수고도 줄일 수 있다.
- 함수를 사용하면 컴파일 시간을 절약할 수 있다. 여러 곳에 사용할 코드 조각을 함수 안에 캡슐화하면 해당 코드 조각을 여러 번 컴파일할 필요 없이 단 한 번만 컴파일하면 된다.
- 함수로 만들면 나중에 코드를 다시 사용하기 편하다. 특정한 기능을 제공하는 코드를 함수로 추출해 두면 그 함수를 구현할 당시에는 생각조차 못했던 곳에도 쉽게 활용할 수 있다.

- 함수로 만들면 인터페이스를 깔끔하게 만들 수 있다. 함수 인수와 리턴 타입은 연산에 입력해서 출력되는 데이터의 출처와 타입을 명확히 표현한다. 게다가 함수는 선행 조건(pre-condition)과 후행 조건(post-condition)처럼 연산 과정에 변하지 않는 불변형(invariant)을 지정할 수 있게 해 준다.
- 함수를 사용하면 스택에 중간값을 저장하는 방식의 알고리즘을 쉽게 구현할 수 있다.

C 언어는 함수 외에도 실행 흐름을 무조건 변경하는 방법을 제공하는데, 이는 일반적인 실행 흐름과는 다른 예외나 에러 조건을 처리하는 데 주로 사용된다.

- `exit`, `_Exit`, `quick_exit`, `abort`는 프로그램 실행을 종료한다(8.7절).
- `goto`는 함수 본문 안에서 실행 흐름을 변경한다(13.2.2절, 14.5절).
- `setjmp`와 `longjmp`는 호출한 곳으로 무조건 리턴한다.
- 실행 환경에서 특정한 이벤트가 발생하거나 **raise** 함수를 호출하면 **시그널 핸들러**(signal handler)란 특수 함수에 의해 제어 흐름을 변경하라는 시그널(signal)(신호)이 발생한다.

7.1 간단한 함수

지금까지 함수를 선언하고(6.1.5절) 정의하는 예(예제 6-3 등)를 여러 차례 봤다. 함수에서 소괄호 ( )는 문법적으로 중요한 역할을 한다. 함수 선언과 정의에서 소괄호는 매개변수 목록을 캡슐화하고, 함수를 호출할 때는 구체적인 인수를 담는다. 이러한 역할은 배열의 [ ]와 비슷하다. 배열의 선언과 정의에서 [ ]는 차원의 크기를 표시하고, A[i]처럼 배열에 접근할 때는 특정한 원소를 가리키는 것과 비슷하다.

지금까지 본 함수들은 모두 **프로토타입**(prototype)^C이 있었다. 다시 말해 선언과 정의 코드가 있고, 그 안에 매개변수 타입 리스트와 리턴 타입을 명시했다. 예제 6-3의 leapyear 함수 부분을 다시 보자.

yday.c

```
 5 bool leapyear(unsigned year) {
 6   /* 4로 나눠 떨어지는 해는 윤년이다.
 7      단, 한 세기가 새로 시작할 때 400으로 나눠 떨어지지 않을 때는 그렇지 않다.
 8   */
 9   return !(year % 4) && ((year % 100) || !(year % 400));
10 }
```

이 함수의 선언문만 보면 다음과 같다.

```
bool leapyear(unsigned year);
```

여기서 다음과 같이 매개변수 이름을 생략하거나 **스토리지 지정자**(storage specifier)인 **extern**[1]을 붙여도 된다.

```
extern bool leapyear(unsigned);
```

선언문은 반드시 컴파일러에게 인수 타입과 리턴 타입을 알려 주도록 작성해야 한다. 이 함수의 프로토타입도 **unsigned** 타입을 받아서 bool 타입을 리턴한다고 명시했다.

void 키워드 사용과 관련해서 다음과 같은 특별한 두 관례가 있다.

- 매개변수 없이 함수를 호출한다면 매개변수 목록 자리에 **void**를 적는다. 이 책의 첫 번째 예제인 예제 1-1에 나온 **main**처럼 말이다.
- 함수에 리턴 값이 없다면 리턴 타입을 **void**로 지정한다. 가령 앞에서 본 swap_double이 그랬다.

이렇게 프로토타입을 적어 주면 컴파일러가 그 함수의 호출문을 처리하는 데 도움된다. 호출문에서 함수가 받을 매개변수에 대한 정보를 알 수 있기 때문이다. 예를 들어 다음 코드를 보자.

```
extern double fbar(double);
...
double fbar2 = fbar(2)/2;
```

얼핏 보면 fbar(2)를 호출하는 부분이 프로토타입과 맞지 않다고 생각할 수 있다. 선언할 때는 인수 타입이 **double**이라고 했는데 호출할 때는 **signed int** 타입 값을 전달했기 때문이다. 하지만 호출문에서는 어떤 타입의 값을 받을지 이미 알고 있기 때문에 호출 전에 **signed int** 타입인 2를 **double** 타입으로 변환한다. 이 함수의 리턴 값을 표현식에서 활용할 때도 마찬가지다. 리턴 타입이 **double**이란 사실을 알고 있기 때문에 표현식에서는 부동 소수점 나눗셈을 적용한다.

C 언어는 프로토타입 없이 함수를 선언하는 옛날 방식도 지원하지만, 이 방식은 다음 버전에서 삭제될 예정이므로 이 책에서는 이 표현은 사용하지 않는다. 여러분도 이 방식으로 적지 않기 바란다.

---

1 **extern** 키워드에 대해서는 13.2절에서 자세히 설명한다.

TAKEAWAY 7.1 함수는 항상 프로토타입이 있어야 한다.

그런데 **printf**처럼 매개변수의 개수가 일정하지 않은 함수는 이 규칙이 적용되지 않는다. 이럴 때는 **가변 인수 리스트**(variable argument list)[C]라는 매개변수 처리 메커니즘이 적용된다. 이 기능은 stdargs.h 헤더 파일에 정의돼 있다.

구체적인 작동 방식은 16.5.2절에서 설명하는데, 이 기능은 사용하지 않는 것이 좋다. **printf**를 사용하면서 이런 인터페이스를 사용할 때의 어려움을 이미 느껴 봤을 것이다. 즉, 함수 호출문을 작성하는 입장에서 일관성을 유지하기 위해서는 "%XX" 포맷 지정자를 정확하게 적어야 하는 부담이 있다.

함수의 구현 코드를 작성할 때는 리턴 타입이 **void**가 아니라면 정확한 타입의 값을 리턴해야 한다. **return**문은 함수 안에 여러 개 있을 수 있다.

TAKEAWAY 7.2 함수의 진입점은 단 하나지만 **return**문은 여러 개 있을 수 있다.

함수 안에 있는 **return**문은 모두 함수 선언과 일치해야 한다. 값을 리턴하도록 선언된 함수라면 **return**문에 표현식이 있어야 한다. 아무 값도 리턴하지 않는 함수의 **return**에서는 표현식이 나오면 안 된다.

TAKEAWAY 7.3 함수의 **return**문은 함수의 선언과 일치해야 한다.

그런데 함수 호출문의 매개변수에 적용됐던 규칙이 리턴 값에도 똑같이 적용된다. 즉, 값을 리턴 타입에 맞게 변환하고 나서 리턴된다.

함수 타입이 **void**라면 (표현식 없는 빈) **return**문을 아예 생략해도 된다.

TAKEAWAY 7.4 함수의 {} 블록 끝에 도달할 때의 동작은 표현식 없는 **return**문을 호출하는 것과 같다.

값을 리턴하는 함수에서 **return**문을 생략하면 리턴 값이 불분명해질 수 있다. 그래서 리턴 값이 없는 함수에서만 이렇게 작성한다.

TAKEAWAY 7.5 **void** 함수(리턴 값이 없는 함수)에서만 {} 블록 끝에 도달하도록 작성한다.

7.2 main은 특별하다

지금까지 보면서 **main**은 뭔가 특별하다고 느꼈을 것이다. 이 함수는 프로그램 전체의 진입점이라는 특수한 역할을 담당한다. **main** 함수의 프로토타입은 C 표준으로 정해져 있다. 물론 구현 코드는 프로그래머 마음대로 작성할 수 있다. main은 런타임 시스템과 애플리케이션 사이를 연결하는 역할을 하고 있는 만큼 몇 가지 특수한 규칙을 따라야 한다.

첫째, 다양한 요구를 수용하기 위한 프로토타입이 여러 개 있는데, 그 중 하나는 반드시 구현해야 하며 다음 두 가지는 반드시 지원해야 한다.

```
int main(void);
int main(int argc, char* argv[argc+1]);
```

C 플랫폼이라면 다음과 같은 인터페이스도 추가로 지원할 수 있다. 흔히 다음 두 가지 형태로 제공된다.

- 일부 임베디드 시스템에서 main은 런타임 시스템으로 아무 값도 리턴하지 않는다. 따라서 리턴 타입을 void로 지정한다.
- 세 번째 매개변수를 통해 '환경(environment)'에 접근하는 플랫폼이 많다.

이 방식을 제외한 다른 형태의 프로토타입은 사용하지 않는 것이 좋다. 이식성이 뛰어난 코드를 작성하고 싶다면 처음 나온 두 가지만 사용하기 바란다. 이 두 방식은 리턴 타입을 int로 지정하기 때문에 프로그램의 실행 상태를 런타임 시스템에게 알려 줄 수 있다. 즉, 프로그래머의 판단에 따라 문제없이 실행됐다면 EXIT_SUCCESS를, 그렇지 않다면 EXIT_FAILURE를 리턴한다.

TAKEAWAY 7.6 main의 리턴 값으로 EXIT_SUCCESS와 EXIT_FAILURE를 사용한다.

main에서 return문을 지정하지 않을 때의 의미는 일반 함수와 다르다.

TAKEAWAY 7.7 main 함수에서 {} 블록의 끝에 도달한 것은 EXIT_SUCCESS를 리턴하는 것과 같다.

개인적으로 이 방식이 썩 좋다고 생각하지는 않는다. 프로그램에 대한 설명이 복잡해질 뿐이기 때문이다.

라이브러리 함수인 exit는 main과 특수한 관계가 있다. 이름에서 풍기듯이 exit를 호출하면 프로그램을 종료한다. 이 함수의 프로토타입은 다음과 같다.

```
_Noreturn void exit(int status);
```

이 함수는 main에서 return을 실행할 때처럼 프로그램을 종료시킨다. status 매개변수는 main에서 사용한 return 표현식과 똑같은 역할을 한다.

TAKEAWAY 7.8 exit(s)를 호출하는 것은 main에서 return s를 실행하는 것과 같다.

exit 함수의 프로토타입에서 리턴 타입이 **void**라는 점이 특이하다. **return**문처럼 **exit**도 절대 실패할 일이 없다.

TAKEAWAY 7.9 **exit**는 실행에 실패하지도 호출자에게 리턴하지도 않는다.

호출자에게 리턴하지 않는다는 사실은 _Noreturn이란 키워드로 명시했다. 이 키워드는 **exit**와 같은 특수한 함수에만 지정할 수 있다. 이 함수를 보기 좋게 만든 버전인 **noreturn** 매크로도 있으며, 이는 stdnoreturn.h 헤더 파일에 정의돼 있다.

main의 두 번째 프로토타입은 argv(커맨드 라인 인수 벡터)라는 특별한 기능을 제공한다. 앞의 예제를 보면 이 벡터를 이용하여 커맨드 라인에서 프로그램으로 값을 전달했다. 예를 들어 예제 3-1에서 argv를 통해 **double** 타입 데이터를 프로그램으로 전달했다.

▼ 그림 7-1 argv의 구조

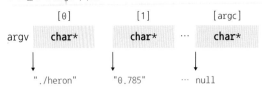

이처럼 i = 0, …, argc에 대해 argv[i]는 앞에서 소개한 포인터와 비슷하다. 쉽게 표현하면 스트링이라 볼 수 있다.

TAKEAWAY 7.10 커맨드 라인 인수는 모두 스트링으로 변환할 수 있다.

해석하는 방법은 프로그래머 마음이다. 예제 3-1에서는 스트링으로 저장된 값을 **strtod** 함수를 통해 **double** 값으로 해석했다.

argv 스트링 중에서도 두 원소는 다음과 같이 특수한 값을 갖고 있다.

TAKEAWAY 7.11 **main**에 전달된 인수 중 argv[0]은 프로그램 이름을 담고 있다.

프로그램 이름에 대한 규칙은 따로 정해져 있지 않지만 대체로 실행 파일 이름을 사용한다.

TAKEAWAY 7.12 **main**에 전달된 인수 중 argv[argc]는 0이다.

argv 배열에서 이 속성을 이용하면 마지막 인수를 알아낼 수 있지만 그리 유용한 기능은 아니다. argc만으로도 이 배열을 충분히 다룰 수 있다.

7.3 재귀호출

함수의 핵심 기능 중 하나는 **캡슐화**(encapsulation)다. 즉, 로컬 변수는 오직 함수 안에서만 존재하고 볼 수 있으며, **return**문이 실행되거나 블록의 끝에 다다라서 그 함수가 종료되면 사라진다. 함수에서 사용하는 식별자(이름)는 다른 함수 안의 식별자와 충돌하지 않는다. 또한 함수가 종료되면 그동안 쓰던 것들은 깔끔하게 사라진다.

그뿐만이 아니다. 함수를 호출할 때마다 (함수 매개변수를 포함한) 로컬 변수 집합이 새로 생성되어 초기화된다. 좀 전에 호출했던 것과 동일한 함수라도 실행 문맥은 완전히 다르다. 호출된 함수에서 다른 함수를 호출하는 계층 구조가 형성된 상태도 마찬가지다. 자기 자신을 식접적으로나 간접적으로 호출하는 것을 **재귀호출**(recursion)이라 한다.

재귀 함수(recursive function)는 C 함수를 이해하는 데 굉장히 중요하다. 재귀 함수는 함수 호출 모델의 핵심 기능을 활용하며, 이 기능을 사용해야만 재귀 함수가 제대로 작동한다. 재귀 함수에 대한 첫 번째 예제로 두 수의 최대공약수를 계산하는 유클리드 알고리즘을 구현해 보자.

euclid.h

```
 8 size_t gcd2(size_t a, size_t b) {
 9     assert(a <= b);
10     if (!a) return b;
11     size_t rem = b % a;
12     return gcd2(rem, a);
13 }
```

함수 코드가 짧고 잘 작성된 것처럼 보인다. 하지만 이 함수의 작동 과정을 파악하기 위해서는 함수의 실행 원리와 수학 문장을 알고리즘으로 변환한 과정을 잘 이해하고 있어야 한다.

0보다 큰 두 정수 a, b를 동시에 나누는 최대 양수 c를 **최대공약수**(GCD, Greatest Common Divisor)라고 정의한다. 수식으로 표현하면 다음과 같다.

$$\gcd(a, b) = \max\{\ c \in N \mid c|a \text{ and } c|b\ \}$$

여기에 $a < b$라는 가정을 추가하면 다음 두 **재귀식**(recursive formula)이 성립하는 것을 쉽게 알 수 있다.

$$\gcd(a, b) = \gcd(a, b - a) \tag{7.1}$$
$$\gcd(a, b) = \gcd(a, b\%a) \tag{7.2}$$

다시 말해 둘 중 작은 수를 빼거나 큰 수를 작은 수로 모듈로 연산을 해도 gcd는 그대로다. 이 식은 고대 그리스 시절부터 사용하던 것으로서 유클리드(Euclid)(약 300 B.C.)가 발견했다고 알려졌지만 그보다 먼저 나왔을 수도 있다.

앞에 나온 gcd2 함수는 식 7.2를 이용한다. 먼저 9줄에서 이 함수의 선행 조건을 만족하는지 검사한다. 즉, 첫 번째 인수가 두 번째 인수보다 작거나 같은지 확인한다. 이 작업은 assert.h 헤더 파일에서 제공하는 **assert** 매크로로 처리한다. 이 함수를 호출할 때 지정한 인수가 조건을 만족하지 못하면 메시지를 출력하면서 프로그램이 멈춘다(**assert**는 8.7절에서 자세히 설명한다).

TAKEAWAY 7.13 함수의 선행 조건을 명확하게 표현한다.

그러고 나서 10줄에서 a가 0인지 확인한다. 만약 그렇다면 b를 리턴한다. 이는 재귀 알고리즘에서 굉장히 중요한 단계다.

TAKEAWAY 7.14 재귀 함수를 실행하면 가장 먼저 종료 상태 검사를 한다.

종료 상태 검사를 누락하면 **무한 재귀호출**(infinite recursion)에 빠질 수 있다. 그러면 자기 자신을 복제해서 호출하는 과정을 계속 반복하다가 시스템 리소스가 모두 소진되면 프로그램의 실행이 멈춘다. 최신 시스템은 메모리 용량이 커서 시스템이 멈출 때까지 상당한 시간이 걸릴 수 있다. 직접 확인해 보지는 않기 바란다.

종료 상태가 아니라면 b%a를 계산해서 rem에 대입한다(11줄). 그 후 rem과 a에 대해 gcd2를 재귀호출하고, 그 결과로 나온 값을 리턴한다.

그림 7-2는 gcd2(18, 30)을 호출한 후에 발생하는 재귀호출 과정을 표현한 것이다. 여기서는 네 단계까지만 표시했다. 각 단계마다 a, b, rem 변수는 별도의 복제본을 사용한다.

그림 7-2 gcd2(18, 30)의 재귀호출 과정

호출 단계 0

a = 18
b = 30
!a => **false**
rem = 12
gcd2(12, 18)   ⇒

> 호출 단계 1
>
> a = 12
> b = 18
> !a => **false**
> rem = 6
> gcd2(6, 12)   ⇒
>
>> 호출 단계 2
>>
>> a = 6
>> b = 12
>> !a => **false**
>> rem = 0
>> gcd2(0, 6)   ⇒
>>
>>> 호출 단계 3
>>>
>>> a = 0
>>> b = 6
>>> !a => **true**
>>> ⇐ 6   **return** 6
>>
>> ⇐ 6   **return** 6
>
> ⇐ 6   **return** 6

return 6

매번 재귀호출할 때마다 모듈로 연산(TAKEAWAY 4.8)을 수행하기 때문에 선행 조건이 자동으로 검사된다. 하지만 처음 호출할 때는 직접 검사해야 하는데, 이 부분은 **래퍼**(wrapper)[c]로 구현하면 좋다.

euclid.h

```
15 size_t gcd(size_t a, size_t b) {
16    assert(a);
17    assert(b);
18    if (a < b)
19       return gcd2(a, b);
20    else
21       return gcd2(b, a);
22 }
```

141

TAKEAWAY 7.15 재귀 함수의 선행 조건을 검사하는 부분은 래퍼 함수로 만든다.

이렇게 하면 재귀호출할 때마다 선행 조건을 검사할 필요가 없다. 최종 프로덕션 버전에서는 **assert** 매크로를 끈다.

재귀호출의 또 다른 유명한 예로 피보나치 수를 재귀적으로 정의한 것이 있는데 이는 B.C.200년 경 인도 문헌에서 처음 등장했다. 현재는 다음과 같이 정의한다.

$$F_1 = 1 \tag{7.3}$$

$$F_2 = 1 \tag{7.4}$$

$$\text{모든 } i > 2\text{에 대해 } F_i = F_{i-1} + F_{i-2} \tag{7.5}$$

피보나치 수는 급격히 커지는데, 순서대로 1, 1, 2, 3, 5, 8, 13, 21, 34, 55, 89, 144, 377, 610, 907 등이다.

다음 **황금률**(golden ratio)을 이용하여

$$\varphi = \frac{1+\sqrt{5}}{2} = 1.61803 \tag{7.6}$$

다음이 성립함을 증명할 수 있다.

$$F_n = \frac{\varphi^n - (-\varphi)^{-n}}{\sqrt{5}} \tag{7.7}$$

이 식을 점근 표기법으로 표현하면 다음과 같다.

$$F_n \approx \frac{\varphi^n}{\sqrt{5}} \tag{7.8}$$

이처럼 F_n은 지수적으로 증가한다.

이 재귀식을 다음과 같이 C 함수로 쉽게 바꿀 수 있다.

fibonacci.c

```
4 size_t fib(size_t n) {
5   if (n < 3)
6     return 1;
7   else
8     return fib(n-1) + fib(n-2);
9 }
```

이번에도 역시 종료 상태(호출한 함수에 전달한 인수 n이 3보다 작은지)부터 검사했다. 그래서 종료 상태라면 1을 리턴하고, 그렇지 않다면 fib(n-1)을 호출한 결과와 fib(n-2)를 호출한 결과를 더한 값을 리턴한다.

그림 7-3은 fib를 작은 값(4)으로 호출한 과정을 보여 준다. 이 과정은 세 단계로 진행되며, 각각 동일한 함수에 인수만 바꿔서 계속 호출하는 방식으로 실행된다. 식 (7.5)는 두 피보나치 수에 대해 진행하므로 gcd2보다 재귀호출 과정이 훨씬 복잡하다. 특히 종료 상태에 대한 **말단 호출**(leaf call)이 세 개나 있는데, 이 단계에서는 더 이상 재귀적으로 호출되지 않는다.[Exs 1]

❤ 그림 7-3 fib(4)에 대한 재귀 호출 과정

```
호출 단계 0
n = 4
n<3 => false
fib(3)              ⇒
                            호출 단계 1
                            n=3
                            n<3 => false
                            fib(2)              ⇒
                                                        호출 단계 2
                                                        n=2
                                                        n<3 => true
                                        ⇐ 1     return 1
                            fib(1)              ⇒
                                                        호출 단계 2
                                                        n=1
                                                        n<3 => true
                                        ⇐ 1     return 1
                    ⇐ 2     return 1 + 1
fib(2)              ⇒
                            호출 단계 1
                            n=2
                            n<3 => true
                    ⇐ 1     return 1
return 2 + 1
```

피보나치 수를 이렇게 계산하면 시간이 상당히 오래 걸린다.[Exs 2] 참고로 이 함수의 실행 시간을 구하는 식도 함수처럼 재귀식으로 표현된다.

Exs 1 fib(n)을 F_n 말단 호출로 유도할 수 있음을 증명해 보자.
Exs 2 n을 다양한 수로 지정해서 fib(n)을 호출하고 각각 시간을 측정해 보자. POSIX 시스템이라면 /bin/time으로 프로그램의 실행 시간을 측정할 수 있다.

$$T_{\text{fib}(1)} = C_0 \tag{7.9}$$

$$T_{\text{fib}(2)} = C_0 \tag{7.10}$$

$$\text{모든 } i > 3\text{에 대해 } T_{\text{fib}(i)} = T_{\text{fib}(i-1)} + T_{\text{fib}(i-2)} + C_1 \tag{7.11}$$

여기서 C_0과 C_1는 상수로서 구체적인 값은 플랫폼마다 다르다.

기발한 구현 방식 덕분에 플랫폼에 상관없이 이 함수의 실행 시간은 항상 다음과 같다.

$$T_{\text{fib}(n)} = F_n(C_0 + C_1) \approx \varphi^n \cdot \frac{C_0 + C_1}{\sqrt{5}} = \varphi^n \cdot C_2 \tag{7.12}$$

여기 나온 C_2도 플랫폼 종속적인 상수다. 따라서 fib(n)의 실행 시간은 n에 대한 지수함수다. 그 래서 실전에서 쓰기에는 안 좋은 성능이다.

TAKEAWAY 7.16 재귀호출이 많으면 계산 시간이 지수적으로 증가할 수 있다.

그림 7-3에 나온 중첩 호출 과정을 보면 fib(2)가 두 번 호출되는 것을 볼 수 있다. 즉, fib(2)의 계산 과정이 중복되어 시간 낭비를 한 셈이다. 다음에 나오는 fibCacheRec 함수는 이런 중복을 제 거했다. 여기서는 앞서 계산한 값들을 모두 저장한 배열인 cache라는 인수를 추가로 받는다.

```
                                                              fibonacciCache.c
 4  /* 피보나치 수 n을 계산하는데, 앞서 계산한 값을 저장하는 캐시를 활용한다.*/
 5
 6  size_t fibCacheRec(size_t n, size_t cache[n]) {
 7    if (!cache[n-1]) {
 8      cache[n-1]
 9        = fibCacheRec(n-1, cache) + fibCacheRec(n-2, cache);
10    }
11    return cache[n-1];
12  }
13
14  size_t fibCache(size_t n) {
15    if (n+1 <= 3) return 1;
16    /* 값을 캐시에 저장할 VLA를 설정한다. */
17    size_t cache[n];
18    /* VLA는 반드시 대입 연산으로 초기화해야 한다. */
19    cache[0] = 1; cache[1] = 1;
20    for (size_t i = 2; i < n; ++i)
21      cache[i] = 0;
22    /* 재귀 함수를 호출한다. */
23    return fibCacheRec(n, cache);
24  }
```

저장 공간이 줄어드는 대신 계산 시간을 절약하도록 재귀 함수를 구현하면 처음 계산하는 피보나치 수에 대해서만 재귀호출이 실행된다. 따라서 fibCache(i)가 실행되는 시간은 n에 대해 선형적으로 증가한다.

$$T_{\text{fibCache}(n)} = n \cdot C_3 \tag{7.13}$$

여기서 C_3은 플랫폼 종속적인 매개변수다.[Exs 3] 피보나치 수를 구하는 알고리즘을 살짝 수정하기만 해도 지수적으로 증가하던 실행 시간을 선형적으로 증가하게 만들 수 있다. 구체적인 구현 설명과 실행 시간을 실제로 측정하는 방법은 생략한다.[Exs 4]

TAKEAWAY 7.17 알고리즘이 나쁘면 성능이 좋은 구현 코드가 나올 수 없다.

TAKEAWAY 7.18 알고리즘을 개선하면 성능을 급격히 개선시킬 수 있다.

이번에는 재미 삼아 피보나치 수를 구하는 세 번째 구현 방식을 살펴보자. fib2Rec 함수는 VLA(Variable-Length Array) 대신 FLA(Fixed-Length Array)를 사용한다.

fibonacci2.c

```
4  void fib2rec(size_t n, size_t buf[2]) {
5    if (n > 2) {
6      size_t res = buf[0] + buf[1];
7      buf[1] = buf[0];
8      buf[0] = res;
9      fib2rec(n-1, buf);
10   }
11 }
12
13 size_t fib2(size_t n) {
14   size_t res[2] = { 1, 1, };
15   fib2rec(n, res);
16   return res[0];
17 }
```

이 구현의 정확성에 대한 증명은 연습 문제로 남긴다.[Exs 5] 지금까지는 구현이 더 빠른지를 굉장히 기본적인 도구로만 평가했다.[Exs 6]

Exs 3 식 (7.13)을 증명해 보자.

Exs 4 fibCache(n) 호출의 실행 시간을 측정해서 같은 값에 대해 fib를 호출할 때와 비교해 보자.

Exs 5 반복문을 이용하여 fib2rec을 비재귀 버전인 fib2iter로 변환한다.

Exs 6 fib2(n)과 fib(n)의 실행 시간을 비교해 보자.

도전 9 소인수분해

이제 함수에 대해 모두 배웠다. 제대로 이해했는지 확인하기 위해 커맨드 라인에서 숫자 N을 입력 받아서 다음과 같이 출력하는 factor 프로그램을 구현해 보자.

```
N: F0 F1 F2 ...
```

여기서 F0 등은 모두 N에 대한 소인수다.

구현의 핵심은 **size_t** 타입 값 하나 받아서 가장 작은 소인수를 리턴하는 것이다. 여러 수에 대한 리스트를 받아서 각각에 대해 위와 같이 출력하도록 이 프로그램을 확장해 보자.

7.4 요약

- 함수마다 호출 방식을 지정하는 프로토타입이 있다.

- **main**이 종료하는 동작과 **exit**를 호출하는 동작은 같다.

- 함수를 호출할 때마다 로컬 변수의 복제본이 생성되기 때문에 함수를 재귀적으로 호출할 수 있다.

08 C 라이브러리 함수

이 장에서 다루는 내용

- 수학 연산 수행하기, 파일 처리하기, 스트링 처리하기
- 시간 다루기
- 런타임 환경 관리하기
- 프로그램 종료하기

C 표준에서 제공하는 기능은 크게 두 가지다. 하나는 C 언어 표준에 대한 것이고, 다른 하나는 C 라이브러리에 대한 것이다. 앞에서 본 **printf**, **puts**, **strtod**를 통해 C 라이브러리에 대한 기능이 어떻게 구성되어 있는지 쉽게 예상할 수 있다. 크게 보면 일상적인 프로그래밍 작업에 필요한 기능을 구현한 기본 도구와, 이식성을 보장하기 위한 명확한 인터페이스와 의미론에 대한 것으로 구성돼 있다.

대부분의 플랫폼은 이러한 규격을 API(Application Programming Interface) 형태로 명확하게 정해 두었기 때문에 컴파일러 구현과 라이브러리 구현을 구분할 수 있다. 가령 리눅스 시스템에서 다양한 컴파일러를 사용할 수 있는데, 그 중에서도 gcc나 clang을 많이 쓴다. C 라이브러리 구현도 여러 가지가 있으며, GNU C 라이브러리(glibc), dietlibc, musl 등이 있다. 이렇게 다양한 구현 중 어떤 조합을 선택하더라도 실행 파일을 생성할 수 있다.

우선 C 라이브러리의 기본 속성과 도구, 인터페이스부터 살펴본 후 수학, 입출력, 스트링 처리, 시간 처리, 런타임 환경 접근, 프로그램 종료에 대해 소개한다.

8.1 C 라이브러리의 기본 속성과 제공 함수

라이브러리 함수의 용도는 대략 두 가지로 볼 수 있다.

- **플랫폼 추상 계층**: 세부 속성과 플랫폼 요구 사항에서 추출한 기능을 함수로 추상화한 것이다. 이렇게 뽑은 함수 중 IO와 같이 플랫폼에 종속적인 형태로 구현할 수밖에 없는 것도 있다. 이 기능은 플랫폼에 대해 잘 알지 못하면 구현할 수 없는 것이다. 가령 `puts`는 '터미널 출력'을 제공한다. 이 기능을 직접 구현할 정도로 플랫폼에 대한 지식을 갖춘 C 프로그래머는 많지 않다. 그래서 누군가 이런 기능을 함수로 만들어서 제공한다는 것만으로도 크게 도움이 된다.

- **기본 도구**: C 프로그래밍 과정에서 자주 발생하는 (`strtod`와 같은) 작업을 구현하는 함수다. 이런 함수는 인터페이스가 고정되어 있어야 하며, 자주 사용하기 때문에 다른 것보다 특히 효율적으로 구현해야 한다. 또한 엄격한 테스트를 거쳐서 버그를 없애야 안심하고 다른 구현 작업에 활용할 수 있다. 실력 있는 C 프로그래머라면 이 기능을 충분히 구현할 수 있을 것이다.[Exs1]

`printf`와 같은 함수는 두 가지 목적을 갖고 있는데, 기본 도구 성격의 서식 지정 기능과 플랫폼 종속적인 출력 기능이다. (14.1절에서 소개할) `snprintf` 함수의 경우 서식 지정 기능은 `printf`와 같지만 결과를 스트링에 저장한다는 점이 다르다. 이렇게 저장된 스트링을 `puts`로 출력하면 `printf`와 똑같은 효과를 낼 수 있다.

이 장에서는 C 라이브러리의 인터페이스를 선언한 헤더 파일(8.1.1절)과 다양한 타입의 인터페이스(8.1.2절)와 C 라이브러리에 적용되는 다양한 오류 전략을 소개한다(8.1.3절). 그리고 애플리케이션의 안전성을 높이기 위해 옵션으로 제공하는 인터페이스를 소개하고(8.1.4절) 컴파일 시간 동안 플랫폼 종속적인 속성에 대해 어서션을 사용하기 위한 도구도 소개한다(8.1.5절).

8.1.1 헤더

C 라이브러리는 이 책에서 모두 다루지 못할 정도로 다양한 기능을 제공한다. **헤더**(header)[C] 파일은 여러 기능에 대한 인터페이스를 담고 있는데, 대부분 함수 인터페이스로 구성된다. 이 절에서는 C 라이브러리 기능을 제공하는 헤더 파일을 중심으로 살펴보지만, 나중에 10장에서는 인터페이스를 직접 정의해서 헤더 파일에 정리하는 방법도 소개한다.

레벨 1에서는 지금까지 배운 C 언어의 기본 요소를 이용하여 프로그래밍하는 데 필요한 C 라이브러리 함수들만 소개한다. 레벨이 높아질수록 C 언어 개념과 라이브러리 기능을 좀 더 다양하게 살펴볼 것이다. 표 8-1은 표준 헤더 파일을 전반적으로 정리한 것이다.

Exs 1 십진수 부동 소수점 상수에 대해 **strtod** 기능을 제공하는 my_strtod라는 함수를 구현해 보자.

▼ 표 8-1 C 라이브러리 헤더

이름	설명	절
<assert.h>	런타임 조건에 대한 어서션	8.7
<complex.h>	복소수	5.7.7
<ctype.h>	문자 분류 및 변환	8.4
<errno.h>	오류 코드	8.1.3
<fenv.h>	부동 소수점 환경	
<float.h>	부동 소수점 타입의 속성	5.7
<inttypes.h>	정수 타입에 대한 서식변환	5.7.6
<iso646.h>	연산자에 대한 다른 철자	4.1
<limits.h>	정수 타입의 속성	5.1.3
<locale.h>	국제화	8.6
<math.h>	타입-종속 수학 함수	8.2
<setjmp.h>	비-로컬 점프	17.5
<signal.h>	시그널 처리 함수	17.6
<stdalign.h>	오브젝트 정렬	12.7
<stdarg.h>	인수 개수가 다양한 함수	16.5.2
<stdatomic.h>	아토믹 연산	17.6
<stdbool.h>	불 타입	3.1
<stddef.h>	기본 타입과 매크로	5.2
<stdint.h>	고정폭 정수 타입	5.7.6
<stdio.h>	입력과 출력	8.3
<stdlib.h>	기본 함수	2
<stdnoreturn.h>	리턴 값이 없는 함수	7
<string.h>	스트링 처리	8.4
<tgmath.h>	타입-독립 수학 함수	8.2
<threads.h>	스레드와 제어 구조	18
<time.h>	시간 처리	8.5
<uchar.h>	유니코드 문자	14.3
<wchar.h>	와이드 스트링	14.3
<wctype.h>	와이드 문자 분류와 변환	14.3

8.1.2 인터페이스

C 라이브러리에 나오는 인터페이스는 대부분 함수지만 상황에 따라 매크로가 적합하다면 얼마든지 매크로로 구현할 수도 있다. 다음과 같이 작성한 매크로를 5.6.3절에서 본 것과 비교해 보면 이 매크로는 함수와 거의 비슷하다. 그래서 이런 매크로를 **함수 같은 매크로**(function-like macro)[C]라 부른다.

```
#define putchar(A) putc(A, stdout)
```

앞에서 살펴봤듯이 매크로는 단순히 텍스트만 교체하는 것이다. 텍스트 교체 과정에 매크로 인수가 여러 번 나올 수 있기 때문에 이런 매크로나 함수에 부작용을 초래하는 표현식을 전달하면 좋지 않다. 부작용에 대해서는 TAKEAWAY 4.11 에서 설명한 적이 있으므로 이러한 표현이 바람직하지 않은 이유에 대해서는 잘 알고 있을 것이다.

이 장에서 살펴볼 인터페이스 중 몇 가지는 인수나 리턴 값이 포인터로 되어 있다. 포인터 타입을 다루는 방법은 아직 제대로 소개하지 않았지만, 포인터 타입 인수를 0이나 흔히 알려진 포인터로 지정하는 경우가 대다수다. 리턴 값이 포인터인 경우는 오류 상태(error condition)를 표현할 때뿐이다.

8.1.3 오류 검사

C 라이브러리 함수는 실행에 실패(failure)했다는 사실을 특별한 리턴 값으로 표현한다. 어떤 값을 실패로 표현할지는 함수마다 다르다. 일반적으로 함수 매뉴얼에 있는 관례를 따르는 것이 좋다. 표 8-2는 다양한 경우를 개략적으로 정리한 것이다. 크게 세 가지로 나눌 수 있다. 오류를 표현하는 특수값, 성공적인 실행을 표현하는 특수값, 실행에 성공했을 때는 양의 카운터를 리턴하고 실패했을 때는 음의 값을 리턴하는 함수가 있다.

▼ 표 8-2 C 라이브러리 함수의 오류 리턴 방법. 함수마다 정의된 errno 매크로의 값으로 특수한 오류 상태를 표현할 수도 있다.

오류 리턴	테스트	대표적인 경우	예
0	!value	나머지 값은 정상	fopen
특수 오류 코드	value == code	나머지 값은 정상	puts, clock, mktime, strtod, fclose
0이 아닌 값	value	다른 경우에는 필요 없는 값	fgetpos, fsetpos
특수 성공 코드	value != code	실패 조건을 명시적으로 구분	thrd_create
음의 값	value < 0	양의 값(=출력한 문자 개수)	printf

오류 검사 코드는 흔히 다음과 같이 작성한다.

```
if (puts("hello world") == EOF) {
  perror("can't output to terminal:");
  exit(EXIT_FAILURE);
}
```

여기서는 **puts**의 리턴 값이 앞에서 소개한 세 가지 경우 중 오류를 표현하는 특수값인 EOF(end-of-file)인 경우를 표현했다. 이때 발생한 오류의 종류에 따라 stdio.h에서 제공하는 **perror** 함수를 통해 세부적으로 진단하고, **exit**로 프로그램을 종료시킨다. 실행에 실패했다고 해서 프로그램을 그냥 덮어 버리면 안 된다. 프로그래밍할 때는 반드시 다음을 명심한다.

TAKEAWAY 8.1 실행에 실패할 가능성은 항상 있다.

TAKEAWAY 8.2 라이브러리 함수의 리턴 값이 오류를 나타내는지 검사한다.

버그는 최대한 개발 초기 단계에 발견해서 수정하는 것이 좋은데, 가장 좋은 방법은 버그가 발생하자마자 프로그램 실행을 멈추도록 구성하는 것이다.

TAKEAWAY 8.3 오류가 발생하면 최대한 빨리 실행을 멈춘다.

C 언어는 **errno**라는 상태 변수를 제공한다. 이 변수는 라이브러리 함수에서 오류를 추적하는 용도로 흔히 사용한다. **perror** 함수는 내부적으로 이 상태 변수를 이용하여 진단 정보를 제공한다. 함수가 복구 가능한 형태로 실패하면 오류 상태도 리셋할 수 있어야 한다. 그렇지 않으면 라이브러리 함수나 오류 검사 코드가 꼬일 수 있다.

```
void puts_safe(char const s[static 1]) {
  static bool failed = false;
  if (!failed && puts(s) == EOF) {
    perror("can't output to terminal:");
    failed = true;
    errno = 0;
  }
}
```

8.1.4 경계값 검사 인터페이스

C 라이브러리에서 제공하는 함수 중에서 상당수는 매개변수 사이에 일관성이 없으면 **버퍼 오버플로**(buffer overflow)^C가 발생하기 쉽다. 그러면 보안과 관련된 버그가 발생하여 이를 악용한 공격에 취약해지기 때문에 신중하게 처리해야 한다.

C11에서는 이런 문제에 대응하기 위해 몇몇 함수를 표준에서 폐기하거나 삭제하고, 매개변수의 일관성을 런타임에 검사할 수 있는 새로운 인터페이스를 옵션으로 제공했다. 이는 C 표준의 부록 K에 나온 **경계값 검사 인터페이스**(bounds-checking interface)에 정리돼 있다. 다른 기능과 달리 헤더 파일이 따로 있지 않고 다른 곳에 인터페이스만 추가되어 있다. 이 인터페이스에 대한 접근을 제어하는 매크로로는 두 가지다. `__STDC_LIB_EXT1__`은 이 인터페이스가 지원되는지 알려 주고, `__STDC_WANT_LIB_EXT1__`은 이 인터페이스를 사용하도록 설정한다. 후자는 반드시 인클루드 전에 헤더 파일을 적어야 한다.

```
#if !__STDC_LIB_EXT1__
# error "이 코드는 부록 K의 경계값 검사 인터페이스를 사용해야 한다."
#endif
#define __STDC_WANT_LIB_EXT1__ 1
#include <stdio.h>

/* 여기서부터는 printf_s를 사용한다. */
```

이 메커니즘에 대해 아직까지 열띤 논쟁 중이다. 그래서 부록 K는 옵션 기능이다. 최신 플랫폼 중 상당수는 이 기능을 일부러 지원하지 않기도 한다. 이에 대해 심도 있게 연구한 오도넬(O'Donell)과 세버(Sebor)의 결과[2015]에 따르면 이 인터페이스를 도입하면서 여러 문제가 해결되기는커녕 오히려 다양한 문제가 생겼다고 한다. 지금부터는 이런 종류의 옵션 기능을 회색 박스에 담아서 표현한다.

> **부록 K**
>
> 경계값 검사와 관련된 함수는 라이브러리 함수 이름 뒤에 _s가 붙는 것이 많다. 예를 들어 **printf**의 경계값 검사 버전은 **printf_s**다. 그래서 함수를 직접 정의할 경우 이름 뒤에 _s를 붙이면 안 된다.
>
> TAKEAWAY 8.4 _s로 끝나는 식별자 이름은 예약돼 있다.
>
> 이런 함수에 런타임 제약 위반(runtime constraint violation)[C] 문제가 발생하면 진단 정보를 출력한 뒤 프로그램을 종료할 때가 많다.

8.1.5 프로그램 사전조건

C와 같은 표준 언어로 프로그래밍하는 중요한 이유는 이식성을 보장해야 하기 때문이다. 실행 플랫폼에 특화된 부분을 최소화하고, 이런 부분은 C 컴파일러와 라이브러리에게 맡기도록 작성해야 한다. 부득이 그렇게 하지 못할 때는 코드의 **사전조건**(precondition)으로 명확히 표현한다.

TAKEAWAY 8.5 실행 플랫폼에 대한 사전조건을 충족하지 못하면 즉시 컴파일을 멈춘다.

사전조건을 명시하기 위한 전통적인 도구로 앞에서 본 **전처리기 조건문**(preprocessor conditional)[C]이 있다.

```
#if !__STDC_LIB_EXT1__
# error "이 코드는 부록 K의 경계값 검사 인터페이스를 사용해야 한다."
#endif
```

여기서 볼 수 있듯이 전처리기 조건문은 **#if**란 토큰 시퀀스 문장으로 시작해서 **#endif**란 문장으로 끝난다. 중간에 나오는 **#error** 디렉티브는 특정한 조건(여기서는 !__STDC_LIB_EXT1__)을 만족할 때만 실행된다. 즉, 이 경우엔 오류 메시지를 출력하고 컴파일을 멈춘다. 여기에 적을 수 있는 조건문의 종류는 제한돼 있다.[Exs 2]

TAKEAWAY 8.6 전처리기 조건문은 매크로와 정수 리터럴만 평가할 수 있다.

전처리기 조건문은 모르는 식별자를 0으로 평가하도록 하는 부가 기능도 제공한다. 가령 앞의 예제에서 __STDC_LIB_EXT1__을 모르더라도 표현식은 정상적으로 처리된다.

TAKEAWAY 8.7 전처리기 조건문은 모르는 식별자를 0으로 평가한다.

좀 더 복잡한 조건문을 검사하고 싶다면 (키워드인) **_Static_assert**나 (assert.h 헤더에서 제공하는 매크로인) **static_assert**를 사용해도 똑같은 효과를 볼 수 있다. 예를 들면 다음과 같다.

```
#include <assert.h>
static_assert(sizeof(double) == sizeof(long double),
  " 수렴하려면 정밀도를 높여야 한다.");
```

8.2 수학 함수

수학 함수는 math.h 헤더에서 제공하지만 tgmath.h에서 제공하는 타입-독립(type-generic) 매크로가 훨씬 간편하다. 기본적으로 모든 함수마다 인수의 타입과 리턴 값의 타입을 검사하는 매크로가 있다([CII] sin(x), pow(x, n)).

타입-독립 매크로에 대해서는 설명할 내용이 너무 많다. 표 8-3은 라이브러리에서 제공하는 함수를 보여 준다.

Exs 2 int 값에 2의 보수 부호 표현을 담고 있는지 확인하는 전처리기 조건문을 작성해 보자.

▼ 표 8-3 수학 함수. 표에서 **abs**, **labs**, **llabs**와 **div**, **ldiv**, **lldiv**, **modf**, **modff**, **modfl**, **nan**, **nanf**, **nanl**만 일반 함수고 나머지는 모두 매크로다.

함수	설명
abs, labs, llabs	정수에 대한 $\lvert x \rvert$
acosh	역쌍곡 코사인(hyperbolic arc cosine)
acos	역코사인(arc cosine)
asinh	역쌍곡 사인(hyperbolic arc sine)
asin	역사인(arc sine)
atan2	역탄젠트(arc tangent), 인수 두 개 버전
atanh	역쌍곡 탄젠트(hyperbolic arc tangent)
atan	역탄젠트(arc tangent)
cbrt	$\sqrt[3]{x}$
ceil	$\lceil x \rceil$
copysign	y에서 x로 부호를 복사한다.
cosh	쌍곡 코사인(hyperbolic cosine)
cos	코사인(cosine) 함수
div, ldiv, lldiv	정수 나눗셈의 몫과 나머지
erfc	여오차 함수(complementary error function), $1 - \frac{2}{\sqrt{\pi}} \int_0^x e^{-t^2} dt$
erf	오차 함수(error function), $\frac{2}{\sqrt{\pi}} \int_0^x e^{-t^2} dt$
exp2	2^x
expom1	$e^x - 1$
exp	e^x
fabs	부동 소수점에 대한 $\lvert x \rvert$
fdim	양의 차
floor	$\lfloor x \rfloor$
fmax	부동 소수점 최댓값
fma	$x{\cdot}y + z$
fmin	부동 소수점 최솟값
fmod	부동 소수점 나눗셈의 나머지

○ 계속

함수	설명
fpclassify	부동 소수점 값을 분류한다.
frexp	가수(significand)와 지수(exponent)
hypot	$\sqrt{x^2 + y^2}$
ilogb	$\lfloor \log_{FLT\_RADIX} x \rfloor$ (정수로 표현한 로그 함수값)
isfinite	유한한지 검사한다.
isinf	무한한지 검사한다.
isnan	NaN인지 검사한다.
isnormal	정상인지 검사한다.
ldexp	$x \cdot 2^y$
lgamma	$\log_e \Gamma(x)$
log10	$\log_{10} x$
log1p	$\log_e (1+x)$
log2	$\log_2 x$
logb	$\log_{FLT\_RADIX} x$ (부동 소수점으로 표현한 로그함수값)
log	$\log_e x$
modf, modff, modfl	정수와 분수
nan, nanf, nanl	NaN(숫자 아님, Not-a-Number)의 여러 타입 버전
nearbyint	현재 반올림 모드에서 가장 가까운 정수
nextafter, nexttoward	다음번 표현 가능한 부동 소수점 값
pow	x^y
remainder	나눗셈에서 부호 있는 나머지
remquo	나눗셈에서 부호 있는 나머지와 마지막 비트
rint, lrint, llrint	현재 반올림 모드에서 가장 가까운 정수
round, lround, llround	$sign(x) \cdot \lfloor |x| + 0.5 \rfloor$
scalbn, scalbln	$x \cdot \mathbf{FLT\_RADIX}^y$
signbit	음수인지 검사한다.
sinh	쌍곡 사인(hyperbolic sine)
sin	사인 함수(sin x)
sqrt	$\sqrt[2]{x}$

○ 계속

함수	설명
tanh	쌍곡 탄젠트(hyperbolic tangent)
tan	탄젠트 함수(tan x)
tgamma	감마 함수, $\Gamma(x)$
trunc	sign(x)·$\lfloor|x|\rfloor$

요즘은 수학 함수의 구현 품질과 성능은 물론 정밀도도 잘 제어해야 한다. 표 8-3의 함수들은 수학을 좀 아는 프로그래머라면 누구나 구현할 수 있겠지만 기존에 제공되는 함수와 똑같은 것을 직접 만드는 것은 바람직하지 않다. 상당수는 C 함수로만 구현된 것이 아니라 프로세서에 종속적인 인스트럭션을 사용하고 있다. 가령 프로세서에서 **sqrt**와 **sin** 함수의 근사치를 빠르게 구하는 기능을 제공할 수도 있고, 저수준 인스트럭션에서 **부동 소수점 곱셈 덧셈**(floating-point multiply add) (**fma**)을 제공할 수도 있다. 특히 부동 소수점 내부를 검사하거나 수정하는 모든 함수(가령 **carg**, **creal**, **fabs**, **frexp**, **ldexp**, **llround**, **lround**, **nearbyint**, **rint**, **round**, **scalbn**, **trunc**)에서 이런 저수준 인스트럭션을 사용하고 있을 가능성이 매우 높다. 따라서 이런 함수를 대체하거나 새로 구현하는 것은 그리 좋은 생각은 아니다.

8.3 입력, 출력, 파일 조작

stdio.h 헤더 파일에서 제공하는 IO 함수 중 **puts**와 **printf**는 앞에서 여러 번 사용했다. **printf**는 원하는 형식으로 출력하는 기능을 간편한 방식으로 제공하지만 **puts**는 (인수로 지정한) 스트링과 EOL(end-of-line) 문자만 출력하는 다소 원시적인 방식으로 제공한다.

8.3.1 서식을 적용하지 않은 텍스트 출력

puts보다 원시적인 **putchar**라는 함수도 있다. 이 함수는 문자 하나만 출력한다. 두 함수의 인터페이스는 다음과 같다.

```
int putchar(int c);
int puts(char const s[static 1]);
```

putchar의 매개변수 타입이 **int**인데, 특별한 이유는 없고 그냥 처음부터 그랬기 때문이다. 반면, 리턴 값이 **int**인 이유는 호출한 측이 오류를 리턴받기 위해서다. 특히 함수가 정상적으로 실행된 경우에는 인수 c를 리턴하고, 실패할 경우에는 어떠한 문자에도 대응되지 않는 **EOF**(End Of File)라는 음수 값을 리턴한다.

이 함수를 이용하면 다음과 같이 **puts**를 직접 구현할 수도 있다.

```
int puts_manually(char const s[static 1]) {
for (size_t i = 0; s[i]; ++i) {
if (putchar(s[i]) == EOF) return EOF;
}
if (putchar('\n') == EOF) return EOF;
return 0;
}
```

이 코드는 하나의 예일 뿐, 실제로 이렇게 구현하는 것보다는 플랫폼에서 제공하는 **puts**를 사용하는 것이 훨씬 효율적이다.

지금까지는 터미널에 출력하는 방법만 소개했다. 실제로는 실행 결과를 영구 저장장치에 저장하는 일이 많은데, **스트림**(stream)^C을 추상화한 **FILE***이란 타입이 있다. 이처럼 서식을 적용하지 않은 텍스트를 스트림에 출력하는 기능을 일반화한 함수로 **fputs**와 **fputc**가 있다.

```
int fputc(int c, FILE* stream);
int fputs(char const s[static 1], FILE* stream);
```

당연한 말이지만 **FILE*** 타입에 붙은 *****는 포인터 타입임을 의미한다. 이에 대한 자세한 설명은 생략하고, 일단 포인터 값이 널(null)인지 검사할 수 있고(TAKEAWAY 6.20), 이를 통해 스트림이 정상인지 검사할 수 있다는 정도만 알고 넘어가자.

FILE이란 식별자는 **불투명 타입**(opaque type)^C을 표현하는데, 이 타입에 대한 자세한 사항은 이 장에서 소개하는 인터페이스 말고는 알 수 없다. **FILE**은 매크로로 구현됐고 스트림 이름으로 잘못 사용하고 있는 것만 봐도 C가 표준화되기 이전부터 굳어진 관례임을 알 수 있다.

TAKEAWAY 8.8 불투명 타입은 함수 인터페이스로 지정한다.

TAKEAWAY 8.9 불투명 타입의 구현 세부사항에 의존하지 않는다.

특별한 이유가 없다면 출력용 스트림인 **stdout**과 **stderr**를 사용한다. **stdout**은 앞에서 간접적으로 사용한 적이 있다. **putchar**와 **puts**는 내부적으로 **stdout**을 사용하며 기본적으로 터미널에 연결되어 있다. **stderr**도 마찬가지로 기본적으로 터미널에 연결돼 있는데 속성은 약간 다를 것이다. 어찌됐든 **stdout**과 **stderr**는 서로 밀접하게 연결돼 있다. 이렇게 두 가지로 제공하는 이유는 '정상적인' 출력(**stdout**)과 '비정상적인' 출력(**stderr**)을 구분하기 위해서다.

앞의 함수를 좀 더 범용적인 형태로 구현하면 다음과 같다.

```
int putchar_manually(int c) {
  return fputc(c, stdout);
}
int puts_manually(char const s[static 1]) {
  if (fputs(s, stdout) == EOF) return EOF;
  if (fputc('\n', stdout) == EOF) return EOF;
  return 0;
}
```

fputs는 puts와 달리 스트링 끝에 EOL 문자를 붙이지 않는다.

TAKEAWAY 8.10 puts와 fputs는 EOL 문자 처리 방식에 차이가 있다.

8.3.2 파일과 스트림

출력을 실제 파일에 쓰고 싶다면 fopen 함수를 이용하여 실행 프로그램과 파일을 연결시키면 된다.

```
FILE* fopen(char const path[static 1], char const mode[static 1]);
FILE* freopen(char const path[static 1], char const mode[static 1],
              FILE *stream);
```

이 함수를 사용하는 간단한 예는 다음과 같다.

```
int main(int argc, char* argv[argc+1]) {
  FILE* logfile = fopen("mylog.txt", "a");
  if (!logfile) {
    perror("fopen failed");
    return EXIT_FAILURE;
  }
  fputs("feeling fine today\n", logfile);
  return EXIT_SUCCESS;
}
```

이 코드는 "mylog.txt"란 **파일을 연다**[c]. 이 파일은 logfile이란 변수를 통해 접근하며, 모드 인수를 "a"로 지정했으므로 파일 뒤에 덧붙인다. 다시 말해 기존 파일(이 존재한다면) 내용은 그대로 두고, 그 뒤부터 기록한다.

파일 열기에 실패하는 원인은 여러 가지가 있다. 파일 시스템이 꽉 찼기 때문일 수도 있고, 지정한 경로에 대한 쓰기 권한이 현재 프로세스에 없기 때문일 수도 있다. 이런 오류가 발생하면 그 원인을 확인하고(TAKEAWAY 8.2), 필요에 따라 프로그램을 종료시킨다.

앞에서 본 것처럼 **perror** 함수는 현재 발생한 오류에 대한 상태 정보를 제공한다. 이 함수는 다음 문장과 효과가 같다.

```
fputs("fopen failed: some-diagnostic\n", stderr);
```

현재 발생한 오류를 해결하는 데 도움되는 상세 정보가 some-diagnostic에 해당하는 부분에 나올 수도 있다(반드시 그런 것은 아니다).

부록 K

경계값 검사를 수행하는 버전인 **fopen_s**와 **freopen_s**도 있다. 두 함수는 지정한 인수가 올바른 포인터인지 확인한다. 여기서 **errno_t**는 stdlib.h에서 정의하는 타입으로서 오류 리턴 값을 인코딩한다. **restrict**라는 키워드는 포인터 타입에만 적용할 수 있는데, 자세한 내용은 뒤에서 소개한다.

```
errno_t fopen_s(FILE* restrict streamptr[restrict],
                char const filename[restrict], char const mode[restrict]);
errno_t freopen_s(FILE* restrict newstreamptr[restrict],
                  char const filename[restrict], char const mode[restrict],
                  FILE* restrict stream);
```

파일을 열 때 지정할 수 있는 모드는 'a'말고도 여러 가지가 있다. 표 8-4는 모드 인수로 지정할 수 있는 값을 간략히 보여 준다. 세 가지 기본 모드는 기존 파일을 처리하는 방법과 스트림의 위치를 지정한다. 여기에 세 가지 수정자(modifier)를 추가할 수 있다. 표 8-5는 모든 조합을 보여 준다.

▼ 표 8-4 **fopen**과 **freopen**의 모드와 수정자. 처음 세 항목은 모드 스트링이다. 옵션으로 이 세 가지 항목이 한 개 이상 더 나올 수 있다.

모드	메모		fopen 실행 후의 파일 상태
'a'	추가(append)	w	기존 파일 내용은 그대로 있고, 파일 끝을 가리킨다.
'w'	쓰기(write)	w	기존 파일 내용이 (있다면) 지운다.
'r'	읽기(read)	r	기존 파일 내용은 그대로 있고, 파일 시작점을 가리킨다.

◉ 계속

8

C 라이브러리 함수

모드	메모		fopen 실행 후의 파일 상태
'+'	업데이트(update)	rw	읽기 및 쓰기 모드로 파일을 연다.
'b'	바이너리(binary)		바이너리 모드로 파일을 연다. 이렇게 하지 않으면 텍스트 파일로 취급한다.
'x'	익스클루시브(exclusive)		기존에 없던 파일이라면 쓰기 모드로 연다.

▼ 표 8-5 **fopen**과 **freopen**에서 지정할 수 있는 모드 스트링: 표 8-4에 나온 항목에 대한 올바른 조합을 정리한 것이다.

"a"	필요에 따라 빈 텍스트 파일을 만든다. 파일 끝에 쓸 수 있게 연다.
"w"	빈 텍스트 파일을 만들거나 기존 내용을 지운다. 쓰기 모드로 연다.
"r"	기존 텍스트 파일을 읽기 모드로 연다.
"a+"	필요에 따라 빈 텍스트 파일을 만든다. 파일 끝에 읽거나 쓸 수 있게 연다.
w+	빈 텍스트 파일을 만들거나 기존 내용은 지운다. 읽거나 쓸 수 있게 연다.
"ab" "rb" "wb" "a+b" "ab+" "r+b" "rb+" "w+b" "wb+"	텍스트 파일이 아닌 바이너리 파일이라는 점을 제외하면 위와 같다.
"wx" "w+x" "wbx" "w+bx" "wb+x"	호출 전에 이미 파일이 있으면 오류가 발생하는 점을 제외하면 위와 같다.

두 표를 보면 스트림은 쓰기 모드뿐만 아니라 읽기 모드로도 열 수 있다. 구체적인 방법은 잠시 후 소개한다. 기본 모드 중 어느 것이 읽기 또는 쓰기 모드로 여는지는 상식적으로 구분할 수 있다. 'a'나 'w'로 지정할 때는 파일 끝을 읽을 수 없는데, 그 지점에는 아무것도 없기 때문이다. 그래서 두 모드로 지정하면 쓰기 상태로 연다. 'r'로 지정하면 파일 내용은 그대로 보존되고 파일의 시작점을 가리키며, 실수로 기존 내용을 덮어쓰는 일은 발생하지 않는다. 따라서 읽기 전용으로 연다.

여기 나온 수정자는 프로그래밍할 때 흔히 쓰는 것은 아니다. '+'가 붙는 업데이트(update) 모드를 사용할 때는 읽기와 쓰기를 동시에 처리하기가 쉽지 않기 때문에 특별히 주의를 기울여야 한다. 'b' 모드와 관련하여 텍스트 스트림과 바이너리 스트림이 어떻게 다른지에 대해서는 14.4절에서 자세히 설명한다.

스트림을 다루는 주요 인터페이스로 **freopen**, **fclose**, **fflush**도 있다.

```
int fclose(FILE* fp);
int fflush(FILE* stream);
```

`freopen`과 `fclose`의 용도는 분명하다. `freopen`은 인수로 지정한 스트림을 다른 파일에 연결하며 모드를 변경한다. 이 함수는 특히 표준 스트림을 파일에 연결하는 데 유용하다. 가령 앞의 예제 프로그램을 다음과 같이 표현할 수도 있다.

```
int main(int argc, char* argv[argc+1]) {
  if (!freopen("mylog.txt", "a", stdout)) {
    perror("freopen failed");
    return EXIT_FAILURE;
  }
  puts("feeling fine today");
  return EXIT_SUCCESS;
}
```

8.3.3 텍스트 IO

텍스트 스트림에 출력할 때 흔히 버퍼[c]를 사용한다. 실제로 스트림에 쓰는 과정에서 리소스 사용의 효율을 높이기 위해 IO 시스템의 작업을 약간 지연시킨다. `fclose`로 스트림을 닫으면 모든 버퍼에 담긴 내용을 목적지로 보내서 **비운다**(flush)[c]. 출력 내용을 터미널에서 즉시 보고 싶거나 파일을 아직 닫고 싶진 않지만 모든 내용이 원하는 목적지로 제대로 작성됐는지 확인하고 싶다면 `fflush` 함수를 호출한다. 예제 8-1은 `stdout`으로 점 10개를 찍는 예를 보여 준다. 매번 쓸 때마다 약 1초 정도 지연된다.[Exs 3]

예제 8-1 버퍼를 사용한 출력 비우기

```
 1 #include <stdio.h>
 2
 3 /* 간략히 작성한 코드를 지연 실행시키려면
 4 thrd_sleep을 사용해야 한다.  */
 5 void delay(double secs) {
 6   double const magic = 4E8; // works just on my machine
 7   unsigned long long const nano = secs * magic;
 8   for (unsigned long volatile count = 0;
 9     count < nano;
10   ++count) {
11     /* 이 부분은 할 일 없음 */
12   }
13 }
14
```

Exs 3 이 프로그램을 실행할 때 커맨드 라인 인수를 지정하지 않을 때와 한 개만 지정할 때, 두 개를 지정할 때의 동작을 비교해 보자.

```
15  int main(int argc, char* argv[argc+1]) {
16      fputs("waiting 10 seconds for you to stop me", stdout);
17      if (argc < 3) fflush(stdout);
18      for (unsigned i = 0; i < 10; ++i) {
19          fputc('.', stdout);
20          if (argc < 2) fflush(stdout);
21          delay(1.0);
22      }
23      fputs("\n", stdout);
24      fputs("You did ignore me, so bye bye\n", stdout);
25  }
```

텍스트 파일에 대한 IO 버퍼링의 가장 흔한 방식은 **라인 버퍼링**(line buffering)^C이다. 이 모드로 지정하면 텍스트의 마지막 줄에 도달할 때 물리적으로 기록된다. 따라서 **puts**로 작성한 텍스트는 터미널에 곧바로 나타나고, **fputs**로 작성한 텍스트는 '/n'이 나타날 때까지 기다린다. 텍스트 스트림, 파일과 관련하여 또 다른 흥미로운 점은 프로그램에서 쓰는 문자가 콘솔 장치나 파일에 도달하는 바이트 사이와 일대일 대응 관계가 아니라는 것이다.

TAKEAWAY 8.11 | 텍스트 입력과 출력 데이터는 변환된다.

그 이유는 텍스트 문자에 대한 내부와 외부 표현이 반드시 같을 필요가 없기 때문이다. 아쉽게도 아직까지 여러 문자 인코딩 방식이 있다. 그래서 C 라이브러리는 이들 사이의 변환이 필요할 때 작업을 최대한 정확히 처리하는 역할을 한다. 이러한 변환 작업 중에서도 특히 까다로운 부분은, 파일에서 EOL(end-of-line)에 대한 인코딩 방식이 플랫폼마다 다르다는 점이다.

TAKEAWAY 8.12 | EOL 인코딩에 흔히 적용되는 변환 방법은 크게 세 가지가 있다.

그래서 C 언어는 플랫폼에 관계없이 '/n'를 사용할 수 있도록 추상화했다. 또한 텍스트 IO를 수행할 때 EOL 앞에 나오는 공백은 제거될 수 있다는 점도 주의해야 한다. 그래서 탭 문자나 공백이 뒤따르지 않도록, 다시 말해 **줄끝 공백**(trailing white space)^C이 없도록 작성해야 한다.

TAKEAWAY 8.13 | 텍스트 문장에 줄끝 공백이 없어야 한다.

C 라이브러리에서 제공하는 파일 시스템 조작 기능은 빈약하다.

```
int remove(char const pathname[static 1]);
int rename(char const oldpath[static 1], char const newpath[static 1]);
```

이 함수의 기능은 이름만 봐도 쉽게 추측할 수 있다.

printf류의 함수에 적용되는 서식. 흔히 "%[FF][WW][.PP][LL]SS"와 같은 구문 형식을 따르며, 여기서 [ ]는 해당 필드가 옵션이라는 뜻이다.

FF	플래그	변환의 특수 형태
WW	필드 폭	최소 폭
PP	정밀도	
LL	수정자	타입의 선택 폭
SS	지정자	선택 변환

8.3.4 서식 지정 출력

printf로 서식 지정 출력(formatted output)을 하는 방법에 대해서는 앞에서 소개한 적이 있다. **fprintf** 함수는 **printf**와 거의 비슷하지만 출력을 쓸 스트림을 지정하는 매개변수가 하나 더 있다.

```
int printf(char const format[static 1], ...);
int fprintf(FILE* stream, char const format[static 1], ...);
```

여기서 점 세 개(...)로 표기한 부분은 함수에서 받을 수 있는 인수, 즉 출력 항목의 수가 달라질 수 있다는 것을 의미한다. 이때 주의할 점은 이 인수의 개수는 정확히 '**%**' 지정자를 사용하는 항목의 개수와 일치해야 한다는 것이다. 그렇지 않으면 어떻게 실행될지 알 수 없다.

TAKEAWAY 8.14 **printf**의 매개변수와 서식 지정자가 정확히 대응돼야 한다.

%[FF][WW][.PP][LL]SS 구문으로 정의하는 서식 지정 형식을 보면 크게 다섯 부분, 즉 플래그 (flag), 폭(width), 정밀도(precision), 수정자(modifier), 지정자(specifier)로 구성되는 것을 알 수 있다. 자세한 내용은 표 8-6을 참조한다.

지정자(specifier)는 옵션이 아니며, 실행 시 적용할 출력 변환 타입을 지정한다. 표 8-7은 모든 지정자를 간략히 정리한 것이다.

이 표를 보면 거의 모든 값 타입에 대해 서식이 제공되는 사실을 알 수 있다. 그 중에서 출력에 담길 값의 뜻에 가장 적합한 것을 골라야 한다. 숫자 값은 대부분 십진 서식을 사용한다.

TAKEAWAY 8.15 수 값을 출력할 때는 "%d"와 "%u" 서식을 사용한다.

반면, 비트 패턴을 출력할 때는 8진수보다는 16진수 서식을 사용하는 것이 좋다. 8비트 문자 타입을 따르는 최신 아키텍처의 경우 16진수 서식이 더 적합하다.

TAKEAWAY 8.16 비트 패턴을 출력할 때는 "%x" 서식을 사용한다.

또한 이 서식은 부호 없는 값을 받는다. 그래서 비트 집합에 대해 부호 없는 타입만 사용하는 것이 좋다. 16진수 값을 보고 이에 해당하는 비트 패턴을 떠올리기까지는 상당한 연습이 필요하다. 표 8-8은 이런 숫자와 값, 그리고 이들이 표현하는 비트 패턴을 간략히 정리한 것이다.

부동 소수점 서식의 경우, 선택의 폭이 훨씬 넓다. 요구 사항이 구체적이지 않다면 십진수 출력에 대해 범용 서식을 사용하는 것이 가장 간편하다.

▼ 표 8-7 printf류의 함수에 적용되는 서식 지정자

'd' 또는 'i'	십진수	부호 있는 정수
'u'	십진수	부호 없는 정수
'o'	팔진수	부호 없는 정수
'x' 또는 'X'	십육진수	부호 없는 정수
'e' 또는 'E'	[-]d.ddd e ±dd, "scientific"	부동 소수점
'f' 또는 'F'	[-]d.ddd	부동 소수점
'g' 또는 'G'	범용 e나 f	부동 소수점
'a' 또는 'A'	[-]0xh.hhhh p ±d, 십육진수	부동 소수점
'%'	'%' 문자	인수 변환 안 됨
'c'	문자	정수
's'	여러 문자	스트링
'p'	주소	void* 포인터

▼ 표 8-8 16진수 값과 비트 패턴

숫자	값	패턴	숫자	값	패턴
0	0	0000	8	8	1000
1	1	0001	9	9	1001
2	2	0010	A	10	1010
3	3	0011	B	11	1011
4	4	0100	C	12	1100
5	5	0101	D	13	1101
6	6	0110	E	14	1110
7	7	0111	F	15	1111

TAKEAWAY 8.17 부동 소수점 값을 출력할 때는 "%g" 서식을 사용한다.

지정자를 작성할 때 해당 인수의 타입을 정확히 적어야 한다. 표 8-9는 지금까지 이 책에 나온 타입에 대한 코드를 정리한 것이다. 지정자를 잘못 작성하면 값을 해석하는 과정에서 심각한 문제가 발생할 수 있기 때문에 특히 주의해야 한다. **printf** 함수는 서식 지정자를 통해 들어온 인수에 대한 정보만 안다. 그래서 크기를 잘못 지정하면 원래 인수에 해당하는 바이트보다 많거나 적게 읽을 수 있고, 엉뚱한 하드웨어 레지스터로 잘못 해석할 수 있다.

TAKEAWAY 8.18 서식 지정자를 정확히 쓰지 않으면 의도하지 않은 동작이 발생할 수 있다.

좋은 컴파일러는 잘못 지정한 서식에 대해 경고 메시지를 출력해 주는데, 이런 경고는 지나치지 말고 해결해야 한다. 또한 세 가지 의미 타입에 대한 특수한 지정자가 있다. 그 중에서도 "%zu"는 굉장히 유용한데 **size_t**에 대응되는 기본 타입을 몰라도 되기 때문이다.

▼ 표 8-9 **printf**류 함수의 서식 지정자. float 인수는 double로 변환된 후 처리된다.

문자	타입	변환
"hh"	**char** 타입	정수
"h"	**short** 타입	정수
""	**signed, unsigned**	정수
"l"	**long** 정수 타입	정수
"ll"	**long long** 정수 타입	정수
"j"	**intmax_t, uintmax_t**	정수
"z"	**size_t**	정수
"t"	**ptrdiff_t**	정수
"L"	**long double**	부동 소수점

▼ 표 8-10 **printf**류 함수에 대한 서식 플래그

문자	의미	변환
"#"	대체 서식(예 0x 접두어)	"aAeEfFgGoxX"
"0"	0 패딩	숫자
"-"	왼쪽 조정(left adjustment)	모든 타입
" "	양의 값은 ' ', 음의 값은 '-'	부호 있는 타입
"+"	양의 값은 '+', 음의 값은 '-'	부호 있는 타입

폭(WW)과 정밀도(.PP)를 이용하면 값의 전반적인 출력 형태를 조절할 수 있다. 예를 들어 범용 부동 소수점 서식인 "%g"의 경우, 정밀도 값으로 유효 숫자의 개수를 지정할 수 있다. "%20.10g"라고 지정하면 출력 필드는 20문자로 구성되고 유효 숫자는 최대 10개까지다. 이런 값이 해석되는 방식은 서식 지정자마다 다르다.

서식 플래그는 출력 형태를 변경할 수 있다. 예를 들어 부호를 앞에 붙일 때는 "%+d"와 같이 지정하고, 16진수로 변환할 때는 0x("%#X")를 지정하고, 8진수로 표현할 때는 0("%#o")를 지정하고, 0 패딩(zero padding) 또는 출력 필드를 오른쪽이 아닌 왼쪽으로 옮기기(left adjustment)(왼쪽 조정) 등이 있다. 자세한 사항은 표 8-10을 참조한다. 명심할 점은 정수 앞에 0을 붙이면 십진수가 아닌 8진수로 해석된다. 따라서 "%-0"과 같이 0 패딩과 왼쪽으로 옮기기를 동시에 지정하지 않는 것이 좋다. 읽는 사람이 헷갈릴 수 있기 때문이다.

출력할 숫자를 나중에 파일에서 읽을 계획이 있다면 부호 있는 타입에 대해서는 "%+d" 형식으로 지정하고, 부호 없는 타입이라면 "%#X"로 지정하고, 부동 소수점이라면 "%a"로 지정하는 것이 무난하다. 이렇게 하면 스트링을 숫자로 변환하는 과정에서 올바른 형식인지 확인하고 파일에 저장된 정보가 손실되지 않도록 할 수 있다.

TAKEAWAY 8.19 나중에 다시 읽을 내용을 출력할 때는 "%+d"나 "%#X"나 "%a"로 지정한다.

부록 K

옵션으로 제공하는 인터페이스인 **printf_s**와 **fprintf_s**는 스트림과 서식, 스트링 인수가 올바른 포인터인지 검사한다. 하지만 리스트에 나온 표현식이 올바른 서식 지정자인지는 검사하지 않는다.

```
int printf_s(char const format[restrict], ...);
int fprintf_s(FILE *restrict stream,
              char const format[restrict], ...);
```

이 인터페이스를 사용하도록 **stdout**을 다시 여는 예제를 수정하면 다음과 같다.

```
int main(int argc, char* argv[argc+1]) {
  int ret = EXIT_FAILURE;
  fprintf_s(stderr, "freopen of %s:", argv[1]);
  if (freopen(argv[1], "a", stdout)) {
    ret = EXIT_SUCCESS;
    puts("feeling fine today");
    }
  perror(0);
  return ret;
}
```

이렇게 하면 출력 스트링에 파일 이름이 추가되기 때문에 진단 정보를 더욱 자세히 출력할 수 있다. **fprintf_s**는 스트림과 서식, 인수 스트링의 유효성을 검사할 때 사용한다. 이 함수는 한 터미널에 두 스트림이 연결될 때 두 가지 출력을 하나로 합칠 수 있다.

8.3.5 서식 없는 텍스트 입력

서식 없는 입력(unformatted input)을 하기 위한 가장 좋은 방법은 문자 하나일 때는 **fgetc**를, 스트링일 때는 **fgets**를 사용하는 것이다. 표준 스트림인 **stdin**은 항상 제공되는 것으로, 대체로 터미널 입력에 연결돼 있다.

```
int fgetc(FILE* stream);
char* fgets(char s[restrict], int n, FILE* restrict stream);
int getchar(void);
```

부록 K

추가로 **gets_s**도 있다. 이 함수는 **stdin**에서 읽는 것과 동일하며 앞에서 본 범용 인터페이스보다 나은 점은 별로 없다.

```
char* gets_s(char s[static 1], rsize_t n);
```

puts의 특수한 형태로 **fputs**가 있는 것처럼, 이전 버전 C 표준에 **gets** 인터페이스가 있었다. 하지만 안전성에 근본적인 문제가 있어서 삭제됐다.

TAKEAWAY 8.20 **gets**는 쓰면 안 된다.

다음 코드는 **fgets**와 같은 기능을 구현한 함수를 보여 준다.

예제 8-2 fgetc로 fgets 구현하기

```
1  char* fgets_manually(char s[restrict], int n,
2                       FILE*restrict stream) {
3    if (!stream) return 0;
4    if (!n) return s;
5    /* 최대 n-1개 문자를 읽는다. */
6    for (size_t pos = 0; pos < n-1; ++pos) {
7      int val = fgetc(stream);
8      switch (val) {
9        /* EOF는 파일 끝(end-of-file) 또는 오류를 의미한다 */
10       case EOF: if (feof(stream)) {
```

```
11        s[i] = 0;
12        /* 유효한 호출이었음 */
13        return s;
14      } else {
15          /* 오류 */
16          return 0;
17        }
18        /* EOL에서 멈춘다. */
19        case '\n': s[i] = val; s[i+1] = 0; return s;
20        /* 나머지 경우에는 그냥 값을 대입하고 계속 실행한다. */
21        default: s[i] = val;
22      }
23    }
24    s[n-1] = 0;
25    return s;
26 }
```

이 경우도 기능을 보여 주기 위한 코드(오류 처리 방법을 보여 주기 위한 코드)이므로 기존 함수 대신 사용할 수는 없다.

TAKEAWAY 8.21 fgetc는 int 값을 리턴하므로 유효한 모든 문자뿐만 아니라 특수한 오류 상태인 EOF도 인코딩할 수 있다.

또한 EOF가 리턴된 것을 감지하는 것만으로는 파일 스트림의 끝에 도달했다고 판단할 수 없다. feof도 호출해서 스트림의 위치가 EOF 마커에 도달했는지 검사해야 한다.

TAKEAWAY 8.22 읽기에 실패한 뒤에야 파일 끝에 도달했는지 알 수 있다.

예제 8-3은 입력과 출력 함수를 모두 사용하는 예를 보여 준다.

예제 8-3 여러 텍스트 파일을 **stdout**으로 덤프하는 프로그램

```
1 #include <stdlib.h>
2 #include <stdio.h>
3 #include <errno.h>
4
5 enum { buf_max = 32, };
6
7 int main(int argc, char* argv[argc+1]) {
8   int ret = EXIT_FAILURE;
9   char buffer[buf_max] = { 0 };
10   for (int i = 1; i < argc; ++i) { // 프로세스 인수
11     FILE* instream = fopen(argv[i], "r"); // 파일 이름으로 받음
```

```
12      if (instream) {
13        while (fgets(buffer, buf_max, instream)) {
14          fputs(buffer, stdout);
15        }
16        fclose(instream);
17        ret = EXIT_SUCCESS;
18      } else {
19        /* 몇 가지 오류 진단 정보를 제공한다.  */
20        fprintf(stderr, "Could not open %s: ", argv[i]);
21        perror(0);
22        errno = 0; // 오류 코드를 리셋한다.
23      }
24    }
25    return ret;
26  }
```

이 프로그램은 커맨드 라인에서 지정한 파일들을 읽어서 **stdout**으로 덤프하는 일종의 cat 기능을 간단히 구현한 것이다.^{Exs 4, Exs 5, Exs 6, Exs 7}

8.4 스트링 처리와 변환

C 언어에서 스트링을 처리할 때, 소스와 실행 환경에서 사용한 인코딩 방식이 얼마든지 다를 수 있으므로 인코딩 방식에 독립적인 인터페이스를 구성해야 한다. 이때 가장 중요한 부분은 언어에서 지원한다. 즉, 'a'나 '\n' 같은 정수형 문자 상수와 "hello:\tx" 같은 스트링 리터럴을 제공하며 각 플랫폼에 맞게 처리된다. 앞에서 설명했듯이 상수 타입 중 정수(**int**)가 가장 좁다. 참고로 초창기부터 'a'와 같은 문자 상수를 char가 아닌 **int** 타입으로 표현했다. 문자 클래스를 다뤄야 한다면 이런 상수를 처리하는 작업이 좀 번거로울 수 있다.

C 라이브러리는 ctype.h 헤더 파일을 통해, 가장 흔히 사용하는 클래스를 다루는 함수와 매크로를 제공한다. 여기에는 **isalnum, isalpha, isblank, iscntrl, isdigit, isgraph, islower, isprint, ispunct, isspace, isupper, isxdigit**과 같은 분류기(classifier)와 **toupper, tolower**와 같은 변환기 (conversion)가 있다. 이 역시 초창기부터 굳어진 관례에 따라 **int** 타입 인수를 받아서 **int** 타입 값

Exs 4 이 프로그램이 정상 실행 코드를 리턴하면서 종료할 때와 오류 코드를 리턴하면서 종료할 때를 설명해 보자.
Exs 5 놀랍게도 이 프로그램은 한 줄을 구성하는 문자 수가 31개를 넘어가는 파일에 대해서도 정상적으로 실행된다. 그 이유는 뭘까?
Exs 6 커맨드 라인 인수를 지정하지 않으면 **stdin**에서 읽도록 만들어 보자.
Exs 7 첫 번째 커맨드 라인 인수로 "-n"을 지정하여 각 줄 앞에 줄 번호를 출력하도록 만들어 보자.

을 리턴하도록 구성돼 있다. 표 8-11은 분류기를 정리한 것이다. **toupper**와 **tolower** 함수는 알파 벳 문자를 각각 대문자와 소문자로 변환하고, 알파벳이 아닌 문자는 원래 형태 그대로 유지한다.

이 표를 보면 앞에서 몇 차례 본 줄바꿈 문자('\n')를 비롯한 몇 가지 특수 문자가 있다. 이런 특수 문자의 인코딩 방식과 의미는 표 8-12에 정리돼 있다.

▼ 표 8-11 문자 분류기. 마지막 열은 플랫폼 고유의 문자(예를 들어 소문자 ä나 구두점 € 등)에 대한 클래스를 C 구현에서 확장할 수 있는지 정리한 것이다.

이름	뜻	C 로케일	확장 가능 여부
islower	소문자	'a', …, 'z'	가능
isupper	대문자	'A', …, 'Z'	가능
isblank	공백	' ', '\t'	가능
isspace	스페이스	' ', '\f', '\n', '\r', '\t', '\v'	가능
isdigit	십진수	'0', … '9'	불가능
isxdigit	16진수	'0', … '9', 'a', … 'f', 'A', …, 'F'	불가능
iscntrl	제어 문자	'\a', '\b', '\f', '\n', '\r', '\t', '\v'	가능
isalnum	문자 및 숫자	**isalpha**(x) || **isdigit**(x)	가능
isalpha	문자	**islower**(x) || **isupper**(x)	가능
isgraph	화면에 표시	(!**iscntrl**(x)) && (x != ' ')	가능
isprint	출력 가능	!**iscntrl**(x)	가능
ispunct	구두점	**isprint**(x) && !(**isalnum**(x) || **isspace**(x))	가능

▼ 표 8-12 문자와 스트링 리터럴에 나오는 특수 문자

'\''	작은 따옴표
'\"'	큰 따옴표
'\?'	물음표
'\\'	백슬래시
'\a'	경고음
'\b'	백스페이스
'\f'	폼 피드(form feed)
'\n'	줄바꿈(new line)

● 계속

'\r'	맨앞 이동(carriage return)
'\t'	수평 탭
'\v'	수직 탭

정수 문자 상수는 숫자로도 인코딩할 수 있다. 가령 '\037'과 같은 8진수 값으로 표현할 수도 있고, '\xFFFF'와 같은 16진수 값으로 인코딩할 수 있다. 8진수로 코드를 표현할 때는 숫자를 최대세 개까지 사용할 수 있다. 16진수로 표현할 때는 x 뒤에 나오면서 16진수 숫자로 해석할 수 있는 문자는 모두 코드를 구성하는 숫자로 처리된다. 이런 코드를 스트링에서 사용할 때는 해당 문자의 끝을 확실히 표시해야 한다. 가령 "\xdeBruyn"은 "\xde" "Bruyn"이 아닌[1], "\xdeB" "ruyn"으로 처리된다. 즉, 코드 값이 3563인 문자 뒤에 'r', 'u', 'y', 'n'이란 네 문자가 나오는 것으로 처리된다. 이 기능을 사용하면 코드 값이 3563인 문자가 있는 플랫폼에서만 이식성을 보장할 수 있다. 그런 코드 값이 존재하는지, 해당 문자가 실제로 의미하는 것이 무엇인지는 플랫폼의 종류와 프로그램의 실행 설정에 따라 다르다.

TAKEAWAY 8.23 숫자로 인코딩된 문자를 해석하는 방식은 실행 환경에 정의된 문자 집합에 따라 다르다.

이런 코드를 사용하면 이식성이 나빠지므로 사용하지 않는 것이 좋다.

다음 코드에 나오는 hexatridecimal 함수는 방금 설명한 기능을 이용하여 문자 및 숫자에 대해 베이스 36(base 36) 숫자 값을 제공한다. 이 값은 16진수 상수와 비슷하지만 나머지 문자도 베이스 36 값이라는 점이 다르다. Exs 8, Exs 9, Exs 10

strtoul.c

```
 8 /* 소문자가 연달아 나온다고 가정한다. */
 9 static_assert('z'-'a' == 25,
10             "alphabetic characters not contiguous");
11 #include <ctype.h>
12 /* 문자와 숫자를 부호 없는 정수로 변환한다. */
13 /* '0' ... '9' => 0 .. 9u */
14 /* 'A' ... 'Z' => 10 .. 35u */
15 /* 'a' ... 'z' => 10 .. 35u */
```

---

1 스트링 리터럴을 연달아 쓰면 서로 연결된다(TAKEAWAY 5.18).
Exs 8 hexatridecimal의 두 번째 **return**에서는 a와 'A' 사이의 관계에 대해 뭔가를 가정하고 있다. 가정한 사실은 무엇일까?
Exs 9 이 가정을 충족하지 못할 경우 발생할 수 있는 오류 상황을 설명해 보자.
Exs 10앞의 버그를 수정해 보자. 다시 말해 a와 'A' 사이의 관계에 대한 어떠한 가정을 하지 않도록 코드를 수정해 보자.

```
16  /* 나머지 값 => Greater */
17  unsigned hexatridecimal(int a) {
18    if (isdigit(a)) {
19      /* 반드시 실행된다.
20         십진수 숫자가 연달아 나오고
21         isdigit은 로케일에 영향을 받지 않는다. */
22      return a - '0';
23    } else {
24      /* 소문자가 아니면 변경하지 않고 그대로 둔다. */
25      a = toupper(a);
26      /* 라틴 대문자가 아니면 36보다 크거나 같은 값을 리턴한다. */
27      return (isupper(a)) ? 10 + (a - 'A') : -1;
28    }
29  }
```

C 라이브러리는 스트링을 숫자 값으로 변환하는 함수도 strtoul밑고도 strtoul, strtol, strtoumax, strtoimax, strtoull, strtoll, strtold, strtof도 제공한다.

이름 끝에 붙여서 타입을 가리키는 문자는 다음과 같다. u는 **unsigned**, l(알파벳 L)은 **long**, d는 **double**, f는 **float**을 가리키고, imax와 umax는 각각 **intmax_t**와 **uintmax_t**를 가리킨다.

strtoul처럼 정수 값을 리턴하는 인터페이스는 모두 매개변수가 세 개다.

```
unsigned long int strtoul(char const nptr[restrict],
                          char** restrict endptr,
                          int base);
```

이 함수는 nptr이 가리키는 스트링을 밑이 base인 숫자로 변환한다. 주로 0, 8, 10, 16을 base 값으로 사용한다. 8, 10, 16은 각각 8진수, 10진수, 16진수 인코딩을 의미한다. 0은 세 가지 인코딩을 조합했다는 뜻으로, 텍스트에 나오는 숫자를 해석하는 데 적용되는 규칙에 따라 밑을 선택한다. 가령 "7"은 10진수로, "007"은 8진수로, "0x7"은 16진수로 해석한다. 좀 더 정확히 설명하면 이 스트링은 네 부분(공백, 부호, 숫자, 나머지 데이터)으로 구성됐다고 해석할 수 있다.

두 번째 매개변수는 나머지 데이터의 위치를 구할 때 사용하는데, 아직은 제대로 이해하기 힘들 것이다. 지금은 이 값을 0으로 지정해도 작동하는 데 문제없다는 것만 알고 넘어가자. 흔히 사용하는 매개변수 조합은 **strtoul**(S, 0, 0)이다. 이렇게 하면 입력 서식에 관계없이 S를 숫자로 해석한다. 부동 소수점을 제공하는 세 함수도 작동 방식은 비슷하고, 함수 매개변수의 개수가 두 개로 제한된다는 점만 다르다.

이번에는 프리미티브(primitive)를 이용하여 이런 함수를 구현하는 방법을 살펴보자. 먼저 Strtoul_
inner 함수 코드부터 살펴보자. 이 함수는 **strtoul** 구현의 핵심으로써 반복문에서 hexatridecimal
을 통해 스트링에서 큰 정수 값을 계산한다.

```
31 unsigned long Strtoul_inner(char const s[static 1],
32                             size_t i,
33                             unsigned base) {
34   unsigned long ret = 0;
35   while (s[i]) {
36     unsigned c = hexatridecimal(s[i]);
37     if (c >= base) break;
38     /* 64비트에서 표현할 수 있는 가장 큰 값은
39        베이스 36으로 3w5e11264sgsf다. */
40     if (ULONG_MAX/base < ret) {
41       ret = ULONG_MAX;
42       errno = ERANGE;
43       break;
44     }
45     ret *= base;
46     ret += c;
47     ++i;
48   }
49   return ret;
50 }
```

스트링이 표현하는 숫자가 **unsigned long**으로 표현할 수 없을 정도로 크다면 이 함수는 **ULONG_
MAX**를 리턴하고 **errno**를 **ERANGE**로 설정한다.

이번에는 **strtoul**의 기능을 구현한 Strtoul 코드를 살펴보자. 포인터 없이 구현하는 최선의 방법
이기도 하다.

```
60 unsigned long Strtoul(char const s[static 1], unsigned base) {
61   if (base > 36u) { /* 밑인지 검사한다. */
62     errno = EINVAL; /* 규격을 확장한다.  */
63     return ULONG_MAX;
64   }
65   size_t i = strspn(s, " \f\n\r\t\v"); /* 공백은 건너뛴다. */
66   bool switchsign = false; /* 부호를 검사한다. */
```

8

C 라이브러리 함수

```
67    switch (s[i]) {
68    case '-' : switchsign = true;
69    case '+' : ++i;
70    }
71    if (!base || base == 16) { /* 밑을 조정한다. */
72      size_t adj = find_prefix(s, i, "0x");
73      if (!base) base = (unsigned[]){ 10, 8, 16, }[adj];
74      i += adj;
75    }
76    /* 본격적인 변환 작업을 수행한다. */
77    unsigned long ret = Strtoul_inner(s, i, base);
78    return (switchsign) ? -ret : ret;
79 }
```

이 함수는 Strtoul_inner 함수를 감싸서 변환에 필요한 조정 작업을 수행한다. 공백은 무시하고, 부호를 검사하고, base 매개변수가 0일 경우에 밑을 조정하고, 0 또는 0x라는 접두어가 붙으면 건너뛴다. 또한 음수 부호가 있을 때는 **unsigned long** 연산에 맞게 결과에 대한 부호를 적절히 바꾸는 작업도 한다.[Exs 11]

Strtoul은 string.h에서 제공하는 스트링 탐색 함수 중 하나인 **strspn**을 이용하여 공백을 건너뛴다. 이 함수는 두 번째 매개변수에 나온 모든 문자로 구성된 첫 번째 매개변수의 초기 시퀀스의 길이를 리턴한다. **strcspn**(여기서 'c'는 'complement'를 의미) 함수와 비슷하지만, 두 번째 인수에 없는 문자 시퀀스를 탐색한다는 점이 다르다.

이 헤더는 메모리와 스트링 탐색 함수를 다양하게 제공하는데, 바로 **memchr**, **strchr**, **strpbrk**, **strrchr**, **strstr**, **strtok** 등이다. 이 함수를 사용하려면 아직 제대로 배우지 않은 포인터가 필요하므로 지금은 이 함수를 사용하지 않는다.

8.5 시간

시간과 관련된 첫 번째 클래스는 달력에 대한 것이다. 우리가 약속 날짜를 정하거나 생일을 확인하는 데 흔히 사용하는 달력의 표현 범위에 해당하는 시간을 다룬다. 시간과 관련하여 time.h 헤더에서 제공하는 인터페이스는 다음과 같다.

Exs 11 Strtoul에 필요한 find_prefix 함수를 구현해 보자.

```
time_t time(time_t *t);
double difftime(time_t time1, time_t time0);
time_t mktime(struct tm tm[1]);
size_t strftime(char s[static 1], size_t max,
                char const format[static 1],
                struct tm const tm[static 1]);
int timespec_get(struct timespec ts[static 1], int base);
```

time 함수는 현재 시각에 대한 time_t 타입 타임스탬프를 제공한다. 가장 간단한 형식은 time(0) 의 리턴 값을 이용하는 것이다. difftime 함수를 이용하면 앞에서 봤듯이 프로그램 실행 중 두 시점의 시간차를 구할 수도 있다.

그럼 사용자 관점에서 이런 함수의 삭농 과정을 살펴보자. 잘 알다시피 struct tm 구조체는 우리가 흔히 아는 달력 시간을 표현한다. 연 단위 시각을 표현하는 tm_year부터 시작해서 월 단위 시각을 표현하는 tm_mon, 초 단위에 이르기까지 다양한 데이터 멤버가 계층적으로 구성돼 있다. 그런데 멤버를 세는 방식에 아쉬운 점이 있다. 바로 0부터 시작한다는 점이다. 가령 tm_mon이 0이면 1월을 의미하고, tm_wday이 0이면 일요일을 가리킨다. 하지만 다음과 같은 예외가 있다.

- tm_mday: 그 달의 첫 날은 1부터 시작한다.

- tm_year: 그레고리력(Gregorian calendar) 값을 구하려면 반드시 1900을 더해야 한다. 이런 식으로 표현한 연도는 그레고리력 기준으로 0년과 9999년 사이에 있어야 한다.

- tm_sec: 값은 0 이상 60 이하다. 60은 윤초(leap second)를 표현하는 특수한 경우에만 사용한다.

struct tm은 시간에 대한 부가 정보를 제공하기 위해 다음과 같은 멤버도 추가로 제공한다.

- tm_wday: 요일을 표현한다.

- tm_yday: 현재 연도의 몇 번째 날인지 표현한다.

- tm_isdst: 현지 시간대의 DST(Daylight Saving Time)(즉 일광 절약 시간제 또는 서머타임)의 적용 여부를 표현하는 플래그다.

mktime 함수를 이용하면 이런 멤버에 대한 일관성을 보장할 수 있다. 이 함수는 다음과 같이 세 단계로 실행된다.

1. 계층적 날짜 멤버를 각각에 적합한 범위에 맞게 정규화한다.

2. tm_wday와 tm_yday에 적합한 값을 설정한다.

3. tm_isday 값이 음수일 때, 현재 플랫폼의 시간대에서 DST가 적용되면 1로 수정하고 그렇지 않으면 0으로 지정한다.

mktime은 다른 용도로도 사용한다. 이 함수는 시각을 **time_t** 타입으로 리턴한다. **time_t**는 **struct tm**처럼 달력 시간을 표현하면서도 산술 타입으로 정의되어 있어서 **time_t** 타입으로 계산하는 것이 보다 적합하다. 연산은 선형 시간 단위로 처리된다. **time_t**의 값 0은 C 언어에서 **에포크**(epoch)^C라고 하는데, 이 값은 대체로 1970년 1월 1일에 해당한다.

time_t는 대부분 초(second) 단위로 표현하지만 항상 그런 것은 아니다. 간혹 이와 다른 단위로 시간을 기록하는 특수 레지스터가 장착된 프로세서도 있다. **difftime**은 주어진 두 **time_t** 값의 차를 **double** 타입의 초 단위 값으로 변환한다.

부록 K

시간을 다루는 함수 중 예전부터 제공되던 것이 몇 가지 더 있는데, 신력 싱대를 기준요로 연산을 수행하기 때문에 주의해서 써야 한다. 이에 대해서는 자세히 다루지 않고, 부록 K에서 _s 형태로 된 몇 가지 변형된 인터페이스를 언급한다.

```
errno_t asctime_s(char s[static 1], rsize_t maxsize,
                  struct tm const timeptr[static 1]);
errno_t ctime_s(char s[static 1], rsize_t maxsize,
                const time_t timer[static 1]);
struct tm *gmtime_s(time_t const timer[restrict static 1],
                    struct tm result[restrict static 1]);
struct tm *localtime_s(time_t const timer[restrict static 1],
                       struct tm result[restrict static 1]);
```

그림 8-1은 지금까지 소개한 함수들의 관계를 보여 준다.

▼ 그림 8-1 시간 변환 함수

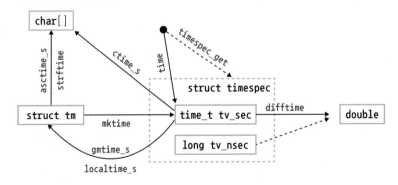

이 그림을 보면 **time_t**에서 **struct tm**으로 역변환하는 함수가 두 개 있다.

- **localtime_s**: 현지 시각을 분리된 형태로 저장한다.
- **gmtime_s**: UTC(협정 세계시) 단위로 표현한 분리된 시각을 저장한다.

앞에 나왔듯이 변환할 때 가정하는 시간대가 서로 다르다. 일반적으로 **localtime_s**와 **mktime**은 서로 역함수 관계여야 한다. 반면, **gmtime_s**에 대응하는 역함수는 없다.

달력 시간에 대한 텍스트 표현도 제공한다. **asctime_s**는 날짜를 로케일이나 언어나 플랫폼에 독립적인 고정 서식으로 저장한다(단, 영어 약자를 사용한다). 서식은 다음과 같은 스트링으로 구성된다.

```
"Www Mmm DD HH:MM:SS YYYY\n"
```

strftime은 이보다 유연하며, 서식 지정자로 텍스트 표현을 구성하는 기능도 있다.

이 함수의 작동 방식은 **printf** 계열 함수와 비슷하지만, 표 8-13에서 볼 수 있듯이 날짜와 시각을 표현하는 %-코드 형식을 제공하는 점이 다르다. 이 표를 보면 '로케일' 열은 선호 언어, 시간대와 같은 다양한 환경 설정에 따라 결과가 달라질 수 있음을 표현한 것이다. 이런 값을 읽고 쓰는 방법에 대해서는 8.6절에서 자세히 소개한다. **strftime**은 세 가지 배열을 인수로 받는다. 결과 스트링을 담을 **char**[max] 배열과 서식을 담은 스트링, 표현할 시각을 담은 **struct tm const**[1]이 있다. 이렇게 인수를 배열로 전달하는 이유는 포인터를 제대로 배우고 나면 이해할 수 있을 것이다.

▼ 표 8-13 **strftime** 서식 지정자. 로케일 열에서 선택한 항목은 로케일 런타임 설정에 따라 동적으로 변할 수 있다. 자세한 내용은 8.6절에서 다룬다. ISO 8601 열에서 선택한 값은 해당 표준에 정의돼 있다.

규격	의미	로케일	ISO 8601
"%S"	초("00"부터 "60"까지)		
"%M"	분("00"부터 "59"까지)		
"%H"	시("00"부터 "23"까지)		
"%I"	시("01"부터 "12"까지)		
"%e"	날짜 ("1"부터 "31"까지)		
"%d"	날짜 ("01"부터 "31"까지)		
"%m"	월 ("01"부터 "12"까지)		

◐ 계속

규격	의미	로케일	ISO 8601
"%B"	월(긴 이름)	X	
"%b"	월(짧은 이름)	X	
"%h"	"%b"와 같음	X	
"%Y"	연		
"%y"	연 ("00"부터 "99"까지)		
"%C"	세기(Century number) (연/100)		
"%G"	주 단위 연도 ISO 요일 숫자가 다른 해에 해당한다면 "%Y"와 같다.		X
"%g"	"%G"와 비슷함("00"부터 "99"까지).	X	
"%u"	요일 ("1"부터 "7"까지, "1"은 월요일)		
"%w"	요일 ("0"부터 "6"까지, "0"은 일요일)		
"%A"	긴 요일 이름	X	
"%a"	짧은 요일 이름	X	
"%j"	그 해의 일 번호 ("001"부터 "366"까지)		
"%U"	그 해의 주 번호 ("00"부터 "53"까지) 일요일부터 시작		
"%W"	그 해의 주 번호 ("00"부터 "53"까지) 월요일부터 시작		
"%V"	그 해의 주 번호, 새해의 첫 4일로 시작	X	
"%Z"	타임존 이름		X
"%z"	"+hhmm" 또는 "-hhmm" UTC 기준으로 경과된 시와 분		
"%n"	줄바꿈		
"%t"	횡적제표(Horizontal tabulator)		
"%%"	"%" 리터럴		
"%x"	날짜		X
"%D"	"%m/%d/%y"와 같음		
"%F"	"%Y-%m-%d"와 같음		X
"%X"	시각		X

🔾 계속

규격	의미	로케일	ISO 8601
"%p"	"AM"과 "PM" 중 하나	X	
정오(noon)는 "PM"			
자정(midnight)은 "AM"			
"%r"	"%I:%M:%S %p"와 같음	X	
"%R"	"%H:%M"와 같음		
"%T"	"%H:%M:%S"와 같음		X
"%c"	원하는 날짜와 시각 표현	X	

불투명 타입 `time_t`(와 `time`)은 초 단위로만 표현한다. 그보다 정밀하게 표현하려면 `struct timespec`과 `timespec_get` 함수를 사용하면 된다. 나노 초 단위로 표현하는 `tv_nsec`이란 멤버도 있다. 두 번째 인수인 base에 대해 C 표준은 단 한 가지 값(`TIME_UTC`)만 정의하고 있다. 이 값에 대해 `timespec_get`을 호출해야 time을 호출한 결과 사이의 일관성을 유지할 수 있다. 둘 다 지구 참조 시각(Earth's reference time)을 가리킨다. 플랫폼에 따라 base에 대해 일반 시계와 다른 값을 제공할 수 있다. 예를 들어 현재 컴퓨터가 속한 행성이나 물리계에 대한 시계가 있다.[2] 시스템 구동 시간만 가리키는 단조 시계(monotonic clock)를 사용하면 상대성을 비롯한 기타 시간 조정을 피할 수 있다. CPU 클럭은 프로그램을 실행하면서 리소스를 사용한 시간을 가리킬 수 있다.

후자의 경우, C 표준 라이브러리는 다음 인터페이스를 추가로 제공한다.

```
clock_t clock(void);
```

이 함수는 `clock_t`라는 또 다른 타입을 예전부터 지원하고 있었다. 이 타입은 산술 시간으로서 `CLOCKS_PER_SEC` 단위로 된 시간을 초 단위로 표현한다.

`time`, `timespec_get`, `clock`과 같이 인터페이스가 세 가지나 있다는 점은 좀 아쉽다. 다른 형식의 클럭에 대해 `TIME_PROCESS_TIME`, `TIME_THREAD_TIME`과 같은 사전 정의 상수를 제공한다면 좋았을 것이다.

---

2   인공위성이나 우주선처럼 지구보다 빠르게 이동하는 물체는 UTC 기준으로 상대론적 시간 이동(relativistic time shift)을 인지할 수 있다.

도전 10 정렬 알고리즘의 성능 비교

수십 제곱 크기의 데이터를 정렬하도록 구현된 프로그램끼리 시간 효율을 비교해 보자.

주의할 점은 이런 데이터를 생성할 때 어느 정도 무작위성이 있는지, 데이터의 크기는 현재 컴퓨터에서 사용 가능한 메모리를 초과하지 않는지 확인해야 한다.

두 알고리즘 모두에서 대략 $N \log N$에 비례하는 동작을 볼 수 있다. 여기서 N은 정렬할 원소의 개수를 의미한다.

8.6 런타임 환경 설정

C 프로그램은 환경 리스트에 접근할 수 있다. **환경 리스트**(environment list)[C]란 런타임 환경으로부터 특정한 정보를 전송할 수 있는, **환경 변수**(environment variable)[C]라 부르는 스트링으로 된 이름-값 쌍의 목록이다. 오래전부터 이 리스트에 접근하는 getenv란 함수를 제공했다.

```
char* getenv(char const name[static 1]);
```

현재 수준에서 이 함수로 할 수 있는 일은 name으로 지정한 값이 환경 리스트에 존재하는지 확인하는 정도다.

```
bool havenv(char const name[static 1]) {
  return getenv(name);
}
```

이 함수 대신에 보단 안전한 버전인 getenv_s를 사용할 것이다.

부록 K

```
errno_t getenv_s(size_t * restrict len,
                 char value[restrict],
                 rsize_t maxsize,
                 char const name[restrict]);
```

이 함수는 name에 해당하는 값이 환경 리스트에 있다면 **char**[maxsize] 타입인 value에 그 값을 복제한다. 물론 크기가 맞아야 한다. 이 값을 출력하는 방법은 다음과 같다.

↻ 계속

180

```
    void printenv(char const name[static 1]) {
      if (getenv(name)) {
        char value[256] = { 0, };
        if (getenv_s(0, value, sizeof value, name)) {
          fprintf(stderr,
                  "%s: value is longer than %zu\n",
                  name, sizeof value);
        } else {
          printf("%s=%s\n", name, value);
        }
      } else {
        fprintf(stderr, "%s not in environment\n", name);
      }
    }
```

이 코드에서 볼 수 있듯이 환경 변수가 존재한다는 사실을 확인하고 나서 **getenv_s**에 첫 번째 인수를 0으로 설정하여 안전하게 값을 호출할 수 있다. 또한 타깃 버퍼인 value는 원하는 결과가 이 안에 들어갈 수 있을 때만 쓰게된다. len 매개변수는 실제 길이를 감지하는 데 사용되며, 더 큰 값을 출력할 때는 동적 버퍼 할당을 적용할 수 있다. 이에 대한 자세한 설명은 뒤에서 소개한다.

프로그램에서 어떤 환경 변수에 접근할 수 있는지는 OS마다 다르다. 흔히 제공되는 환경 변수로 사용자 홈 디렉터리를 가리키는 "HOME", 실행 파일에 대한 표준 경로 모음인 "PATH", 언어에 대한 설정을 담은 "LANG" 또는 "LC_ALL" 등이 있다.

언어 또는 **로케일**(locale)[C] 설정도 프로그램을 실행하는 환경에서 중요한 부분을 차지한다. 프로그램을 처음 구동하면 C에서 로케일을 정규값인 "C"로 설정한다. 이 설정은 숫자, 날짜, 시간을 미국 방식으로 표현한다.

현재 로케일 값을 설정하거나 확인하려면 locale.h에서 제공하는 **setlocale** 함수를 사용하면된다.

```
char* setlocale(int category, char const locale[static 1]);
```

C 표준에서는 "C" 말고도 공백 스트링인 ""라는 locale 값도 정의하고 있다. 이 값은 로케일을 시스템 디폴트 값으로 설정할 때 사용한다. category 인수는 언어 환경의 전체 또는 일부를 가리킬 때 사용한다. 표 8-14는 여기에 사용할 수 있는 값과 이 값에 영향을 받는 C 라이브러리 부분을 개략적으로 정리한 것이다. 플랫폼 종속적인 카테고리도 추가할 수 있다.

LC_COLLATE	strcoll과 strxfrm을 이용한 스트링 비교
LC_CTYPE	문자 분류 및 처리 함수(8.4절 참조)
LC_MONETARY	화폐 서식 정보, localeconv
LC_NUMERIC	서식 적용 I/O를 위한 소수점 문자, localeconv
LC_TIME	strftime(8.5절 참조)
LC_ALL	위 항목 전체

8.7 프로그램 종료 및 어서션

지금까지는 프로그램을 종료하는 방법 중 가장 간단한 방식인 main에서 정상적으로 리턴하는 방식만 사용했다.

TAKEAWAY 8.24 프로그램을 정상적으로 종료하려면 main에서 return을 사용해야 한다.

main에서 exit 함수를 사용하는 것은 큰 의미가 없다. 간단히 return을 사용하는 것과 차이가 없기 때문이다.

TAKEAWAY 8.25 정상적인 제어 흐름을 종료시킬 수 있는 함수에서는 exit를 사용한다.

C 라이브러리에는 프로그램을 종료시키는 함수가 다음과 같이 세 가지 더 있는데, 아래로 갈수록 심각한 상황을 의미한다.

```
_Noreturn void quick_exit(int status);
_Noreturn void _Exit(int status);
_Noreturn void abort(void);
```

main에서 return을 사용하거나 exit를 호출하면 프로그램 실행의 성공 여부를 리턴 값으로 표현할 수 있다. 하지만 특별한 이유가 없거나 다른 함수의 기능을 제대로 파악하지 않은 상태에서는 이런 식으로 처리하지 않는 것이 좋다. 다시 한 번 강조하지만 이렇게 하지 않기 바란다.

TAKEAWAY 8.26 exit가 아닌 다른 함수로 프로그램을 종료시키면 라이브러리가 종료 전 마무리 작업을 수행할 수 없어서 바람직하지 않는다.

프로그램 종료 시점에 정리(cleanup)하는 것은 굉장히 중요하다. 런타임 시스템은 쓰기 작업을 한 파일이나 프로그램이 사용하던 리소스를 비우기(flush)하고 닫는다. 이는 기본 동작이므로 이를 건너뛰는 경우는 극히 드물다.

프로그램이 종료할 때 실행될 **핸들러**(handler)[C]를 프로그래머가 직접 정의하도록 하는 메커니즘도 제공한다. 이를 위해 다음과 같은 두 가지 함수를 제공한다.

```
int atexit(void func(void));
int at_quick_exit(void func(void));
```

이 함수를 보면 아직 배우지 않은 기능인 **함수 매개변수**(function parameter)[C]가 나온다. 가령 첫 번째 함수인 **atexit** 함수는 **func** 함수를 매개변수로 받아서 **int** 값을 리턴한다.[3] 설명은 이 정도로 하고 이 함수를 사용하는 예를 간단히 살펴보자.

```
void sayGoodBye(void) {
  if (errno) perror("terminating with error condition");
  fputs("Good Bye\n", stderr);
}

int main(int argc, char* argv[argc+1]) {
  atexit(sayGoodBye);
...
}
```

여기서는 **atexit** 함수로 **exit** 핸들러인 sayGoodBye를 등록한다. 프로그램이 정상적으로 종료되면 이 함수가 실행되면서 현재 실행 상태를 출력한다. 이런 식으로 코드를 작성하면 동료 개발자에게 꽤 좋은 인상을 남길 수 있다. 실제로 메모리를 해제하거나 로그 파일에 종료에 대한 타임스탬프를 쓰는 등 정리 작업을 수행하는 코드를 모두 이 함수에 넣으면 좋다. **atexit**(sayGoodBye)라는 문장에서 호출 구문의 형식을 잘 살펴보면, sayGoodBye 뒤에 ()가 없는 것을 볼 수 있다. sayGoodBye 함수는 여기서 호출되는 것이 아니라 **atexit**로 이 함수의 레퍼런스만 전달되는 것이다.

아주 드물지만 이렇게 설정된 **atexit** 핸들러가 실행되지 않도록 해야 할 때가 있다. 이를 위해 또 다른 함수인 **quick_exit**나 **at_quick_exit**로 다른 종료 핸들러를 등록할 수 있다. 이렇게 등록한 핸들러는 기본 핸들러의 실행 시간이 너무 오래 걸릴 때 유용하며 사용할 때 주의를 기울여야 한다.

---

3   실제로 C에서 **atexit** 함수의 func 같은 함수 매개변수는 함수 포인터(function pointer)[C]를 전달하는 것과 같다. 이런 함수 대부분은 포인터 버전도 함께 나와 있다. 아직은 이를 구체적으로 구분할 만한 레벨에 도달하지 않았으므로 여기서는 함수를 참조 방식으로 전달한다는 정도로만 이해하고 넘어가자.

다음 함수인 **_Exit**는 좀 더 심각한 상황에서 실행된다. 이 함수는 앞에서 본 두 종류의 애플리케이션 종속적인 핸들러가 실행되지 않도록 하여, 파일 닫기처럼 플랫폼 종속적인 정리 작업만 실행되도록 한다. 이 함수를 사용할 때는 더욱 주의를 기울여야 한다.

마지막 함수인 **abort**는 앞에서 본 함수보다 심각한 정도가 높다. 애플리케이션 핸들러를 호출하지 않을 뿐만 아니라, 시스템의 정리 작업 중 일부도 실행하지 않게 만든다. 이 함수를 사용할 때는 극도로 주의하자.

이 장을 시작할 때 **_Static_assert**와 **static_assert**를 본 적이 있다. 컴파일 시간에 실행되는 어서션을 만들 때 사용하는 구문이며, 모든 종류의 컴파일 시간 불 표현식을 검사할 수 있다. assert.h에는 **assert**와 **NDEBUG**란 것도 제공하는데, 런타임 어서션에 사용된다. **assert**는 특정한 순간에 반드시 만족해야 하는 표현식을 검사할 때 사용한다. 이 구문에 모든 종류의 불 표현식을 닮을 수 있으며 동적 표현식도 사용할 수 있다. 컴파일 시점에 **NDEBUG** 매크로가 정의되어 있지 않으면 실행될 때마다 이 매크로에서 시냉한 표현식을 평가한다. 7.3절에서 본 gcd와 gcd2 함수에 **assert**를 사용하는 전형적인 예가 나온다. 즉, 실행할 때마다 반드시 만족해야 할 조건을 시냉하는 것이다.

이렇게 지정한 조건이 만족하지 않으면 진단 메시지를 출력한 뒤 **abort**를 호출한다. 그래서 이런 코드는 프로덕션 단계의 실행 파일에 포함되면 안 된다. 앞에서 설명했듯이 **abort**를 사용하는 것이 좋지 않을 때가 많다. 또한 최종 고객이 다음과 같은 메시지를 보게 되는 것도 그리 바람직하지 않을 것이다.

터미널

```
0  assertion failed in file euclid.h, function gcd2(), line 6
```

디버깅 단계에서는 이런 정보를 보고 변수 값을 잘못 사용한 지점을 정확히 짚어낼 수 있어서 매우 유용하다.

TAKEAWAY 8.27 **assert**문을 최대한 많이 사용하여 런타임 속성을 확인할 수 있도록 한다.

앞에서 설명했듯이 **NDEBUG**는 표현식을 평가하고 **abort**를 호출하는 작업을 취소한다. 오버헤드를 줄이고 싶다면 이 기능을 사용하면 된다.

TAKEAWAY 8.28 프로덕션 버전을 컴파일할 때는 **NDEBUG**를 이용하여 **assert**문을 모두 끈다.

도전 11 이미지 세그먼테이션

C 표준 라이브러리 말고도 다양한 기능을 제공하는 라이브러리가 많이 나와 있다. 그 중에서 이미지 처리 기능을 제 공하는 것이 많이 있는데, C로 구현됐거나 C 인터페이스를 제공하면서 그레이스케일 이미지를 unsigned char 타입의 2차원 행렬로 다룰 수 있는 라이브러리를 찾아보기 바란다.

이 도전의 목적은 이렇게 구성한 이미지에 세그먼테이션(segmentation)을 수행하는 데 있다. 다시 말해 서로 비슷한, 연결된 영역의 픽셀끼리 그룹(unsigned char 원소로 구성된 행렬)으로 묶는 것이다. 이렇게 묶은 단위는 픽셀 집합을 분할하는데, 도전 4에서 본 것과 상당히 비슷하다. 따라서 각 영역을 Union-Find 구조체로 표현한다. 처음 시작할 때 픽셀마다 이 구조체를 하나씩 할당한다.

모든 영역에 대한 통계를 계산하는 통계 함수를 구현할 수 있는가? 이때 각 루트마다 픽셀 개수와 모든 값의 합을 담은 또 다른 배열(이 도전에서 사용하는 세 번째 배열)을 사용해야 한다.

각 영역에 대해 서로 합치는 기준을 구현할 수 있는가? 두 영역의 평균값의 차이가 너무 크지 않은지 검사한다. 가령 명암 값이 5를 넘지 않는지 검사한다.

한 줄씩 합치는 전략을 구현할 수 있는가? 즉, 이미지의 한 줄을 구성하는 픽셀마다 그 영역이 왼쪽이나 위쪽으로 합쳐져야 하는지 검사할 수 있는가?

더 이상 변화가 없을 때까지 한 줄씩 반복하도록 할 수 있는가? 다시 말해 결과로 나오는 영역이나 집합을 이웃 영역과 비교한 결과가 모두 음수로 나올 때까지 반복하게 만들 수 있는가?

이 단계까지 오면 이미지 세그먼테이션을 수행하는 함수를 모두 만들었을 것이다. 이제 다양한 주제와 크기로 된 이미지를 대상으로 이 함수를 실행해 보기 바란다. 또한 합치는 기준을 평균 거리 5가 아닌 다른 값으로도 실행해 보자.

8.8 요약

- C 라이브러리는 다양한 헤더 파일을 통해 연결된다.

- 수학 함수는 tgmath.h에서 제공하는 타입-독립 매크로로 사용하는 것이 가장 좋다.

- 입력과 출력(IO) 인터페이스는 stdio.h에서 제공한다. 텍스트나 원본 바이트로 IO를 수행하는 함수를 제공한다. 텍스트 IO는 직접 실행될 수도 있고 특정한 서식으로 구성될 수도 있다.

- 스트링 처리 기능 중 문자 분류에 대한 것은 ctype.h에서 제공하는 함수로 처리하고, 숫자 변환에 대한 것은 stdlib.h에서 제공하고, 스트링을 다루는 함수는 string.h에서 제공한다.

- time.h에서 제공하는 시간 처리 함수는 우리가 일상에서 사용하는 달력 시간(calendar time) 을 다룰 수도 있고, 초나 나노 초 단위의 물리 시간(physical time)도 다룰 수 있다.

- C 표준은 구동 중인 프로그램의 실행 환경을 표현하는 데 아주 기본적인 인터페이스만 제공한다. getenv는 환경 변수에 접근하는 기능을 제공하고, locale.h는 일상 언어에 대한 인터페이스를 제공한다.

2 ^{레벨}

이해

어치(eurasian jay)는 혼자 있거나 쌍으로 있다. 다른 새를 흉내 내고 조심
성이 많으며 씨앗을 퍼뜨리는 습성이 있어서 숲을 확장하는 데 기여하는 새
로 유명하다.

이제 C의 핵심으로 들어갈 단계다. 이 레벨을 완료하면 프로답게 C 코드를 작성할 수 있다. 따라서 C 프로그램을 작성하고 구성하는 핵심 사항부터 살펴본 후, 지금까지 건너뛴 주요 C 구문에 대해 설명한다. 즉, 포인터에 대해 자세히 소개하고, C의 메모리 모델과 동적 메모리 할당에 대해 살펴보고, C의 라이브러리 인터페이스에 대해 알아본다.

09 스타일

이 장에서 다루는 내용

- 코드를 읽기 쉽게 작성하기
- 코드 포맷 지정하기
- 식별자 이름 짓기

프로그램은 두 가지 역할을 한다. 하나는 앞에서 본 것처럼 명령을 컴파일러와 최종 실행 파일로 전달하는 것이다. 이와 더불어 바로 시스템을 다뤄야 하는 사람들(사용자, 고객, 유지 보수 담당자, 법률가 등)에게 시스템의 동작에 대한 문서의 역할도 하는데, 이는 전자의 역할 못지 않게 중요하다.

따라서 코드에 대한 가장 중요한 원칙은 다음과 같다.

[TAKEAWAY C] C 코드는 반드시 읽기 쉬워야 한다.

이 원칙에서 '읽기 쉽다'의 구체적인 기준을 정하기란 쉽지 않다. 숙련된 C 프로그래머라도 공통된 기준을 따로 정해 놓는 것은 아니다. 따라서 최소한의 조건부터 정리할 필요가 있다. 사람을 판단할 때는 신체적 능력과 문화적 영향만 고려한다.

[TAKEAWAY 9.1] 단기 기억과 시야에는 한계가 있다.

이 사실을 고려한 대표적인 예는 토발즈 등이 작성한 리눅스 커널에 대한 코딩 스타일 문서[1996]가 있다. 아직 본 적 없다면 이 책은 잠시 내려 놓고 한번 읽어 보기 바란다. 그 문서에 나온 주요 가정은 지금도 유효하다. 프로그래밍 텍스트는 대략 한 화면에 80열 × 30줄 정도(대략 2,400자) 담을 수 있는 (콘솔이나 GUI 기반 편집기와 같은) 다소 조그만 '창(window)'에 표시된다. 여기에 들어가지 않는 부분은 기억력에 의존해야 한다. 예를 들어 이 책에 나온 첫 번째 예제인 예제 1-1은 이 조건을 만족한다.

리눅스 코딩 스타일에서는 커니핸과 리치가 쓴 책을 인용하면서 다음과 같은 핵심 사항을 제시했다.

[TAKEAWAY 9.2] 코딩 스타일은 취향이 아닌 문화의 문제다.

이 점을 간과하면 끝없고 소모적인 논쟁에 휩싸이게 된다.

TAKEAWAY 9.3 이미 정립된 프로젝트에 참여하는 것은 새로운 문화 공간으로 들어가는 것과 같다.

기존 구성원의 관례를 잘 따라야 한다. 프로젝트를 직접 만들 때는 규칙을 직접 정하는 자유가 어느 정도 주어지지만, 다른 사람이 그 규칙을 잘 따르게 하려면 커뮤니티 구성원 사이에 통용되는 상식에서 크게 벗어나지 않도록 신경을 써야 한다.

9.1 코드 서식

C 언어는 코드 서식(formatting)에 크게 민감하지 않다. 공백을 최소로 사용하고 식별자 이름을 문자 1과 숫자 1을 조합해서 정하고 전체 코드를 모두 한 줄로 작성하더라도 C 컴파일러가 프로그램을 파싱하는 데 아무런 문제가 없다. 애초에 코드 서식은 사람의 한계 때문에 생긴 것이다.

TAKEAWAY 9.4 공백을 비롯한 텍스트 서식에 일관된 스타일을 적용한다.

코드 서식에서 고려할 사항으로 들여쓰기, 괄호 위치, 괄호 종류({}, [], ()), 연산자 앞뒤에 공백 붙이기, 문장 끝 공백, 줄 나눠 쓰기 등이 있다. 사람의 눈과 뇌는 서로 동기화돼야 제 기능을 발휘하는 좀 특이한 습성이 있다.

레벨 1의 첫 머리에서 이 책에 적용할 여러 코딩 스타일 규칙에 대해 소개한 적이 있다. 다양한 스타일 중 한 예일 뿐이므로 나중에 다른 스타일도 보게 될 것이다. 그때 소개한 규칙 중 몇 가지를 다시 훑어 본 후 새로운 규칙도 소개한다.

- 코드 블록은 전위 표기법(prefix notation)을 따른다. 다시 말해 블록을 시작하는 {를 줄 끝에 적는다.
- 타입 수정자(type modifier)와 한정자(qualifier)는 왼쪽에 붙인다.
- 함수의 ()는 왼쪽으로 붙여 쓴다. 하지만 (**if**나 **for**와 같은) 조건문에서는 키워드 뒤에 공백을 넣는다.
- 삼항 표현식(ternary expression)에서 ?와 :의 앞뒤에 공백을 넣는다.
- 구두점(punctuation mark)(**예** :, ;, ,) 앞에는 공백을 넣지 않지만 그 뒤에는 공백 한 칸이나 줄바꿈을 넣는다.

글로 나열하면 규칙이 상당히 번거롭고 복잡해 보이지만 부담 가질 필요 없다. 이런 규칙은 여러분과 여러분의 동료가 코드를 한눈에 쉽게 읽도록 도와주는 수단일 뿐이다. 이 모든 규칙을 하나도 어기지 않도록 일일이 손으로 직접 작성하기보다는 도구를 활용하여 이 규칙들을 적용해 나가는 것이 좋다.

TAKEAWAY 9.5 코드 서식을 자동으로 맞추도록 텍스트 에디터를 설정한다.

필자는 이맥스(Emacs, https://www.gnu.org/software/emacs/)를 주로 사용한다(그만큼 필자가 나이 들었다는 점을 인정한다). 개인적으로 이맥스가 가장 이상적인 도구라고 생각하는데, C 프로그램 구조를 알아서 저리하기 때문이다. 사람마다 도구의 선호도나 효용성은 다르다. 자신에게 크게 도움되지 않은 도구는 사용하지 않기 바란다. 텍스트 에디터와 IDE(Integrated Development Environment), 코드 생성기 등은 우리를 도와주기 위해 나온 것일 뿐, 우리가 그 도구에 휘둘릴 필요는 없다.

대형 프로젝트에서 여러 사람이 공유하는 코드는 반드시 서식을 정해 둬야 한다. 그렇지 않으면 프로그램 코드의 버전별 차이를 추적하기 힘들어진다. 서식을 맞추는 작업은 커맨드 라인 도구를 이용하여 자동으로 처리할 수 있다. 필자는 예전부터 astyle(http://sourceforge.net/projects/astyle/)을 꾸준히 사용하고 있다. 이것 역시 사람마다 느끼는 효용이 다르므로 주어진 작업에 적합한 도구를 고르기 바란다.

9.2 이름 짓기

앞에서 언급한 자동 서식 도구가 이름까지 지어 주는 것은 아니다.

TAKEAWAY 9.6 모든 식별자에 대해 일관된 명명 규칙(naming policy)을 적용한다.

이름 짓기(naming)와 관련하여 기술적 제약과 의미상 관례라는 두 가지 측면을 고려할 필요가 있다. 아쉽게도 현실에서는 두 측면을 구분하지 못해 끝없는 논쟁으로 이어지는 경우가 많다.

C 언어 관점에서 볼 때 다양한 기술적 제약이 적용된다. 이러한 제약은 본래 개발자에게 도움을 주기 위한 것이므로 잘 익혀 두면 좋다. 우선 타입(**struct** 또는 기본 타입), **struct**나 **union**의 멤버, 변수, 열거형(enumeration), 매크로, 함수, 함수 같은 매크로 등과 같은 모든 식별자에 적용된다. 이런 식별자는 수많은 **네임스페이스**(namespace)^{C}가 얽혀 있기 때문에 각별히 주의해야 한다.

특히 헤더 파일과 매크로 정의 사이의 상호 작용 과정에서 예상하지 못했던 일이 발생하기도 한다. 다음 문장은 언뜻 보면 아무 문제가 없어 보인다.

```
1 double memory_sum(size_t N, size_t I, double strip[N][I]);
```

- N은 대문자로 된 식별자로서 동료가 이 부분을 보고 매크로 N을 큰 숫자로 정의할 우려가 있다.

- 누군가 complex.h를 인클루드하는 즉시 I는 루트 −1이 돼 버린다.

- 식별자 strip은 라이브러리 함수나 매크로로 취급될 가능성이 있다.

- 식별자 memory_sum은 향후 버전의 C 표준에서 타입 이름이 될 가능성이 있다.

TAKEAWAY 9.7 헤더 파일에 나오는 식별자는 반드시 규칙을 준수한다.

여기서 규칙을 준수한다(conforming)는 의미는 다소 광범위하다. C 언어에서는 식별자의 의미가 C 표준에 정해져 있어서 다른 의미로 재정의할 수 없으면 **예약돼 있다**(reserved)^C고 표현한다.

- 연달아 쓴 언더스코어 두 개나 대문자로 시작하는 이름은 언어의 확장 기능이나 내부 용도로 예약돼 있다.

- 언더스코어로 시작하는 이름은 파일 스코프의 식별자와 **enum**, **struct**, **union** 태그 용도로 예약돼 있다.

- 매크로 이름은 모두 대문자로 구성된다.

- 미리 정의된 식별자는 모두 예약된 것으로써 파일 스코프에서 사용할 수 없다. C 라이브러리에 나오는 모든 함수처럼 상당수의 식별자가 여기에 해당하며, (앞에서 본 strip처럼) str로 시작하는 모든 식별자와 E로 시작하는 모든 식별자, _t로 끝나는 식별자 등이 있다.

이 규칙을 어기면 그 사실도 모른 채 몇 년이 지난 후 새로운 클라이언트 머신에서 최신 C 표준이 반영된 컴파일러를 사용하거나, 시스템을 업그레이드한 다음 갑자기 문제가 발생해서 골치 아파질 수 있다.

이름 충돌(name conflict)이 발생할 가능성을 최소화하기 위한 간단한 방법은 이름을 최대한 적게 사용하는 것이다.

TAKEAWAY 9.8 글로벌 스코프 식별자를 남발하지 않는다.

API(Application Programming Interface)^C의 인터페이스를 구성하는 타입이나 함수만 노출한다. 다시 말해 여러분이 작성한 코드의 사용자가 쓸 부분만 노출한다.

다른 사람 또는 다른 프로젝트에서 사용하는 라이브러리라면 충돌 발생 가능성이 적은 접두어(prefix)를 사용하는 것도 좋은 방법이다. 예를 들어 POSIX 스레드 API 중 상당수의 함수와 타입 앞에 pthread_란 접두어가 붙는다. 내가 사용하는 P99의 경우 API 인터페이스는 p99_나 P99_란 접두어를 쓰고, 내부용으로는 p00_이나 P00_을 붙였다.

다른 프로그래머가 쓰는 매크로와 엉키기 쉬운 이름 중 다음 두 가지를 간과하기 쉽다.

- **struct**나 **union**의 멤버 이름
- 함수 인터페이스에 나오는 매개변수 이름

표준 구조체에서 이름 앞에 접두어를 붙이는 많은 이유가 바로 첫 번째 경우 때문이다. **struct timespec**은 멤버 이름으로 **tv_sec**을 사용하는데, 이 멤버를 모르던 사용자가 sec이란 매크로를 선언해서 time.h를 인클루드하면 의도하지 않은 현상이 발생할 가능성이 있다. 두 번째 경우는 앞에서 이미 본 적 있다. P99에서는 이런 함수를 다음과 같이 표현한다.

```
1 double p99_memory_sum(size_t p00_n, size_t p00_i,
2                       double p00_strip[p00_n][p00_i]);
```

프로그램 내부를 공개적으로 노출할 때 이런 문제는 더욱 심각해진다. 주로 다음과 같은 두 경우에 발생한다.

- (함수 선언뿐만 아니라) 함수 정의도 헤더 파일에 나오는 **inline** 함수
- 함수 같은 매크로

여기에 대해서는 15.1절과 16장에서 자세히 소개한다.

이름 짓기의 기술적 제약에 대해서는 충분히 알아봤으니 이제 의미상 관례에 대해 살펴보자.

TAKEAWAY 9.9 이름은 쉽게 이해하고 빠르게 구분할 수 있어야 한다.

여기서 '빠르게'와 '구분'에 대한 것을 나눠서 살펴볼 필요가 있다. 표 9-1에 나온 식별자를 한번 비교해 보자.

▼ 표 9-1 식별자를 구분하기 쉬운 경우와 그렇지 않은 경우의 예

		인식 가능	구분 가능	빠르게
lllllllllOll	lllllllllOll	아니오	아니오	아니오
myLineNumber	myLimeNumber	예	예	아니오
n	m	예	예	예
ffs	clz	아니오	예	예

계속

		인식 가능	구분 가능	빠르게
lowBit	highBit	예	예	예
p000rb	p00Urb	아니오	예	아니오
p00_orb	p00_urb	예	예	예

표 오른편에 나오는 답변은 개인 취향에 따라 달라질 수 있으며, 표 9-1의 결과는 필자의 취향이 반영된 것이다. n과 m, ffs와 clz에 대한 견해는 사람마다 다를 수 있다.

필자는 수학적 백그라운드가 강하기 때문에 정수형 변수 이름(i부터 n까지)으로 한 문자로 된 변수 이름(**예** n, m)을 사용한다. 이런 변수는 흔히 루프 변수처럼 상당히 제한된 스코프에서 사용한다. 이럴 때는 (항상 선언문을 볼 수 있으므로) 식별자 이름을 한 문자로 정해도 좋다. 이렇게 해도 빠르게 구분할 수 있다.

하지만 함수 이름에 ffs를 쓸 때와 clz를 쓸 때는 사정이 다르다. 함수 이름에 사용하는 다른 세 글자 약어와 충돌할 수 있기 때문이다. 참고로 ffs는 find first (bit) set의 줄임말인데, 뜻이 금방 떠오르지 않는다. 최상위 비트(most significant bit)가 먼저라는 뜻인지 최하위 비트(least significant bit)가 먼저라는 뜻인지 불분명하다.

여러 단어로 구성된 식별자에는 몇 가지 관례가 적용된다. 그 중에서도 특히 다음 관례가 많이 쓰인다.

- **낙타 표기법**(camel case)(카멜 케이스)[C]: 예를 들어 internalCapitalsToBreakWords
- **뱀 표기법**(snake case)(스네이크 케이스)[C]: 예를 들어 internal_underscores_to_break_words
- **헝가리 표기법**(hungarian notation)[C1]: 접두어에 타입 정보를 표기한다(**예** szName, sz는 string과 zero terminated를 의미함).

이 중에서 어느 것이 가장 좋다고 말할 순 없다. 첫 번째와 두 번째 표기법은 시각적으로 거슬려서 코드 전체가 난해한 표현식처럼 보일 수 있다.

```
1 return theVerySeldomlyUsedConstant*theVerySeldomlyUsedConstant/
    number_of_elements;
```

---

1 시모니 카롤리(Simonyi Károly)가 고안한 것으로 박사 학위 논문에서 처음 사용했다[1976].

헝가리 표기법은 타입이나 개념에 대해 이해하기 힘든 약어로 표현하는 경향이 있어서 식별자를 발음하기 힘들고 API가 바뀌면 완전히 깨지는 문제가 있다.

따라서 이 중에서 어느 하나를 선택하기보다는 다음과 같은 사실을 고려해서 실용적인 방식을 찾기를 권장한다.

TAKEAWAY 9.10 이름 짓기는 창의적인 활동이다.

다시 말해 몇 가지 기술적인 규칙만으로 이름 짓기에 관해 표현할 수 없다.

물론 널리 사용되는 식별자일수록 이름을 잘 짓는 것이 중요하다. 따라서 API를 구성하는 글로벌 이름처럼 프로그래머의 시야를 훌쩍 뛰어 넘는 식별자에 신경을 더 써야 한다.

TAKEAWAY 9.11 파일 스코프 식별자는 반드시 이해하기 쉬운 이름으로 지어야 한다.

여기서 이해하기 쉽다(comprehensive)는 말은 이름이 식별자의 타입으로부터 파생돼야 한다는 뜻이다. 타입 이름, 상수, 변수, 함수는 일반적으로 서로 목적이 다르다. 따라서 전략도 다르게 적용해야 한다.

TAKEAWAY 9.12 타입 이름은 개념을 표현한다.

여기서 말하는 개념은 **struct timespec**의 시간(time)과, **size_t**의 크기(size), **enum corvid**의 까마귀 무리, 사람에 대한 데이터를 담은 데이터 구조에서 사람(person), 항목들이 연결된 목록인 리스트(list), 질의 데이터 구조에 대한 사전(dictionary) 등을 말한다. 데이터 구조, 열거형, 산술 타입 등에 대한 개념이 쉽게 떠오르지 않는다면 설계를 다시 검토하는 것이 좋다.

TAKEAWAY 9.13 글로벌 상수는 인공물을 표현한다.

다시 말해 같은 타입의 상수끼리는 서로 명확히 구분돼야 한다. 즉, 상수마다 이름에 특별한 의미가 있다. (π를 의미하는 M_PI처럼) 우리가 제어할 수 없는 이유로 정해졌을 수도 있고, C 표준에서 정했기 때문일 수도 있고(**false**, **true**), 실행 플랫폼의 제약 사항일 수도 있고(**SIZE_MAX**), 사실에 바탕을 두고 정한 것도 있고(corvid_num), 문화적인 요인 때문이기도 하고(fortytwo), 설계 단계에서 결정했기 때문일 수도 있다.

뒤에서 보겠지만 파일 스코프 변수(global variable)(글로벌 변수, 전역 변수)는 상당히 골치가 아프다. 그럼에도 불구하고 이런 것들이 꼭 필요한 경우가 있기 때문에 이름 짓는 규칙을 정할 필요가 있다.

TAKEAWAY 9.14 글로벌 변수는 상태를 표현한다.

글로벌 변수는 흔히 toto_initialized와 같은 이름으로 표현하는데, 이 이름은 toto란 라이브러리가 초기화된 상태라는 것을 의미한다. 라이브러리 내부에서 설정되면서 파일 스코프인 변수로서 반드시 제거돼야 할 상황인 경우에는 onError와 같이 표기한다. 또한 공유 데이터를 수집하는 해시 테이블은 visited_entries와 같은 이름으로 짓는다.

TAKEAWAY 9.15 함수나 함수 같은 매크로는 동작을 표현한다.

항상 그런 것은 아니지만 C 표준 라이브러리 함수 중 이 규칙을 적용하여 이름 안에 동사를 사용하는 것들이 많다. 예를 들면 다음과 같다.

- 두 스트링을 비교하는 표준 함수: strcmp
- 속성을 질의하는 표준 매크로: **isless**
- 데이터 멤버에 접근하는 함수: toto_getFlag
- 그런 멤버의 값을 설정하는 함수: toto_setFlag
- 두 행렬을 곱하는 함수: matrixMult

9.3 요약

- 코딩 스타일은 문화적 요소다. 인내와 관용이 필요하다.
- 코드 서식은 시각적 표현의 문제다. 여러분과 여러분의 동료가 쉽게 읽고 쓸 수 있도록 환경에서 자동으로 제공돼야 한다.
- 변수, 함수, 타입 이름 짓기는 일종의 예술 영역이며, 코드를 얼마나 쉽게 읽을 수 있는지를 결정한다.

10 구성과 문서화

이 장에서 다루는 내용

- 인터페이스를 문서화하는 방법
- 구현에 대한 설명 방법

프로그래밍은 사회적, 문화적, 경제적 활동인 만큼 구성을 잘해야 한다. 코딩 스타일과 마찬가지로 초보자는 코드와 프로젝트 구성 및 문서화를 가볍게 여기기 쉽다. 시간이 흐른 후 자신이 작성한 코드를 다시 읽었을 때 전혀 이해할 수 없는 상황에 이르러서야 구성과 문서화가 중요하다는 것을 깨닫는 경우가 많다.

문서화와 같이 프로그램 코드를 설명하는 작업은 결코 쉽지 않다. 문맥과 정보를 적절히 제공하면서 당연해 보이는 사실을 단조롭게 나열하지 않도록 잘 구성해야 한다. 다음 코드를 살펴보자.

```
1 u = fun4you(u, i, 33, 28); // ;)
2 ++i; // i 값 증가
```

첫 번째 줄은 의미를 알 수 없는 상수가 나오고, 함수 이름만 보고는 무슨 일을 하는지 알 수 없으며, 변수 이름 역시 용도가 드러나지 않기 때문에 이 코드는 바람직한 스타일이 아니다. 주석에 있는 스마일리(;))를 보고 코드 작성 당시 프로그래머의 기분이 좋다는 것을 짐작할 수는 있겠지만, 코드를 읽거나 관리하는 입장에서는 별로 도움되지 않는다.

두 번째 줄에 나온 주석은 단순히 ++ 연산자를 설명하는데, 초보 프로그래머도 아는 내용이므로 굳이 적을 필요가 없다.

이 주석을 다음 코드에 나온 주석과 비교해 보자.

```
1 /* 33과 28은 서로소이므로 적절한 값이다. */
2 u = nextApprox(u, i, 33, 28);
3 /* 정리 3에 따르면 다음 단계로 넘어가도 된다. */
4 ++i;
```

이 코드는 좀 더 많은 정보를 담고 있다. u는 **double**과 같은 부동 소수점 값이라고 예상할 수 있으므로 다음 번 근사치를 구하는 작업에 활용한다. 이 작업은 단계별로 진행되는데, 각 단계는 i라는 인덱스로 구분하며, 소수 조건에 대한 인수가 더 필요하다.

일반적으로 '기능', '목적', '구성', '구현 방법'이라는 규칙이 있는데, 중요도 순으로 나열하면 다음과 같다.

TAKEAWAY 10.1 기능 — 함수 인터페이스는 무엇을 하는지를 표현한다.

TAKEAWAY 10.2 목적 — 함수 인터페이스의 주석은 함수의 목적을 문서화한다.

TAKEAWAY 10.3 구성 — 함수 코드는 구현 과정을 표현한다.

TAKEAWAY 10.4 구현 방법 — 함수 코드의 주석은 함수의 구체적인 구현 방법을 설명한다.

사용자에게 제공할 대규모 라이브러리 프로젝트를 진행할 때, 보통 사용자가 인터페이스 규격(예 man 페이지의 synopsis 부분)을 찾아보고, 대다수는 인터페이스에 대한 세부 설명(예 man 페이지에서 synopsis 이후 부분)을 읽는다고 여길 것이다. 소스 코드를 읽고 특정한 인터페이스의 구현 원리나 방식을 분석하는 사용자는 극소수다.

방금 소개한 규칙에 따르면 코드 구조와 문서화가 항상 쌍을 이뤄야 한다. 특히 인터페이스 규격과 구현을 명확히 구분해야 한다.

TAKEAWAY 10.5 인터페이스와 구현을 구분한다.

C 언어에서는 이 규칙을 반영하여 소스 파일이 **헤더 파일**(header file)(확장자가 ".h"인 파일)^c과 **변환 단위**(translation unit)(즉 TU. 확장자가 ".c"인 파일)^c로 구분되어 있다.

코드 주석은 이렇게 서로 구분되는 두 가지 소스 파일에서 나름의 역할을 한다.

TAKEAWAY 10.6 인터페이스에 대한 문서를 제공한다. 즉, 구현에 대한 설명을 제공한다.

10.1 인터페이스 문서화

C 언어는 자바나 펄을 비롯한 최신 언어와 달리 기본으로 제공하는 문서화 표준이 없다. 대신 크로스 플랫폼을 지원하는 공개 소프트웨어인 doxygen(http://www.doxygen.nl/)이 널리 사용되고 있다. doxygen과 같은 도구를 실제로 사용하지 않더라도 이러한 도구의 구문으로 인터페이스를 문서화해야 한다.

인터페이스에 대한 문서는 상세하게 제공한다.

doxygen은 이를 위한 다양한 기능을 제공한다. 세부 사항을 모두 다루기는 힘들고 몇 가지만 소개하면 다음과 같다.

```
                                                                      heron_k.h
116 /**
117  ** @brief 헤론 방법을 이용하여
118  ** @a a의 .1/k.승의 근사치를 구한다.
119  **
120  ** 달리 말해 이 코드는 @a a의 @f$k^{th}@f$ 제곱근을 계산한다.
121  ** 특수 기능으로 @a k가 .-1.이면 @a a의 곱셈에 대한 역원을 계산한다.
122  **
123  **
124  ** @param a 반드시 .0.0.보다 커야 한다.
125  ** @param k .0.이 아니어야 한다. 그렇지 않으면
126  ** .DBL_MIN_EXP*FLT_RDXRDX.와
127  ** .DBL_MAX_EXP*FLT_RDXRDX. 사이여야 한다.
128  **
129  ** @see FLT_RDXRDX
130  **/
131 double heron(double a, signed k);
```

doxygen은 함수에 대한 온라인 문서를 그림 10-1과 같은 형태로 생성한다. 또한 인클루드할 수 있는 서식이 있는 텍스트를 다음과 같이 생성할 수도 있다.

---

heron_k.h

heron: 헤론(Heron) 프로세스를 이용하여 a의 1/k제곱에 대한 근사치를 구한다.

다르게 표현하면 이 코드는 a의 k제곱근을 계산한다. 이때 k가 -1이면 a의 곱셈에 대한 역원을 계산한다.

매개변수:

a	a는 반드시 0.0보다 커야 한다.
k	k는 0이 아니어야 한다. 그렇지 않으면 **DBL_MIN_EXP***FLT_RDXRDX와 **DBX_MAX_EXP***FLT_RDXRDX 사이여야 한다.

```
double heron(double a, signed k);
```

FLT_RDXRDX: FLT_RADIX로 지정된 밑(기수) 2

아래 나온 코드 내부에서 필요하다.

```
#define FLT_RDXRDX something .
```

▼ 그림 10-1 doxygen으로 생성한 문서

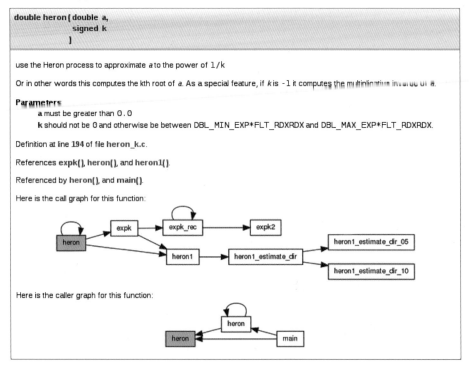

```
double heron ( double a,
               signed k
             )
```

use the Heron process to approximate *a* to the power of 1/k

Or in other words this computes the kth root of *a*. As a special feature, if *k* is -1 it computes the multiplicative inverse of *a*.

Parameters
    a must be greater than 0.0
    k should not be 0 and otherwise be between DBL_MIN_EXP*FLT_RDXRDX and DBL_MAX_EXP*FLT_RDXRDX.

Definition at line **194** of file **heron_k.c**.

References **expk()**, **heron()**, and **heron1()**.

Referenced by **heron()**, and **main()**.

Here is the call graph for this function:

Here is the caller graph for this function:

이미 예상했겠지만 doxygen에서 @는 키워드를 시작하는 특별한 역할이 있다. 예를 들어 @param, @a, @brief 등이다. @param은 함수 매개변수를 문서화하고, @a는 앞서 명시한 매개변수를 문서에서 인용하고, @brief는 함수의 개요를 표현한다.

또한 주석에서 마크업을 사용할 수 있고, 함수를 정의하는 TU인 "heron_k.c"가 있는 위치와 그 함수의 구현과 관련된 다양한 함수에 대한 콜 그래프도 표현할 수 있다.

프로젝트를 잘 구성하기 위해서는 코드 전체를 이리저리 옮겨 다니지 않고도 서로 연결된 조각들을 쉽게 찾을 수 있어야 한다.

TAKEAWAY 10.8 코드를 구성할 때 의미가 가까운 것들을 기본 단위로 묶는다.

특정한 데이터 타입을 다루는 함수들을 모두 한 헤더 파일에 모아 두는 것이 간편할 때가 많다. 가령 다음과 같이 **struct** brian에 대한 것들을 "brian.h" 헤더 파일에 모아둘 수 있다.

```
1 #ifndef BRIAN_H
2 #define BRIAN_H 1
3 #include <time.h>
4
5 /** @file
6  ** @brief 브라이언이라 부르는 어치를 따라간다..
7  **/
8
9 typedef struct brian brian;
10 enum chap { sct, en, };
11 typedef enum chap chap;
12
13 struct brian {
14     struct timespec ts; /**< point in time */
15     unsigned counter; /**< wealth */
16     chap masterof; /**< occupation */
17 };
18
19 /**
20  ** @brief 다음 시점에 대한 데이터를 구한다..
21  **/
22 brian brian_next(brian);
23
24 ...
25 #endif
```

이 파일은 **struct** brian을 사용하는 데 필요한 모든 인터페이스를 담고 있다. 또한 이런 인터페이스를 컴파일하고 여기 나온 BRIAN_H 매크로와 같은 **인클루드 가드**(include guard)^C로 여러 번 인클루드되지 않게 도와주는 헤더 파일도 담고 있다.

10.2 구현

실력 있는 프로그래머가 작성한 코드를 읽어 보면(참고로 자주 읽기 바란다), 주석이 거의 없는 경우가 많다. 그럼에도 불구하고 C 기초만 있으면 쉽게 이해할 수 있다. 실력 있는 프로그래머는 코드에서 명확하게 드러나지 않는(어려운) 개념이나 가정만 주석을 단다. 즉, 코드가 하는 일과 구현 방법은 코드 구조에서 드러난다.

TAKEAWAY 10.9 직설적으로 구현한다.

C 프로그램은 처리할 일을 서술하듯이 표현한다. 이 과정에서 구성 요소에 대한 명명 규칙은 코드를 이해하기 쉽고 명확하게 표현하는 데 핵심적인 역할을 한다. 또한 제어 흐름도 시각적으로 명확하게 {} 블록으로 묶어서 구성하는 것이 중요하다.

TAKEAWAY 10.10 제어 흐름을 명확히 드러낸다.

제어 흐름이 불분명해지는 요인은 다양하다. 대표적인 요인은 다음과 같다.

- **숨은 점프문**: if나 switch문이 복잡하게 중첩됐고 크게는 반복문으로 묶인 break, continue, return, goto문[1]

- **파리똥 같은 표현식**: 여러 연산자가 생소한 방식으로 엮여서 면밀히 들여다봐야만 제어 흐름을 파악할 정도로 복잡한 제어 표현식(**C!!** !!++*p-- 또는 a --> 0)

이어지는 절에서는 C 코드의 가독성과 성능에 가장 큰 영향을 미치는 두 가지 요인을 집중적으로 살펴본다. 첫 번째 요인인 **매크로**(macro)는 어떤 기능을 축약할 때는 편리한 수단이지만 잘못 사용하면 이해하기 힘들고 미묘한 버그가 발생할 수 있다(10.2.1절). 앞에서 봤듯이 C에서 모듈화의 핵심 도구는 함수다. 이때 **순수 함수**(pure function), 즉 프로그램의 다른 부분과 상호작용을 함수 인터페이스를 통해서만 하는 함수가 특히 중요한 역할을 한다. 이러한 순수 함수는 사람이나 컴파일러가 쉽게 이해할 수 있기 때문에 효율적인 구현으로 이어지기 쉽다(10.2.2절).

10.2.1 매크로

매크로(macro)를 남용하면 코드의 제어 흐름을 파악할 수 없을 지경에 이를 위험이 있다. 5.6.3절과 8.1.2절에서 배웠듯이 거의 모든 C 구문에 대한 텍스트 교체 작업을 매크로로 정의할 수 있다. 앞에서 살펴본 여러 문제점 때문에 매크로 사용을 완전히 금지하는 프로젝트도 많다. 하지만 C 표준은 그와 다른 방향으로 진행되고 있다. 앞에서 본 타입-독립(type-generic) 매크로는 수학 함수에 대한 최신 인터페이스로 사용되며(8.2절 참조), 상수를 초기화하거나(5.6.3절) 컴파일러 매직(8.1.3절의 errno)을 구현할 때는 반드시 매크로를 사용해야 한다.

따라서 매크로 자체를 부정하기보다는 매크로로 인한 피해를 최소화하도록 간단한 규칙을 정해서 잘 다루는 것이 좋다.

TAKEAWAY 10.11 제어 흐름이 급격히 변하는 방식으로 매크로를 작성하면 안 된다.

---

1   13.2.2절과 14.5절에서 자세히 설명한다.

초보자가 주의해야 할 대표적인 경우는 다음과 같다.

```
 1  #define begin {
 2  #define end }
 3  #define forever for (;;)
 4  #define ERRORCHECK(CODE) if (CODE) return -1
 5
 6  forever
 7    begin
 8    // 뭔가 작업을 한다.
 9    ERRORCHECK(x);
10    end
```

이렇게 작성하면 안 된다. C 프로그래머나 주요 도구 입장에서는 이런 매크로가 어색하다. 게다가 코드가 복잡한 상황에서 이런 매크로를 사용하면 십중팔구 문제가 발생한다.

특히 ERRORCHECK 매크로가 위험하다. 로컬 영역을 벗어나는 점프문(**return**)이 들어 있다는 사실을 이름만 보고는 전혀 예상할 수 없다. 그 아래의 구현 코드는 더더욱 위험하다. 다음 두 문장을 살펴보자.

```
 1  if (a) ERRORCHECK(x);
 2  else puts("a is 0!");
```

이 문장을 다시 쓰면 다음과 같다.

```
 1  if (a) if (x) return -1;
 2  else puts("a is 0!");
```

이 코드에서는 **else** 구문이 가장 안쪽 **if**문에 연결된다는 사실이 명확히 드러나지 않는다. 참고로 이런 **else** 구문을 매달린 else(dangling else)[c]라고 한다. 이 코드는 다음과 같다.

```
 1  if (a) {
 2    if (x) return -1;
 3    else puts("a is 0!");
 4  }
```

처음에는 가볍게 지나쳤다가 뒤늦게 이 사실을 발견하게 될 수도 있다.

그렇다고 해서 제어 구문에 매크로를 전혀 사용하지 말라는 것은 아니다. 눈에 드러나지 않게 숨어 있다가 깜짝 놀라게 하는 식으로 사용하지만 않으면 된다. 다음 매크로를 보면 정의 코드 자체는 명확하지 않지만 매크로 사용 과정은 무난하다.

```
1 #define ERROR_RETURN(CODE) \
2 do {                       \
3   if (CODE) return -1;      \
4 } while (false)
```

이 매크로의 이름은 **return**문이 있을지도 모른다는 뉘앙스를 확실히 풍긴다. 이 매크로를 다음과 같이 사용하면 매달린 **else** 문제를 방지할 수 있다.

```
1 if (a) ERROR_RETURN(x);
2 else puts("a is 0!");
```

다음 코드는 **else**가 첫 번째 **if**와 연결된다는 사실이 명확히 드러나도록 작성됐다.

```
1 if (a) do {
2   if (CODE) return -1;
3 } while (false);
4 else puts("a is 0!");
```

do-while(**false**) 구문은 그리 바람직한 표현이 아니므로 자주 사용하지 않는 것이 좋지만, 육안으로 보이는 블록 구조를 바꾸지 않고도 여러 문장을 {} 블록으로 감싸는 표준 기법이다.

⎾TAKEAWAY 10.12⏌ 함수 같은 매크로는 함수 호출처럼 실행된다.

이와 관련해서 빠지기 쉬운 함정으로 다음과 같은 것이 있다.

- **else 없는 if**: 앞에서 살펴봤다.

- **뒤따르는 세미콜론**: 외부 제어 구조를 예상치 못한 방식으로 종료시킬 수 있다.

- **콤마 연산자**: C 언어에서 콤마의 의미는 다양하다. 함수 호출이나 열거형 선언, 초기자 등에서 리스트 구분자로 많이 사용한다. 표현식에서 제어 연산자로 사용하기도 한다. 그래서 가급적 사용하지 않는 것이 좋다.

- **지속 가능한 표현식**(continuable expression): 복잡한 문맥에 넣으면 예상치 못한 방식으로 연산자와 바인딩되는 표현식을 말한다.[Exs 1] 교체 텍스트라면 매개변수와 표현식을 소괄호(parenthesis)로 감싼다.

- **다중 평가**(multiple evaluation): 매크로는 텍스트를 교체하는 것이다. 매크로 매개변수를 두 번(이상) 적으면 그 결과도 두 번 (이상) 반영된다.[Exs 2]

Exs 1 a+b를 구현하는 sum(a, b) 매크로를 생각해 보자. sum(5, 2)*7의 결과는 뭘까?
Exs 2 max(a, b)를 ((a) < (b) ? (b) : (a))라고 정의했을 때, max(i++, 5)의 결과는 뭘까?

10.2.2 순수 함수

size_min(4.4절)이나 gcd(7.3절)처럼 우리가 직접 선언한 함수는 오브젝트가 아닌 값에 대한 연산을 수행한다는 한계가 있다. 어떻게 보면 표 4-2에 나온 오브젝트 연산자가 아니라 표 4-1에 나온 값 연산자를 확장한 것이라고 볼 수 있다.

[TAKEAWAY 10.13] 함수 매개변수는 값으로 전달된다.

다시 말해 함수를 호출할 때, 매개변수를 모두 평가하고 나서 그 결과 값으로 (함수의 로컬 변수 역할을 하는) 매개변수를 초기화한다. 그러고 나서 함수는 원래 할 일을 수행한 뒤 결과를 리턴 값으로 반환한다.

지금까지 설명한 바에 의하면 두 함수가 동일한 오브젝트를 다루는 경우는 오브젝트를 두 함수가 모두 볼 수 있게 **전역 변수**(global variable)^{C}로 선언한 경우뿐인데, 단점이 좀 있다. 가령 코드가 유연하지 않게 되고(연산을 수행할 오브젝트가 고정되고), 실행을 예측하기 힘들어지고(수정할 곳이 여기저기 흩어져 있고), 유지 보수하기 어려워진다는 것이다.

[TAKEAWAY 10.14] 전역 변수는 사용을 자제한다.

다음 두 속성을 만족하는 함수를 **순수 함수**(pure function)^{C}라고 한다.

- 값을 리턴하는 것 말고는 다른 효과를 내지 않는 함수
- 리턴 값이 매개변수에 의해서만 결정되는 함수

순수 함수의 실행에서 중요한 부분은 수행 결과뿐이다. 게다가 그 결과는 전적으로 함수에 전달한 인수에 따라 결정된다. 최적화 관점에서 볼 때 순수 함수는 어디든 옮길 수 있고, 다른 작업과 병렬로 실행시킬 수도 있다. 이런 함수는 매개변수 값이 준비될 때 언제든지 실행할 수 있고, 실행을 마치고 나서야 결과를 활용할 수 있다.

리턴 값을 제공하는 경우가 아닌데도 추상 상태 기계가 변경된다면 순수 함수가 아니다. 예를 들면 다음과 같다.

- 함수의 인수를 이용하지 않고, 프로그램에서 변경 가능한 상태의 일부분을 읽는 함수
- 전역 오브젝트를 수정하는 함수

- 여러 호출 사이에서 내부적으로 상태를 유지하는 함수[2]

- IO를 수행하는 함수[3]

순수 함수는 규모가 작은 작업을 수행하는 함수로서는 아주 좋은 모델이지만 복잡한 작업을 수행할 때는 다소 한계가 있다. 반면, 최적화에는 순수 함수가 굉장히 유리하다. 프로그램 상태에 미치는 영향을 매개변수와 리턴 값만으로 표현할 수 있기 때문이다. 순수 함수가 추상 상태 기계에 미치는 영향의 범위도 아주 적고 표현하기도 쉽다.

TAKEAWAY 10.15 간단한 작업은 가능하면 순수 함수로 표현한다.

순수 함수로 할 수 있는 일은 생각보다 많다. 데이터를 복사하는 작업이 좀 늘어나는 것을 감수한다면 객체 지향 프로그래밍도 가능하다. 유리수 산술 연산에 사용할 구조체 타입인 rat을 살펴보자.

rationals.h

```
 8 struct rat {
 9    bool sign;
10    size_t num;
11    size_t denom;
12 };
```

여기서는 타입을 곧바로 구현했다. 예시로만 활용할 뿐 라이브러리처럼 사용할 일은 없기 때문이다. 간결한 구현을 위해 분자와 분모의 타입을 모두 size_t로 통일하고, 부호는 .sign 멤버에 기록한다. 첫 번째 (순수) 함수인 rat_get은 인수로 받은 숫자 두 개를 분수로 표현한 유리수를 리턴한다.

rationals.c

```
 3 rat rat_get(long long num, unsigned long long denom) {
 4    rat ret = {
 5       .sign = (num < 0),
 6       .num = (num < 0) ? -num : num,
 7       .denom = denom,
 8    };
 9    return ret;
10 }
```

---

2 같은 함수를 여러 번 호출할 때 로컬 static 변수를 통해 영속 상태(persistent state)를 유지할 수 있다. 이에 대해서는 13.2절에서 자세히 설명한다.

3 가령 printf와 같은 함수를 이용하여 IO를 수행할 수 있다.

이 코드에서 볼 수 있듯이 함수가 상당히 간단하다. 부호와 분자와 분모로 구성된 복합 리터럴 (compound literal)을 초기화하는 작업만 한다. 유리수를 이렇게 정의할 때 주의할 점은 같은 유리수가 다양하게 표현된다는 것이다. 가령 $\frac{6}{15}$는 $\frac{2}{5}$와 같다.

이렇게 같은 숫자가 다르게 표현된 경우를 처리하는 함수를 추가로 구현해야 한다. 기본 개념은 유리수를 항상 정규화하는 것이다. 다시 말해 분자와 분모가 가장 작은 인수로 표현되게 만드는 것이다. 이렇게 하면 사람이 인식하기 쉬울 뿐만 아니라 산술 연산 과정에서 오버플로가 발생하는 일을 막을 수 있다.

```
12 rat rat_get_normal(rat x) {
13    size_t c = gcd(x.num, x.denom);
14    x.num /= c;
15    x.denom /= c;
16    return x;
17 }
```

여기서 gcd 함수는 앞에서 본 것과 같다.

정규화의 반대 작업을 수행하는 함수도 정의한다. 다시 말해 지정한 인수를 분자와 분모에 곱한다.

```
19 rat rat_get_extended(rat x, size_t f) {
20    x.num *= f;
21    x.denom *= f;
22    return x;
23 }
```

이런 식으로 다른 곳에서 사용할 수 있는 함수인 rat_get_prod와 rat_get_sum을 정의할 수 있다.

rat_get_prod 함수 코드를 살펴보자.

```
25 rat rat_get_prod(rat x, rat y) {
26    rat ret = {
27      .sign = (x.sign != y.sign),
28      .num = x.num * y.num,
29      .denom = x.denom * y.denom,
30    };
```

```
31    return rat_get_normal(ret);
32 }
```

이 함수는 우선 결과 표현을 간단한 방식으로 계산한다. 즉, 두 수를 분자와 분모끼리 곱한다. 그러고 나서 결과로 나온 표현을 rat_get_normal로 정규화해서 리턴한다.

rat_get_sum 코드는 좀 더 복잡하다. 결과의 분자를 계산하기 전에 공통 분모를 먼저 찾아야 한다.

rationals.c

```
34 rat rat_get_sum(rat x, rat y) {
35    size_t c = gcd(x.denom, y.denom);
36    size_t ax = y.denom/c;
37    size_t bx = x.denom/c;
38    x = rat_get_extended(x, ax);
39    y = rat_get_extended(y, bx);
40    assert(x.denom == y.denom);
41
42    if (x.sign == y.sign) {
43      x.num += y.num;
44    } else if (x.num > y.num) {
45      x.num -= y.num;
46    } else {
47      x.num = y.num - x.num;
48      x.sign = !x.sign;
49    }
50    return rat_get_normal(x);
51 }
```

또한 분자끼리 더하는 방법을 파악하기 위해서는 두 유리수의 부호를 관리해야 한다.

위 코드는 모두 순수 함수로 만들었기 때문에 쉽게 사용할 수 있다. 우리가 직접 구현한 경우에도 말이다. 한 가지 주의할 점은 38줄에 나온 것처럼 함수의 리턴 값을 반드시 변수에 저장해야 한다는 것이다. 그렇지 않으면 연산을 오브젝트 x가 아닌 그 값에 대해서만 수행하기 때문에 변경 사항이 저장되지 않을 수 있다.[Exs 3, Exs 4]

Exs 3 rat_get_prod 함수는 잘못된 결과를 생성할 수 있는 중간값을 생성한다. 곱셈의 수학적 결과가 rat으로 표현할 수 있더라도 그렇다. 이 유가 뭘까?

Exs 4 rat_get_prod 함수가 수학적 결과값을 rat으로 표현 가능할 때마다 정확한 결과를 생성하도록 수정해 보자.

앞에서 설명했듯이 같은 코드가 반복해서 나오기 때문에 컴파일된 코드의 효율이 좀 떨어질 수 있다. 하지만 그 정도가 그리 크지 않다. 성능 좋은 컴파일러를 사용한다면 복사 연산으로 인한 오버헤드가 상대적으로 크지 않도록 할 수 있다. 최적화 옵션을 켰다면 구조체에서 곧바로 연산을 수행할 수 있는데, 함수에서 리턴되기 때문이다. 이렇게 되면 효율이 떨어지는 걱정을 전혀 할 필요가 없는데, 프로그램이 간결하고 유용해지며 진짜 성능 문제는 다른 곳에서 발생하기 때문이다. 현재 수준에서는 이 정도의 작업으로 충분하다. 나중에 **inline** 함수(15.1절)로 이를 좀 더 효율적으로 처리하는 방법과 최신 도구에서 제공하는 **링크 시간 최적화**(link-time optimization)에 대해 배울 것이다.

예제 10-1은 지금까지 소개한 rat 타입 인터페이스를 모두 나열하고 있다. rat에 대한 포인터를 다루는 다른 함수의 인터페이스는 이미 살펴본 적이 있다. 자세한 내용은 11.2절에서 다룬다.

예제 10-1 유리수 연산을 위한 타입

```
1 #ifndef RATIONALS_H
2 # define RATIONALS_H 1
3 # include <stdbool.h>
4 # include "euclid.h"
5
6 typedef struct rat rat;
7
8 struct rat {
9   bool sign;
10   size_t num;
11   size_t denom;
12 };
13
14 /* rat 타입 값을 리턴하는 함수 */
15 rat rat_get(long long num, unsigned long long denom);
16 rat rat_get_normal(rat x);
17 rat rat_get_extended(rat x, size_t f);
18 rat rat_get_prod(rat x, rat y);
19 rat rat_get_sum(rat x, rat y);
20
21
22 /* rat에 대한 포인터를 다루는 함수 */
23 void rat_destroy(rat* rp);
24 rat* rat_init(rat* rp,
25             long long num,
26             unsigned long long denom);
27 rat* rat_normalize(rat* rp);
```

```
28 rat* rat_extend(rat* rp, size_t f);
29 rat* rat_sumup(rat* rp, rat y);
30 rat* rat_rma(rat* rp, rat x, rat y);
31
32 /* 연습 문제로 구현한 함수 */
33 /** @brief Print @a x into @a tmp and return tmp. **/
34 char const* rat_print(size_t len, char tmp[len], rat const* x);
35 /** @brief Print @a x normalize and print. **/
36 char const* rat_normalize_print(size_t len, char tmp[len],
37                                  rat const* x);
38 rat* rat_dotproduct(rat rp[static 1], size_t n,
39                     rat const A[n], rat const B[n]);
40
41 #endif
```

10.3 요약

- 프로그램의 각 부분에서 기능(수행하는 일)과 목적(그 일을 하는 이유)과 구성(그 일을 처리하는 방법)과 구현 방법(구체적으로 작업을 수행하는 방법)을 명확히 표현한다.

- 소프트웨어 설계 단계에서 가장 핵심적인 작업은 함수와 타입 인터페이스를 정의하는 것이다. 이를 후속 단계에서 변경하면 일이 커진다.

- 구현에서 제어 흐름을 최대한 자연스럽고 명확하게 표현해야 한다. 복잡한 처리 과정은 삼가고 최대한 명확하게 드러낸다.

11 포인터

이 장에서 다루는 내용

- 포인터 연산 소개

- 구조체, 배열, 함수에서 포인터를 사용하는 방법

포인터는 C를 깊이 이해하는 과정에서 마주치는 첫 번째 장벽이다. 주로 오브젝트를 여러 곳에서 접근하도록 하거나 실행 중에 데이터를 동적으로 구성하는 용도로 사용한다.

초보 프로그래머는 포인터와 배열의 차이를 가장 헷갈려 한다. 따라서 이 개념은 이해하기 만만치 않다고 인정하고 시작하는 것이 좋다. 그런데 포인터는 C에서 가장 중요한 기능 중 하나다. 비트 단위의 세부 사항과 특정 플랫폼에 종속적인 부분을 추상화해서 이식성이 뛰어난 코드로 만드는 엄청난 역할을 하기 때문이다. 따라서 인내심을 갖고 이 장을 읽기 바란다. 이 책의 나머지 부분을 이해하는 데 핵심적인 개념이기도 하다.

포인터(pointer)^C란 용어는 뭔가를 '가리키는' 역할을 하는 특수한 파생 타입을 의미한다. 앞에서 여러 차례 봤듯이 이런 **레퍼런스 타입**(reference type)^C은 뒤에 별표(*)를 붙이는 방식으로 표현한다. 예를 들어 다음 코드에서 선언한 p0은 **double** 포인터다.

```
double* p0;
```

이 문장은 어떤 오브젝트의 메모리를 가리키는 변수(포인터)를 선언한다.

▼ 그림 11-1 p0의 구조

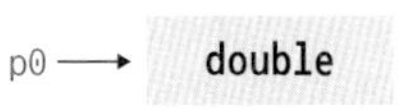

p0 ⟶ `double`

여기서 포인터(화살표 왼편)와 이 포인터가 가리키는 이름 없는 오브젝트(화살표 오른편)를 분명히 구분해야 한다.

그럼 포인터의 예를 살펴보자. 우선 순수 함수가 아닌 함수, 즉 함수를 호출하는 코드와 함수 내부가 서로 연계된 함수를 작성해 보자. 우리가 살펴볼 함수의 프로토타입은 다음과 같다.

```
void double_swap(double* p0, double* p1);
```

여기서 두 인수는 **double** 타입 오브젝트를 '가리킨다'. 이 예에서 double_swap 함수는 두 오브젝트의 내용을 맞바꾸는 작업을 수행한다. 가령 함수를 호출하는 시점에 p0과 p1은 각각 다음과 같이 **double** 타입 변수인 d0과 d1을 가리키도록 정의됐다고 하자.

▼ 그림 11-2 맞바꾸기 전

double_swap 함수는 이렇게 두 오브젝트 정보를 받아서 내용을 맞바꾼다. 이때 포인터 값 자체는 바꾸지 않는다.

▼ 그림 11-3 맞바꾼 후

이 함수는 포인터를 이용하여 호출하는 측의 변수 값을 직접 바꿀 수 있으며, 포인터가 없는 순수 함수나 배열은 이런 조작을 할 수 없다.

이 장에서는 포인터에서 할 수 있는 여러 가지 연산과(11.1절) 포인터로 사용할 때 특수한 속성을 갖는 타입들, 가령 구조체(11.2절), 배열(11.3절), 함수(11.4절)에 대해 자세히 살펴본다.

11.1 포인터 연산

포인터는 C에서 굉장히 중요한 개념인 만큼 C 언어에는 포인터만을 위한 연산과 기능이 다양하게 정의돼 있다. 그 중에서도 중요한 것은 포인터와 포인터의 타깃 오브젝트 사이의 '가리키고' '가리킴 받는' 관계를 다루는 몇 가지 연산(11.1.1절)이다. 또한 포인터는 **스칼라**(scalar)[C]에 해당한다. 오프셋 덧셈(offset addition)(11.1.2절), 오프셋 뺄셈(offset subtraction)(11.1.3절)과 같이 포인터에 대한 산술 연산이 있고, 상태가 있고(11.1.4절), 포인터 전용 '널'(null) 상태도 있다 (11.1.5절).

11.1.1 주소 연산자와 오브젝트 연산자

순수 함수로만 표현할 수 없는 작업을 수행하려면 과정이 좀 복잡해진다. 함수에서 변수가 아닌 오브젝트를 뒤져 봐야 하는데, 포인터는 이런 작업에 적합한 추상화를 제공한다.

그럼 앞에서 본 **double** 오브젝트인 d0과 d1의 내용을 맞바꾸는 함수 double_swap을 이용하여 구체적으로 알아보자. 이 함수를 호출할 때 단항(unary) 주소 연산자(address-of operator)인 &를 사용했다. 이 연산자는 **주소**(address)^{C}를 이용하여 오브젝트를 참조한다. 이 함수를 호출하는 문장은 다음과 같다.

```
double_swap(&d0, &d1);
```

주소 연산자는 **포인터 타입**(pointer type)^{C}을 리턴하며, 앞에서 본 * 기호로 표기한다. 이 함수의 구현 코드는 다음과 같다.

```
void double_swap(double* p0, double* p1) {
  double tmp = *p0;
  *p0 = *p1;
  *p1 = tmp;
}
```

함수 안에서 p0과 p1 포인터는 각각 이 함수가 다룰 오브젝트의 주소(이 예제의 경우 각각 d0과 d1의 주소)를 담고 있다. 이 함수는 d0과 d1이란 두 변수의 이름에 대해 전혀 모른다. p0과 p1만 알고 있을 뿐이다.

▼ 그림 11-4 맞바꾸기 전

          ⟨unknown⟩   ⟨unknown⟩

p0 ⟶ **double** 3.5   **double** 310 ⟵ p1

그 내용에 접근하는 작업은 단항 **오브젝트 연산자**(object-of operator)^{C}인 *로 할 수 있으며, 주소 연산자와 반대로 작동한다. *p0이라고 적으면 첫 번째 인수로 주어진 오브젝트(앞에 나온 호출문의 d0)를 가리키며, 마찬가지로 *p1은 d1 오브젝트를 가리킨다.[Exs 1]

Exs 1 세 오브젝트를 인수로 받아서 각각의 값을 원형으로 이동시키는 함수를 작성해 보자.

여기서 주의할 점이 있다. double_swap의 정의에 나온 *는 두 가지 역할을 한다. 선언문에서는 새로운 타입(포인터 타입)을 생성하는 역할을 하지만, 표현식에서는 포인터가 **가리키는**(refer)^C 오브젝트를 **역참조**(dereference)^C한다. 한 가지 기호가 두 가지 용도로 사용되는 것을 확실히 구분할 수 있도록 타입을 선언할 때는 *를 타입 이름에 붙여 쓰고(**예** double*), 포인터를 역참조할 때는 *를 오른쪽의 오브젝트 이름에 붙여 쓴다(**예** *p0).

포인터는 6.2절에서 본 것처럼 유효한 주소를 담을 수 있을 뿐만 아니라 널(null), 미확정 (indeterminate)도 값으로 가질 수 있다.

TAKEAWAY 11.1 미확정 오브젝트나 널 포인터에 *를 붙이면 알 수 없는 동작이 나타날 수 있다.

그런데 실전에서는 두 역할이 다르게 나타날 때가 많다. 첫 번째, 메모리에 있는 오브젝트를 무작위로 접근해서 수정할 가능성이 있다. 그러면 찾기 힘든 버그가 발생할 수 있는데, 원래 건드리면 안 될 오브젝트를 휘젓고 다녔기 때문이다. 두 번째, 포인터가 널이면 프로그램이 갑자기 멈춰 버려 일찍 발견할 수 있다. 이는 오작동이 아닌 하나의 기능이라고 볼 수 있다.

11.1.2 포인더 덧셈

앞에서 설명했듯이 정상(valid) 포인터라면 레퍼런스 타입의 오브젝트 주소를 갖고 있다. 그런데 C 언어는 그보다 많은 것을 가정하고 있다.

TAKEAWAY 11.2 정상 포인터라면 레퍼런스 타입 배열의 첫 번째 원소를 가리킨다.

다르게 표현하면, 포인터는 레퍼런스 타입 인스턴스 하나뿐만 아니라 길이가 미지수 n인 배열도 가리킬 수 있다.

▼ 그림 11-6 길이가 n인 배열을 가리키는 포인터

$$
\begin{array}{cc}
0 & n-1 \\
\text{double} & \cdots \quad \text{double}
\end{array}
$$

p0 →

이렇게 포인터와 배열의 밀접한 관계는 문법에서 두드러진다. 실제로 double_swap 함수를 정의하는 데 굳이 포인터 표기법을 사용할 필요가 없다. 위 예제를 다음과 같이 작성해도 의미는 같다.

```
void double_swap(double p0[static 1], double p1[static 1]) {
  double tmp = p0[0];
  p0[0] = p1[0];
  p1[0] = tmp;
}
```

인터페이스에서 배열 표기법과 [0]을 함께 사용해서 첫 번째 원소에 접근하는 표현은 C 언어에서 기본으로 제공하는 **재작성 연산**(rewrite operation)^{C}이다. 이 방식은 뒤에서 많이 볼 것이다.

간단한 덧셈 연산으로 이 배열의 그 다음 원소에 접근할 수 있다. 이 함수는 배열 원소를 모두 더한다.

```
double sum0(size_t len, double const* a) {
  double ret = 0.0;
  for (size_t i = 0; i < len; ++i) {
    ret += *(a + i);
  }
  return ret;
}
```

여기서 a + i라는 표현식은 이 배열의 *i*번째 원소를 가리키는 포인터다.

▼ 그림 11-7 배열의 *i*번째 원소를 가리키는 포인터

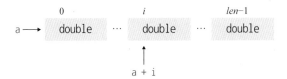

포인터 덧셈은 다양한 방식으로 표현할 수 있다. 다음 두 함수는 배열을 정확히 똑같은 순서로 더하고 있다.

```
double sum1(size_t len, double const* a) {
  double ret = 0.0;
  for (double const* p = a; p < a+len; ++p) {
    ret += *p;
  }
  return ret;
}
```

```
double sum2(size_t len, double const* a) {
  double ret = 0.0;
  for (double const*const aStop = a+len; a < aStop; ++a) {
    ret += *a;
  }
  return ret;
}
```

sum1 함수가 *i*번째 반복될 때의 그림은 다음과 같다.

▼ 그림 11-8 sum1 함수

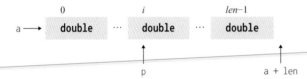

포인터 p는 a+len(배열의 범위를 벗어나는 첫 번째 포인터 값)보다 크거나 같아지기 전까지 배열의 원소를 하나씩 살펴본다.

sum2 함수를 그림으로 표현하면 다음과 같다.

▼ 그림 11-9 sum2 함수

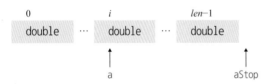

여기서 a는 배열의 *i*번째 원소를 가리킨다. 0번째 원소는 이 함수 안에서 다시 참조하지 않지만, 배열 끝에 대한 정보를 aStop 변수에 담아 둔다.

두 함수를 호출하는 방법은 다음과 비슷하다.

```
double A[7] = { 0, 1, 2, 3, 4, 5, 6, };
double s0_7 = sum0(7, &A[0]);    // 전체
double s1_6 = sum0(6, &A[1]);    // 마지막 6
double s2_3 = sum0(3, &A[2]);    // 가운데 3
```

아쉽게도 이렇게 포인터 하나만 전달하면 배열의 길이를 알 수 없다. 길이가 필요하면 별도의 함수 매개변수로 직접 전달해야 한다. 6.1.3절에서 본 **sizeof**를 사용하는 기법도 소용 없다.

TAKEAWAY 11.3 포인터 하나만으로는 배열의 길이를 구할 수 없다.

드디어 배열과 포인터의 첫 번째 차이점이 나왔다.

TAKEAWAY 11.4 포인터는 배열이 아니다.

포인터를 이용해서 배열을 함수로 전달할 때는 배열의 실제 길이를 잘 관리해야 한다. 때문에 이 책에서는 포인터 인터페이스보다는 배열 표기법을 선호한다.

```
double sum0(size_t len, double const a[len]);
double sum1(size_t len, double const a[len]);
double sum2(size_t len, double const a[len]);
```

세 함수의 인터페이스는 앞에 나온 것과 같지만, a의 원소가 len개라는 사실을 확실히 드러내고 있다.

11.1.3 포인터 뺄셈

지금까지는 포인터에 정수를 더하는 포인터 산술만 봤는데, 이와 반대로 포인터에서 정수를 빼는 연산도 가능하다. 가령 배열을 끝에서 앞으로 탐색할 때, 다음과 같이 포인터 뺄셈으로 표현할 수 있다.

```
double sum3(size_t len, double const* a) {
  double ret = 0.0;
  double const* p = a+len-1;
  do {
    ret += *p;
    --p;
  } while (p > a);
  return ret;
}
```

여기서 p는 a+(len-1)번째부터 탐색을 시작한다. 이 반복문을 i번째 실행하는 과정을 그림으로 표현하면 다음과 같다.

▼ 그림 11-10 sum3 함수

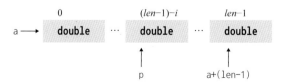

이 함수에서 원소를 더하는 순서는 이전과 반대다.[1]

포인터 두 개를 받아서 두 지점 사이의 원소 개수를 구하는 **포인터 뺄셈**(pointer difference)[C] 연산으로도 표현할 수도 있다. 이 방법을 살펴보기 위해 sum3을 수정해서 (배열 원소 중 하나가 무한대가 되는) 에러 상태를 검사하는 sum4 함수를 만들어 보자. 에러 메시지를 상세하게 출력하고, 문제의 원인을 호출자에게 리턴한다.[2]

```c
double sum4(size_t len, double const* a) {
  double ret = 0.0;
  double const* p = a+len-1;
  do {
    if (isinf(*p)) {
      fprintf(stderr,
              "element \%tu of array at \%p is infinite\n",
              p-a,             // 포인터 뺄셈
              (void*)a);       // 포인터 값을 출력한다.
      return *p;
    }
    ret += *p;
    --p;
  } while (p > a);
  return ret;
}
```

여기서 p-a 표현식으로 배열에 있는 원소의 위치를 계산했다. 이 방식은 동일한 배열에 있는 두 원소를 가리키는 포인터가 두 개 있을 때만 가능하다.

TAKEAWAY 11.5 배열의 원소에서만 포인터를 뺀다.

이 뺄셈의 결과는 해당 배열 원소의 인덱스 값을 뺀 것과 같다.

```c
double A[4] = { 0.0, 1.0, 2.0, -3.0, };
double* p = &A[1];
double* q = &A[3];
assert(p-q == -2);
```

지금까지 오브젝트의 크기에 대한 정확한 타입은 **size_t**고, 여러 플랫폼에서 부호 없는 타입은 **unsigned**와 다르다는 사실을 여러 차례 강조했다. 포인터 뺄셈에 대해서도 이런 타입 관계가 성

---

1   반올림 과정에 차이가 발생하기 때문에 처음 세 함수의 결과가 약간 달라질 수 있다.

2   isinf는 math.h 헤더에 정의되어 있다.

립한다. 일반적으로 **int**만으로 모든 수를 표현할 수 있다고 간주할 수 없다. 그래서 표준 헤더인 stddef.h에서는 다른 타입을 제공한다. 대다수의 아키텍처에서는 **size_t**에 해당하는 부호 있는 정수 타입이고, 그 이상 자세히 알 필요는 없다.

⎣TAKEAWAY 11.6⎦ 포인터 뺄셈은 모두 **ptrdiff_t** 타입이다.

⎣TAKEAWAY 11.7⎦ 위치나 크기 차이를 부호 있는 값으로 인코딩할 때는 **ptrdiff_t** 타입을 사용한다.

sum4 함수는 디버깅 용도로 포인터 값을 출력하는 방법도 보여 준다. 포맷 문자인 %p를 사용하고, 포인터 인수 a를 **void*** 타입으로 캐스팅한다((**void***)a). 여기서는 대략 이런 기능을 한다는 정도만 알고 넘어가고, 자세한 원리는 12.4절에서 설명한다.

⎣TAKEAWAY 11.8⎦ 포인터 값을 화면에 출력할 때는 **void*** 타입으로 캐스팅하고, 포맷 문자 %p를 사용한다.

11.1.4 포인터 유효성

앞에서(⎣TAKEAWAY 11.1⎦) 포인터가 가리키는 주소를 조심해서 다뤄야 한다고 배웠다. 포인터 값인 주소가 바뀔 수 있기 때문이다.

올바른 주소를 가리키지 않을 때는 포인터 값을 반드시 0으로 설정해야 한다. 그러면 포인터에 주소가 설정됐는지 확인하기 편하다.

⎣TAKEAWAY 11.9⎦ 포인터 값은 참, 거짓을 나타낼 수 있다.

잘못된 비교 연산을 피하기 위해 C 프로그램에서 다음과 같은 표현을 많이 사용한다.

```
char const* name = 0;

// 이름을 설정하는 데 필요한 작업을 수행한다.

if (name) {
  printf("today's name is %s\n", name);
} else {
  printf("today we are anonymous\n");
}
```

이처럼 포인터 변수의 상태를 잘 제어해야 한다. 포인터가 다룰 오브젝트를 가리키지 않을 때는 항상 널(null) 값을 갖도록 해야 한다.

TAKEAWAY 11.10 포인터 변수의 값을 0으로 설정해 둔다.

이렇게 하기 위한 가장 간단한 방법은 포인터 변수를 명시적으로 초기화하는 것이다 (TAKEAWAY6.22).

앞에서 다양한 타입에 대한 표현, 즉 플랫폼마다 오브젝트의 특정한 타입을 값으로 저장하는 방식에 대해 살펴본 적이 있다. **size_t**와 같은 타입에 대한 표현은 **double**과 같은 타입과는 전혀 관계없을 수 있다. C 언어의 타입 시스템은 변수를 사용하는 동안 여러 표현이 뒤섞이지 않도록 보호해 준다. 가령 **size_t** 오브젝트는 항상 그에 맞게 접근하고, **double**과 같은 (엉뚱한) 타입으로 해석되지 않게 해 준다.

포인터를 사용할 때 주의를 기울이지 않으면 이러한 타입 경계가 뚫리게 되어 **size_t**의 표현을 **double**로 해석하는 문제가 발생할 수 있다. C 언어에서는 특정한 타입으로 해석되면 전혀 의미가 없어지는 비트 패턴을 **트랩 표현**(trap representation)^C이라 한다. 일부러 경각심을 주기 위해 트랩 (trap)이라고 표현했다.

TAKEAWAY 11.11 트랩 표현이 있는 타입의 오브젝트에 접근하면 알 수 없는 동작이 나타난다.

심각한 문제가 발생할 수 있으니 이렇게 하지 않기 바란다.

포인터 값을 항상 특정 오브젝트나 널로 설정해야 할 뿐만 아니라, 대상 오브젝트도 올바른 타입을 가져야 한다.

TAKEAWAY 11.12 역참조할 때 대상 오브젝트는 반드시 원래 선언된 타입을 따라야 한다.

따라서 배열을 참조할 때 경계를 벗어난 지점을 역참조하지 않아야 한다.

```
double A[2] = { 0.0, 1.0, };
double* p = &A[0];
printf("element %g\n", *p); // 오브젝트 참조
++p;                        // 올바른 포인터
printf("element %g\n", *p); // 오브젝트 참조
++p;                        // 올바른 포인터. 오브젝트 없음
printf("element %g\n", *p); // 오브젝트가 아닌 대상을 참조
                            // 알 수 없는 동작 발생
```

마지막 줄에 나온 p는 배열의 경계를 벗어난 값을 가리킨다. 설사 이 값이 올바른 오브젝트를 가리키는 주소라 하더라도 대상 오브젝트가 뭔지 알 수 없다. 즉, p가 올바른 지점을 가리킨다 하더라도 **double** 타입으로 그 내용에 접근할 수 없다. C는 대체로 이런 식의 접근을 허용하지 않는다.

앞의 예에서 마지막 줄의 포인터가 가리키는 오브젝트를 접근하지만 않는다면 포인터 덧셈을 수행하는 부분 자체는 문제가 없다. 배열의 원소에 대한 주소뿐만 아니라, 배열을 벗어난 주소도 올바른 포인터 값이다. 그렇지 않으면 이 예에서 포인터 덧셈에 대한 **for** 루프문이 정상적으로 실행되지 않는다.

[TAKEAWAY 11.13] 포인터 값은 반드시 오브젝트에 대한 주소나, 그보다 한 칸 다음 지점에 대한 주소나, 널 값 중 하나여야 한다.

따라서 앞의 예는 마지막 줄 직전까지만 정상적으로 작동한다. 마지막에 나온 ++p는 포인터 값을 배열 끝의 바로 다음 칸을 가리키도록 하기 때문이다. 앞에서 본 코드를 다음과 같이 작성해도 똑같다.

```
double A[2] = { 0.0, 1.0, };
double* p = &A[0];
printf("element %g\n", *p); // 오브젝트 참조
p += 2;                     // 올바른 포인터. 오브젝트 없음
printf("element %g\n", *p); // 오브젝트가 아닌 대상을 참조
                            // 알 수 없는 동작 발생
```

반면, 다음과 같이 작성하면 포인터 덧셈 연산을 수행하는 시점에 프로그램이 죽는다.

```
double A[2] = { 0.0, 1.0, };
double* p = &A[0];
printf("element %g\n", *p); // 오브젝트 참조
p += 3;                     // 잘못된 포인터 덧셈
                            // 알 수 없는 동작 발생
```

11.1.5 널 포인터

지금까지 포인터에 대해 얘기하면서 **NULL** 매크로를 한 번도 사용하지 않은 이유가 궁금했을 것이다. 그 이유는 아쉽게도 '값이 0인 제네릭 포인터'란 간단한 개념이 그리 직관적이지 않았기 때문이다.

C는 모든 포인터 타입에 대해 0 값에 해당하는 널 **포인터**(null pointer)^C란 개념이 있다.[3]

다음 코드를 보자.

---

3   null과 **NULL**의 대소문자 표기법이 다르다.

```
double const*const nix = 0;
double const*const nax = nix;
```

nix와 nax는 값이 0인 포인터 오브젝트다. 그런데 의도와 달리 이 오브젝트들은 **널 포인터 상수**(null pointer constant)^{C}가 아니다.

여기서 상수(constant)란 const가 붙은 오브젝트가 아닌 컴파일 시간 상수를 가리키므로 두 포인터 오브젝트는 널 포인터 상수가 아니다. 게다가 이런 상수에서 사용할 수 있는 타입은 제한돼 있다. **void*** 타입 또는 정수 타입의 상수 표현식을 제외한 다른 포인터 타입은 사용할 수 없다. 사용 가능한 타입에 대해서는 12.4절에서 자세히 배울 것이다.

C 표준에서는 널 포인터 상수면 어떠한 값으로도 **NULL** 매크로를 확장할 수 있다고 다소 느슨하게 정의돼 있다. 따라서 C 컴파일러는 다음 중 하나를 선택학 수 있다.

▼ 표 11-1 널 포인터 상수

확장	타입
0U	unsigned
0 '\0' 값 0에 대한 열거형 상수	signed
0UL	unsigned long
0L	signed long
0ULL	unsigned long long
0LL	signed long
(void*)0	void*

흔히 사용하는 값은 0, 0L, (void*)0이다.[4]

C 표준은 **NULL**에서 내부적으로 사용하는 타입을 따로 정해 두지 않았다. 흔히 포인터 상수라는 것을 강조하려고 이 표현을 사용하는데, 그렇지 않은 플랫폼이 많다. 완전히 마스터하지 않은 문맥에서 **NULL**을 사용하면 더 위험한데, 특히 가변 인수 함수에서 그렇다. 여기에 대해서는 16.5.2절에서 설명한다. 일단 간단한 방법만 알고 넘어가자.

TAKEAWAY 11.14 **NULL**은 사용하지 않는다.

---

4 ((char)+0)과 ((short)-0)을 비롯한 다양한 NULL 확장 표현도 있긴 하다.

NULL은 코드를 명확하게 하는 것이 아니라 오히려 모호하게 만든다. 그냥 0을 사용하고거나 값이 포인터란 사실을 강조하고 싶다면 매직 토큰 시퀀스(magic token sequence)인 (**void***)0을 쓴다.

11.2 포인터와 구조체

구조체 타입 포인터는 C 프로그래밍에서 상당히 중요하다. 그래서 이를 쉽게 사용하도록 몇 가지 구체적인 규칙과 도구를 활용해 왔다. 예를 들어 앞에서 본 **struct timespec**을 정규화하는 작업을 생각해 보자. 다음 함수를 보면 포인터 매개변수로 오브젝트를 직접 다룰 수 있도록 했다.

```
10 /**
11  ** @brief 시차를 계산한다.
12  **
13  ** 이 코드는 @c double 타입으로 시간을 계산한다.
14  ** 정밀도를 잃지 않으면서 시간을 기록하고,
15  ** 가수가 52비트인 @c double 타입을 사용한다면
16  ** 52일에 해당하는, 약 4.5E6초의 최대 시차에 해당한다.
17  **
18  **
19  **/
20 double timespec_diff(struct timespec const* later,
21                      struct timespec const* sooner){
22   /* 주의! tv_sec은 부호 없는 타입일 수 있다. */
23   if (later->tv_sec < sooner->tv_sec)
24     return -timespec_diff(sooner, later);
25   else
26     return
27     (later->tv_sec - sooner->tv_sec)
28     /* tv_nsec은 부호 있는 타입이다. */
29     + (later->tv_nsec - sooner->tv_nsec) * 1E-9;
30 }
```

여기서는 편의상 ->라는 새로운 연산자를 사용했다. 이 화살표 모양 기호는 왼쪽 피연산자인 포인터가 오른쪽 피연산자인 구조체 멤버를 가리킨다는 것을 의미한다. ->는 *와 ..을 합친 것이다. 앞 코드에서 a->tv_sec 대신 (*a).tv_sec라고 써도 된다. 참고로 *a를 반드시 괄호로 감싸야 하는데, 그래서 표현이 간편한 ->를 많이 쓴다.

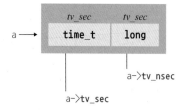

여기서 a->tv_nsec처럼 표기한 구문은 포인터가 아니라 **long** 타입 오브젝트, 즉 숫자다.

또 다른 예로 10.2.2절에서 유리수를 표현했던 rat 타입을 다시 살펴보자. 예제 10-1에서 rat 타입 포인터를 다뤘던 함수를 다음과 같이 작성할 수도 있다.

rationals.c

```
95 void rat_destroy(rat* rp) {
96   if (rp) *rp = (rat){ 0 };
97 }
```

rat_destroy 함수는 이 포인터가 가리키는 오브젝트의 데이터를 모두 지우고 전체 비트를 0으로 초기화한다.

rationals.c

```
 99 rat* rat_init(rat* rp,
100             long long num,
101             unsigned long long denom) {
102   if (rp) *rp = rat_get(num, denom);
103   return rp;
104 }
```

rationals.c

```
106 rat* rat_normalize(rat* rp) {
107   if (rp) *rp = rat_get_normal(*rp);
108   return rp;
109 }
```

rationals.c

```
111 rat* rat_extend(rat* rp, size_t f) {
112   if (rp) *rp = rat_get_extended(*rp, f);
113   return rp;
114 }
```

나머지 세 함수는 앞에서 나왔던 순수 함수를 감싸는 **래퍼**(wrapper)[C]다. 두 포인터 연산을 이용하여 값이 올바른지 확인한 다음, 포인터가 올바르면 대상 오브젝트를 가리키도록 한다. 따라서 포인터 인수가 널인 상황에서도 안전하게 사용할 수 있다.[Exs2, Exs3]

여기에 나온 네 함수는 모두 포인터 인수를 검사해서 리턴한다. 이렇게 래퍼를 구성하면 편하다. 가령 다음과 같이 두 가지 산술 함수를 간편하게 조합할 수 있다.

rationals.c

```
135 rat* rat_rma(rat* rp, rat x, rat y) {
136   return rat_sumup(rp, rat_get_prod(x, y));
137 }
```

유리수 곱셈 덧셈(rational multiply add)을 수행하는 `rat_rma` 함수는 이 함수의 두 번째와 세 번째 인수를 곱한 결과와, 첫 번째 인수인 rp가 가리키는 오브젝트를 더한다는 의도를 코드에 분명히 드러낸다. 이 함수에서 덧셈을 수행하는 함수는 다음과 같다.

rationals.c

```
116 rat* rat_sumup(rat* rp, rat y) {
117   size_t c = gcd(rp->denom, y.denom);
118   size_t ax = y.denom/c;
119   size_t bx = rp->denom/c;
120   rat_extend(rp, ax);
121   y = rat_get_extended(y, bx);
122   assert(rp->denom == y.denom);
123
124   if (rp->sign == y.sign) {
125     rp->num += y.num;
126   } else if (rp->num > y.num) {
127     rp->num -= y.num;
128   } else {
129     rp->num = y.num - rp->num;
130     rp->sign = !rp->sign;
131   }
132   return rat_normalize(rp);
133 }
```

Exs 2 예제 10-1에서 선언한 `rat_print` 함수를 구현해 보자. 이 함수는 `rat*` 인수의 멤버에 접근할 때 반드시 ->를 사용해야 하며, 출력된 형태는 '±분자/분모'여야 한다.

Exs 3 `rat_normalize`와 `rat_print`를 조합해서 `rat_print_normalized`를 구현해 보자.

rat_sumup 함수는 좀 복잡한데, 두 함수가 rp를 사용한다. [Exs4]

구조체 타입 포인터는 구조체 타입 자체를 몰라도 사용할 수 있다. 이런 **불투명 구조체**(opaque structure)[C]는 주로 라이브러리의 인터페이스와 구현을 엄격히 구분할 때 사용한다. 예를 들어 다음 코드에 나온 것처럼 인클루드 파일에서 타입(toto)을 앞에 적어도 된다.

```
/* struct toto에 대한 전방 선언 */
struct toto;
struct toto* toto_get(void);
void toto_destroy(struct toto*);
void toto_doit(struct toto*, unsigned);
```

프로그래머든 컴파일러든 **struct** toto를 구체적으로 몰라도 사용하는 데는 문제없다. toto_get 함수를 호출할 때 **struct** toto 타입 오브젝트의 구체적인 정의를 몰라도 이 타입 포인터를 구할 수 있다. 실제로 구조체 포인터는 정의와 상관없이 타입의 내부 표현이 모두 같기 때문에 컴파일러가 처리하는 데 아무런 문제가 없다.

흔히 이런 인터페이스는 널 포인터가 특별하다는 사실을 활용한다. 앞의 코드에서 toto_doit(0, 42)를 대표적인 예로 들 수 있다. 하지만 포인터가 **typedef** 안에 숨겨지기 때문에 이런 식으로 널 포인터를 사용하는 것을 싫어하는 C 프로그래머가 많다.

```
/* struct toto_s와 사용자 타입 toto에 대한 전방 선언 */
typedef struct toto_s* toto;
toto toto_get(void);
void toto_destroy(toto);
void toto_doit(toto, unsigned);
```

C 문법에는 아무런 문제가 없지만, toto_doit이 받을 수 있는 0이 특수한 값이란 사실이 숨겨져 있다.

TAKEAWAY 11.15 **typedef** 안에 포인터를 숨겨 두지 말자.

이 방식은 앞에서 **struct**를 **typedef**로 이름을 붙였던 경우와는 다르다.

```
/* struct toto와 typedef toto에 대한 전방 선언 */
typedef struct toto toto;
toto* toto_get(void);
void toto_destroy(toto*);
void toto_doit(toto*, unsigned);
```

Exs 4 예제 10-1의 rat_dotproduct 함수를 구현해 보자. 이 함수는 $\sum_{i=0}^{n-1} A[i] * B[i]$를 계산해서 그 결과를 *rp에 담아 리턴한다.

이렇게 해도 인터페이스는 포인터를 인수로 받는다는 사실이 분명히 드러난다.

도전 12 텍스트 프로세서

텍스트 프로세서에서 이중 연결 리스트(doubly linked list)를 이용해서 텍스트를 저장할 수 있을까? 핵심 의도는 텍스트에 해당하는 스트링과 앞뒤에 나오는 블롭(blob)에 대한 포인터로 구성된 **struct**로 텍스트 블롭을 표현하려는 것이다.

특정한 지점을 기준으로 텍스트 블롭을 두 개로 나누는 함수를 만들어 보자.

연달아 나오는 두 텍스트 블롭을 하나로 합치는 함수를 만들어 보자.

텍스트 전체를 탐색해서 한 줄에 한 블롭이 나오게 만들어 보자.

텍스트 전체를 화면에 출력하거나 텍스트가 화면에 잘리기 전까지 출력하는 함수를 만들어 보자.

11.3 포인터와 배열

드디어 포인터와 배열의 관계를 이해하는 데 가장 걸림돌이 되는 부분을 본격적으로 살펴볼 시간이다. 크게 두 가지가 어렵다. 하나는 포인터 접근 문법과 배열 원소 접근 문법이 같다는 것이고, 다른 하나는 함수에 전달하는 배열 매개변수를 포인터로 변환하는 부분이다. 두 기능 모두 숙련된 C 프로그래머가 편리하게 사용할 수 있는 간편 표기법을 제공하지만, 초보자는 다소 어렵게 느낄 수 있다.

11.3.1 배열과 포인터는 접근 방식이 서로 같다

A가 배열이든 포인터든 다음 규칙이 성립한다.

[TAKEAWAY 11.16] A[i]와 *(A+i)는 서로 같다.

A가 포인터라면 두 번째 표현식으로 표현한다. 이 말은 A[i]로도 표현할 수 있다는 뜻이다. 이렇게 배열 표기법으로 포인터 표현식을 작성하면 코드의 가독성을 크게 높일 수 있다. 하지만 의미가 서로 같다고 해서 없던 배열이 갑자기 생기는 것은 아니다. A가 널이면 A[i]는 조용히 사라져야 한다. *(A+i)처럼 말이다.

A가 배열일 때, *(A+i)가 성립한다는 것은 C 언어에서 가장 중요한 규칙 중 하나인 '배열이 포인터로 퇴화한다(array-to-pointer decay)^C'의 첫 번째 예다.

[TAKEAWAY 11.17] **배열 퇴화**(array decay) – 배열 A를 평가하면 &A[0]이 리턴된다.

사실 이 때문에 '배열 값'이란 것이 없으며, 이로 인해 온갖 어려움이 발생하는 것이다
(TAKEAWAY 6.3). 어떤 값을 가져야 할 배열이 포인터로 퇴화하면 부가 정보가 모두 사라져 버린다.

11.3.2 배열 매개변수와 포인터 매개변수는 서로 같다

이처럼 퇴화 현상 때문에 배열을 함수 인수로 사용할 수 없다. 배열 매개변수를 받는 함수가 호출되면 전달된 배열이 포인터로 퇴화해서 인수의 타입이 맞지 않기 때문이다.

그런데 앞에서 배열 매개변수를 가진 함수를 선언한 적이 있었는데, 그 함수는 어떻게 실행할 수 있었던 것일까? 이를 위해 C 언어는 배열 매개변수를 포인터로 변환하는 기법을 적용한다.

TAKEAWAY 11.18 함수 선언에 나오는 배열 매개변수는 모두 포인터로 변환된다.

이 말의 의미를 잠시 생각해 보자. 이러한 '기능(혹은 결함)'을 잘 이해해야 C 언어로 코드를 쉽게 작성할 수 있다.

6.1.5절에서 본 예제를 다시 살펴보자. 그때 선언한 배열 매개변수를 가진 함수를 다음과 같이 작성할 수 있다.

```
size_t strlen(char const* s);
char*  strcpy(char* target, char const* source);
signed strcmp(char const* s0, char const* s1);
```

이렇게 작성하더라도 예전 코드와 같다. 모든 C 컴파일러는 두 가지 방식 모두 지원한다.

둘 중 어느 방식으로 작성할지는 취향이나 습관 등과 같은 문화적 요인에 따라 결정하면 된다. 이 책에서는 널이 되면 안 되는 것은 배열 표기법을 적용하고, 기본 타입(base type) 오브젝트를 가리키면서 특정한 상황에서 널이 될 수도 있는 것은 포인터 표기법을 사용한다.

의미상 매개변수가 배열이라면 그 배열의 크기도 함께 받으면 좋다. 그러기 위해서는 배열/포인터에 대한 매개변수 앞에 길이에 대한 매개변수를 추가한다. 예를 들면 다음과 같다.

```
double double_copy(size_t len,
                   double target[len],
                   double const source[len]);
```

이차원 배열을 다루는 함수의 인터페이스는 좀 복잡해진다. 예를 들어 행렬 곱셈 함수는 다음과 같다.

```
  void matrix_mult(size_t n, size_t k, size_t m,
                   double C[n][m],
                   double A[n][k],
                   double B[k][m]) {
  for (size_t i = 0; i < n; ++i) {
    for (size_t j = 0; j < m; ++j) {
      C[i][j] = 0.0;
      for (size_t l = 0; l < k; ++l) {
        C[i][j] += A[i][l]*B[l][j];
      }
    }
  }
}
```

이 함수의 프로토타입은 다음과 같이 작성할 수도 있다. 가독성은 좀 떨어진다.

```
  void matrix_mult(size_t n, size_t k, size_t m,
                   double (*C)[m],
                   double (*A)[k],
                   double (*B)[m]);
```

여기서 가장 안쪽 차원을 포인터로 선언했고, 매개변수 타입은 배열이 아닌 배열 포인터가 된다. 따라서 뒤에 나오는 차원을 굳이 쓰지 않아도 된다.

TAKEAWAY 11.19 배열 매개변수에서 가장 안쪽 차원만 다시 쓴다.

배열 표기법을 사용하면 장점이 많다. VLA에 대한 포인터를 함수로 손쉽게 전달할 수도 있다. 이 포인터를 전달 받은 함수는 다시 인덱스 표기법을 사용하여 행렬의 원소에 접근할 수 있다. 배열의 길이를 관리하기 위해 여러 꼼수를 사용할 필요가 거의 없다.

TAKEAWAY 11.20 배열 매개변수 앞에 길이 매개변수를 선언한다.

배열을 사용하기 전에는 이런 길이 정보가 필요하다.

아쉽게도 C 언어는 함수가 호출될 때 배열 길이 매개변수가 제대로 전달되도록 보장하지는 않는다.

TAKEAWAY 11.21 함수의 배열 인수가 올바른지 여부는 프로그래머가 책임지고 확인해야 한다.

컴파일 시간에 배열 길이를 알 수 있다면 경고 메시지를 출력해줄 수 있지만 배열 길이가 동적이면 직접 책임져야 한다.

11.4 함수 포인터

주소 연산자 &는 함수에도 적용할 수 있다. 8.7절에서 함수를 인수로 받는 **atexit** 함수에 대해 설명할 때 이렇게 사용하는 예를 본 적 있다. 이때도 역시 앞에서 본 배열 퇴화와 같은 규칙이 적용된다.

TAKEAWAY 11.22 **함수 퇴화**(function decay) – 함수 f 뒤에 여는 소괄호 (가 없으면 처음 지점을 가리키는 포인터로 퇴화된다.

문법만 보면 함수와 함수 포인터는 타입 선언이나 함수 매개변수에 나오는 배열과 비슷하다.

```
typedef void atexit_fucntion(void);
// 동일한 대상에 대한 두 가지 정의 방법. 위와 달리 포인터를 드러내고 있다.
typedef atexit_function* atexit_function_pointer;
typedef void (*atexit_function_pointer)(void);
// 위 함수와 동일한 다섯 가지 표현
void atexit(void f(void));
void atexit(void (*f)(void));
void atexit(atexit_function f);
void atexit(atexit_function* f);
void atexit(atexit_function_pointer f);
```

여기 나온 서로 의미가 동일한 함수 선언문 중 어느 것이 가독성이 높은지는 사람마다 다를 것이다. (*f)를 사용한 두 번째 버전은 좀 읽기 어려워 보인다. 또한 다섯 번째 버전은 포인터를 타입 안에 숨기기 때문에 바람직한 표현이 아니다. 나머지 세 가지 표현 중 필자는 첫 번째보다 네 번째를 약간 더 선호한다.

C 라이브러리에는 함수 매개변수를 받는 함수가 많다. 이미 앞에서 **atexit**와 **at_quick_exit**를 봤다. 또한 stdlib.h에서 제네릭 인터페이스를 제공하는 함수 중에 다음과 같이 탐색(**bsearch**)과 정렬(**qsort**)이 있다.

```
typedef int compare_function(void const*, void const*);

void* bsearch(void const* key, void const* base,
              size_t n, size_t size,
              compare_function* compar);

void qsort(void* base,
           size_t n, size_t size,
           compare_function* compar);
```

두 함수 모두 전달 받은 base 배열을 토대로 작업을 수행한다. 첫 번째 원소에 대한 주소를 **void** 포인터로 받기 때문에 타입 정보가 모두 사라진다. 이 배열을 제대로 처리하려면 함수 안에서 개별 원소의 크기(size)와 원소 개수(n)를 알고 있어야 한다.

두 함수는 매개변수로 비교 함수도 받는다. 비교 함수(comparison function)는 원소 사이의 정렬 순서에 대한 정보를 제공한다. 이런 함수를 함수 포인터로 만들 경우, 값의 순서를 표현하는 데이터 모델이라면 어떠한 것에도 적용할 수 있으며 **bsearch**와 **qsort** 함수를 굉장히 범용적으로 만들 수 있다. base 매개변수가 가리키는 원소의 타입 T는 어떠한 타입(**int**, **double**, 스트링, 또는 애플리케이션에서 정의한 타입)도 될 수 있다. 단, compar가 가리키는 함수가 T 타입의 값을 일관성 있게 비교할 수 있어야 한다.

다음은 이 함수를 간단하게 구현한 예이다.

```
int compare_unsigned(void const* a, void const* b){
  unsigned const* A = a;
  unsigned const* B = b;
  if (*A < *B) return -1;
  else if (*A > *B) return +1;
  else return 0;
}
```

여기서 두 인수는 비교 대상 원소를 가리키며, a가 b보다 작으면 음수를, 서로 같으면 0을, a가 b보다 크면 양수를 리턴한다.

리턴 타입이 **int**면 **int** 값을 다음과 같이 더 간단히 비교할 수 있다고 생각하기 쉽다.

```
/* 정수를 잘못 비교하는 예 */
int compare_int(void const* a, void const* b){
  int const* A = a;
  int const* B = b;
  return *A - *B;     // 오버플로 발생 가능!
}
```

하지만 올바른 구현 방법이 아니다. 예를 들어 *A가 아주 크고(**에** INT_MAX) *B가 음수면 두 값의 차는 **INT_MAX**보다 커질 수 있다.

void 포인터이기 때문에 이 메커니즘을 사용할 때는 타입 변환이 다음과 같이 캡슐화된다는 점에 항상 주의해야 한다.

포인터

```
/* 부호 없는 타입에 대한 탐색과 정렬 함수를 제공하는 헤더 */

/* 인라인은 사용하지 않고 항상 함수 포인터만 사용한다. */
extern int compare_unsigned(void const*, void const*);

inline
unsigned const* bsearch_unsigned(unsigned const key[static 1],
                        size_t nmeb, unsigned const base[nmeb]) {
    return bsearch(key, base, nmeb, sizeof base[0], compare_unsigned);
}

inline
void qsort_unsigned(size_t nmeb, unsigned base[nmeb]) {
    qsort(base, nmeb, sizeof base[0], compare_unsigned);
}
```

여기서 **bsearch**(binary search)(이진 탐색) 함수는 key[0]과 동일한 원소를 찾아서 리턴하거나 그런 원소가 없으면 널 포인터를 리턴한다. 이 함수는 배열 base가 이미 비교 함수에 적합하게 정렬돼 있다고 가정하는데, 그러면 탐색 속도를 높일 수 있다. C 표준에 명시되어 있진 않지만 **bsearch**를 호출하면 compar를 호출하는 횟수가 $\lceil \log_2(n) \rceil$번을 넘지 않는다.

bsearch가 *key와 동일한 배열 원소를 찾으면 그 원소에 대한 포인터를 리턴한다. 그런데 여기서 C의 타입 시스템에 허점이 드러난다. 실제로는 **const** 타입인 원소를 무지정 포인터(unqualified pointer)로 리턴하기 때문이다. 그래서 사용할 때 주의해야 한다. 앞의 예제에서는 리턴 값을 무조건 **unsigned const***로 변환했다. 그래서 bsearch_unsigned를 호출하는 측에서는 무지정 포인터를 받지 않는다.

qsort란 이름은 빠른 정렬을 의미하는 **퀵 소트**(quick sort) 알고리즘에서 따온 것이다. C 표준에서는 정렬 알고리즘의 종류에 대해 특별히 정해두진 않았지만 비교 함수를 호출하는 횟수는 퀵 소트처럼 $n\log_2(n)$번 정도여야 한다. 상한은 따로 정해져 있지 않은데, 최악의 복잡도(worst-case complexity)를 이차 시간($O(n^2)$)이라고 봐도 된다.

모든 타입을 표현하는 범용 포인터인 **void***가 있지만, 함수 포인터의 경우 그런 범용 타입이나 암묵적 변환은 없다.

TAKEAWAY 11.23 함수 포인터는 반드시 정확한 타입으로 사용해야 한다.

이렇게 엄격한 규칙을 적용하는 이유는 함수의 프로토타입에 따라 호출 방식이 크게 달라질 수 있으며[5], 포인터만으로는 이를 추적할 수 없기 때문이다.

다음 함수에는 미묘한 문제가 있다. 매개변수 타입이 비교 함수와는 좀 다르기 때문이다.

```
/* int 비교 함수의 또 다른 잘못된 예 */
int compare_int(int const* a, int const* b){
  if (*a < *b) return -1;
  else if (*a > *b) return +1;
  else return 0;
}
```

qsort에서 이 함수를 사용하면 컴파일러에서 이 함수가 잘못된 타입을 사용한다는 메시지를 출력한다. 앞에서 중간 형태인 **void const*** 매개변수를 사용하던 버전은 여기에 나온 잘못된 예만큼 효율적이면서도 모든 C 플랫폼에서 제대로 작동하도록 보장할 수 있다.

함수나 함수 포인터를 (...) 연산자로 호출할 때는 배열이나 포인터의 [...] 연산자와 비슷한 규칙이 적용된다.

TAKEAWAY 11.24 함수 호출 연산자 (...)는 함수 포인터에 적용된다.

```
double f(double a);

// f에 대한 동일한 호출문. 추상 상태 기계의 단계
f(3);        // 퇴화 → 호출
(&f)(3);     // 주소 연산 → 호출
(*f)(3);     // 퇴화 → 역참조 → 퇴화 → 호출
(*&f)(3);    // 주소 연산 → 역참조 → 퇴화 → 호출
(&*f)(3);    // 퇴화 → 역참조 → 주소 연산 → 호출
```

엄밀히 말해서 추상 상태 기계의 관점에서 볼 때 포인터 퇴화는 항상 일어나고 함수 포인터를 통해 함수가 호출된다. 첫 번째, '기본' 호출문은 함수 포인터에 해당하는 f 식별자를 암묵적으로 평가한다.

이렇게 표현할 수 있다는 사실을 이용하면 함수 포인터를 거의 함수처럼 사용할 수 있다.

```
// 헤더 파일
typedef int logger_function(char const*, ...);
extern logger_function* logger;
enum logs { log_pri, log_ign, log_ver, log_num };
```

---

5   가령 플랫폼의 애플리케이션 바이너리 인터페이스(ABI)에서 부동 소수점을 특수 하드웨어 레지스터로 보낼 수 있다.

11
포인터

여기서는 logger라는 전역 변수를 선언한다. 이 변수는 로그 정보를 화면에 출력하는 함수를 가리 킨다. 함수 포인터를 사용하면 이 모듈을 사용할 때 원하는 함수를 동적으로 지정할 수 있다.

```c
// .c 파일 (TU)
extern int logger_verbose(char const*, ...);
static
int logger_ignore(char const*, ...) {
  return 0;
}
logger_function* logger = logger_ignore;

static
logger_function* loggers = {
  [log_pri] = printf,
  [log_ign] = logger_ignore,
  [log_ver] = logger_verbose,
};
```

이제 이를 이용하여 구현하는 코드를 작성해 보자. 특히 (여기 나온 loggers처럼) 함수 포인터를 배열의 기본 타입으로 사용할 수 있다. 여기서 배열을 초기화하는 데 외부 함수 두 개(printf와 logger_verbose)와 **static** 함수 한 개(logger_ignore)를 사용하는 점에 주목한다. 여기서 스토리 지 클래스는 함수 인터페이스의 일부가 아니다.

logger 변수는 다른 포인터 타입처럼 값을 대입할 수 있으며, 초기 구동 과정에서 다음과 같이 작 성할 수 있다.

```c
if (LOGGER < log_num) logger = loggers[LOGGER];
```

그러면 이 함수 포인터를 어디에서나 호출할 수 있다.

```c
logger("Do we ever see line \%lu of file \%s?", __LINE__+0UL, __FILE__);
```

이 호출문은 특수 매크로인 __LINE__과 __FILE__을 사용하여 줄번호와 소스 파일 이름을 표시한 다. 여기에 대한 자세한 설명은 16.3절에서 한다.

함수 포인터를 사용하면 항상 간접 참조가 발생한다는 사실에 주의해야 한다. 컴파일러는 가장 먼 저 logger의 내용을 가져와야 그 지점에 있는 함수를 호출할 수 있다. 이 과정에서 오버헤드가 발 생하기 때문에 시간에 민감한 코드는 이렇게 작성하지 않는 것이 좋다.

도전 13 범용 미분

(도전 2와 도전 5에 나온) 실수와 복소수 미분 함수에서 함수 F와 값 x를 매개변수로 받도록 확장할 수 있는가?

범용 실수에 대한 도함수를 이용하여 뉴턴의 방법(Newton's method)으로 근을 구하는 코드를 구현해 보자.

다항식의 실수 0(근)을 구해 보자.

다항식의 복소수 0(근)을 구해 보자.

도전 14 범용 정렬

앞(도전 1)에서 만든 정렬 알고리즘을 다른 정렬 키에 대해서도 작동하도록 확장해 보자.

다양한 정렬 키에 대한 함수의 시그니처(프로토타입)를 **qsort**처럼 간결하게 만들어 보자. 다시 말해 데이터와 크기 정보, 비교 함수에 대한 매개변수를 범용 포인터로 받게 만들자.

(도전 10에서) 직접 만든 정렬 알고리즘의 성능 비교 함수를 C 라이브러리 함수인 **qsort**에 맞게 확장해 보자.

11.5 요약

- 포인터는 오브젝트와 함수를 가리킬 수 있다.
- 포인터는 배열이 아니지만 배열을 가리킬 수 있다.
- 함수의 배열 매개변수는 오브젝트 포인터로 자동 변환된다.
- 함수 매개변수는 함수 포인터로 자동 변환된다.
- 함수 포인터는 반드시 대입하거나 호출하는 함수와 타입이 일치해야 한다.

12 C 메모리 모델

이 장에서 다루는 내용

- 오브젝트 표현 이해하기
- 타입 없는 포인터와 캐스트 사용법
- 이펙티브 타입과 정렬로 오브젝트 접근 제한하기

포인터는 프로그램이 실행되는 환경과 상태를 추상화한 **C 메모리 모델**을 제공한다. 거의 모든 오브젝트에 대해 단항 연산자인 &로 주소를 가져와서 그 오브젝트에 대한 실행 상태를 확인하고 변경할 수 있다.[1]

이렇게 포인터로 오브젝트에 접근하는 과정 역시 일종의 추상화다. C 관점에서 보면 오브젝트의 실제 위치와 차이가 없기 때문이다. 컴퓨터의 램이나 디스크 파일에 있을 수도 있고, 달에 있는 온도 센서의 IO 포트에 해당할 수도 있다. 이런 것들은 신경 쓸 필요가 없다. 어떻게 활용하든 C가 정확히 처리해 준다.

실제로 최신 OS에서 포인터를 통해 접근하는 대상은 모두 **가상 메모리**(virtual memory)에 있다. 가상 메모리란 현재 프로세스의 주소 공간을 머신의 물리 주소 공간에 대응시킨 가상 영역이다. 이렇게 하는 이유는 프로그램 실행 과정에서 다음과 같은 몇 가지 속성을 보장하기 위해서다.

- **이식성**: 머신의 물리 메모리 주소를 몰라도 된다.
- **안전성**: 현재 프로세스에 있는 가상 메모리를 읽거나 쓰는 동작은 OS나 다른 프로세스에 영향을 미치지 않는다.

C 언어는 포인터 주소가 가리키는 오브젝트의 타입만 신경 쓴다. 포인터 타입은 기본 타입으로부터 파생되는데, 각각의 파생 타입은 별개의 새로운 타입이다.

---

1 **register** 키워드로 선언한 오브젝트만 주소가 없다. 레벨 2의 13.2.2절 참조

❤ 그림 12-1 **int32_t**에 대한 값–메모리 모델의 다양한 레벨. 여기서는 2의 보수 부호 표현과 리틀 엔디안 방식을 따르는 32비트 **signed int**에 대응하는 플랫폼을 기준으로 표현했다.

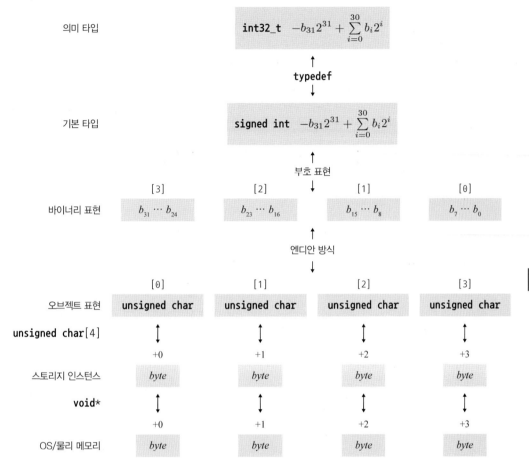

TAKEAWAY 12.1 기본 타입이 다르면 포인터 타입도 다르다.

C 메모리 모델은 물리 메모리에 대한 가상 뷰를 제공할 뿐만 아니라, 오브젝트 자체에 대한 뷰도 간결하게 표현한다. 여기서 각 오브젝트는 바이트 집합이라는 **오브젝트 표현**(object representation)(12.1절)이라고 가정한다.[2] 그림 12-1은 이를 그림으로 표현한 것이다. 오브젝트 표현을 탐색하는 데 편리한 도구로 유니온(union)(12.2절)이 있다. 오브젝트 표현에 직접 접근하면(12.3절) 몇 가지 세부적인 튜닝 작업을 수행할 수 있다. 하지만 추상 기계의 상태를 조작할 가능성이 있다. 이런 작업에 사용하는 도구로 타입 없는 포인터(12.4절), 캐스트(12.5절) 등이 있다. 이펙티브 타입(12.6절)과 정렬(12.7절)은 이런 작업에 대한 공식적인 한계와 플랫폼 제약 사항을 표현한 것이다.

---

2 오브젝트 표현은 5.1.3절에서 본 바이너리 표현(binary representation)과 관련은 있지만 같은 것은 아니다.

12.1 균일 메모리 모델

일반적으로 오브젝트를 타입으로 표현하지만 메모리 모델은 오브젝트를 **바이트**(byte)^C의 묶음이라고 좀 더 단순하게 바라본다. 배열에 대해 설명할 때 나왔던 **sizeof** 연산자는 오브젝트의 크기를 그 오브젝트가 사용하는 바이트의 양으로 측정한다. C 언어에서 메모리 바이트를 단 하나만 사용하는 타입이 크게 세 가지가 있는데, 문자 타입인 **char**와 **unsigned char**와 **signed char**다.

TAKEAWAY 12.2 정의에 따르면 **sizeof(char)**는 1이다.

저수준에서 볼 때 오브젝트는 모두 문자 타입을 기준으로 크기를 계산할 뿐만 아니라, 마치 문자 타입의 배열인 것처럼 취급할 수도 있다. 구체적인 방법은 조금 뒤에서 설명하기로 하고, 일단 여기서는 다음 사항만 명심해 두자.

TAKEAWAY 12.3 오브젝트 A는 **unsigned char[sizeof A]**로 볼 수 있다.

TAKEAWAY 12.4 문자 타입 포인터는 특별하다.

아쉽게도 나머지 오브젝트 타입을 구성하는 데 사용되는 타입은 모두 **char**로부터 파생된다. 이 타입은 우리가 스트링을 구성하는 타입으로 사용했던 바로 그 타입이다. 이렇게 구성된 이유는 단지 처음부터 그렇게 정의해서 사용했기 때문일 뿐 다른 심오한 원리는 없다. 따라서 두 가지 용도를 명확히 구분해야 한다.

TAKEAWAY 12.5 문자와 스트링 데이터는 **char**로 표현한다.

TAKEAWAY 12.6 오브젝트 타입의 기본 구성 요소는 **unsigned char**로 표현한다.

signed char 타입은 앞의 두 가지 타입에 비해 중요도가 떨어진다.

앞에서 봤듯이 **sizeof** 연산자는 **unsigned char**의 개수로 오브젝트의 크기를 구한다.

TAKEAWAY 12.7 **sizeof** 연산자는 오브젝트와 오브젝트 타입에 적용할 수 있다.

앞 절에서는 **sizeof**에 소괄호를 쓴 구문과 그렇지 않은 구문을 구별했다. 오브젝트에 적용할 때는 두 가지 문법 모두 적용할 수 있지만, 타입에 적용할 때는 소괄호를 써야 한다.

TAKEAWAY 12.8 T 타입으로 된 오브젝트의 크기는 **sizeof**(T)로 구한다.

12.2 유니온

이번에는 오브젝트를 구성하는 바이트를 살펴보는 방법에 대해 알아보자. 이때 흔히 사용하는 도구는 **union**이다. **union**은 **struct**와 비슷하지만 몇 가지 의미가 다른 부분이 있다.

endianness.c

```
2 #include <inttypes.h>
3
4 typedef union unsignedInspect unsignedInspect;
5 union unsignedInspect {
6   unsigned val;
7   unsigned char bytes[sizeof(unsigned)];
8 };
9 unsignedInspect twofold = { .val = 0xAABBCCDD, };
```

여러 타입의 오브젝트를 묶어서 더 큰 오브젝트 하나로 만드는 **struct**와 달리 **union**은 한 오브젝트를 다양한 타입으로 해석할 수 있도록 **오버레이**(overlay)(겹쳐서 나열)한다. 그래서 특정 타입에 따른 오브젝트의 개별 바이트 구성을 살펴보는 데 적합하다.

그럼 먼저 개별 바이트로 어떤 값을 가질 수 있는지 알아보자. 약간 느슨하게 표현해서 이러한 바이트에 해당하는 부호 없는 숫자의 다양한 부분을 **표현 숫자**(representation digit)라고 해 보자. 앞에서 설명했듯이 바이트는 **unsigned char** 타입이므로 0부터 **UCHAR_MAX**까지의 값을 가질 수 있다. 그래서 이 숫자를 **UCHAR_MAX**+1부터 시작한다고 해석할 수 있다. 앞의 예제 코드를 필자의 머신에서 실행할 때, **unsigned** 타입의 값을 **sizeof(unsigned)** == 4인 표현 숫자로 나타낼 수 있었으며, 그래서 최상위 자리 숫자부터 최하위 자리 숫자까지의 값을 0xAA, 0xBB, 0xCC, 0xDD로 선택했다. **unsigned**에 대한 전체 값은 다음 표현식으로 구할 수 있다. 여기서 **CHAR_BIT**은 문자 타입의 비트 수를 의미한다.

```
1 ((0xAA << (CHAR_BIT*3))
2   |(0xBB << (CHAR_BIT*2))
3   |(0xCC << CHAR_BIT)
4   |0xDD)
```

앞에서 정의한 **union**에 따르면 twofold 오브젝트를 두 가지 관점에서 볼 수 있다. twofold.val은 **unsigned** 타입으로 표현하고, twofold.bytes는 **unsigned char** 타입 배열로 표현한다. twofold.bytes의 길이가 twofold.var의 크기와 똑같도록 정했으므로 바이트를 정확히 표현할 수 있다. 그래서 **unsigned** 값에 대한 **오브젝트 표현**(object representation)^C, 즉 표현 숫자 전체를 들여다보는 방법을 제공한다.

endianness.c

```
12    printf("value is 0x%.08X\n", twofold.val);
13    for (size_t i = 0; i < sizeof twofold.bytes; ++i)
14        printf("byte[%zu]: 0x%.02hhX\n", i, twofold.bytes[i]);
```

이 코드를 필자의 컴퓨터에서 실행한 결과는 다음과 같다.[3]

터미널

```
0 ~/build/modernC% code/endianness
1 value is 0xAABBCCDD
2 byte[0]: 0xDD
3 byte[1]: 0xCC
4 byte[2]: 0xBB
5 byte[3]: 0xAA
```

필자의 머신에서 실행시키면 정수에 대한 낮은 자리 표현 숫자가 가장 앞에 오고, 그 다음 낮은 차수의 숫자가 출력되는 식으로 진행되며, 마지막에는 최상위 숫자가 출력된다. 그래서 이런 정수를 메모리에 표현할 때 낮은 자리 표현 숫자가 높은 자리 표현 숫자보다 앞에 나온다.

표준에서는 여기에 대해 정의하지 않고 구현마다 동작이 다르다.

TAKEAWAY 12.9 산술 타입의 표현 숫자에 대한 메모리 내부의 순서는 구현마다 다르다.

다시 말해 플랫폼 제공자는 반드시 최상위 숫자가 가장 먼저 나온 다음에 낮은 자리 숫자가 하나씩 출력되도록 할 수도 있다. 앞의 예에서 필자의 머신처럼 낮은 자리 숫자가 먼저 나오는 방식을 **리틀 엔디안**(little endian)^C이라 하고, 반대로 높은 자리 표현 숫자가 먼저 나오는 방식을 **빅 엔디안** (big endian)^C이라 한다.[4] 두 방식 모두 최신 프로세스 타입으로 많이 사용하고 있다. 심지어 일부 프로세서는 두 방식을 동적으로 변경하는 기능도 제공한다.

앞에서 나온 결과를 보면 또 다른 구현 방식을 볼 수 있다. 필자의 플랫폼에서는 한 가지 표현 숫자를 16진수 숫자 두 개로 깔끔하게 출력된다는 점을 활용했다. 다시 말해 **UCHAR_MAX**+1은 256이고, **unsigned char** 값에 대한 비트 개수인 **CHAR_BIT**은 8이라고 가정했다. 이것 역시 구현에서 정

---

3   여러분도 각자의 머신에서 이 코드를 실행시켜 보기 바란다.

4   먼저 저장되는 부분이 숫자의 큰 쪽 또는 작은 쪽이라는 의미에서 정해진 이름이다.

의한 동작으로써, 이런 속성을 가진 플랫폼이 굉장히 많음에도 불구하고[5] 보다 넓은 문자 타입을 가진 것들도 여전히 존재한다.

TAKEAWAY 12.10 | 대부분의 아키텍처에서 **CHAR_BIT**는 8이고, **UCHAR_MAX**는 255다.

여기서는 가장 간단한 산술 타입에 대한 메모리 내부 표현 방식을 살펴봤다. 다른 기본 타입을 메모리 내부에 표현하는 과정은 이보다 복잡하다. 부호 있는 정수 타입은 부호를 인코딩해야 하고, 부동 소수점 타입은 부호와 가수(mantissa)와 지수(exponent)를 인코딩해야 한다. 그리고 포인터 타입은 플랫폼의 아키텍처에 맞게 내부적인 관례를 따라야 할 수도 있다.[Exs1, Exs2, Exs3]

12.3 메모리와 상태

프로그램에 있는 모든 오브젝트 값은 추상 상태 기계의 상태를 표현한다. 이때 특정한 실행에 대한 상태는 오브젝트의 값으로 표현한다. C 언어는 & 연산자로 거의 모든 오브젝트의 고유 위치를 알 수 있으며, 포인터를 통해 프로그램의 다양한 지점에서 이런 위치에 접근하고 수정할 수 있다.

프로그램에서 포인터를 조작하면 현재 실행에 대한 추상 상태 기계를 구성하기 훨씬 힘들어진다. 아예 불가능하진 않겠지만 대체로 어려워진다.

다음 예에서 프로그래머(와 컴파일러)는 blub 함수의 선언만 알고 정의는 볼 수 없다고 하자. 그래서 인수로 주어진 포인터가 가리키는 대상 오브젝트를 어떻게 처리하는지 알 수 없다. 특히 변수 d가 수정되고 이에 따라 c + d의 결과에도 변화가 일어나는지 모른다. 이 프로그램은 메모리에 있는 오브젝트 d를 검사해서 blub 함수를 호출한 뒤의 값을 알아낸다.

그럼 다음 코드에 나온 포인터 인수 두 개를 받는 함수를 살펴보자.

```
1 double blub(double const* a, double* b);
2
3 int main(void) {
4    double c = 35;
5    double d = 3.5;
6    printf("blub is %g\n", blub(&c, &d));
7    printf("after blub the sum is %g\n", c + d);
8 }
```

---

5 특히 POSIX 시스템은 모두 그렇다.
Exs 1 포인터 타입(**CH** double*)의 바이트 구성을 살펴보기 위한 **union** 타입도 설계해 보자.
Exs 2 앞에서 정의한 **union**에 대해, 배열에서 연속된 두 원소의 주소를 살펴보자.
Exs 3 같은 변수라도 실행할 때마다 주소가 달라지는지 확인해 보자.

```
1  double blub(double const* a, double* b) {
2    double myA = *a;
3    *b = 2*myA;
4    return *a; // myA일 수도 있고 2*myA일 수도 있다.
5  }
```

이 함수는 두 가지 사항을 가정하고 연산을 수행한다. 하나는 두 인수로 주어진 주소가 서로 다르면 *a 값은 변하지 않고 리턴 값은 myA와 같다는 것이다. 하지만 두 인수로 주어진 주소값이 같으면(예를 들어 blub(&c, &c)와 같이 호출하면) *b의 변경 사항이 *a 값에도 반영된다.

같은 오브젝트를 다른 포인터로 접근하는 현상을 **앨리어싱**(aliasing)^C이라고 한다. 최적화 과정에서 이 부분을 빠뜨리는 경우가 많다. 두 포인터가 동일한 오브젝트를 가리킬 때나 그런 일이 전혀 없는 경우에는 실행에 대한 추상 상태가 확 줄기 때문에 최적화기는 이 사실을 최대한 활용할 때가 많다. 따라서 C는 동일한 타입의 포인터에 앨리어싱이 발생할 가능성이 있는 부분을 엄격히 제한한다.

TAKEAWAY 12.11 **앨리어싱** – 앨리어싱(동일한 기본 타입에 대한 복수의 포인터)은 문자 타입에 대해서만 허용한다.

앞의 예제를 살짝 변형한 코드를 통해 이 규칙이 실제로 적용되는 과정을 확인해 보자.

```
1  size_t blob(size_t const* a, double* b) {
2    size_t myA = *a;
3    *b = 2*myA;
4    return *a; // myA여야 한다.
5  }
```

여기 나온 두 매개변수는 서로 타입이 다르기 때문에 C 언어는 동일한 오브젝트의 주소를 가리키지 않는다고 간주한다. 실제로 blob(&e, &e)와 같이 호출하면 에러가 발생하는데, blob의 프로토타입과 일치하지 않기 때문이다. 그래서 return문에서 *a 오브젝트가 변하지 않으면서 이미 myA 변수에 원하는 값이 담겨 있도록 보장해야 한다.

이런 함수에 동일한 오브젝트를 가리키는 포인터를 넘기도록 컴파일러를 속이는 방법이 몇 가지 있다. 그 중 몇 가지를 살펴보자. 실전에서는 이렇게 작성하지 않기 바란다. 깊은 절망과 슬픔에 빠지는 지름길이다. 이렇게 작성하면 프로그램의 동작을 예측할 수 없기 때문에 항상 앨리어싱이 발생하지 않는다는 것을 보장해야 하기 때문이다.

반대로 프로그램을 작성할 때는 변수에 대한 앨리어스가 발생하지 않도록 최대한 보장해야 한다. 그러기 위한 쉬운 방법이 있다.

TAKEAWAY 12.12 & 연산자를 쓰지 마라.

주어진 변수의 속성에 따라 컴파일러는 그 변수의 주소를 받는 부분이 없어서 앨리어스가 발생하지 않는다고 판단해 버릴 수 있다. 컴파일러가 이런 결정을 내리도록 만드는 속성이 무엇인지, 의도와 다르게 주소가 전달되지 않도록 **register** 키워드를 어떻게 사용하는지 13.2절에서 자세히 살펴본다. 또한 15.2절에서는 **restrict** 키워드를 통해 포인터 인수의 기본 타입이 서로 같더라도 앨리어싱 속성을 지정하는 방법도 소개한다.

12.4 불특정 오브젝트에 대한 포인터

앞에서 봤듯이 오브젝트 표현은 어떤 오브젝트 X를 **unsigned char[sizeof X]** 배열 형태로 보여준다. 이 배열은 **unsigned char*** 타입이며 시작 주소를 통해 메모리에 접근할 수 있다.

C 언어는 이런 포인터를 보다 범용적으로 다룰 수 있는 강력한 도구를 개발했는데, 바로 타입 없는 **void** 포인터다.

TAKEAWAY 12.13 오브젝트 포인터는 모두 **void*** 타입으로 변환할 수 있고 그 반대도 가능하다.

단, 오브젝트 포인터에 대해서만 적용되고 함수 포인터는 그렇지 않다. 기존 오브젝트의 주소를 값으로 갖는 **void*** 포인터가, 그 오브젝트를 담은 **스토리지 인스턴스**(storage instance)에 대한 포인터라고 생각해 보자(그림 12-1). 이를 전화번호부에 있는 항목에 비유할 수 있다. 즉, 전화번호부에 나온 사람 이름은 오브젝트를 가리키는 식별자다. 그리고 '휴대전화', '집 전화', '직장 전화' 등과 같은 분류 항목은 타입이고, 전화번호는 주소다(주소 자체만으로는 큰 의미가 없다). 그런데 전화번호는 전화가 구체적으로 어느 장소에 있는지(오브젝트를 담은 스토리지 인스턴스가 어느 것인지)에 대한 정보나, 전화기 자체에 대한 정보나(예를 들어 유선 전화인지 무선 전화인지 등), 상대방 전화기에 연결하기 위해 네트워크에서 수행해야 할 구체적인 작업을 추상화해서 숨긴다.

TAKEAWAY 12.14 오브젝트는 스토리지, 타입, 값으로 구성된다.

void*로 전환하는 과정은 정식으로 정의된 기능일 뿐만 아니라 포인터 값도 잘 다루도록 보장해준다.

TAKEAWAY 12.15 오브젝트 포인터를 **void***로 변환했다가 다시 원래 타입으로 돌아와도 처음과 같다(**항등 연산**(identity operation)).

따라서 **void***로 변환할 때 타입 정보만 손상될 뿐 값 자체는 그대로 보존된다.

TAKEAWAY 12.16 **void***를 쓰지 말자.

void*로 변환하면 기존 주소에 대한 타입 정보가 모두 사라지므로 가능하면 void*로 변환하지 않는 것이 좋다. 다만, 가령 void*를 리턴하는 C 라이브러리 함수를 호출하는 것처럼 반대 방향으로 변환하는 것은 좀 낫다.

변수를 선언할 때 타입을 void로 지정하는 것은 바람직하지 않다. 이렇게 생성된 오브젝트로는 할 수 있는 일이 없다.

12.5 명시적 변환

X라는 오브젝트에 대한 포인터를 unsigned char* 타입의 포인터로 변환해 보면 X에 대한 오브젝트 표현을 쉽게 살펴볼 수 있다.

```
double X;
unsigned char* Xp = &X; // 에러: 암묵적 변환은 허용되지 않음
```

다행히 이렇게 double*을 unsigned char*로 암묵적으로 변환하는 것은 허용하지 않는다. 그래서 이런 변환을 명시적으로 표현해야 한다.

앞에서 여러 차례 본 적 있듯이 어떤 타입의 값이 다른 타입의 값으로 암묵적으로 변환되거나(5.4절), 좁은 정수 타입(narrow integer type)의 범위를 먼저 int로 변환한 뒤에 연산을 수행할 수 있다. 이런 관점에서 보면 좁은 타입(narrow type)은 다음과 같이 굉장히 특수한 상황에서만 적합하다.

- 메모리를 아끼면서 작은 값을 엄청나게 많이 담은 배열을 사용할 경우에 사용한다. 여기서 '엄청나게 많다'란 원소가 수백 만 혹은 수십 억 개라는 뜻이다. 이럴 때는 값을 저장해 두는 것이 좋다.
- 문자나 스트링에 대해 char 타입을 사용한다. 하지만 이렇게 하면 산술 연산을 할 수 없다.
- 오브젝트의 바이트를 검사하려면 unsigned char 타입을 사용한다. 이 경우도 마찬가지로 산술 연산을 할 수 없다.

포인터 타입을 변환하는 작업은 좀 까다로운데, 오브젝트에 대한 타입 해석이 달라질 수 있기 때문이다. 데이터 포인터에 대한 암묵적 변환은 단 두 가지 방식만 허용된다. 하나는 void*에 대한 변환이고, 다른 하나는 타겟 타입에 대해 한정자(qualifier)를 붙이는 변환이다. 그럼 몇 가지 예를 살펴보자.

```
1 float f = 37.0;     // float 타입으로 변환
2 double a = f;       // double 타입으로 변환
```

```
3 float* pf = &f;         // 정확한 타입
4 float const* pdc = &f;  // 한정자를 붙이는 변환
5 void* pv = &f;          // 포인터를 void*로 변환
6 float* pfv = pv;        // void*를 포인터로 변환
7 float* pd = &a;         // 에러: 호환되지 않은 포인터 타입
8 double* pdv = pv;       // 알 수 없는 동작이 발생한다.
```

void*를 사용하는 pv와 pfv 변환 과정은 좀 복잡하다. 포인터와 **void*** 사이를 변환하지만 pfv의 타깃 타입은 f와 같기 때문에 문제없이 처리된다는 것을 알 수 있다.

그 뒤에 나오는 변환에서는 에러가 발생한다. 컴파일러는 pd를 초기화할 때 심각한 문제가 발생하지 않도록 보호해 준다. 크기와 해석 방식이 다른 타입에 대한 포인터를 대입하면 심각한 문제가 발생할 수 있기 때문이다. C 표준을 따르는 컴파일러라면 반드시 이런 문장을 보면 경고 메시지를 출력해야 한다. 앞에서 배웠듯이 컴파일러 경고는 발생하면 안 된다(TAKEAWAY 1.4). 또한 이렇게 발생한 에러를 해결하기 전에는 다음 작업으로 넘어가면 안 된다.

마지막 줄에서는 더 심각한 문제가 발생한다. 이 문장의 문법은 아무 문제가 없으므로 컴파일러가 걸러내지 못할 수 있다. 왜냐하면 pv를 처음 변환할 때 포인터에서 타입 정보를 모두 걷어 냈기 때문이다. 따라서 컴파일러는 그 포인터가 가리키는 오브젝트가 무슨 타입인지 모르게 된다.

지금까지 본 암묵적 변환 말고도, C 언어는 **캐스트**(cast)(캐스팅)^C를 이용하여 명시적으로 변환하는 기능도 제공한다.[6] 캐스트를 쓴다는 것은 프로그래머가 상황을 잘 알고 있다는 것을 컴파일러에게 알려 주는 셈이다. 즉, 포인터가 가리키는 오브젝트의 타입은 컴파일러가 판단한 것과 다르니 가만히 있으라는 뜻이다. 필자가 경험한 바에 의하면 컴파일러의 판단이 맞고 프로그래머는 틀린 경우가 많았다. 심지어 숙련된 프로그래머조차 캐스트를 남발하다가 타입을 잘못 판단하기도 한다.

TAKEAWAY 12.17 캐스트를 쓰지 말자.

캐스트면 소중한 정보가 날아가 버릴 수 있다. 또한 타입을 제대로 정했다면 캐스트가 필요한 경우가 극히 드물다.

예를 들어 오브젝트의 내용을 바이트 수준으로 살펴보는 경우를 생각해 보자. 12.2절에서 본 것처럼 오브젝트를 **union**으로 구성하기 아주 힘들거나 불가능할 수 있는데, 이럴 때는 캐스트를 활용한다.

---

6 표현식 X를 T 타입으로 캐스트하는 것을 (T)X로 표기한다. '캐스팅'이라는 표현도 많이 쓰는데, 배우 X를 T라는 배역에 캐스팅한다고 생각할 수 있다.

```
15   unsigned val = 0xAABBCCDD;
16   unsigned char* valp = (unsigned char*)&val;
17   for (size_t i = 0; i < sizeof val; ++i)
18     printf("byte[%zu]: 0x%.02hhX\n", i, valp[i]);
```

이렇게 오브젝트 포인터에서 문자 타입 포인터로 변환할 때 캐스트하는 것은 문제 발생 가능성이 거의 없다.

12.6 이펙티브 타입

C 언어는 포인터에 의해 동일한 오브젝트를 여러 지점에서 비리보는 상황을 잘 처리할 수 있도록 오브젝트에 접근하는 방식을 제한하는 **이펙티브 타입**(effective type)이란 개념을 도입했다.

TAKEAWAY 12.18 **이펙티브 타입** – 오브젝트는 반드시 이펙티브 타입이나 문자 타입 포인터를 통해서만 접근한다.

union 변수의 이펙티브 타입은 **union** 타입이고 멤버에 대해서는 없기 때문에, **union** 멤버는 이 규칙을 다소 느슨하게 적용할 수 있다.

TAKEAWAY 12.19 이펙티브 **union** 타입을 가진 오브젝트 멤버는 언제나 접근할 수 있다. 단, 바이트 표현이 접근 타입의 유효한 값과 같아야 한다.

지금까지 살펴본 오브젝트는 모두 이펙티브 타입을 쉽게 결정할 수 있다.

TAKEAWAY 12.20 변수나 복합 리터럴은 선언에 나온 타입이 이펙티브 타입이다.

이보다 좀 더 복잡한 오브젝트에 대해서는 뒤에서 자세히 소개한다.

이 규칙에는 예외가 없으므로 이런 변수나 복합 리터럴의 타입을 변경할 수 없다.

TAKEAWAY 12.21 변수나 복합 리터럴은 반드시 선언된 타입이나 문자 타입 포인터로만 접근해야 한다.

또한 문자 타입으로 접근할 때 비대칭적이라는 점에 주의한다. 모든 오브젝트는 **unsigned char**로 구성된 것처럼 볼 수 있다. 하지만 **unsigned char** 배열을 다른 타입을 통해 사용할 수는 없다.

```
unsigned char A[sizeof(unsigned)] = { 9 };
// 적법하지만 유용하지 않다. 대부분 캐스트가 그렇다.
unsigned* p = (unsigned*)A;
```

```
   // 에러: 이펙티브 타입도 아니고 문자 타입도 아닌 타입으로 접근했다.
   printf("value \%u\n", *p);
```

여기서 *p에 접근하는 부분에 에러가 발생하는데, 이 문장 이후로 프로그램 상태를 예측할 수 없게 된다. 앞에서 union으로 처리할 때와 정반대다. 12.2절을 보면 바이트 시퀀스를 unsigned char나 unsigned 타입의 배열로 볼 수 있었다.

이렇게 엄격한 규칙이 적용되는 이유는 여러 가지다. C 표준에서 이펙티브 타입을 도입한 첫 번째 이유는 12.3절에서 본 앨리어싱(aliasing)을 다루기 위해서다. 사실 앨리어싱 규칙(TAKEAWAY 12.11)은 이펙티브 타입 규칙(TAKEAWAY 12.18)에서 파생된 것이다. union을 사용하지 않는 한, 컴파일러는 size_t*로 double에 접근할 수 없다는 것을 안다. 따라서 컴파일러는 size_t*와 double 오브젝트가 서로 다르다고 간주할 수 있다.

12.7 정렬

('문자 타입 포인터'에서 '오브젝트 포인터'로 변환하는) 반대 방향에서는 문제가 발생할 가능성이 없다. 그 이유는 C의 메모리 모델의 속성 중 하나인 **정렬**(alignment)^C과 관련이 있다. 문자 타입이 아닌 오브젝트는 대부분 바이트를 아무데서나 시작할 수 없고, **워드 경계**(word boundary)^C에서 시작해야 한다. 정렬은 오브젝트가 시작할 수 있는 바이트 위치를 표현한다.

어떤 데이터에서 정렬이 잘못됐다고 강제로 지정하면 매우 안 좋은 상황이 될 수 있다. 예를 들어 다음 코드를 살펴보자.

```
 1 #include <stdio.h>
 2 #include <inttypes.h>
 3 #include <complex.h>
 4 #include "crash.h"
 5
 6 void enable_alignment_check(void);
 7 typedef complex double cdbl;
 8
 9 int main(void) {
10   enable_alignment_check();
11   /* 복소수 값과 바이트에 대한 오버레이 */
12   union {
13     cdbl val[2];
14     unsigned char buf[sizeof(cdbl[2])];
```

```
15      } toocomplex = {
16        .val = { 0.5 + 0.5*I, 0.75 + 0.75*I, },
17      };
18      printf("size/alignment: %zu/%zu\n",
19            sizeof(cdbl), _Alignof(cdbl));
20      /* Run over all offsets, and crash on misalignment. */
21      for (size_t offset = sizeof(cdbl); offset; offset /=2) {
22        printf("offset\t%zu:\t", offset);
23        fflush(stdout);
24        cdbl* bp = (cdbl*)(&toocomplex.buf[offset]); // align!
25        printf("%g\t+%gI\t", creal(*bp), cimag(*bp));
26        fflush(stdout);
27        *bp *= *bp;
28        printf("%g\t+%gI", creal(*bp), cimag(*bp));
29        fputc('\n', stdout);
30      }
31    }
```

이 코드에서는 먼저 **union**을 선언하며, 이 선언 방식은 앞에서 본 것과 비슷하다. 여기서도 마찬가지로 (**complex double**[2] 타입의) 데이터 오브젝트가 있는데, **unsigned char** 배열로 오버레이 했다. 이 부분이 좀 복잡할 뿐 큰 문제는 없어 보인다. 하지만 이 프로그램을 필자의 머신에서 실행했을 때 다음과 같은 결과가 발생했다.

터미널

```
0 ~/.../modernC/code (master % u=) 14:45 <516>$ ./crash
1 size/alignment: 16/8
2 offset 16: 0.75 +0.75I 0 +1.125I
3 offset 8: 0.5 +0I 0.25 +0I
4 offset 4: Bus error
```

이 프로그램은 **버스 에러**(bus error)[C]라는 메시지와 함께 멈춰 버린다. 버스 에러는 'data bus alignment error'의 줄임말이다. 실제로 문제가 발생한 문장은 다음과 같다.

crash.c

```
23      fflush(stdout);
24      cdbl* bp = (cdbl*)(&toocomplex.buf[offset]); // 정렬!
```

오른쪽에서 포인터로 캐스트한 것을 볼 수 있다. `unsigned char*`를 `complex double*`로 변환했다. 이 부분을 `for` 루프로 감싸서 toocomplex의 시작점부터 바이트 오프셋인 offset만큼 캐스트가 수행되도록 했다. 이는 2의 지수승인 16, 8, 4, 2, 1에 해당한다. 앞에 나온 출력 결과를 보면 알 수 있듯이 `complex double`은 절반 크기의 정렬에 대해서도 여전히 정상적으로 작동한다. 하지만 $\frac{1}{4}$ 정렬부터는 프로그램이 죽는다.

아키텍처 중에서도 정렬 에러에 덜 민감한 것도 있다. 그런 시스템에서는 이런 경우에 에러가 발생하도록 설정하는 것이 좋다. 다음 함수를 이용하여 프로그램이 무조건 죽게 만들 수 있다.

---

crash.c

enable_alignment_check: i386 프로세서에 대해 정렬 검사 기능을 켠다.

인텔 i386 프로세서 제품군은 데이터 정렬 에러에 관대한 편이다. 그래서 정렬 에러에 민감한 다른 아키텍처로 포팅할 때 굉장히 짜증나는 버그가 발생하기 쉽다.

이 함수는 이런 문제에 대한 정렬 검사 기능을 해당 프로세스 제품군에 대해서도 켜기 때문에 정렬 에러를 조기에 발견할 수 있다.

이 코드는 위그드라실(Ygdrasil)의 블로그(http://orchistro.tistory.com/206)에서 발견했다.

```
void enable_alignment_check(void);
```

이식 가능한 코드(portable code)에 관심 있는 (그리고 아직까지 포기하지 않고 계속 읽고 있을 것으로 믿어 의심치 않은) 독자에게는 이런 에러가 개발 초기 단계에 드러나는 것이 크게 도움된다.[7] 그렇다면 프로그램이 죽는 것은 일종의 기능이라고 볼 수 있다. 여기에 대한 흥미로운 토론을 참고하고 싶다면 crash.h를 다루는 블로그 글을 읽어 보기 바란다.

앞의 예제에서 `alignof`(또는 `stdalign.h`를 인클루드하지 않았다면 `_Alignof`)라는 새로운 연산자를 사용했다. 이 연산자는 특정한 타입에 대한 정렬 기능을 제공하지만 실전에서 이 연산자를 사용할 일은 거의 없다.

지정한 정렬 지점에서 강제로 할당하도록 하는 키워드인 `alignas`(또는 앞에서처럼 헤더 파일을 인클루드하지 않았다면 `_Alignas`)도 있다. 이 연산자의 인수로 타입과 표현식을 지정할 수 있다. 현재 플랫폼에서 데이터를 특정한 방식으로 정렬하면 특정 연산을 더 효율적으로 수행할 수 있을 경우에 활용하면 좋다.

---

7   이 함수 안에서 사용하는 코드에 대해서는 crash.h 파일을 읽어 보기 바란다.

예를 들어 앞에서 본 것처럼 complex 변수를 그 크기의 $\frac{1}{2}$이 아닌 전체 크기에 맞게 정렬시키려면 다음과 같이 작성한다.

```
alignas(sizeof(complex double)) complex double z;
```

아니면 현재 플랫폼에서 float[4] 배열에 대해 효율적으로 처리할 수 있는 벡터 인스트럭션이 제공될 경우 다음과 같이 작성한다.

```
alignas(sizeof(float[4])) float fvec[4];
```

이 연산자는 이펙티브 타입 규칙(TAKEAWAY 12.18)을 따르지 않는다. 가령 다음과 같이 작성해도 12.6절 끝에 나온 예제는 여전히 잘못된 상태로 남아 있다.

```
alignas(unsigned) unsigned char A[sizeof(unsigned)] - { 9 };
```

12.8 요약

- 메모리 모델과 오브젝트 모델은 물리 메모리, 가상 메모리, 스토리지 인스턴스, 오브젝트 표현, 바이너리 표현 등과 같은 여러 계층으로 추상화한 것이다.
- 오브젝트는 일종의 unsigned char 배열이다.
- union은 여러 오브젝트 타입을 하나의 오브젝트 표현에 오버레이한다.
- 특정 데이터 타입의 요구에 맞게 메모리를 다양하게 정렬할 수 있다. 특히 unsigned char 배열이라고 해서 항상 오브젝트 타입을 표현하는 데 사용할 수 있는 것은 아니다.

13 스토리지

이 장에서 다루는 내용

- 동적 할당으로 오브젝트 생성하기

- 스토리지와 초기화 규칙

- 오브젝트 수명

- 자동 스토리지 다루기

지금까지 프로그램에서 다뤘던 오브젝트는 대부분 변수(variable)였다. 다시 말해 생성할 오브젝트에 적용할 타입과 이를 지칭할 식별자를 지정하여 통상적인 방식으로 오브젝트를 선언한 것이다. 때로는 코드에서 선언한 지점과 정의한 지점이 달랐는데, 이 경우에도 정의 코드는 타입과 식별자로 오브젝트를 가리킨다. 변수보다는 적게 나왔지만 5.6.4절에서 소개한 **복합 리터럴**(compound literal)이란 오브젝트도 있었다. 복합 리터럴은 식별자 없이 타입만 지정한다.

변수나 복합 리터럴 같은 오브젝트는 모두 **수명**(lifetime)^{C}이 있다. 구체적인 값은 프로그램의 문법 구조에 따라 결정된다. 오브젝트 수명과 식별자 가시성(visibility)은 (전역 변수, 전역 리터럴, **static**으로 선언된 변수처럼) 프로그램의 전체 실행 시간과 일치할 수도 있고, 함수 안에 있는 문장 블록에 국한될 수도 있다.[1]

또한 인스턴스끼리 구분해야 하는 오브젝트도 있는데, 대표적인 예로 재귀 함수에서 선언한 변수가 있다. 재귀호출 과정에서 각 단계마다 변수의 인스턴스를 따로 갖는다. 따라서 이러한 스토리지 인스턴스를 일반 오브젝트와 구분하는 것이 좋다.

이 장에서는 객체를 생성하는 또 다른 메커니즘인 **동적 할당**(dynamic allocation)^{C}의 사용법에 대해 소개한다(13.1절). 실제로 이 메커니즘은 바이트 배열로만 보이고 오브젝트로 해석되지는 않는 스토리지 인스턴스(storage instance)를 생성한다. 스토리지 인스턴스는 뭔가 저장할 때만 타입을 갖는다.

---

1 너무 간단하게 표현했는데, 자세한 사항은 잠시 후 설명한다.

이 메커니즘까지 갖추면 다양한 가능성에 대한 그림을 거의 완벽하게 그릴 수 있다. 따라서 이어지는 13.2절에서는 스토리지 기간(duration), 오브젝트 수명(lifetime), 식별자 가시성(visibility)에 대해 살펴본 후, 13.4절에서 초기화에 적용되는 규칙에 대해 구체적으로 살펴본다. 이 규칙은 오브젝트의 생성 방식에 따라 차이가 많이 나기 때문이다.

이 장에서는 본래 주제에서 약간 벗어난 두 가지 사항도 설명한다. 하나는 오브젝트 수명에 대한 것인데, C 코드의 오브젝트를 의외의 지점에서 접근할 수 있다는 것을 볼 것이다(13.3절). 다른 하나는 구체적인 아키텍처에서 메모리 모델을 구현하는 방법이며, 그 중에서도 특정 머신에서 자동 스토리지를 처리하는 방법에 대해 소개한다(13.5절).

13.1 malloc과 친구들

프로그램에서 지속적으로 늘어나는 데이터를 지금까지 살펴본 오브젝트 타입만으로 처리하기에는 한계가 있다. 다양한 사용자 입력과 웹 질의, 대용량 인터랙션 그래프(large interaction graph), 비정형 데이터(irregular data), 빅 매트릭스(big matrix)(거대 행렬), 오디오 스트림 등을 처리할 경우, 오브젝트에 대한 스토리지 인스턴스를 동적으로 할당했다가 더 이상 필요 없으면 해제할 수 있어야 한다. 이런 메커니즘을 **동적 할당**(dynamic allocation)^{C}이라 하며, 간단히 **할당**(allocation)이라고 부를 때도 있다.

다음 함수는 stdlib.h에서 제공하는 것으로, 할당된 스토리지에 대한 인터페이스를 제공하도록 설계된 것이다.

```
#include <stdlib.h>
void* malloc(size_t size);
void  free(void* ptr);
void* calloc(size_t nmemb, size_t size);
void* realloc(void* ptr, size_t size);
void* aligned_alloc(size_t alignment, size_t size);
```

그 중에서도 첫 번째와 두 번째에 나오는 **malloc**(memory allocate의 줄임말)과 **free**가 가장 대표적이다. 이름에서 알 수 있듯이 **malloc**은 스토리지 인스턴스를 동적으로 생성하고, **free**는 이렇게 생성한 인스턴스를 제거한다. 나머지 세 함수는 **malloc**의 특수 버전인데, **calloc**(clear allocate의 줄임말)은 새 스토리지의 모든 비트를 0으로 설정하고, **realloc**은 스토리지의 크기를 늘리거나 줄이며, **aligned_alloc**은 디폴트가 아닌 정렬을 보장해 준다.

이 함수는 모두 **void***를 사용한다. 다시 말해 타입 정보를 모르는 포인터를 사용한다. 이런 함수에 대해 '타입 없이'(non-type) 지정할 수 있다는 점이 바로 **void*** 포인터가 존재하는 이유다. **void***를 사용하면 모든 타입에 적용할 수 있게 된다. 다음 예는 **double** 타입 벡터에 대한 대용량 스토리지를 할당하는 과정을 보여 준다. 이 벡터는 각 원소마다 살아 있는 사람 한 명씩 넣는다. [Exs 1]

```
size_t length = livingPeople();
double* largeVec = malloc(length * sizeof *largeVec);
for (size_t i = 0; i < length; ++i) {
  largeVec[i] = 0.0;
}

...

free(largeVec);
```

malloc은 구체적인 활용 방식이나 저장할 오브젝트의 타입을 모르기 때문에 스토리지 크기를 바이트 단위로 지정한다. 이 구문에서 largeVec에 대한 포인터 타입 정보를 단 한 번만 지정했는데, **malloc**을 호출할 때 매개변수를 **sizeof** *largeVec이라고 지정하여 정확한 바이트 수만큼 할당하게 만들었다. 나중에 largeVec의 타입을 **size_t***로 변경하더라도 이렇게 할당된 것은 적절히 맞춰진다.

코드에서 자주 보게 되는 또 다른 구문으로, 생성하려는 오브젝트의 타입에 대한 크기를 인수로 받는 것이 있다. 여기서는 **double** 타입 원소의 개수가 length인 배열을 지정했다.

```
double* largeVec = malloc(sizeof(double[length]));
```

앞에서 명시적인 변환을 제공하는 캐스트에 대해 설명한 것을 기억할 것이다. 여기서 주목할 점은 **malloc**을 호출한 부분은 이대로 작성해도 된다. 즉, **malloc**의 리턴 타입이 **void***에서 타깃 타입으로 자동 변환되므로 따로 처리할 필요가 없다.

[TAKEAWAY 13.1] **malloc** 시리즈 함수의 리턴 값은 캐스트하지 않는다.

굳이 캐스트할 필요가 없을 뿐만 아니라 명시적으로 변환했을 때 stdlib.h 헤더 파일을 깜박하고 인클루드하지 않으면 오히려 역효과가 발생할 수 있다.

Exs 1 이렇게 할당하지 말고 현재 플랫폼에서 필요한 크기를 계산해 보자. 이런 벡터를 현재 플랫폼에서 할당할 수 있을까?

```
/* stdlib.h를 깜박하고 인클루드하지 않으면, 다음과 같이 간주하는 컴파일러가 많다. */
int malloc(); // 잘못된 함수 인터페이스!
...
double* largeVec = (void*)malloc(sizeof(double[length]));
                                  ⋮
                      int <--
                         ⋮
               void* <--
```

이전 C 컴파일러는 **int**로 리턴됐다고 간주하고 **int**를 포인터 타입으로 변환해 버린다. 이런 오작동 때문에 프로그램이 죽거나 미묘한 버그가 발생하는 경우를 많이 봤다. 특히 잘못된 조언을 듣고 초보자가 작성한 코드에서 이러한 상황이 많이 나온다.

앞에 나온 코드의 다음 단계로, 방금 할당한 스토리지를 대입 방식으로 초기화한다. 여기서는 모두 0.0으로 초기화하며, largeVec은 이렇게 대입해야만 개별 원소를 '오브젝트'로 만들 수 있다. 이렇게 대입하면 이펙티브 타입과 값이 제공된다.

TAKEAWAY 13.2 **malloc**으로 할당한 스토리지는 초기화되지 않고 타입도 지정되지 않은 상태다.

13.1.1 가변 크기 배열 예제의 완성 버전

이번에는 예제를 통해 **malloc**으로 할당한 동적 배열을 사용하면 배열 변수를 사용할 때보다 유연해진다는 사실을 확인해 보자. 다음 인터페이스는 **double** 값으로 구성된 원형 버퍼(circular buffer)인 circular에 대해 설명한 것이다.

---

circular.h

circular: **double** 값으로 구성된 원형 버퍼에 대한 불투명 타입

이 데이터 구조는 버퍼의 끝에 **double** 값을 추가하고 버퍼의 앞에서 값을 빼는 것이며, 저장할 수 있는 원소의 최대 개수가 정해져 있다.

```
typedef struct circular circular;
```

---

circular.h

circular_append: 값이 value인 새로운 원소를 버퍼 c에 추가한다.

리턴 값: 새 원소를 추가할 수 있으면 c를, 그렇지 않으면 0을 리턴한다.

```
circular* circular_append(circular* c, double value);
```

circular_pop: c에 있는 원소 중 가장 오래 저장된 것을 제거하고 그 값을 리턴한다.

리턴 값: 대상 원소가 있으면 제거한 원소를 리턴하고, 그렇지 않으면 0.0을 리턴한다.

```
double circular_pop(circular* c);
```

처음에는 원소가 하나도 없는 버퍼에서 시작해서 새 원소를 추가하거나 기존 원소를 맨 앞에서 제거한다. 최대 개수를 넘지 않는다면 이런 식으로 계속 작동시킬 수 있다. 버퍼에 저장되는 각 원소는 다음 함수에 접근할 수 있다.

circular_element: 버퍼 c에서 pos 지점을 가리키는 포인터를 리턴한다.

리턴 값: 버퍼의 pos번째 원소가 있으면 그 원소에 대한 포인터를 리턴하고, 그렇지 않으면 0을 리턴한다.

```
double* circular_element(circular* c, size_t pos);
```

13

스트리지

circular 타입은 원형 버퍼에 대해 공간을 할당하거나 해제해야 하므로, 이 타입에 대해 초기화하는 함수와 이 타입의 인스턴스를 제거하는 함수를 일관성 있게 제공해야 한다. 이 기능은 다음 두 쌍의 함수로 제공한다.

circular_init: 원소가 최대 max_len개인 원형 버퍼 c를 초기화한다.

이 함수는 초기화되지 않은 버퍼에 대해서만 호출한다.

이 함수로 초기화된 버퍼는 반드시 circular_destroy 함수로 제거해야 한다.

```
circular* circular_init(circular* c, size_t max_len);
```

circular_destroy: 원형 버퍼 c를 제거한다.

c는 반드시 circular_init 함수로 초기화되어 있어야 한다.

```
void circular_destroy(circular* c);
```

circular_new: 원소가 최대 len개인 원형 버퍼를 할당해서 초기화한다.

이 함수로 할당된 버퍼는 반드시 circular_delete 함수로 삭제해야 한다.

```
circular* circular_new(size_t len);
```

circular_delete: 원형 버퍼 c를 삭제한다.

c는 반드시 circular_new로 할당한 것이어야 한다.

```
void circular_delete(circular* c);
```

첫 번째와 두 번째 함수는 기존 오브젝트에 적용되는데, 오브젝트에 대한 포인터를 인수로 받아 버퍼에서 그 공간을 할당하거나 해제한다. 세 번째 함수는 오브젝트를 생성해서 초기화한다. 네 번째 함수는 오브젝트를 삭제한 다음, 그 오브젝트가 사용하던 메모리 공간을 해제한다.

기존 배열 변수를 사용했다면 원형 버퍼(circular)를 생성하는 시점에 저장 가능한 원소의 최대 개수를 확정해야 한다. 보다 유연하게 만들기 위해 circular_resize 함수로 최대 개수를 늘리거나 줄이도록 했다. 또한 현재 원소의 개수를 circular_getlength로 확인할 수 있다.

circular_resize: 현재 용량인 max_len을 변경한다.

```
circular* circular_resize(circular* c, size_t max_len);
```

circular_getlength: 저장된 원소의 개수를 리턴한다.

```
size_t circular_getlength(circular* c);
```

또한 circular_element를 이용하면 **double** 타입 배열처럼 작동하도록 할 수 있다. 이 함수에 현재 길이를 벗어나지 않는 위치를 인수로 전달하면 그 지점에 저장된 원소의 주소를 받는다.

원형 버퍼는 내부적으로 다음과 같이 정의돼 있다.

```
 5 /** @brief 원형 버퍼 타입에 대한 내부 구현 */
 6 struct circular {
 7    size_t start;     /**< 0번째 원소의 위치 */
 8    size_t len;       /**< 저장된 원소의 갯수 */
 9    size_t max_len;   /**< 최대 용량 */
10    double* tab;      /**< 데이터를 담은 배열 */
11 };
```

여기서 핵심은 포인터 타입 멤버인 tab은 항상 길이가 max_len인 배열 오브젝트를 가리킨다는 것이다. 버퍼에 있는 원소는 start 지점에서 시작하며, 버퍼에 담긴 원소의 개수는 len을 유지한다. tab 테이블 안의 위치는 모듈로(modulo) max_len으로 계산한다.

다음 표는 circular 데이터 구조의 한 예를 보여 준다. 여기서 max_len=10, start=2, len=4다.

▼ 표 13-1 circular 데이터 구조의 한 예(원소가 네 개인 원형 버퍼)

테이블 인덱스	0	1	2	3	4	5	6	7	8	9
버퍼의 내용	garb	garb	6.0	7.7	81.0	99.0	garb	garb	garb	garb
버퍼의 위치			0	1	2	3				

이 표를 보면 버퍼의 내용(숫자 네 개, 즉 6.0, 7.7, 81.0, 99.0)이 tab이 가리키는 배열 오브젝트 안에 나란히 들어가 있다는 것을 알 수 있다.

다음 표는 앞에서와 같이 원소가 네 개인 원형 버퍼를 보여 주고 있는데, 이번에는 원소의 저장 공간을 한 바퀴 돌고 난 상태다.

▼ 표 13-2 circular 데이터 구조의 한 예(원소의 저장 공간을 한 바퀴 돌고 난 후)

테이블 인덱스	0	1	2	3	4	5	6	7	8	9
버퍼의 내용	81.0	99.0	garb	garb	garb	garb	garb	garb	6.0	7.7
버퍼의 위치	2	3							0	1

이런 데이터 구조를 초기화하려면 **malloc**을 호출해서 tab 멤버에 맞게 메모리를 제공해야 한다.

```
13 circular* circular_init(circular* c, size_t max_len) {
14    if (c) {
15      if (max_len) {
```

```
16      *c = (circular){
17        .max_len = max_len,
18        .tab = malloc(sizeof(double[max_len])),
19      };
20        // 할당 실패.
21      if (!c->tab) c->max_len = 0;
22    } else {
23      *c = (circular){ 0 };
24    }
25  }
26  return c;
27 }
```

이 함수를 보면 항상 포인터 매개변수인 c가 올바른지 검사한다는 것을 알 수 있다. 또한 각 조건에 대해 복합 리터럴을 대입해서 다른 모든 멤버가 0으로 초기화되도록 보장해 준다.

라이브러리 함수인 **malloc**은 여러 가지 이유로 제대로 실행되지 않을 수 있다. 예를 들어 이전 **malloc** 호출을 처리하는 동안 메모리가 소진됐을 수도 있고, 요청된 할당량이 너무 크기 때문일 수도 있다. 여러분이 현재 사용하는 범용 시스템에서는 그 동안 학습 경험을 이용하기 때문에 (일부러 하지 않는 한) 그런 문제가 발생할 가능성이 적다. 그래도 항상 검사하는 습관을 들이면 좋다.

TAKEAWAY 13.3 **malloc**의 실행 과정에 문제가 발생하면 널 포인터 값을 리턴한다.

이렇게 생성했던 오브젝트를 제거하는 과정은 간단하다. 포인터를 검사한 뒤 tab 멤버에 대해 **free**를 호출하면 된다.

circular.c

```
29 void circular_destroy(circular* c) {
30   if (c) {
31     free(c->tab);
32     circular_init(c, 0);
33   }
34 }
```

라이브러리 함수인 **free**는 널 매개변수를 받으면 아무 일도 하지 않는다. 함수에서 이런 식으로 처리하는 경우가 많다.

버퍼의 원형 속성을 계산하는 데 내부 함수를 사용하는 것도 있다. 이런 함수는 **static**으로 선언하기 때문에 **static**이 아닌 함수에서는 볼 수 없다. 그래서 식별자 네임스페이스가 지저분해질 일이 없다(TAKEAWAY 9.8).

```
50  static size_t circular_getpos(circular* c, size_t pos) {
51    pos += c->start;
52    pos %= c->max_len;
53    return pos;
54  }
```

버퍼의 원소에 대한 포인터를 구하는 방법은 꽤 간단하다.

```
68  double* circular_element(circular* c, size_t pos) {
69    double* ret = 0;
70    if (c) {
71      if (pos < c->max_len) {
72        pos = circular_getpos(c, pos);
73        ret = &c->tab[pos];
74      }
75    }
76    return ret;
77  }
```

13

스트리지

지금까지 설명한 내용을 토대로 여러 함수 인터페이스 중 하나를 제대로 구현할 수 있다.[Exs2] 그 중에서도 circular_resize 함수는 구현하기 다소 까다롭다. 이 함수는 길이 계산을 수행한 다음 테이블을 확장하는 요청인지 축소하는 요청인지에 따라 적절히 처리한다. 여기서는 변수 이름 앞에 (old를 의미하는) o를 붙여서 변경 이전 기능임을 표시하고, (new를 의미하는) n을 붙여서 새로 바꾼 값을 표시한다. 마지막으로 이 함수는 복합 리터럴을 사용하여 새로운 구조체를 만드는데, 앞에서 다양한 경우를 분석하는 동안 발견한 값을 사용한다.

```
92  circular* circular_resize(circular* c, size_t nlen) {
93    if (c) {
94      size_t len = c->len;
95      if (len > nlen) return 0;
96      size_t olen = c->max_len;
97      if (nlen != olen) {
98        size_t ostart = circular_getpos(c, 0);
99        size_t nstart = ostart;
```

Exs 2 여기서 빠진 함수에 대한 구현 코드를 작성해 보자.

```
100        double* otab = c->tab;
101        double* ntab;
102        if (nlen > olen) {
...
138        }
139        *c = (circular){
140          .max_len = nlen,
141          .start = nstart,
142          .len = len,
143          .tab = ntab,
144        };
145      }
146    }
147  return c;
148 }
```

이제 앞의 코드에서 빠진 부분을 채운 다음, 오브젝트를 확대하는 첫 번째 경우를 살펴보자. 여기서 핵심은 **realloc**을 호출하는 부분이다.

```
103        ntab = realloc(c->tab, sizeof(double[nlen]));
104        if (!ntab) return 0;
```

realloc을 호출할 때 기존 오브젝트에 대한 포인터와 재할당 후의 새로운 크기를 인수로 전달한다. 그러면 원하는 크기로 설정된 새로운 오브젝트에 대한 포인터나 널을 리턴한다. 바로 그 다음 줄에서 후자에 해당하는지 검사한 뒤, 해당 오브젝트를 재할당할 수 없다면 함수를 종료시킨다.

realloc 함수는 다음과 같은 흥미로운 기능을 갖고 있다.

- 리턴된 포인터는 인수와 같을 수도 있고 다를 수도 있다. 크기 변경 작업을 제자리에서 수행할지 여부는 전적으로 런타임 시스템의 판단에 맡긴다(가령 오브젝트에 할당된 공간이 넉넉하거나 새 오브젝트를 제공해야 하는 경우라면 그렇다. 하지만 리턴된 포인터가 인수와 동일한 것이라도 오브젝트 자체는 (같은 데이터를 담은) 새로운 오브젝트로 봐야 하는데, 특히 원본으로부터 파생된 포인터는 모두 무효가 된다).

- 인수로 지정한 포인터와 리턴된 포인터가 서로 다르다면(다시 말해 오브젝트를 복제한 경우) 이전 포인터에 대해 할 일이 없다(아니 없어야 한다). 기존 오브젝트는 적절히 처리된다.
- 가능하면 오브젝트에 있던 내용은 보존된다.
  - 오브젝트가 확대된 경우, 이전 크기에 해당하는 앞 부분은 그대로 남아 있다.
  - 오브젝트가 축소된 경우, 호출 이전 크기에 해당하는 부분은 새로 할당된 오브젝트에 담긴다.
  - 0이 리턴되면(즉, 새로 할당하라는 요청에 대해 런타임이 제대로 처리하지 못한 경우에는) 기존 오브젝트가 그대로 남아 있다. 따라서 손실되는 부분은 없다.

새로 받은 오브젝트가 원하는 크기를 갖게 됐으니 tab이 여전히 원형 버퍼를 표현하는지 확인해야 한다. 만약 호출 후의 테이블이 예전과 같다면(버퍼 원소에 해당하는 부분이 연속적이라면) 따로 할 일이 없다. 데이터가 모두 잘 보존된 것이다.

만약 원형 버퍼가 한 바퀴 돌아갔다면 몇 가지 조정 작업을 해야 한다.

circular.c

13
스토리지

```
105      // 두 개의 별도 덩어리
106      if (ostart+len > olen) {
107          size_t ulen = olen - ostart;
108          size_t llen = len - ulen;
109          if (llen <= (nlen - olen)) {
110              /* 기존 끝부분 뒤에 낮은 쪽 부분을 복제해서 붙인다. */
111              memcpy(ntab + olen, ntab,
112                      llen*sizeof(double));
113          } else {
114              /* 윗부분을 새로운 끝부분으로 이동시킨다. */
115              nstart = nlen - ulen;
116              memmove(ntab + nstart, ntab + ostart,
117                      ulen*sizeof(double));
118          }
119      }
```

다음 테이블은 첫 번째 경우(낮은 부분이 새로 추가된 부분에 충분히 들어가는 경우)에 대해 변경하기 전후의 내용 차이를 보여 주고 있다.

▼ 표 13-3 낮은 부분이 새로 추가된 부분 안에 충분히 들어가는 경우

테이블 인덱스	0	1	2	3	4	5	6	7	8	9			
기존 버퍼의 내용	81.0	99.0	garb	garb	garb	garb	garb	6.0	7.7				
기존 버퍼의 위치	2	3						0	1				
새로운 위치	2	3							0	1	2	3	
새로운 내용	81.0	99.0	garb	garb	garb	garb	garb	garb	6.0	7.7	81.0	99.0	garb
테이블 인덱스	0	1	2	3	4	5	6	7	8	9	10	11	12

또 다른 경우(낮은 부분이 새로 할당된 부분에 들어가지 않는 경우)도 비슷한데, 이번에는 버퍼의 윗부분 절반이 새로운 테이블의 끝으로 이동했다.

▼ 표 13-4 낮은 부분이 새로 할당된 부분에 들어가지 않는 경우

테이블 인덱스	0	1	2	3	4	5	6	7	8	9	
기존 버퍼의 내용	81.0	99.0	garb	garb	garb	garb	garb	garb	6.0	7.7	
기존 버퍼의 위치	2	3							0	1	
새로운 위치	2	3								0	1
새로운 내용	81.0	99.0	garb	garb	garb	garb	garb	garb	6,0	6.0	7.7
테이블 인덱스	0	1	2	3	4	5	6	7	8	9	10

두 경우를 처리하는 과정은 약간 차이가 있다. 첫 번째 경우에는 memcpy로 처리하는데, 복제 연산의 소스와 타겟이 서로 겹치지 않기 때문에 memcpy를 안전하게 사용할 수 있다. 다른 경우에는 앞에서 본 것처럼 소스와 타겟 원소가 겹칠 수 있다. 그래서 memcpy보다 제약이 덜한 memmove 함수를 사용해야 한다.[Exs 3]

13.1.2 동적 할당 연산에 대한 일관성 보장하기

두 가지 코드 예제에 나온 것처럼 malloc와 realloc 같은 할당 함수를 호출할 때는 반드시 free와 쌍을 이루도록 작성해야 한다. 한 쌍이 반드시 같은 함수 안에 있을 필요는 없지만, 대체로 쌍을 이루는 함수의 개수가 같은지 쉽게 셀 수 있도록 구성한다.

TAKEAWAY 13.4 할당(malloc 등) 호출마다 대응되는 해제(free) 호출이 있어야 한다.

Exs 3 테이블을 축소하는 코드를 작성해 보자. 이때 realloc을 호출하기 전에 테이블 내용을 재구성하는 것이 중요하다.

그렇지 않으면 할당했던 메모리를 잃어버리는 **메모리 누수**(memory leak)[c] 현상, 즉 현재 플랫폼의 리소스가 고갈되어 성능이 떨어지거나 시스템이 갑자기 멈추는 현상이 발생한다.

TAKEAWAY 13.5 `free` 호출문마다 대응되는 `malloc`, `calloc`, `aligned_alloc`, `realloc` 호출문이 있어야 한다.

여기서 **realloc**은 할당문의 개수를 쉽게 셀 수 없게 만들 수 있으므로 주의한다. **realloc**을 호출하면 (예전 오브젝트에 대한) 해제 연산을 수행한 뒤에 (새로운 오브젝트에 대한) 할당 연산을 수행하기 때문이다.

메모리 할당 시스템은 간결해야 한다. 그래서 **free**는 반드시 **malloc**으로 할당된 포인터나 널 포인터에 대해서만 호출해야 한다.

TAKEAWAY 13.6 `malloc`, `calloc`, `aligned_alloc`, `realloc`에서 리턴한 포인터로만 `free`를 호출해야 한다.

여기서 사용하는 포인터는 다음을 만족해야 한다.

- 다른 방법(변수나 복합 리터럴)으로 할당된 오브젝트를 가리키면 안 된다.
- 해제되지 않은 것이어야 한다.
- 할당된 오브젝트의 일부분만 가리키는 것이 아니어야 한다.

그렇지 않으면 프로그램이 갑자기 멈추며 현재 프로그램 실행에서 사용하는 메모리를 완전히 망쳐 버리는데, 프로그램이 죽어 버리는 유형 중에서도 가장 끔찍한 편에 속한다. 따라서 주의하기 바란다.

13.2 스토리지 기간, 수명, 가시성

지금까지 식별자의 가시성(visibility)과 그 식별자가 가리키는 오브젝트의 접근성(accessibility)이 서로 다른 경우를 여러 차례 봤다. 예제 13-1에 나온 변수 x를 살펴보자.

예제 13-1 지역 변수가 가려지는 예

```
1 void squareIt(double* p) {
2   *p *= *p;
3 }
4 int main(void) {
5   double x = 35.0;
```

```
 6   double* xp = &x;
 7   {
 8      squareIt(&x); /* double x를 가리킨다. */
 9      ...
10      int x = 0; /* double x가 가려진다. */
11      ...
12      squareIt(xp); /* double x의 올바른 사용*/
13      ...
14   }
15   ...
16   squareIt(&x); /* double x를 가리킨다. */
17   ...
18 }
```

5줄에서 선언한 식별자 x의 스코프(visibility scope)(가시 범위)는 5줄부터 main의 끝까지다. 하지만 10줄에서 14줄 사이에서 똑같이 x란 이름을 가진 다른 변수에 의해 **가려진다**(shadow)^c.

TAKEAWAY 13.7 식별자는 스코프 안에서만 보인다. 스코프는 선언하는 문장부터 시작한다.

TAKEAWAY 13.8 상위 스코프에 있던 식별자와 같은 이름이 하위 스코프에 나오면 상위 스코프의 식별자가 가려질 수 있다.

또한 식별자의 가시성과 그 식별자가 표현하는 오브젝트의 사용성(usability)은 서로 다르다. 먼저 **double** x라는 오브젝트는 squareIt을 호출하는 모든 곳에 사용한다. 물론 이 함수가 정의된 곳에서는 식별자 x가 보이지 않게 된다. 그러고 나서 12줄에서 **double** x 변수의 주소를 squareIt 함수로 전달하며, 여기서도 x는 가려진다.

또 다른 예로, **extern**이란 스토리지 클래스(storage class)로 지정된 선언문이 있다. 이런 문장은 정적 스토리지 기간에 대한 오브젝트를 가리키며, 이 값의 스코프는 파일이다.[2] 예제 13-2를 살펴보자.

예제 13-2 extern 변수로 가려지는 예

```
1 #include <stdio.h>
2
3 unsigned i = 1;
4
5 int main(void) {
6    unsigned i = 2; /* 새로운 오브젝트 */
7    if (i) {
```

---

2   실제로 그런 오브젝트는 다른 변환 단위(TU)에서 파일 스코프로 정의할 수 있다.

```
 8      extern unsigned i; /* 기존 오브젝트 */
 9      printf("%u\n", i);
10    } else {
11      printf("%u\n", i);
12    }
13 }
```

이 프로그램은 i라는 이름의 변수를 세 가지 방식으로 선언한다. 그 중 두 개는 정의다. 6줄에 나온 선언과 정의는 3줄의 선언과 정의를 가린다. 또한 8줄의 선언도 6줄의 선언을 가리지만 3줄에서 정의한 오브젝트와 같은 오브젝트를 가리킨다.[Exs4]

TAKEAWAY 13.9 변수를 정의할 때마다 새로운 오브젝트가 생성된다.

다음 코드에서 char 배열인 A와 B는 서로 다른 오브젝트를 가리키며 각 주소도 다르다. 그래서 표현식 A == B는 반드시 false가 되어야 한다.

```
1 char const A[] = { 'e', 'n', 'd', '\0', };
2 char const B[] = { 'e', 'n', 'd', '\0', };
3 char const* c = "end";
4 char const* d = "end";
5 char const* e = "friend";
6 char const* f = (char const[]){ 'e', 'n', 'd', '\0', };
7 char const* g = (char const[]){ 'e', 'n', 'd', '\0', };
```

그렇다면 여기에 배열 오브젝트가 모두 몇 개나 있을까? 답은 컴파일러마다 다르다.

TAKEAWAY 13.10 읽기 전용 오브젝트 리터럴은 오버랩될 수 있다.

앞에서 본 예제에서는 스트링 리터럴 세 개와 복합 리터럴 두 개가 있었다. 모두 오브젝트 리터럴로서 읽기 전용이다. 스트링 리터럴은 원래 읽기 전용이고, 다른 두 복합 리터럴은 const로 지정했기 때문이다. 그 중 네 오브젝트는 기본 타입과 내용('e', 'n', 'd', '\0')이 똑같다. 따라서 네 가지 포인터 c, d, f, g는 모두 char 배열과 똑같은 주소로 초기화될 수 있다. 컴파일러는 여기서 좀 더 메모리를 절약할 수도 있는데, 'end'가 'friend' 뒤에 붙는다는 사실을 이용하면 이 주소는 그냥 &e[3]이라고 볼 수 있다.

Exs 4 이 프로그램은 어느 변수의 값을 출력할까?

이 예에서 볼 수 있듯이 오브젝트의 사용성은 식별자의 어휘 속성(lexical property) 또는 (리터럴에 대한) 정의의 위치에 대한 어휘 속성일 뿐만 아니라, 프로그램의 실행 상태에 따라 달라질 수 있다. 오브젝트의 **수명**(lifetime)[C]은 시작점과 끝점이 있다.

[TAKEAWAY 13.11] 오브젝트는 수명이 있고, 수명이 끝나면 접근할 수 없다.

[TAKEAWAY 13.12] 수명을 벗어난 오브젝트를 참조하면 알 수 없는 동작이 발생한다.

오브젝트의 시작점과 끝점의 정의 방식은 이를 생성하는 도구에 따라 달라진다. C 언어에서는 네 가지 **스토리지 기간**(storage duration)[C]을 구분한다. 컴파일 시간에 결정되면 **정적**(static) **스토리지 기간**[C], 런타임에 자동으로 결정되면 **자동**(automatic) **스토리지 기간**[C], `malloc`류의 함수로 명시적으로 결정되면 **할당**(allocated) **스토리지 기간**[C], 특정한 실행 스레드에 바인딩되면 **스레드**(thread) **스토리지 기간**[C]이다.

표 13-5는 선언과 각 선언에 대한 스토리지 클래스, 초기화, 링크, 스토리지 기간, 수명 사이의 복잡한 관계를 정리한 것이다. 여기서는 깊이 들어가지 않고 키워드 사용법과 내부 용어가 상당히 복잡하다는 정보만 보여 주고 넘어간다.

▼ 표 13-5 스토리지 클래스, 스코프, 식별자 링크, 연결된 오브젝트의 스토리지 기간. 잠정(tentative)이라고 표시한 것은 초기자로 서, 다르게 정의한 것이 없을 때만 유효하다는 뜻이다. 유추(induced)라고 표시한 것은 내부 링크로 다르게 선언한 것이 먼저 나오면 내부 링크고, 그렇지 않으면 외부 링크라는 뜻이다.

클래스	스코프	정의	링크	기간	수명
초기화됨(initialized)	파일	있음	외부(external)	정적(static)	전체 실행
extern, 초기화됨	파일	있음	외부	정적	전체 실행
복합 리터럴	파일	있음	N/A	정적	전체 실행
스트링 리터럴	모두	있음	N/A	정적	전체 실행
static, 초기화됨	모두	있음	내부(internal)	정적	전체 실행
초기화되지 않음	파일	잠정(tentative)	외부	정적	전체 실행
extern, 초기화되지 않음	모두	없음	유추(induced)	정적	전체 실행
static, 초기화되지 않음	모두	잠정	내부	정적	전체 실행
thread_local	파일	있음	외부	스레드(thread)	전체 스레드
extern thread_local	모두	없음	외부	스레드	전체 스레드
static thread_local	모두	있음	내부	스레드	전체 스레드
복합 리터럴			N/A		
비VLA			없음		

◑ 계속

클래스	스코프	정의	링크	기간	수명
비VLA, auto	블록(block) 있음	없음	자동	정의 블록	
register			없음		
VLA	블록	있음	없음	자동	정의부터 블록 끝까지
배열로 함수 return	블록	있음	없음	자동	표현식 끝까지

먼저 이름에서 풍기는 이미지와 달리 **extern**은 외부 링크(external linkage) 또는 내부 링크(internal linkage)를 가진 식별자를 가리킨다.[3] 여기서 링크가 있는 식별자는 **링커**(linker)^C라고 부르는 별도의 프로그램이 관리할 때가 많다. 이런 식별자는 프로그램을 처음 구동할 때 초기화되는데, 심지어 **main**이 실행되기도 전에 링커에 의해 초기화된다. 다른 오브젝트 파일에서 접근하는 식별자는 외부 링크가 필요하다. 그래야 모두 동일한 오브젝트나 함수에 접근할 수 있게 되면서 링커가 이들을 서로 연결시킬 수 있다.

앞에서 본 외부 링크로 연결된 식별자 중에서도 특히 C 라이브러리 함수가 중요하다. 이런 함수는 주로 libc.so라고 부르는 시스템 라이브러리에 있으며, 직접 생성한 오브젝트 파일과는 따로 존재한다. 이와 달리 다른 오브젝트 파일과 연결되지 않은 전역(파일 스코프) 오브젝트나 함수는 내부 링크로 연결된다. 그 외 다른 식별자는 링크가 없다.[4]

정적 스토리지 기간은 변수의 스토리지 클래스를 **static**으로 선언하는 것과는 다르다. 이렇게 하면 변수나 함수가 내부 링크를 가진다고 지정할 뿐이다. 이런 변수는 파일(글로벌, 전역) 스코프 또는 블록(로컬, 지역) 스코프로 선언할 수 있다.[5] 현재 플랫폼에서 사용하는 링커를 명시적으로 호출해 본 적이 없을 수도 있다. 링커는 사용자가 직접 호출하는 컴파일러의 프론트엔드 뒤에 가려져 있는 경우가 많다. 또한 동적 링커는 프로그램이 구동되는 동안 잠시 호출되어 잘 드러나지 않는다.

첫 번째부터 세 번째 스토리지 기간에 대한 예는 지금껏 많이 봤다. 스레드 기간(**_Thread_local**이나 **thread_local**)은 C의 스레드 API와 관련이 있다. 여기에 대해서는 18장에서 자세히 소개한다.

할당 스토리지 기간은 말 그대로다. 이런 오브젝트의 수명은 오브젝트를 생성하는 **malloc**, **calloc**, **realloc**, **aligned_alloc**을 호출하는 문장부터 시작해서 오브젝트를 제거하는 **free**나

3　여기서 링크(linkage)는 식별자의 속성이지 식별자가 표현하는 오브젝트의 속성은 아니다.

4　**extern**보다는 **linkage**란 키워드가 더 적합한 것 같다.

5　이 문맥에서 **static**보다는 **internal**이란 키워드가 적절해 보인다. 모든 종류의 링크가 정적 기간을 갖기 때문이다.

realloc을 호출하는 문장으로 끝나거나 그런 호출문이 없다면 프로그램 실행을 끝내는 부분에서 끝난다.

나머지 두 가지 스토리지 기간은 좀 더 자세히 설명할 필요가 있으므로 뒤로 미룬다.

13.2.1 정적 스토리지 기간

다음 두 가지 방식으로 정의하는 오브젝트는 정적 스토리지 기간을 갖는다.

- 파일 스코프로 정의된 오브젝트. 변수와 복합 리터럴이 이런 속성을 가질 수 있다.
- 함수 블록 안에서 선언하거나 스토리지 클래스 지정자인 **static**으로 선언한 변수

이런 오브젝트의 수명은 프로그램의 전체 실행 시간이다. 애플리케이션 코드가 실행되기 전에 살아 있다고 가주하기 때문에 컴파일 시간에 알 수 있거나 시스템 구동 과정에서 인식할 수 있는 표현식으로만 초기화할 수 있다. 예를 들면 다음과 같다.

```
1 double A = 37;
2 double* p
3   = &(double){ 1.0, };
4 int main(void) {
5   static double B;
6 }
```

여기서는 정적 스토리지 기간을 갖도록 정의하는 오브젝트는 네 개(A, p, B, 3줄에 정의된 복합 리터럴)다. 그 중 셋은 **double** 타입이고 하나는 **double*** 타입이다.

네 오브젝트 모두 처음부터 정상적으로 초기화된다. 셋은 명시적으로 초기화되고, B는 암묵적으로 0으로 초기화된다.

TAKEAWAY 13.13 정적 스토리지 기간을 갖는 오브젝트는 항상 초기화된다.

p를 초기화하는 부분은 컴파일러가 자체적으로 제공하는 기능보다 더 많은 작업이 필요하다. 여기서는 다른 오브젝트의 주소를 사용하는데, 이런 주소는 실행을 시작하는 시점에만 계산할 수 있다. 대부분의 C 구현에서 앞서 언급한 링커라는 개념이 필요한 이유가 바로 이 때문이다.

B를 초기화하는 부분은 오브젝트 수명이 프로그램의 전체 실행 시간이더라도 프로그램 전체에서 항상 보일 필요가 없다는 것을 보여 준다. **extern** 예제도 마찬가지로 다른 곳에서 정의된, 정적 스토리지 기간을 갖는 오브젝트를 좁은 스코프에서 볼 수 있음을 보여 준다.

13.2.2 자동 스토리지 기간

가장 복잡한 경우다. 자동 스토리지 기간은 암묵적으로 결정되기 때문에 반드시 설명하고 넘어갈 필요가 있다. 명시적이든 암묵적이든 오브젝트가 자동 스토리지 기간을 갖도록 정의되는 경우는 다양하다.

- 스코프가 블록이면서 **static**을 지정하지 않고 (디폴트인) **auto** 또는 **register**로 선언한 변수
- 스코프가 블록인 복합 리터럴
- 함수 호출 결과로 리턴된 임시 오브젝트 중 일부

자동 오브젝트의 수명에 대한 가장 간단하면서 최신 사례는 오브젝트가 가변 배열(VLA)이 아닐 때다.

TAKEAWAY 13.14 VLA나 임시 오브젝트가 아닌 자동 오브젝트는 자신이 정의된 블록 안에서 실행될 때만 살아 있다.

다시 말해 로컬 변수는 대부분 자신이 정의된 블록을 실행하는 시점에 생성됐다가 그 스코프를 벗어나면 제거된다. 하지만 재귀호출(recursion)을 실행할 때는 동일한 오브젝트에 대한 **인스턴스**(instance)^{C}가 동시에 여러 개 존재할 수도 있다.

TAKEAWAY 13.15 재귀호출할 때마다 자동 오브젝트의 로컬 인스턴스가 새로 생성된다.

자동 스토리지 기간을 갖는 오브젝트는 최적화에 굉장히 유리하다. 컴파일러는 어떤 변수를 앨리어스(alias, 별칭, 즉 대상을 여러 이름으로 표현)할 수 있는지 결정하기 위해 변수의 사용 현황을 파악하는 데 이 정보를 많이 이용한다. 이 점이 **auto** 변수와 **register** 변수의 차이점이다.

TAKEAWAY 13.16 **register**로 선언된 변수에는 & 연산자를 적용할 수 없다.

register 변수는 실수로라도 주소를 가져올 수 없다(TAKEAWAY 12.12). 따라서 다음과 같은 사실을 유추할 수 있다.

TAKEAWAY 13.17 **register**로 선언한 변수는 앨리어스할 수 없다.

따라서 **register**로 선언한 변수가 있으면 변수의 주소를 가져오는 지점을 컴파일러가 반드시 알려 주게 만들 수 있고, 이를 통해 프로그래머는 최적화 대상 지점을 찾을 수 있다. 배열 변수나 배열을 담은 변수만 아니면 잘 작동한다.

TAKEAWAY 13.18 성능에 민감한 상황이 아니라면 배열이 아닌 로컬 변수를 **register**로 선언한다.

여기서 배열은 특별한 역할을 한다. 왜냐하면 거의 모든 문맥에서 첫 번째 원소의 주소로 퇴화 (decay)하기 때문이다. 따라서 배열의 주소는 가져올 수 있어야 한다.

TAKEAWAY 13.19 배열의 스토리지 클래스를 **register**로 지정할 일은 거의 없다.

배열을 특별히 다뤄야 하는 경우가 또 있다. 함수의 리턴 값 중에서 굉장히 특이하게도 임시 수명 (temporary lifetime)을 갖는 오브젝트일 때가 있다. 앞에서 배웠듯이 함수는 대부분 값을 리턴하는 데, 값은 주소로 참조할 수 없다. 하지만 리턴 타입이 배열이라면 암묵적으로 그 주소를 가져올 수 있어야 한다. 그래야 [ ] 연산자를 제대로 사용할 수 있다. 다음 함수는 임시 오브젝트를 리턴하며, 이 오브젝트의 주소는 멤버 지정자인 .ory[0]을 이용하여 주소를 암묵적으로 가져온다.

```
1 struct demo { unsigned ory[1]; };
2 struct demo mem(void);
3
4 printf("mcm().ory[0] is %u\n", mem().ory[0]);
```

C 언어에서 임시 수명 오브젝트를 제공하는 이유는 오로지 이런 함수의 리턴 값의 멤버에 접근하기 위해서다. 다른 용도로는 사용하지 않기 바란다.

TAKEAWAY 13.20 임시 수명 오브젝트는 읽기 전용이다.

TAKEAWAY 13.21 임시 수명 오브젝트는 그 오브젝트가 포함된 표현식이 모두 끝날 때 사라진다.

다시 말해 이런 오브젝트가 나온 표현식에 대한 평가가 끝나면 곧바로 오브젝트도 사라진다. 가령 앞의 예제에서 임시 오브젝트는 **printf**의 인수가 생성되는 동시에 사라진다. 이와 달리 복합 리터 럴은 **printf**를 담은 스코프가 끝날 때까지 살아 있다.

13.3 보충 설명: 오브젝트를 정의하기 전에 사용하기

자동 오브젝트가 탄생하는 과정에 대해 좀 더 상세하게 살펴보자. 내용이 다소 어렵기 때문에 당장 소화하기 힘들면 일단 넘어가고 나중에 읽어 봐도 좋다. 13.5절에서 실제 머신 모델에 대해 설명하는 내용을 제대로 이해하려면 이 절의 내용을 알아야 한다. 물론 13.5절도 보충 설명이므로 함께 건너뛰어도 된다. 여기서 **goto**와 레이블이라는 기능도 소개하는데, 14.5절에서 소개하는 오류 처리(error handling)에 사용된다.

자동 오브젝트의 수명에 적용되는 규칙(TAKEAWAY 13.14)을 가만히 생각해 보면 좀 특이한 점이 있다는 것을 알 수 있다. 이런 오브젝트의 수명이 시작하는 지점은 흔히 예상하는 실행 중 정의 부분을 처음 만나는 지점이 아니라 그 정의의 스코프에 진입하는 시점이다.

차이점을 확실히 이해하기 위해 예제 13-3을 살펴보자. 이 코드는 C 표준 문서에 나온 예제를 변형한 것이다.

예제 13-3 복합 리터럴을 사용하도록 억지로 변형한 예

```
 3 void fgoto(unsigned n) {
 4   unsigned j = 0;
 5   unsigned* p = 0;
 6   unsigned* q;
 7  AGAIN:
 8   if (p) printf("%u: p and q are %s, *p is %u\n",
 9                 j,
10                 (q == p) ? "equal" : "unequal",
11                 *p);
12   q = p;
13   p = &((unsigned){ j, });
14   ++j;
15   if (j <= n) goto AGAIN;
16 }
```

특히 이 함수가 fgoto(2)로 호출될 경우에 출력되는 문장을 살펴보자. 필자의 컴퓨터에서 실행하면 다음 결과가 나온다.

터미널

```
0 1: p and q are unequal, *p is 0
1 2: p and q are equal, *p is 1
```

코드가 좀 부자연스럽다. 지금껏 보지 못했던 **goto**라는 새로운 구문을 사용하고 있는데, 이름에서 풍기듯이 일종의 **점프문**(jump statement)ᶜ이다. 이 코드에서는 **AGAIN**이란 **레이블**(label)ᶜ이 달린 지점으로 이동해서 실행하도록 작성했다. 뒤에서 **goto**문이 적합한 예를 소개할 것이다. 여기서는 단지 복합 리터럴의 정의문을 건너뛰기 위해서 사용했을 뿐이다.

이번에는 실행 시간에 **printf**를 호출하면 어떤 일이 벌어지는지 알아보자. n == 2일 때 다음 문장이 세 번 실행된다. 그런데 처음에는 p가 0이므로 첫 번째 실행에서는 **printf** 호출문 자체를 건너뛴다. 이 문장에 있는 세 변수의 값은 다음과 같다.

13
스토리지

▼ 표 13-6 실행 중 printf를 호출한 경우

j	p	q	printf
0	0	정해지지 않음	건너뜀
1	j = 0인 리터럴의 주소	0	출력됨
2	j = 1인 리터럴의 주소	j = 0인 리터럴의 주소	출력됨

여기서 j==2일 때 p와 q 포인터는 서로 다른 반복 회차에서 가져온 주소를 갖고 있다. 그렇다면 출력 결과에서 두 주소가 같다고 나온 이유는 뭘까? 그저 우연일까? 아니면 코드에서 복합 리터럴을 정의하기도 전에 사용해서 알 수 없는 동작이 나타난 것일까?

C 표준에 따르면 반드시 이렇게 출력되어야 한다. 특히 j==2일 때 p와 q 값은 서로 같을 뿐만 아니라 올바른 값이고, 두 포인터가 가리키는 오브젝트의 값은 1이다. 다르게 표현하면, 이 예제에서 *p를 평가하는 시점은 그 오브젝트를 정의하는 시점보다 먼저 나옴에도 불구하고 *p를 사용하는 부분은 문제가 없다. 또한 이런 복합 리터럴은 단 하나뿐이다. 그래서 j==2일 때 두 주소가 같은 것이다.

TAKEAWAY 13.22 VLA가 아닌 오브젝트의 수명은 그 오브젝트를 정의하는 문장의 스코프가 시작할 때부터 스코프가 끝날 때까지다.

TAKEAWAY 13.23 자동 변수와 복합 리터럴의 초기자는 정의문이 나올 때마다 평가된다.

이 예제에서 복합 리터럴은 세 번 실행되어 각각 0, 1, 2라는 값을 설정한다.

VLA의 수명은 다른 규칙에 따라 결정된다.

TAKEAWAY 13.24 VLA의 수명은 정의문을 실행할 때부터 가시 범위를 벗어날 때까지다.

따라서 VLA에 대해서는 앞에서 본 goto를 이용한 기법을 적용할 수 없다. 즉, 정의문보다 앞서 나오는 코드에서 VLA에 대한 포인터를 사용할 수 없다. 설사 같은 블록 안에 있더라도 그렇다. 이처럼 VLA를 다르게 취급하는 이유는 VLA의 크기는 런타임 속성이므로 이를 선언하는 블록을 실행하는 시점에 해당 공간을 할당할 수 없기 때문이다.

13.4 초기화

5.5절에서 초기화의 중요성에 대해 설명한 적 있다. 초기화는 프로그램을 정상적인 상태로 구동해서 그 상태로 계속 실행하도록 보장하기 위해 꼭 필요하다. 초기화 방법은 오브젝트의 스토리지 기간에 따라 다르다.

TAKEAWAY 13.25 정적 오브젝트나 스레드 스토리지 기간을 갖는 오브젝트는 디폴트 값으로 초기화된다.

기억하겠지만 이런 디폴트 초기화(default initialization)는 오브젝트의 모든 멤버를 0으로 초기화하는 것과 같다. 특히 디폴트 초기화 0 값에 대한 표현이 있는 기본 타입, 즉 포인터와 부동 소수점 타입에 적합하다.

이와 달리 자동 오브젝트나 할당 오브젝트는 뭔가 작업을 해 줘야 한다.

TAKEAWAY 13.26 자동 또는 할당 스토리지 기간을 갖는 오브젝트는 명시적으로 초기화해야 한다.

초기화를 수행하기 위한 가장 간단한 방법은 초기지(initializer)를 이용하는 것이다. 초기자는 변수와 복합 리터럴의 스코프에 진입하자마자 정상 상태(well-defined state)로 만든다. VLA로 할당하거나 동적으로 할당한 배열은 이렇게 할 수 없으며, 그래서 대입 연산으로 초기화하도록 만들어야 한다. 원칙적으로 이런 오브젝트를 할당할 때마다 수동으로 작업해야 하지만, 그러면 코드를 읽거나 관리하기 힘들어진다. 초기화 부분이 해당 오브젝트를 정의하는 부분과 사용하는 부분에서 멀어지기 때문이다. 이런 문제를 피하는 가장 쉬운 방법은 초기화 코드를 함수로 캡슐화하는 것이다.

TAKEAWAY 13.27 데이터 타입마다 초기화 함수를 체계적으로 제공한다.

여기서 핵심은 '체계적으로' 제공하는 데 있다. 이런 초기화 함수는 일관성 있는 규칙에 따라 작동하고 이름도 지어야 한다. 앞에서 본 rat_init에서 rat 데이터 타입에 대한 초기화 함수를 만들어 보면서 실제 예를 살펴보자. 이 함수는 이런 기능을 API로 구현한다.

- toto 타입에 대한 초기화 함수는 toto_init이라고 이름 짓는다.
- _init와 같은 함수의 첫 번째 인수는 초기화할 오브젝트를 가리키는 포인터다.
- 오브젝트에 대한 포인터가 널이면 함수는 아무 일도 하지 않는다.
- 나머지 인수는 특정 멤버에 대한 초깃값을 전달할 수 있다.
- 함수는 전달받았던 오브젝트를 리턴하거나 오류가 발생하면 0을 리턴한다.

이런 속성을 토대로 구성한 함수는 초기자 안에 있는 포인터에 대해 쉽게 사용할 수 있다.

```
rat const* myRat = rat_init(malloc(sizeof(rat)), 13, 7);
```

이렇게 하면 여러 가지 장점이 있다.

- **malloc**을 호출했는데 문제가 생겨 0이 리턴되면 myRat이 0으로 초기화될 뿐 다른 영향은 받지 않는다. 그래서 myRat은 항상 정상 상태(well-defined state)에 있다.

- 오브젝트가 더 이상 변하지 않게 하려면 포인터 타겟을 처음부터 **const**로 지정한다. 새 오브젝트에 대한 모든 변경 작업은 오른편의 초기화 표현식 내부에서 처리된다.

이런 초기화 코드도 여러 곳에서 필요할 수 있으므로 별도의 함수로 캡슐화하면 좋다.

```
1 rat* rat_new(long long numerator,
2              unsigned long long denominator) {
3   return rat_init(malloc(sizeof(rat)),
4                   numerator,
5                   denominator);
6 }
```

이 함수로 초기화하는 예는 다음과 같다.

```
rat const* myRat = rat_new(13, 7);
```

필자 같은 매크로 중독자는 이런 캡슐화 작업을 한 번에 끝내는 타입 독립 매크로를 정의해서 쓴다.

```
#define P99_NEW(T, ...) T ## _init(malloc(sizeof(T)), __VA_ARGS__)
```

이렇게 하면 앞에 나온 초기화 부분을 다음과 같이 작성할 수 있다.

```
rat const* myRat = P99_NEW(rat, 13, 7);
```

이렇게 하면 적어도 rat_new류 함수만큼 읽기 쉬워지는 장점이 있다. 하지만 우리가 정의한 모든 타입에 대해 이렇게 함수를 추가로 선언할 수는 없다.

이렇게 매크로로 정의하는 것을 꺼리는 사람이 많다. 그래서 이 방식을 도입하지 않는 프로젝트도 있다. 그렇다 해도 이렇게 할 수 있다는 정도는 알아 둘 필요가 있다. 이는 앞에서 설명하지 않은 매크로의 두 가지 기능을 활용할 수 있다.

- 토큰 이어붙이기는 **##** 연산자로 처리한다. 여기서 T ## _init 부분은 T 인수와 _init을 토큰 하나로 붙인다. 여기에 인수를 rat으로 지정하면 rat_init이 되고, toto를 지정하면 toto_init이 된다.

- …라고 표현한 부분은 가변 길이 인수 리스트다. 함수로 전달되는 첫 번째 인수 이후의 나머지 인수 전체는 **__VA_ARGS__** 라는 매크로 확장 안에서 접근할 수 있다. 이렇게 하면 _init 함수와 P99_NEW를 연결하여 필요한 수만큼 인수를 전달할 수 있다.

배열을 **for** 루프로 초기화하면 코드가 훨씬 복잡해진다. 이 부분 역시 함수로 캡슐화할 수 있다.

```
1 rat* rat_vinit(size_t n, rat p[n]) {
2   if (p)
3     for (size_t i = 0; i < n; ++i)
4       rat_init(p+i, 0, 1);
5   return p;
6 }
```

이렇게 함수를 만들어 두면 초기화 작업을 훨씬 직관적으로 표현할 수 있다.

```
rat* myRatVec = rat_vinit(44, malloc(sizeof(rat[44])));
```

이 코드는 함수로 캡슐화하는 것이 훨씬 낫다. 크기에 대해 반복하는 과정에서 에러가 발생하기 쉽기 때문이다.

```
1 rat* rat_vnew(size_t size) {
2   return rat_vinit(size, malloc(sizeof(rat[size])));
3 }
```

13.5 보충 설명: 머신 모델

지금까지는 주로 C 코드 내부 처리 과정의 관점에서 설명했다. 이 절에서는 좀 다른 관점에서 실제 아키텍처의 머신 모델을 살짝 알아보기로 하자. 간단한 함수를 이 모델로 변환하는 방법을 자세히 소개하고, 특히 자동 스토리지 기간의 구현 과정을 엿볼 것이다. 여기서 설명하는 내용을 소화하기 힘들다면 일단 건너뛰어도 좋다. 그렇지 않다면 겁먹지 말고 따라 오기 바란다.

전통적으로 컴퓨터 아키텍처는 폰 노이만 모델을 따랐다.[6] 이 모델은 처리 장치에 정수 값을 저장하는 하드웨어 레지스터(register)가 유한 개 있고, 프로그램과 데이터를 담는 메인 메모리(main

---

6   1945년 경, 에커트(J. Presper Eckert)와 모클리(John William Mauchly)의 에니악(ENIAC) 프로젝트에서 개발된 모델이다. 이 모델을 처음 설명한 사람이 바로 현재 과학의 선구자인 폰 노이만(John von Neumann, Neumann János Lajos, Johann Neumann von Margitta, 1903–1957)이다[1945].

memory)(주 메모리)가 한 개 있고 주소는 선형으로 지정했으며, 이렇게 구성된 요소로 연산을 수행하는 명령어(instruction)가 유한 개 있다.

여러분이 사용하는 CPU가 이해할 수 있는 머신 인스트럭션을 **어셈블리**(assembly)^C라는 중간 단계의 프로그래밍 언어로 표현하는데, 지금까지도 폰 노이만 모델에 따라 구성되고 있다. (모든 플랫폼에서 공통적인 C와 달리) 어셈블러어는 형태가 다양하며, CPU나 컴파일러, OS를 비롯한 여러 가지 특성을 반영한 방언(dialect)의 집합이다. 여기서 사용할 어셈블러는 x86_64 프로세서 아키텍처용 gcc 컴파일러에서 사용하는 것이다.^{Exs 5} 지금 무슨 말을 하는지 이해할 수 없더라도 걱정할 필요 없다. 여러 아키텍처 중 한 가지 예를 소개한다는 뜻이다.

예제 13-4는 예제 13-3에 나온 fgoto 함수에 대한 어셈블러 출력을 보여 준다. 어셈블러 코드는 하드웨어 레지스터와 메모리 위치에 대한 **인스트럭션**(instruction)^C으로 구성된다. 예를 들어 **movl $0, -16(%rbp)**라는 문장은 0이란 값을 **%rbp** 레지스터가 가리키는 지점에서 16바이트 아래로 옮긴다는 뜻이다. 어셈블러 프로그램에는 특정한 지점을 표시하는 **레이블**(label)^C이 나오기도 한다. 예를 들어 fgoto는 함수의 **진입점**(entry point)^C을 가리키고, **.L_AGAIN**은 C 코드에서 **goto**문의 레이블인 **AGAIN**에 대한 어셈블러 버전이다.

쉽게 예상할 수 있듯이 코드 오른쪽의 **#** 문자는 주석을 표시하며 각각의 어셈블러 인스트럭션을 C 언어의 문장에 대응시킨다.

예제 13-4 fgoto 함수의 어셈블러 버전

```
10          .type fgoto, @function
11 fgoto:
12          pushq %rbp            # 베이스 포인터를 저장한다.
13          movq %rsp, %rbp       # 스택 포인터를 불러온다.
14          subq $48, %rsp        # 스택 포인터를 조정한다.
15          movl %edi, -36(%rbp)  # fgoto#0 => n
16          movl $0, -4(%rbp)     # init j
17          movq $0, -16(%rbp)    # init p
18 .L_AGAIN:
19          cmpq $0, -16(%rbp)    # if (p)
20          je .L_ELSE
21          movq -16(%rbp), %rax  # p ==> rax
22          movl (%rax), %edx     # *p ==> edx
23          movq -24(%rbp), %rax  # ( == q)?
24          cmpq -16(%rbp), %rax  # (p == )?
25          jne .L_YES
```

<hr />

Exs 5 현재 사용하는 플랫폼에 맞게 어셈블러가 출력하게 하려면 컴파일러 옵션을 어떻게 지정해야 하는지 알아보자.

```
26          movl $.L_STR_EQ, %eax         # Yes
27          jmp .L_NO
28 .L_YES:
29          movl $.L_STR_NE, %eax         # No
30 .L_NO:
31          movl -4(%rbp), %esi           # j ==> printf#1
32          movl %edx, %ecx               # *p ==> printf#3
33          movq %rax, %rdx               # eq/ne ==> printf#2
34          movl $.L_STR_FRMT, %edi       # frmt ==> printf#0
35          movl $0, %eax                 # eax를 클리어한다.
36          call printf
37 .L_ELSE:
38          movq -16(%rbp), %rax          # p ==¦
39          movq %rax, -24(%rbp)          # ==> q
40          movl -4(%rbp), %eax           # j ==¦
41          movl %eax, -28(%rbp)          # ==> cmp_lit
42          leaq -28(%rbp), %rax          # &cmp_lit ==¦
43          movq %rax, -16(%rbp)          # ==> p
44          addl $1, -4(%rbp)             # ++j
45          movl -4(%rbp), %eax           # if (j
46          cmpl -36(%rbp), %eax          # <= n)
47          jbe .L_AGAIN                  # goto AGAIN
48          leave                         # 스택 정리
49          ret                           # 리턴문
```

여기 나온 어셈블러 함수는 하드웨어 레지스터인 **%eax**, **%ecx**, **%edi**, **%edx**, **%esi**, **%rax**, **%rbp**, **%rcx**, **%rdx**, **%rsp**를 사용한다. 처음 폰 노이만 머신에 있던 것보다 레지스터가 훨씬 많지만 기본 개념은 그대로다. 즉, 프로그램의 실행 상태를 범용 레지스터의 값으로 표현한다. 그 중에서 베이스 포인터인 **%rbp**와 스택 포인터인 **%rsp**라는 두 레지스터는 특별한 역할을 담당한다.

이 함수는 로컬 변수와 복합 리터럴을 저장하도록 예약된 메모리 영역인 **스택**(stack)ᶜ을 다룬다. 이 영역의 위쪽 끝은 **%rbp** 레지스터로 가리키며, 그 안에 담긴 오브젝트는 이 레지스터를 기준으로 마이너스 옵셋 값으로 접근한다. 예를 들어 변수 n의 위치가 **%rbp** 값을 기준으로 -36에 해당하는 지점에 있다면 -36(**%rbp**)와 같이 표기한다. 표 13-7은 함수 **fgoto**에 할당된 스택 메모리의 레이아웃과, 이 함수의 세 실행 시점에 메모리에 담긴 값을 보여 준다.

▼ 표 13-7 함수 fgoto에 할당된 스택 메모리의 레이아웃(함수 실행 시점에 따른 메모리 값)

	...printf				fgoto				호출자...
위치		-48	-36	-28	-24	-16	-8	-4	rbp
의미			n	cmp_lit	q	p		j	
초기화 후	garb	garb	2	garb	garb	0	garb	0	
0번째 반복	garb	garb	2	0	0	rbp-28	garb	1	
1번째 반복	garb	garb	2	1	rbp-28	rbp-28	garb	2	

이 예는 특히 함수에 진입했을 때 자동 변수를 설정하는 과정을 자세히 보여 준다. fgoto 함수에 들어가는 시점에 이 예제를 실행한 머신은 이 호출과 관련된 정보를 세 레지스터에 저장한다. %edi는 함수 인수인 n을, %rbp는 호출한 함수의 베이스 주소를, %rsp는 fgoto를 호출한 곳에서 데이터를 저장할 수 있는 메모리의 최상위 수소를 가리킨다.

이번에는 앞에 나온 어셈블러 코드(예제 13-4)에서 값을 설정하는 과정을 살펴보자. 실행하자마자 fgoto는 세 가지 인스트럭션을 실행해서 환경을 적절히 설정한다. 먼저 %rbp를 저장하는데, 함수 안에서 이 레지스터를 써야 하기 때문이다. 이 함수는 %rsp에 있는 값을 %rbp로 옮긴 뒤, %rsp 값을 48만큼 증가시킨다. 여기서 48은 fgoto에서 필요한 자동 오브젝트에 대해 컴파일러가 계산한 바이트 수다. 이렇게 간단히 설정하기 때문에 이 과정에서 예약된 공간은 초기화되지 않고 이상한 값으로 채워진다. 세 인스트럭션을 실행하는 동안 자동 오브젝트 세 개(n, j, p)가 초기화되는 반면, 다른 것들은 나중에 가서야 초기화된다.

이렇게 설정하고 나서야 이 함수를 실행할 수 있다. 특히 다른 함수를 쉽게 호출할 수 있다. %rsp는 이제 호출된 함수가 사용할 수 있는 새로운 메모리 영역의 상단을 가리킨다. .L_N0라는 레이블 이후의 중간 부분에서 바로 이렇게 하고 있다. 여기서는 printf 함수를 호출하고 있는데, printf에 전달할 네 인수를 %edi, %esi, %ecx, %rdx 레지스터에 차례대로 저장한다. 그리고 나서 %eax를 클리어한 뒤에 printf 함수를 호출한다.

정리하면 함수에서 사용하는 (VLA가 아닌) 자동 오브젝트에 대해 메모리 공간을 설정하는 작업은 이 함수에서 실제로 사용하는 자동 오브젝트의 개수와는 상관없이, 단 몇 가지 인스트럭션만으로 처리된다. 만약 상관이 있었다면 매직 넘버 48은 새로운 공간의 크기에 맞게 수정했어야 했다.

이렇게 처리된 결과는 다음과 같다.

- 자동 오브젝트는 대체로 함수나 스코프의 시작 시점부터 사용 가능하다.
- 자동 변수는 초기화되지 않을 수 있다.

C 언어의 자동 오브젝트의 수명과 초기화에 대한 규칙이 잘 적용되는 것을 알 수 있다.

앞에서 본 어셈블러의 출력은 실제 과정의 절반만 보여 준 셈이다. 최적화하지 않은 상태의 결과를 보여 줬는데, 코드가 이렇게 생성될 수 있다고 가정했기 때문이다. 최적화를 적용하면 **as-if 규칙**(TAKEAWAY 5.8)에 의해 해당 코드의 구조를 대폭으로 조정한다. 예제 13-5는 필자의 컴파일러에서 최적화 옵션을 최대한 적용했을 때 생성된 코드를 보여 준다.

예제 13-5 최적화를 적용했을 때 생성되는 fgoto 함수의 어셈블리 버전

```
12          .type fgoto, @function
13 fgoto:
14          pushq %rbp                    # 베이스 포인터를 저장한다.
15          pushq %rbx                    # rbx 레지스터를 저장한다.
16          subq  $8, %rsp                # 스택 포인터를 조정한다.
17          movl  %edi, %ebp              # fgoto#0 => n
18          movl  $1, %ebx                # j가 1부터 시작하도록 초기화한다.
19          xorl  %ecx, %ecx             # 0 ==> printf#3
20          movl  $.L_STR_NE, %edx        # "ne" ==> printf#2
21          testl %edi, %edi             # if (n > 0)
22          jne   .L_N_GT_0
23          jmp   .L_END
24 .L_AGAIN:
25          movl  %eax, %ebx             # j+1 ==> j
26 .L_N_GT_0:
27          movl  %ebx, %esi             # j ==> printf#1
28          movl  $.L_STR_FRMT, %edi      # frmt ==> printf#0
29          xorl  %eax, %eax             # eax 클리어한다.
30          call  printf
31          leal  1(%rbx), %eax          # j+1 ==> eax
32          movl  $.L_STR_EQ, %edx        # "eq" ==> printf#2
33          movl  %ebx, %ecx             # j ==> printf#3
34          cmpl  %ebp, %eax             # if (j <= n)
35          jbe   .L_AGAIN               # goto AGAIN
36 .L_END:
37          addq  $8, %rsp                # 스택을 되돌린다.
38          popq  %rbx                    # rbx를 복원한다.
39          popq  %rbp                    # rbp를 복원한다.
40          ret                          # return문
```

여기서 볼 수 있듯이 컴파일러는 코드의 구조를 완전히 바꿨다. 이 코드는 원래 코드와 동일한 출력 결과를 낸다는 효과만 같다. 그런데 메모리에 있는 오브젝트를 사용하지도 않고, 포인터가 같은 것인지 비교하지도 않고, 복합 리터럴을 추적하지도 않는다. 예를 들어 j=0일 때의 실행 코드는 생략해 버렸다. 이때 실행한 효과는 없기 때문이다. 그리고 나서 j=1번째부터는 제대로 실행하는데, 이때부터는 C 프로그램의 p와 q 포인터가 서로 다르다. 그런 다음 j 값을 증가시키고 `printf`의 인수를 설정하는 작업을 수행한다.[Exs 6, Exs 7]

지금까지 본 코드에서는 VLA를 사용하지 않았다. 그 차이는 상당히 크다. 왜냐하면 여기서 `%rsp`를 상수 값으로 지정하는 기법은 필요한 메모리가 상수 크기가 아닌 경우에는 적용할 수 없기 때문이다. VLA를 사용할 때는 VLA의 한계에 대한 실제 값을 토대로 실행 시간에 VLA의 크기를 계산해서 `%rsp`를 적절히 조정하고, VLA를 정의했던 스코프를 벗어나는 즉시 앞서 수정했던 `%rsp`를 원래대로 되돌려야 한다. 이런 방식으로 조정할 `%rsp` 값은 컴파일 시간에 계산할 수 없고, 프로그램을 실행하는 동안 결정해야 한다.

13.6 요약

- 오브젝트가 많거나 오브젝트 크기가 클 때의 스토리지는 동적으로 할당하고 해제할 수 있다. 이런 스토리지는 실행하는 동안 주의 깊게 관리해야 한다.
- 식별자의 가시성과 스토리지 기간은 서로 다른 개념이다.
- 초기화는 반드시 타입마다 일관된 전략에 따라 시스템적으로 처리해야 한다.
- C 언어의 지역 변수에 대한 할당 전략은 함수 스택을 저수준으로 처리하는 과정과 잘 맞아떨어진다.

Exs 6 p가 계속해서 같은 값으로 대입된다는 사실을 이용하여 최적화된 어셈블리 버전의 형태에 가깝게 C 프로그램을 작성해 보자.

Exs 7 최적화된 버전조차도 개선의 여지가 있는데, 루프의 내부 코드를 더 줄일 수 있다. 최적화 옵션을 최대로 적용해서 컴파일했을 때도 이렇게 개선할 여지가 있는지 살펴볼 수 있는 C 프로그램을 작성해 보자.

14 고급 처리 과정과 IO

이 장에서 다루는 내용

- 포인터 다루기
- 입력 서식 지정하기
- 확장 문자 집합 다루기
- 바이너리 스트림으로 입력과 출력하기
- 에러 확인과 클린업

이제 포인터의 개념과 작동 원리를 알았으니 C 라이브러리 기능 몇 가지를 알아보자. C에서는 포인터 없이는 텍스트 처리 작업을 제대로 처리할 수 없다. 따라서 이 장에서는 좀 더 정교한 예제를 살펴본다(14.1절). 그리고 나서 서식 지정 입력(formatted input)을 받는 함수를 소개한다(14.1절). 이런 함수는 인수를 포인터로 받아서 지금까지 소개하지 않았는데, 이제 포인터를 배웠으니 지금껏 보지 못한 함수를 이용하여 확장 문자 집합(14.3절)과 바이너리 스트림(14.4절)을 다루는 방법을 소개한다. 마지막으로 에러를 깔끔하게 처리하는 방법을 소개하는 것으로(14.4절)로 이 장과 레벨 2를 마무리한다.

14.1 텍스트 처리

첫 번째 예제는 stdin을 통해 여러 줄에 걸쳐 읽은 숫자를 콤마로 구분한 16진수로 정규화해서 stdout에 출력한다.

numberline.c

```
246 int main(void) {
247   char lbuf[256];
248   for (;;) {
249     if (fgetline(sizeof lbuf, lbuf, stdin)) {
250       size_t n;
251       size_t* nums = numberline(strlen(lbuf)+1, lbuf, &n, 0);
```

```
252        int ret = fprintnumbers(stdout, "%#zX", ",\t", n, nums);
253        if (ret < 0) return EXIT_FAILURE;
254        free(nums);
255      } else {
256        if (lbuf[0]) { /* 한 줄의 일부분을 읽은 상태 */
257          for (;;) {
258            int c = getc(stdin);
259            if (c == EOF) return EXIT_FAILURE;
260            if (c == '\n') {
261              fprintf(stderr, "line too long: %s\n", lbuf);
262              break;
263            }
264          }
265        } else break; /* 정상적인 입력을 처리한 경우 */
266      }
267    }
268 }
```

이 프로그램을 세 단계로 구성했다.

- fgetline: 텍스트 한 줄을 읽는다.

- numberline: 읽은 텍스트를 size_t 타입 숫자로 나눈다.

- fprintnumbers: 숫자를 출력한다.

여기서 핵심은 numberline이다. 이 함수는 전달받은 lbuf 스트링에 담긴 숫자들을 쪼개서 배열에 담는다. 정상적으로 처리되면 포인터 인수인 np를 통해 쪼갠 숫자의 개수를 리턴한다.

---

numberline.c

numberline: 스트링 lbuf를 base로 지정한 진법(base)의 숫자열로 해석한다.

리턴: lbuf에 있는 숫자에 대해 새로 할당된 배열

매개변수:

buf	스트링을 지정해야 한다.
np	널이 아니면 *np에 저장된 숫자의 개수를 가리킨다.
base	0부터 36 사이의 값으로 strtoul에 나온 것과 같은 의미다.

설명: 이 함수가 리턴한 배열을 free하는 작업은 이 함수를 호출한 곳에서 담당한다.

```
size_t* numberline(size_t size, char const lbuf[restrict size],
                   size_t*restrict np, int base);
```

이 함수 역시 두 부분으로 구성되는데, 두 작업의 성격이 상당히 다르다. 하나는 numberline_inner로서 입력된 텍스트를 해석하고, 다른 하나인 numberline은 일종의 래퍼 함수로서 numberline_inner에 필요한 값을 모두 받았는지, 그 값은 적절한지 검사한다. numberline_inner 함수는 루프를 돌며 C 라이브러리 함수인 **strtoull**로 숫자를 수집해서 그 개수를 리턴한다.

이번에는 **strtoull**의 두 번째 매개변수를 사용하는 부분을 살펴보자. 여기서는 변수 next의 주소를 지정했는데, next는 스트링에서 끝에 나온 숫자의 위치를 추적할 때 사용한다. next는 **char** 타입 포인터이므로 **strtoull**의 인수는 **char** 타입 포인터에 대한 포인터가 된다.

numberline.c

```
97  static
98  size_t numberline_inner(char const*restrict act,
99                          size_t numb[restrict], int base){
100   size_t n = 0;
101   for (char* next = 0; act[0]; act = next) {
102     numb[n] = strtoull(act, &next, base);
103     if (act == next) break;
104     ++n;
105   }
106   return n;
107 }
```

14
고급 처리 과정파이

가령 **strtoull**("0789a", &next, base)와 같이 호출했다고 하자. 이 스트링은 base 매개변수의 값에 따라 다르게 해석된다. 가령 base가 10이면 숫자가 아닌 첫 번째 문자는 끝에 나온 'a'가 된다.

▼ 표 14-1 **strtoull**의 두 번째 매개변수 사용 예

진법	자릿수	숫자	*next
8	2	7	'8'
10	4	789	'a'
16	5	30874	'\0'
0	2	7	'8'

base가 0일 때는 특별한 규칙이 적용된다. 실제 base는 스트링에서 첫 번째(또는 첫 번째와 두 번째) 문자를 보고 유추한다. 이 경우 첫 번째 문자가 '0'이므로 스트링을 8진수로 해석하고, 이 진법에서 숫자가 아닌 첫 문자인 '8'이 나오면 파싱을 멈춘다.

numberline_inner가 받은 문장을 파싱하는 작업을 멈추는 조건은 두 가지다.

- act가 스트링 끝인 0 문자를 가리키는 경우
- **strtoull** 함수가 숫자를 찾지 못해서 next가 act 값으로 설정되는 경우

이 두 조건은 **for** 루프의 제어 표현식과 **for** 루프 안에 있는 **if-break** 조건으로 표현됐다.

C 라이브러리 함수인 **strtoull**은 애초에 약점이 있다는 점을 주의해야 한다. 첫 번째 인수의 타입은 **char const***인데 반해, 두 번째 인수의 타입은 **const** 지정자가 없는 **char****다. 이 점 때문에 next의 타입을 **char const***로 못하고 **char***라고 지정했다. **strtoull**을 호출하고 나서 실수로 읽기 전용인 이 스트링을 수정하면 프로그램이 죽을 수 있다.

TAKEAWAY 14.1 strto이란 접두어가 붙은 변환 함수는 **const**에 안전하지 않다.

이번에는 numberline 함수를 보자. 이 함수는 numberline_inner를 감싸면서 다음과 같은 역할을 한다.

- np가 널이면 다른 것을 가리키도록 설정한다.
- 입력 스트링이 올바른지 검사한다.
- 길이가 주어지면 값을 충분히 저장할 수 있는 배열을 할당하고 크기를 적절히 조정한다.

여기서는 세 가지 C 라이브러리 함수(**memchr**, **malloc**, **realloc**)를 사용한다. 앞의 예제처럼 **malloc**과 **realloc**을 함께 쓰면 배열의 길이를 충분히 보장할 수 있다.

```
                                                    numberline.c
109 size_t* numberline(size_t size, char const lbuf[restrict size],
110               size_t*restrict np, int base){
111   size_t* ret = 0;
112   size_t n = 0;
113   /* 먼저 스트링이 올바른지 검사한다.*/
114   if (memchr(lbuf, 0, size)) {
115   /* 정수의 최대값이 인코딩됐는지 확인하려면
116       08 08 08 08...이란 문자열을 살펴보면 된다.
117       여기서 base는 0이라고 가정한다.
118   */
119   ret = malloc(sizeof(size_t[1+(2*size)/3]));
120
121   n = numberline_inner(lbuf, ret, base);
122
```

```
123      /* 크기를 줄이는 realloc은 항상 문제없이 실행된다고 가정한다. */
124      size_t len = n ? n : 1;
125      ret = realloc(ret, sizeof(size_t[len]));
126   }
127   if (np) *np = n;
128   return ret;
129 }
```

`memchr`를 호출하면 값이 0인 첫 번째 바이트의 주소를 리턴한다. 그런 값이 없으면 (`void*`)0이 리턴된다. 여기서는 첫 번째 `size` 바이트 안에 실질적으로 0 문자가 있는지 검사하는 데만 사용했다. 이렇게 하면 내부적으로 사용하는 모든 스트링 함수(특히 `strtoull`)가 0으로 끝나는 스트링에 대해 작동하도록 보장할 수 있다.

`memchr`에는 문제가 될 만한 인터페이스가 하나 더 있다. 이 함수는 `void*`를 리턴하는데, 읽기 전용 오브젝트를 가리킬 가능성이 있다.

[TAKEAWAY 14.2] 탐색 함수인 `memchr`와 `strchr`는 `const`에 안전하지 않다.

반면, 스트링 안의 인덱스 위치를 리턴하는 함수는 `const`에 안전하다.

[TAKEAWAY 14.3] 탐색 함수인 `strspn`과 `strcspn`은 `const`에 안전하다.

아쉽게도 이 함수는 `char` 배열이 실제로 스트링인지 검사하는 데 사용할 수는 없다. 때문에 여기서도 사용하지 않았다.

이번에는 예제의 두 번째 함수인 `fgetline`을 살펴보자.

---

numberline.c

fgetline: 크기가 최대 size-1 바이트인 텍스트 한 줄을 읽는다.

'\n' 문자를 0으로 바꾼다.

리턴: 줄 전체를 제대로 읽으면 s를 리턴하고, 그렇지 않으면 0을 리턴하고 s에는 읽을 수 있던 부분을 담는다. s는 널로 끝난다.

```
char* fgetline(size_t size, char s[restrict size],
               FILE*restrict stream);
```

이 함수는 C 라이브러리 함수인 `fgets`와 상당히 비슷한데, 다른 점은 인터페이스다. 매개변수의 순서가 다르고 size 매개변수의 타입이 `int`가 아닌 `size_t`다. `fgets`와 마찬가지로 스트림 읽기에 실패하면 널 포인터를 리턴한다. 따라서 stream의 파일 끝 조건을 쉽게 감지할 수 있다.

또 다른 차이점은 fgetline의 경우 문제가 생겼을 때 좀 더 부드럽게 처리한다는 것이다. 이 함수는 다음 입력 줄이 너무 길지 않은지 또는 스트림의 마지막 줄이 '\n' 없이 끝나는지 등을 감지한다.

```
131  char* fgetline(size_t size, char s[restrict size],
132              FILE*restrict stream){
133    s[0] = 0;
134    char* ret = fgets(s, size, stream);
135    if (ret) {
136      /* s는 쓰기 가능하므로 pos가 될 수 있다. */
137      char* pos = strchr(s, '\n');
138      if (pos) *pos = 0;
139      else ret = 0;
140    }
141    return ret;
142  }
```

이 함수에서 처음 두 줄은 s가 항상 널로 끝나도록 보장한다. 정상적인 경우 **fgets**를 호출하거나 공백 스트링으로 만들어서 널로 끝나도록 보장하는데, 그러고 나서 뭔가 읽고 나면 s에 나온 첫 번째 '\n' 문자를 0으로 바꾼다. 발견된 것이 없으면 문장의 일부분만 읽게 된다. 이럴 때는 호출한 측에서 상황을 파악해서 fgetline을 다시 호출해서 문장의 나머지 부분을 읽거나 파일 끝 조건을 감지해야 한다.[Exs 1]

이 함수는 C 라이브러리에서 **fgets**뿐만 아니라 **strchr**도 사용한다. 이 함수의 경우 **const**에 안전하지 않은 점이 문제가 되지 않는데, s를 수정할 수 있다고 가정하기 때문이다. 아쉽게도 현재 제공되는 인터페이스로는 이런 평가 작업을 직접 처리해야 한다.

이렇게 세부적인 에러 처리 작업이 상당히 많기 때문에 fprintnumbers 함수에 대해서는 14.5절에서 자세히 설명한다. 여기서는 sprintnumbers 함수만 살펴보자. 이 함수는 스트림이 아닌 스트링에 쓰기만 하고, 전달받은 버퍼 buf가 충분한 공간을 제공한다고 가정하기 때문에 코드가 다소 간단하다.

Exs 1 임의의 긴 입력 문장을 처리할 수 있도록 이 예제의 **main** 함수를 개선해 보자.

sprintnumbers: buf에 담긴 일련의 숫자들을 **printf** 포맷인 form에 맞춰서 sep 문자로 구분하고 줄바꿈 문자로 끝나도록 출력한다.

리턴: buf에 출력된 문자의 개수

여기서는 tot와 buf가 충분히 크고 form은 **size_t**를 출력하기에 적합한 포맷이라고 가정한다.

```
int sprintnumbers(size_t tot, char buf[restrict tot],
                  char const form[restrict static 1],
                  char const sep[restrict static 1],
                  size_t len, size_t nums[restrict len]);
```

sprintnumbers 함수는 지금까지 사용하지 않던 C 라이브러리 함수인 **sprintf**를 사용한다. 이 함수의 서식 지정 기능은 **printf**나 **fprintf**와 같다. 단지 스트림이 아닌 **char** 배열에 출력한다는 점만 다르다.

```
149 int sprintnumbers(size_t tot, char buf[restrict tot],
150                   char const form[restrict static 1],
151                   char const sep[restrict static 1],
152                   size_t len, size_t nums[restrict len]) {
153    char* p = buf; /* next position in buf */
154    size_t const seplen = strlen(sep);
155    if (len) {
156      size_t i = 0;
157      for (;;) {
158        p += sprintf(p, form, nums[i]);
159        ++i;
160        if (i >= len) break;
161        memcpy(p, sep, seplen);
162        p += seplen;
163      }
164    }
165    memcpy(p, "\n", 2);
166    return (p-buf)+1;
167 }
```

14

고급 처리 과정과 IO

sprintf 함수는 항상 스트링 끝에 0 문자를 붙이며, 이렇게 만든 스트링의 길이도 리턴한다. 이때 길이는 이 함수가 쓴 문자 중 0 문자 이전에 나온 문자의 개수다. 이 예제의 경우 sprintf를 사용하여 버퍼의 현재 위치를 가리키는 포인터를 업데이트한다. sprintf에는 여전히 심각한 취약점이 있다.

TAKEAWAY 14.4 sprintf는 버퍼 오버플로(buffer overflow)를 방지하는 기능이 없다.

다시 말해 크기가 맞지 않은 버퍼를 첫 번째 인수로 넘기면 문제가 발생한다. sprintnumbers 코드를 보면 sprintf와 마찬가지로 결과를 담기에 버퍼 크기가 충분하다고 가정했다. 버퍼 크기가 결과를 담기에 충분하다고 보장할 수 없다면 C 라이브러리 함수인 snprintf를 사용하는 것이 좋다.

```
int snprintf(char*restrict s, size_t n, char const*restrict form, ...);
```

이 함수는 s에 쓰는 문자가 n바이트를 초과하지 않도록 보장해 주기도 한다. 리턴 값이 n보다 크거나 같으면 스트링을 버퍼의 크기에 맞게 잘라낸다. 특히 n이 0이면 s에 아무것도 쓰지 않는다.

TAKEAWAY 14.5 출력될 내용의 길이를 알 수 없을 때는 snprintf를 사용한다.

snprintf의 장점을 정리하면 다음과 같다.

- 버퍼 s에서 오버플로가 발생하지 않는다.
- 호출 과정에 문제가 없다면 s는 스트링이 된다.
- n과 s를 0으로 설정해서 호출하면 snprintf는 쓰려던 스트링의 길이만 리턴한다.

이 함수를 이용하면 다음과 같이 한 줄에 출력되는 모든 숫자의 길이를 계산하는 for 루프를 작성할 수 있다.

numberline.c

```
182    /* 숫자를 표현하는 문자의 개수를 센다. */
183    for (size_t i = 0; i < len; ++i)
184      tot += snprintf(0, 0, form, nums[i]);
```

나중에 fprintnumbers의 문맥에서 이 코드를 활용하는 방법을 살펴본다.

도전 15 스트링에 대한 텍스트 처리

지금까지 텍스트 처리 방법에 대해 어느 정도 배웠다. 이번에는 이 기능을 실제로 사용해 보자.

스트링에서 특정한 단어를 검색해 보자.

스트링에서 한 단어를 바꿔서 새로 만든 내용의 복사본을 리턴해 보자.

스트링을 정규 표현식으로 매칭하는 함수를 구현해 보자. 예를 들어 [A-Q]나 [^0-9]와 같은 문자 클래스에서 *(모든 것)나 ?(모든 문자)과 일치하는 것을 찾는다.

아니면 [[:alpha]]나 [[:digit:]]과 같은 POSIX 문자 클래스를 정규 표현식으로 매칭하는 함수를 구현해 보자.

앞에서 만든 함수들을 엮어서 주어진 정규 표현식으로 스트링을 검색하는 기능을 만들어 보자.

정규 표현식으로 특정 단어를 조회해서 교체하는 기능(query-replace)을 만들어 보자.

그룹을 지원하도록 정규 표현식을 확장해 보자.

특정 단어를 조회해서 교체하는 기능(query-replace)을 그룹으로 확장해 보자.

14.2 서식 지정 입력

서식 지정 출력(formatted output) 기능이 있는 **printf**류의 함수가 제공되는 것처럼, 서식 지정 입력(formatted input)에 대한 함수도 C 라이브러리에 있다. **fscanf**는 임의의 스트림으로부터 입력 받고, **scanf**는 **stdin**으로부터 입력 받고, **sscanf**는 스트링을 입력 받는다. 예를 들어 다음 코드는 **stdin**에서 **double** 값 세 개로 구성된 문장을 읽는다.

```
1 double a[3];
2 /* double 값 세 개로 구성된 문장 한 줄 전체를 읽어서 처리한다. */
3 if (scanf(" %lg %lg %lg ", &a[0], &a[1], &a[2]) < 3) {
4   printf("not enough input values!\n");
5 }
```

표 14-2부터 표 14-4은 서식 지정 방법을 정리한 것이다. 아쉽게도 **printf**보다 사용법이 어렵고 관례도 좀 다르다.

▼ 표 14-2 scanf류 함수에서 범용 문법인 [XX][WW][LL]SS를 이용한 서식 지정 방법

XX	*	대입 축약
WW	필드 폭	최대 입력 문자 개수
LL	수정자	대상 타입의 폭을 선택함
SS	지정자	변환을 선택함

- 모든 서식에 대한 값을 리턴하려면 스캔한 타입에 대한 포인터를 인수로 지정해야 한다.

- 공백 처리 작업은 까다롭고 간혹 예상치 못한 경우가 발생한다. 서식 지정 문자인 ' '는 임의의 길이의 공백(스페이스, 탭, 줄바꿈 문자 등)을 가리킨다. 비어 있거나 줄바꿈 문자가 여러 개인 경우도 포함된다.

- 스트링 처리 방법은 좀 다르다. scanf 함수에 전달하는 인수는 모두 포인터이므로 "%c"와 "%s"는 char* 타입 인수를 가리킨다. "%c"가 고정 크기(디폴트는 1) 문자 배열을 읽는 반면, "%s"는 공백 문자가 아닌 모든 문자열에 대응되고 끝에 0 문자를 추가한다.

- 서식에 타입을 지정하는 방법은 printf와 약간 다르다. 특히 부동 소수점 타입을 지정할 때 그렇다. 두 함수의 지정 방식을 최대한 일치시키려면 printf와 scanf에서 double과 같은 타입에는 "%lg"를 사용하고 long double 타입에는 "%Lg"를 사용하는 것이 좋다.

- 이를 응용한 가장 기본적인 예는 특정 문자 집합을 찾는 것이다. 가령 "%[aeiouAEIOU]"라고 지정하면 라틴 알파벳의 모음을 스캔한다.

▼ 표 14-3 scanf류 함수의 서식 지정자. 'l' 수정자를 이용하면 문자 혹은 문자 집합에 대한 지정자('c', 's', '[')는 입력에 있는 다중 바이트 문자열을 확장 문자(wide-character)인 wchar_t 타입 인수로 변환한다. 자세한 내용은 14.3절을 참고한다.

SS	변환	포인터 대상	공백 건너뜀	유사 함수
'd'	십진수	부호 있는 타입	예	strtol, base=10
'i'	십진수, 팔진수, 십육진수	부호 있는 타입	예	strtol, base=0
'u'	십진수	부호 없는 타입	예	strtoul, base=10
'o'	팔진수	부호 없는 타입	예	strtoul, base=8
'x'	십육진수	부호 없는 타입	예	strtoul, base=16
'aefg'	부동 소수점	부동 소수점	예	strtod
'%'	'%' 문자	없음	아니오	
'c'	문자	char	아니오	memcpy
's'	공백 아닌 문자	char	예	strcspn에 "\f\n\r\t\v" 지정한 경우
'['	스캔 집합	스트링	아니오	strspn 또는 strcspn
'p'	주소	void	예	
'n'	문자 개수	부호 있는 타입	아니오	

이와 같은 문자 클래스 지정자에서 캐럿(^)이 맨 앞에 나오면 뒤에 지정한 값이 반대라는 뜻이다. 가령 "%[^\n]%*[\n]"는 (공백이 아닌) 문장 전체를 스캔해서 그 줄 끝에 나온 줄바꿈 문자를 버린다.

이렇게 미묘한 차이가 있기 때문에 scanf류 함수를 사용하기 쉽지 않다. 예를 들어 우리가 본 간단한 예제에서 입력 문장을 한 줄 이상 읽는 결함(혹은 기능)이 있는데, double 값 세 개가 여러 줄에 걸쳐 있어도 문제 없이 읽게 된다.[Exs 2] 일련의 숫자를 지정하는 것처럼 흔히 사용하는 입력 패턴을 표현할 때는 이렇게 구현하지 않는 것이 좋다.

14.3 확장 문자 집합

지금까지 프로그램을 작성하거나 콘솔에 스트링 리터럴을 출력할 때 제한된 문자 집합, 즉 라틴 알파벳과 아라비아 숫자와 몇 가지 구두점만 사용했다. 이런 제약이 있는 이유는 초창기 컴퓨터 시장을 미국 업체가 주도했기 때문이기도 하고, 처음에는 문자를 인코딩할 때 사용한 비트 개수가 굉장히 적었기 때문이기도 하다.[1] 기본 데이터 셀에 대한 타입을 char로 사용할 때 봤듯이, 처음에는 텍스트 문자와 기본 데이터 구성 요소를 명확히 구분하지 않았다.

▼ 표 14-4 scanf류 함수에 사용되는 서식 수정자. 여기서 float*와 double* 인수의 차이가 printf와 다르다는 점에 주의한다.

문자	타입
"hh"	char
"h"	short
""	signed, unsigned, float, char 배열과 스트링
"l"	long 정수 타입, double, wchar_t 문자와 스트링
"ll"	long long 정수 타입
"j"	intmax_t, uintmax_t
"z"	size_t
"t"	ptrdiff_t
"L"	long double

---

1 현재 가장 널리 사용되는 기본 문자 집합은 아스키(ASCII, American Standard Code for Information Interchange)다.
Exs 2 한 줄에 숫자 세 개만 나오고 각 숫자는 공백으로 구분하며, 마지막에는 줄바꿈 문자가 나오도록 예제의 서식 스트링을 수정해 보자.

영어의 뿌리인 라틴어는 현재 구어로 사용하지 않은 지 오래다. 라틴 문자는 다른 언어의 특수한 발음을 인코딩하는 데 적합하지 않다. (fär ìnò처럼) 발음 구별 기호(diacritical mark)나 특수 문자나 합자(ligature)를 사용하는 다른 유럽 언어와 달리, 영어는 부족한 모음을 ai, ou, (f 발음이 나는) gh 등과 같이 여러 문자를 조합해서 표현한다. 즉, 영어는 애초부터 라틴 알파벳을 사용하는 다른 언어를 표현하는 데 한계가 있었다. 이처럼 완전히 다른 문자를 사용하는 언어(그리스, 러시아)나 뿌리부터 다른 언어(일본어, 중국어)를 표현하기에는 당연히 한계가 있는 것이다.

컴퓨터 시장이 한창 크고 있던 시기에는 컴퓨터 제조사, 나라, 기관마다 지원하는 언어도 서로 달랐고, 그래픽 문자(graphical character)나 수학용 조판, 악보 등에 대한 표준도 없었다. 혼란 그 자체였던 것이다. 그래서 서로 다른 시스템이나 나라나 문화끼리 텍스트 정보를 주고받는 것이 불가능하지는 않았지만 쉽지 않았다. 다른 언어나 컴퓨팅 플랫폼에 이식할 수 있도록 코드를 작성하는 일은 환상에 가까울 정도였다.

다행히 수년 동안 프로그래머들을 괴롭히던 이 문제는 거의 해결됐다. 최신 시스템에서는 확장 문자(extended character)를 표준화된 방식으로 사용하는 이식 가능한 코드를 작성할 수 있다. 예를 들면 다음과 같다.

```
                                                    mbstrings-main.c
87   setlocale(LC_ALL, "");
88   /* 멀티바이트 문자를 출력하려면
89      먼저 로케일부터 지정해야 한다. */
90   draw_sep(TOPLEFT " © 2014 jɛnz 'guzˌtɛt ", TOPRIGHT);
```

다시 말해 이 코드의 마지막 문장에서 로케일을 '네이티브(native)'로 변경한 뒤, 확장 문자를 사용한 텍스트를 사용하거나 출력할 수 있다. 여기서는 (IPA라 부르는) 발음 기호를 표현했다. 이 프로그램을 실행하면 다음과 같이 출력된다.

```
 ------ © 2014 jɛnz 'guzˌtɛt ------------------------------------
```

사용법은 매우 간단하다. 수직 바와 수평 바, 좌측 상단 모서리와 우측 상단 모서리에 대해, 매직 스트링 리터럴을 이용한 매크로가 몇 가지 있다.

```
                                                    mbstrings-main.c
43 #define VBAR "\u2502"         /**< 수직 바 문자 */
44 #define HBAR "\u2500"         /**< 수평 바 문자 */
45 #define TOPLEFT "\u250c"      /**< 좌측 상단 모서리 문자 */
46 #define TOPRIGHT "\u2510"     /**< 우측 상단 모서리 문자 */
```

출력 문장을 원하는 서식으로 맞춰 주는 함수를 만들면 다음과 같다.

```
                                                            mbstrings-main.c
  draw_sep: 수평 라인으로 구분된 멀티바이트 스트링인 start와 end를 그린다.

    void draw_sep(char const start[static 1],
                  char const end[static 1]) {
      fputs(start, stdout);
      size_t slen = mbsrlen(start, 0);
      size_t elen = 90 - mbsrlen(end, 0);
      for (size_t i = slen; i < elen; ++i) fputs(HBAR, stdout);
      fputs(end, stdout);
      fputs('\n', stdout);
    }
```

이 함수는 멀티바이트 스트링에 있는 출력 문자의 개수를 세는 함수인 mbsrlen과 텍스트 출력용으로 예전부터 쓰던 **fputs**, **fputc**를 사용한다.

여기서 **setlocale**부터 호출해야 한다. 그렇지 않으면 확장 문자로 된 문자들을 터미널에 출력할 때 이상한 값이 나올 수 있다. 일단 **setlocale**을 호출하고 시스템도 제대로 설치되어 있다면 멀티바이트 스트링에 담긴 확장 문자(**예** "fär ìnòff")가 그럭저럭 표시될 것이다.

멀티바이트 문자(multibyte character)는 확장 문자 집합에 있는 문자 하나를 나타낸다고 해석되는 바이트 시퀀스다. 또한 멀티바이트 스트링(multibyte string)은 멀티바이트 문자가 담긴 스트링이다. 다행히 이는 지금까지 본 일반 스트링과 호환된다.

TAKEAWAY 14.6 멀티바이트 문자에는 널 바이트가 없다.

TAKEAWAY 14.7 멀티바이트 스트링은 널로 끝난다.

따라서 표준 스트링 함수 중 상당수(**예** strcpy)는 멀티바이트 스트링을 기본으로 지원한다. 하지만 한 가지 심각한 단점이 있다. 출력된 문자의 개수를 **char** 배열의 원소 개수나 **strlen** 함수로부터 직접 알아낼 수 없다. 그래서 앞의 코드에서 비표준 함수인 mbsrlen을 사용했던 것이다.

mbsrlen: mbs로 지정한 멀티바이트 스트링을 해석한 뒤, 확장 문자 스트링이면 그 길이를 리턴한다.

리턴: 정상적으로 실행되면 멀티바이트 스트링의 길이를 리턴하고, 인코딩 에러가 발생하면 −1을 리턴한다.

이 함수는 스트링 탐색 과정에 활용할 수 있다. 단, mbs의 시작 문자인 mb 문자와 일관성이 있는 state 인수를 전달해야 한다.

설명: state가 0이면 문맥을 고려할 필요 없이 mbs를 스캔할 수 있다.

```
size_t mbsrlen(char const*restrict mbs,
               mbstate_t const*restrict state);
```

설명에 나왔듯이 멀티바이트 스트링을 개별 멀티바이트 문자에 대해 파싱하기가 다소 까다로울 수 있다. 특히 파싱 상태를 wchar.h 헤더 파일에서 제공하는 C 표준인 mbstate_t 타입으로 유지할 필요가 있다.[2] 이 헤더는 멀티바이트 스트링과 문자에 대한 유틸리티뿐만 아니라, 확장 문자 타입인 wchar_t에 대한 유틸리티도 제공한다. 이에 대해서는 뒤에서 자세히 설명한다.

그런데 여기서 ISO 10646 또는 유니코드(Unicode)[2017]라는 국제 표준부터 살펴볼 필요가 있다. 이름에서 풍기듯이 유니코드(http://www.joelonsoftware.com/articles/Unicode.html)는 문자 코드에 대한 통합 프레임워크를 제공한다. 유니코드는 지금까지 인류가 고안한 거의 모든 문자 개념을 담은 거대한 테이블을 제공한다.[3] 여기서 개념(concept)이 정말 중요하다. 즉, 특정 타입의 문자에 대한 출력 양식이나 글립(glyph)을 이해할 수 있어야 한다. 가령 '라틴 대문자 A'가 현재 텍스트에서 A, A, A 또는 A로 표현될 수 있다. 실제로 대문자 A와 다른 개념인 '그리스 대문자 알파'가 글립 A와 같거나 비슷한 형태로 출력될 수도 있다.

유니코드는 각 문자 개념(전문 용어로 코드 포인트(code point))을 언어나 기술 문맥에 맞게 구성한다. 유니코드는 문자를 정의할 뿐만 아니라 분류도 한다. 가령 A는 a라는 다른 코드 포인트에 대한 대문자라고 연결 짓는다.

자신이 사용하는 언어의 특수 문자는 현재 사용하고 있는 키보드에 나와 있을 가능성이 높으며, C로 코딩할 때 이런 문자를 멀티바이트 스트링으로 곧바로 입력할 수 있다. 가령 움라우트를 사용하는 언어 사용자는 현재 시스템에서 ä에 대한 바이트 시퀀스를 추가할 수 있을 것이다. 이렇게 할 수 없다면 앞에서 본 HBAR 매크로에 적용한 기법을 이용해도 된다. 즉, C11부터 새로 도입된 이스케이프 시퀀스인 백슬래시와 u를 쓴 다음 16진수 숫자 네 개로 표현한 유니코드 코드 포인트

---

2   uchar.h 헤더 파일도 이 타입을 제공한다.

3   현재 유니코드에 있는 코드 포인트는 대략 110,000개다.

를 사용한다. 예를 들어 '분음 부호(diaeresis)를 사용하는 라틴 소문자'에 대한 코드 포인트는 228 또는 0xE4이며, 이 문자가 멀티바이트 스트링 안에 나올 때는 "\u00E4"라고 읽는다. 16진수 숫자 네 자리는 코드 포인트 65,636개만 표현할 수 있기 때문에 백슬래시와 대문자 U로 표기하여 16진수 숫자 여덟 자리로 표현하는 옵션도 있는데, 이렇게 쓰는 경우는 극히 드물다.

앞의 예제는 네 가지 그래픽 문자를 유니코드로 지정했다. 이런 문자는 키보드에 없는 경우가 많은데, 현재 많이 나와 있는 코드 포인트 검색 사이트를 활용하는 방법도 있다.

멀티바이트 문자나 스트링으로 복잡한 입출력을 하려면 방법이 좀 복잡해진다. 문자 개수를 세는 것조차 쉽지 않다. **strlen** 함수로는 정확히 알 수 없고 **strchr**, **strspn**, **strstr**과 같은 함수도 기대와 다른 답을 준다. 다행히 C 표준에서는 여러 교체 함수를 제공하고 있다. 이런 함수는 str 접두어 대신, 확장 문자 스트링(wide character string)을 의미하는 **wcs** 접두어가 붙는다. 앞에서 작성했던 mbsrlen 함수를 이렇게 구현하면 다음과 같다.

mbstrings.c

```
30  size_t mbsrlen(char const*s, mbstate_t const*restrict state) {
31      if (!state) state = MBSTATE;
32      mbstate_t st = *state;
33      size_t mblen = mbsrtowcs(0, &s, 0, &st);
34      if (mblen == -1) errno = 0;
35      return mblen;
36  }
```

이 함수에서 핵심은 라이브러리 함수인 **mbsrtowcs**를 사용한 점이다. **mbsrtowcs**는 C 표준에서 멀티바이트 스트링을 다루는 기본 연산 중 하나다.

```
1  size_t mbsrtowcs(wchar_t*restrict dst, char const**restrict src,
2                   size_t len, mbstate_t*restrict ps);
```

이 함수 이름은 멀티바이트 스트링(mbs)인 src를 wcs로 변환한다는 말을 축약한 것이다. 여기서 확장 문자를 **wchar_t** 타입으로 인코딩했다. 이러한 확장 문자를 wcs로 구성하는 방식은 일반 스트링을 **char** 타입 문자로 구성하는 방식과 거의 같다. 즉, 확장 문자로 구성된 배열을 만들고 끝에 널을 붙인다.

C 표준은 **wchar_t**에 대한 인코딩 방식을 따로 정해 두지 않았지만, 요즘은 대부분 내부적으로 유니코드로 표현한다. 다음 코드에 나오는 두 매크로를 이용하면 이 사실을 확인할 수 있다.

```
24 #ifndef __STDC_ISO_10646__
25 # error "wchar_t 확장 문자는 반드시 유니코드 코드 포인트로 지정해야 한다."
26 #endif
27 #ifdef __STDC_MB_MIGHT_NEQ_WC__
28 # error "기본 문자 코드는 반드시 char, wchar_t와 맞아야 한다."
29 #endif
```

최신 플랫폼은 **wchar_t**를 16비트나 32비트 정수 타입으로 구현한다. 코드 포인트를 16진수 숫자 네 자리로 구성된 \uXXXX 표기법으로 표현할 수 있다면 둘 중 어느 타입인지는 크게 중요하지 않다. 16비트를 사용하는 플랫폼에서 코드 포인트를 \UXXXXXXXX로 표기할 수는 없겠지만 크게 문제될 일은 없다.

확장 문자와 확장 문자 스트링 리터럴에 적용되는 규칙은 **char**와 스트링에 적용되는 규칙과 비슷하다. 둘 다 L이란 접두어로 확장 문자 또는 확장 스트링임을 표시한다. 가령 L'ä'와 L'\u00E4'는 서로 같은 문자를 가리키며 둘 다 **wchar_t** 타입이다. 그리고 L"b\u00E4"는 **wchar_t** 타입의 원소 세 개로 이루어진 배열로서 확장 문자인 L'b', L'ä', 0으로 구성된다.

확장 문자를 분류하는 방식도 **char**와 비슷하다. wctype.h 헤더 파일은 이와 관련된 함수와 매크로를 제공한다.

다시 **mbsrtowcs** 함수로 돌아오면, src로 지정한 멀티바이트 스트링을 멀티바이트 문자(mbc)로 파싱해서 각 코드 포인트를 dst로 지정한 확장 문자에 할당한다. 매개변수 len은 결과로 나오는 wcs의 최대 길이를 표현한다. state 매개변수는 mbs의 최종 파싱 상태(eventual parsing state)를 저장하는 변수를 가리킨다. 이 개념에 대해서는 뒤에서 좀 더 설명한다.

가만 보면 **mbsrtowcs** 함수는 두 가지 특이 사항이 있다. 하나는 dst에 널 포인터를 지정해서 호출하면 wcs를 저장하지 않고 그 wcs의 예상 크기만 리턴한다는 것이고, 또 하나는 mbs가 제대로 인코딩되지 않으면 코딩 에러(coding error)가 발생할 수 있다는 것이다. 코딩 에러가 발생할 경우, (**size_t**)-1을 리턴하고 **errno**를 **EILSEQ** 값으로 설정한다(errno.h 참고). mbsrlen과 관련된 코드 부분은 사실 **errno**를 0으로 다시 설정하는 에러 전략을 수정한 것이다.

이번에는 mbs를 다루는 데 도움되는 두 번째 함수를 살펴보자.

mbstrings.h

mbsrdup: s에 지정된 멀티바이트 스트링의 바이트 시퀀스를 해석해서 확장 문자 스트링으로 변환한다.

리턴: 적절한 길이로 **malloc**한 확장 문자 스트링. 인코딩 에러가 발생할 경우에는 0을 리턴한다.

설명: 이 함수는 스트링 탐색 과정에서 활용할 수 있다. 단, c로 시작하는 멀티바이트 문자와 호환되는 state 인수를 전달해야 한다. 이 함수에서 상태는 수정하지 않는다.

state가 0이면 문맥을 고려하지 않고도 s를 스캔할 수 있다는 뜻이다.

```
wchar_t* mbsrdup(char const*s, mbstate_t const*restrict state);
```

이 함수는 입력으로 받은 멀티바이트 스트링 s와 내용이 같은 스트링을 wcs에 새로 할당해서 리턴한다. state 매개변수와 관련된 부분을 제외하면 구현 과정은 단순하다.

mbstrings.c

```
38 wchar_t* mbsrdup(char const*s, mbstate_t const*restrict state) {
39     size_t mblen = mbsrlen(s, state);
40     if (mblen == -1) return 0;
41     mbstate_t st = state ? *state : *MBSTATE;
42     wchar_t* S = malloc(sizeof(wchar_t[mblen+1]));
43     /* s가 제대로 변환됐으므로 에러 검사가 필요 없다. */
44     if (S) mbsrtowcs(S, &s, mblen+1, &st);
45     return S;
46 }
```

타깃 스트링의 길이를 결정한 뒤에는 **malloc**으로 공간을 할당하고, **mbsrtowcs**로 데이터를 복제한다.

C 표준에서는 mbs를 파싱하는 과정을 좀 더 세밀하게 제어할 수 있도록 **mbrtowc**라는 함수를 제공한다.

```
1 size_t mbrtowc(wchar_t*restrict pwc,
2               const char*restrict s, size_t len,
3               mbstate_t* restrict ps);
```

이 인터페이스에서 매개변수 len은 단일 멀티바이트 문자를 스캔한 s의 최대 위치를 가리킨다. 일반적으로 타깃 머신에서 이런 멀티바이트 인코딩이 어떻게 처리되는지 모르기 때문에 len을 결정하려면 인코딩에 대해 어느 정도 추측해야 한다. 이런 휴리스틱을 캡슐화하기 위해 다음과 같은 인터페이스를 만든다. 기능은 **mbrtowc**와 비슷하지만 len을 지정하는 부분은 없다.

mbstrings.h

mbrtow: c로 전달된 바이트 시퀀스를 멀티바이트 문자로 해석해서 C를 통해 확장 문자로 리턴한다.

리턴: 멀티바이트 문자의 길이를 리턴하고 인코딩 에러가 발생하면 −1을 리턴한다.

이 함수는 스트링 탐색 과정에서 활용할 수 있다. 단, 이와 동일하거나 비슷한 함수를 호출할 때 state 인수는 모두 같아야 한다.

설명: state가 0이면 문맥에 관계없이 c를 스캔할 수 있다는 것을 의미한다.

```
size_t mbrtow(wchar_t*restrict C, char const c[restrict static 1],
              mbstate_t*restrict state);
```

이 함수는 스트링에서 첫 번째 멀티바이트 문자로 식별된 바이트의 개수를 리턴하며, 에러가 발생할 경우에는 −1을 리턴한다. mbrtowc는 또 다른 값을 리턴할 수도 있고, len이 충분히 크지 않다면 −2를 리턴한다. 구현할 때 리턴 값을 이용하고 해당 상황을 감지해서 len을 적절히 조절할 수 있다.

mbstrings.c

```
14 size_t mbrtow(wchar_t*restrict C, char const c[restrict static 1],
15               mbstate_t*restrict state) {
16   if (!state) state = MBSTATE;
17   size_t len = -2;
18   for (size_t maxlen = MB_LEN_MAX; len == -2; maxlen *= 2)
19     len = mbrtowc(C, c, maxlen, state);
20   if (len == -1) errno = 0;
21   return len;
22 }
```

대부분의 상황에서 MB_LEN_MAX는 len의 값으로 적합한 상한에 대한 표준 값이다.

이번에는 mbrtow로 식별한 멀티바이트 문자를 이용하여 멀티바이트 스트링을 탐색하는 함수를 살펴보자.

mbsrwc: 바이트 시퀀스 s를 멀티바이트 스트링으로 해석한 뒤, 거기서 확장 문자 C를 탐색한다.

리턴: s에서 C가 처음 나타나는 occurrence번째 위치를 리턴하고, 인코딩 에러가 발생하면 0을 리턴한다.

나타난 횟수가 occurrence번보다 적다면 마지막 탐색 지점이 리턴된다. 특히 SIZE_MAX(또는 -1)를 이용하면 항상 마지막 탐색 지점이 리턴된다.

설명: 이 함수는 스트링 탐색 과정에 활용할 수 있다. 단, 이 함수 또는 이와 비슷한 함수를 호출할 때 전달하는 state 인수는 모두 같아야 하고, 이 함수가 리턴한 위치에서 탐색을 계속 이어가야 한다.

state가 0이면 문맥에 관계없이 s를 스캔할 수 있다는 뜻이다.

```
char const* mbsrwc(char const s[restrict static 1],
                   mbstate_t*restrict state,
                   wchar_t C, size_t occurrence);
```

```
68 char const* mbsrwc(char const s[restrict static 1],
                      mbstate_t*restrict state,
69                    wchar_t C, size_t occurrence) {
70   if (!C || C == WEOF) return 0;
71   if (!state) state = MBSTATE;
72   char const* ret = 0;
73
74   mbstate_t st = *state;
75   for (size_t len = 0; s[0]; s += len) {
76     mbstate_t backup = st;
77     wchar_t S = 0;
78     len = mbrtow(&S, s, &st);
79     if (!S) break;
80     if (C == S) {
81       *state = backup;
82       ret = s;
83       if (!occurrence) break;
84       --occurrence;
85     }
86   }
87   return ret;
88 }
```

14

고급 처리 과정과 IO

앞에서 언급했듯이 일관성 있는 환경이라면, 다시 말해 소스 코드에서 사용하는 멀티바이트 인코딩 방식이 다른 텍스트 파일이나 터미널과 동일하다면, 이렇게 멀티바이트 스트링으로 인코딩하는 간단한 IO는 문제없이 처리할 수 있다. 하지만 아쉽게도 환경마다 인코딩이 다를 수 있으므로 (소스 코드를 비롯한) 텍스트 파일이나 실행 파일을 다른 환경으로 옮길 때 문제가 발생할 수 있다. 유니코드는 거대한 문자 테이블을 정의하는 데 그치지 않고, 현재 널리 사용되고 있는 세 인코딩 방식인 UTF-8, UTF-16, UTF-32(각각 Unicode Transformation Format 8비트, 16비트, 32비트를 의미함)도 정의하고 있으며, 다른 인코딩 방식도 대체할 것으로 보인다. C 언어는 C11 버전부터 이러한 인코딩에 대해 locale에 관계없이 사용할 수 있도록 기본적인 기능을 직접 제공하고 있다. 이 인코딩 방식을 적용한 스트링 리터럴은 u8"text", u"text", U"text"와 같이 표현할 수 있으며, 타입은 각각 `char [ ]`, `char16_t [ ]`, `char32_t [ ]`에 해당한다.

최신 플랫폼이라면 멀티바이트 인코딩 방식이 UTF-8일 가능성이 높다. 그렇다면 앞에서 설명한 특수 리터럴과 타입이 필요 없다. 이런 것은 주로 세 인코딩 방식 중 하나를 사용하도록 보장해야 하는 환경, 가령 네트워크 통신 등에 필요하다. 레거시 플랫폼에서는 UTF-8 인코딩 방식을 지정하는 과정이 좀 까다롭다. 윈도우 플랫폼에서 처리하는 개략적인 방법은 http://www.nubaria.com/en/blog/?p=289를 참고한다.

14.4 바이너리 스트림

8.3절에서 설명했듯이 스트림 입출력은 그전까지 살펴본 텍스트 모드와는 달리 바이너리 모드로 입출력을 할 수 있다. 기억할 점은 텍스트 모드 IO는 `printf`나 `fputs`로 전달한 바이트를 타깃 파일이나 디바이스에 일대일로 쓰지 않는다는 것이다.

- 타깃 플랫폼에 따라 '\n' 문자가 여러 문자로 인코딩될 수 있다.
- 줄바꿈 문자 앞에 나오는 공백은 무시할 수 있다.
- 멀티바이트 문자의 경우, (프로그램의 내부 표현인)실행 문자 집합(execution character set)이, 파일이 속한 파일 시스템의 문자 집합으로 표기될 수 있다.

텍스트 파일에서 데이터를 읽을 때도 마찬가지다.

사람이 읽을 수 있는 텍스트라면 문제가 없다. `setlocale`과 함께 IO 함수를 사용하면 이런 메커니즘이 최대한 투명하게 드러나기 때문에 괜찮다. 하지만 어떤 C 오브젝트에 있는 바이너리 데이터를 그대로 읽거나 쓰는 것은 쉽지 않으며 심각한 문제가 발생할 수도 있다. 특히 바이너리 데이터는 암묵적으로 파일의 줄바꿈 관례(end-of-line convention)의 영향을 받아서 데이터를 쓰는 과정 중 파일의 내부 구조가 바뀔 수도 있다.

앞에서 설명했듯이 스트림은 바이너리 모드로 열 수도 있다. 이렇게 연 스트림은 파일의 외부 표현과 내부 표현 사이의 변환 작업을 모두 건너뛰며, 스트림의 각 바이트를 쓰거나 읽는다. 지금까지 살펴본 인터페이스 중 바이너리 파일을 이식 가능한 방식으로 다룰 수 있는 것은 **fgetc**와 **fputc**뿐이다. 나머지 인터페이스는 모두 줄바꿈 관례의 영향을 받을 수 있다.

C 라이브러리는 다음과 같이 바이너리 스트림을 좀 더 쉽게 읽거나 쓰기 위한 인터페이스를 제공한다.

```
1 size_t fread(void* restrict ptr, size_t size, size_t nmemb,
2             FILE* restrict stream);
3 size_t fwrite(void const*restrict ptr, size_t size, size_t nmemb,
4             FILE* restrict stream);
5 int fseek(FILE* stream, long int offset, int whence);
6 long int ftell(FILE* stream);
```

fread와 **fwrite**의 사용법은 간단한 편이다. 스트림마다 읽기와 쓰기를 위한 현재 파일 위치(file position)가 있다. 두 함수는 이 위치부터 시작해서 size*nmemb 바이트만큼 읽거나 쓰는 데 문제가 없다면 파일 위치를 새 값으로 업데이트하는데, 그때까지 읽거나 쓴 바이트 수를 리턴한다. 그 값은 대체로 size*nmemb와 같고 리턴 값이 그보다 작으면 에러가 발생한다.

ftell과 **fseek** 함수는 현재 파일 위치에서 작업을 수행하는 데 사용된다. **ftell**은 파일 시작점부터 경과한 바이트 수로 표현된 파일 위치를 리턴하고, **fseek**은 offset과 whence 인수로 지정한 값에 따라 파일 위치를 조정한다. 여기서 whence는 SEEK_SET이나 SEEK_CUR 중 하나로 지정한다. SEEK_SET은 파일 시작점을 가리키고, SEEK_CUR는 호출하기 전의 현재 파일 위치를 가리킨다.[4]

이 네 가지 함수를 이용하면 파일 스트림에서 앞이나 뒤로 이동하면서 원하는 바이트만큼 읽거나 쓸 수 있다. 가령 큰 오브젝트를 내부 표현대로 파일에 쓴 다음, 나중에 다른 프로그램에서 수정 작업 없이 읽을 수 있다.

하지만 이 인터페이스에 몇 가지 제약 사항이 있는데, 이식성을 보장하려면 스트림을 항상 바이너리 모드로 열어야 한다. 일부 플랫폼은 IO가 항상 바이너리다. 실질적으로 수행할 변환이 없기 때문이다. 그래서 바이너리 모드를 사용하지 않는 프로그램이 이런 플랫폼에서는 안정적으로 작동하다가 다른 곳에 이식하면 문제가 발생할 수 있다.

---

4 파일 끝 위치를 가리키는 **SEEK_END**도 있는데, 플랫폼에 따라 문제가 있을 수 있다.

TAKEAWAY 14.8 fread나 fwrite를 사용할 스트림은 바이너리 모드로 연다.

이 방식은 오브젝트의 내부 표현을 다루는 데 적합하기 때문에 표현 방식이 동일한 프로그램과 플랫폼 사이에서만 이식할 수 있다. 다시 말해 엔디안 방식이 같아야 한다. 플랫폼이나 OS나 프로그램마다 표현 방식이 다를 수 있다.

TAKEAWAY 14.9 바이너리 모드로 쓴 파일은 다른 플랫폼으로 이식할 수 없다.

파일 위치를 long 타입으로 표현하면 ftell과 fseek으로 쉽게 다룰 수 있는 파일의 크기가 LONG_MAX 바이트로 제한된다. 대부분의 최신 플랫폼에서 이 값은 2GiB에 해당한다.[Exs 3]

TAKEAWAY 14.10 파일 오프셋이 아주 클 때는 fseek과 ftell이 적합하지 않다.

14.5 에러 검사와 클린업

C 프로그램에서는 다양한 에러 상태(error condition)가 발생할 수 있다. 프로그래밍 에러도 있고, 컴파일러나 OS의 버그도 있고, 하드웨어 오류도 있고, 간혹 메모리 부족(out of memory)처럼 리소스가 고갈(resource exhaustion)되어 발생하는 오류도 있으며, 여러 문제가 복합적으로 발생할 수도 있다. 프로그램을 안정적으로 만들기 위해서는 다양한 에러 상태를 검사해서 적절히 대처하도록 작성해야 한다.

첫 번째 예로, 다음에 나온 fprintnumbers를 설명한 부분을 살펴보자. 이 함수는 14.1절에서 소개한 함수와 같은 계열이다.

---

numberline.c

fprintnumbers: numb에 있는 숫자들을 stream에 출력한다. 이때 **printf** 포맷인 form을 적용하고, sep 문자로 각 숫자를 구분하며 끝에 줄바꿈 문자가 붙는다.

리턴: stream에 쓴 문자 개수. 에러가 발생하면 해당 에러를 나타내는 음수 값을 리턴한다. len이 0이면 빈 줄을 출력하고 1을 리턴한다. 에러에 대한 리턴 값은 다음과 같다.

- **EOF**: stream에 쓸 수 있는 상태가 아닐 경우(음수 값)

  –**EOVERFLOW**: 출력하려는 문자가 **INT_MAX**개보다 많을 경우. len이 **INT_MAX**보다 클 경우도 포함한다.

  –**EFAULT**: stream이나 numb가 0일 경우

  –**ENOMEM**: 메모리 에러 발생 시

○ 계속

Exs 3 long 대신 intmax_t를 사용하고, fseek 함수를 호출해서 탐색(seek) 값을 크게 지정할 수 있는 fseekmax 함수를 작성해 보자.

이 함수는 **errno** 값을 호출할 때와 똑같다.

```
int fprintnumbers(FILE*restrict stream,
                  char const form[restrict static 1],
                  char const sep[restrict static 1],
                  size_t len, size_t numb[restrict len]);
```

여기서 볼 수 있듯이 이 함수는 네 가지 에러 상태가 있다. 각 에러 상태는 음의 상수로 리턴되는 값으로 구분한다. 플랫폼마다 이 값에 대한 매크로를 제공하며 주로 errno.h에 정의한다. 매크로는 모두 대문자 E로 시작한다. 아쉽게도 C 표준에서는 **EOF**(음수), **EDOM**, **EILSEQ**, **ERANGE**(양수)만 정의하며, 나머지 값은 플랫폼에서 제공하지 않을 수 있다. 따라서 이런 매크로가 제공되지 않으면 디폴트 값을 지정하도록 코드의 앞부분에 다음과 같이 전처리기 문장을 작성한다.

numberline.c

```
36 #include <limits.h>
37 #include <errno.h>
38 #ifndef EFAULT
39 # define EFAULT EDOM
40 #endif
41 #ifndef EOVERFLOW
42 # define EOVERFLOW (EFAULT-EOF)
43 # if EOVERFLOW > INT_MAX
44 # error EOVERFLOW constant is too large
45 # endif
46 #endif
47 #ifndef ENOMEM
48 # define ENOMEM (EOVERFLOW+EFAULT-EOF)
49 # if ENOMEM > INT_MAX
50 # error ENOMEM constant is too large
51 # endif
52 #endif
```

여기서 핵심은 각각의 매크로에 대해 서로 다른 값을 갖도록 보장하는 것이다. 이를 바탕으로 fprintnumbers 함수를 다음과 같이 구현할 수 있다.

```
169  int fprintnumbers(FILE*restrict stream,
170                     char const form[restrict static 1],
171                     char const sep[restrict static 1],
172                     size_t len, size_t nums[restrict len]) {
173    if (!stream)       return -EFAULT;
174    if (len && !nums) return -EFAULT;
175    if (len > INT_MAX) return -EOVERFLOW;
176
177    size_t tot = (len ? len : 1)*strlen(sep);
178    int err = errno;
179    char* buf = 0;
180
181    if (len) {
182      /* 숫자에 대한 문자 개수를 센다. */
183      for (size_t i = 0; i < len; ++i)
184        tot += snprintf(0, 0, form, nums[i]);
185      /* int를 리턴하므로 최대 크기를 제한해야 한다. */
186      if (tot > INT_MAX) return error_cleanup(EOVERFLOW, err);
187    }
188
189    buf = malloc(tot+1);
190    if (!buf) return error_cleanup(ENOMEM, err);
191
192    sprintnumbers(tot, buf, form, sep, len, nums);
193    /* 문장 전체를 한 번에 출력한다. */
194    if (fputs(buf, stream) == EOF) tot = EOF;
195    free(buf);
196    return tot;
197  }
```

이 함수 코드에서 에러 처리(error handling)가 차지하는 비중은 크다. 처음 세 줄(173~175)은 이 함수에 진입했을 때 발생하는 에러를 처리하며, 사전 조건을 만족하지 못하는 경우에는 부록 K(8.1.4절)에 나온 표현에 따르면 **런타임 제약 위반**(runtime constraint violation)^{C}에 해당한다.

동적 런타임 오류는 이보다 더 까다롭다. 특히 C 라이브러리 함수 중 유사 변수인 **errno**를 이용 하여 오류 상태를 주고받는 것이 있다. 그래서 모든 오류를 포착해서 해결하고 싶다면 **errno**를 비롯한 전역 실행 상태를 전혀 건드리지 않아야 한다. 이렇게 하려면 이 함수에 진입할 때의 현 재 값을 저장했다가, 오류가 발생하면 error_cleanup이라는 작은 함수를 호출해서 이 값을 복원 하면 된다.

```
144 static inline int error_cleanup(int err, int prev) {
145   errno = prev;
146   return -err;
147 }
```

이 함수에서 핵심은 입력 배열에 대한 **for** 루프에서 출력할 총 바이트 수를 계산하는 것이다. **for** 루프의 본문에서 **snprintf**의 인수로 0 두 개를 전달해서 각 숫자에 대한 크기를 계산한다. 그러고 나서 14.1절에서 본 sprintnumbers 함수를 이용해서 **fputs**로 출력할 큰 스트링을 제작한다.

여기서 주목할 점은 **malloc**을 호출해서 문제가 없다면 에러 때문에 종료하는 경우는 없다는 것이다. **fputs**를 호출한 후 리턴할 때 에러가 발견되면 정보를 tot 변수에 저장하며 **free** 호출은 생략하지 않는다. 따라서 출력 에러가 발생하더라도 메모리가 누수될 수 없다. 여기서 발생 가능한 IO 에러를 처리하는 부분은 다소 간단하다. 왜냐하면 **fputs**를 호출하는 부분이 **free**를 호출하는 부분과 가까이 있기 때문이다.

fprintnumbers_opt 함수는 신경 쓸 부분이 좀 더 있다.

```
199 int fprintnumbers_opt(FILE*restrict stream,
200                       char const form[restrict static 1],
201                       char const sep[restrict static 1],
202                       size_t len, size_t nums[restrict len]) {
203   if (!stream)       return -EFAULT;
204   if (len && !nums)  return -EFAULT;
205   if (len > INT_MAX) return -EOVERFLOW;
206
207   int err = errno;
208   size_t const seplen = strlen(sep);
209
210   size_t tot = 0;
211   size_t mtot = len*(seplen+10);
212   char* buf = malloc(mtot);
213
214   if (!buf) return error_cleanup(ENOMEM, err);
215
216   for (size_t i = 0; i < len; ++i) {
217     tot += sprintf(&buf[tot], form, nums[i]);
218     ++i;
219     if (i >= len) break;
```

```
220    if (tot > mtot-20) {
221      mtot *= 2;
222      char* nbuf = realloc(buf, mtot);
223      if (buf) {
224        buf = nbuf;
225      } else {
226        tot = error_cleanup(ENOMEM, err);
227        goto CLEANUP;
228      }
229    }
230    memcpy(&buf[tot], sep, seplen);
231    tot += seplen;
232    if (tot > INT_MAX) {
233      tot = error_cleanup(EOVERFLOW, err);
234      goto CLEANUP;
235    }
236   }
237   buf[tot] = 0;
238
239   /* 문장 전체를 한 큐에 출력한다. */
240   if (fputs(buf, stream) == EOF) tot = EOF;
241 CLEANUP:
242   free(buf);
243   return tot;
244 }
```

이 함수는 필요한 바이트 수를 세지 않고 숫자를 즉시 출력하는 방식으로 전반적인 절차를 좀 더 최적화한다. 이렇게 하면 다양한 에러 상태가 발생할 수 있어서 마지막에 **free**를 반드시 호출하도록 특별히 신경 써야 한다. 여기에 해당하는 첫 번째 에러 상태는 초기에 할당된 버퍼가 너무 작은 경우다. 버퍼를 확장하기 위해 호출한 **realloc**이 실패했을 때 되돌리는 작업은 조심스럽게 처리해야 한다. 발생할 가능성은 낮지만 스트링의 총 길이가 **INT_MAX**를 초과한 경우도 마찬가지다.

이 함수는 두 경우 모두에 대해 **goto**문을 이용하여 정리 작업을 하는 코드로 이동한 다음, **free**를 호출한다. C 언어에서 이렇게 작성하는 방식은 클린업 작업을 수행하고, **if-else** 조건문이 복잡하게 얽히는 현상을 방지하는 기법으로 자리 잡았다. **goto**문에 관련된 규칙은 다소 간단하다.

TAKEAWAY 14.11 **goto**에 대한 레이블은 함수 전체에서 볼 수 있다.

TAKEAWAY 14.12 **goto**는 동일한 함수 안에 있는 레이블로만 점프할 수 있다.

TAKEAWAY 14.13 **goto**는 변수 초기화 코드를 점프할 수 없다.

다익스트라(Dijkstra)가 발표한 글[1968]을 계기로 프로그래밍 언어에서 **goto**와 같은 점프문을 사용하는 것에 대한 논란이 일어났다. 방금 본 코드처럼 **goto**를 사용하는 방식을 반대하는 사람이 아직까지도 있는데, 여러분은 현실적인 관점으로 보면 좋을 것 같다. **goto**문을 사용하지 않더라도 코드는 얼마든지 지저분하고 읽기 힘들어질 수 있다. 중요한 것은 함수의 '정상적인' 제어 흐름에 영향을 주지 않고 아주 예외적인 경우에만 **goto**나 **return**으로 기존의 제어 흐름에서 벗어나는 점을 명확히 표현하는 것이다. 17.5절에서 C의 또 다른 도구인 **setjmp/longjmp**도 소개한다. 이를 사용하면 방금 본 것보다 더 큰 폭의 제어 흐름의 변화를 표현할 수 있다. 즉, 다른 호출 함수의 지짐으로도 점프할 수 있다.

> **도전 16 스트림에서 텍스트 처리하기**
>
> **stdin**으로 읽어서 수정한 텍스트를 **stdout**으로 출력하고, 진단 정보를 **stderr**로 보내는 기능을 만들어 보자. 단어 목록에서 나온 단어의 개수를 세고, 이때 정규 표현식도 활용해 보자. 특정한 단어를 다른 단어로 교체하는 기능도 만들어 보자.

> **도전 17 텍스트 프로세서 고도화**
>
> 앞에서 만든 텍스트 프로세서(도전 12)가 멀티바이트 문자를 사용할 수 있도록 확장해 보자.
>
> 정규 표현식으로도 처리할 수 있게 만들어 보자. 가령 단어를 탐색하거나, 어떤 단어를 조회해서 다른 단어로 교체하거나 특정한 단어를 정규 표현식으로 검색해서 교체(query-replace)하거나 정규 표현식 그룹화 기능을 적용해 보자.

14.6 요약

- C 라이브러리는 텍스트 처리를 위한 인터페이스를 다양하게 제공하는데, **const**로 지정된 부분과 버퍼 오버플로를 특별히 주의해야 한다.

- **scanf**류 함수를 이용한 서식 지정 입력을 구현할 때, 포인터 타입, 널로 끝나는 스트링, 공백, 줄바꿈 구분 등과 관련된 미묘한 문제가 발생할 수 있다. 가능하면 **fgets**와 **strtod**류의 함수나 그보다 특화된 함수를 조합해서 사용하는 것이 좋다.

- 확장 문자 집합은 멀티바이트 스트링으로 처리하는 것이 가장 좋다. 몇몇 사항만 주의하면 입력과 출력에 대해 일반 스트링을 사용하는 것과 거의 비슷하다.

- 바이너리 데이터는 반드시 **fwrite**나 **fread**와 같은 함수로 바이너리 파일에 써야 한다. 이런 파일은 플랫폼 종속적이다.
- C 라이브러리 함수를 호출할 때는 반드시 에러 상태에 대한 리턴 값을 확인해야 한다.
- 에러 상태를 처리하려면 복잡한 경우를 분석해야 할지 모른다. 이 과정에서 **goto**문을 이용하여 특정한 기능에 대한 코드 블록을 향해 점프하는 방식으로 구성할 수도 있다.

3 ^{레벨}

숙달

노랑부리 까마귀(alpine chough)는 산소가 희박한 고지대에 서식하는데,
해발 8,000m가 넘는 히말라야 산맥에서 관찰된 적이 있다.

레벨 3에서는 몇 가지 주제를 깊이 있게 살펴본다. 첫 번째로 C 언어가 다른 프로그래밍 언어에 비해 좋은 점인 성능에 대해 살펴본다. 따라서 15장은 C로 소프트웨어를 만드는 사람이라면 반드시 읽어야 한다.

그 다음 16장은 C 언어에서 두드러진 기능인 함수 같은 매크로(function-like macro)를 소개한다. 이 기능을 사용하면 코드가 복잡하고 지저분해져서 사용하기 꺼리는 사람이 많다. 그렇다 하더라도 매크로는 사용하기 쉬운 인터페이스를 제공할 수 있기 때문에 기본은 숙달해야 한다. 예를 들어 타입 독립(type-generic) 프로그래밍과 정교한 매개변수 검사에 도움된다.

이어지는 17장과 18장에서는 비동기식으로 문제를 처리하거나 병렬 스레드 실행 개념(예를 들어, 시그널 핸들러 등)이 순차적 프로그램 실행에 미치는 영향을 알아본다. 이 주제는 데이터의 일관성 보장과도 관련이 많다. 따라서 19장에서는 아토믹 데이터와 동기화를 다루는 방법에 대해 구체적으로 살펴본다.

15 성능

이 장에서 다루는 내용

- 인라이 함수 작성법

- 포인터 제한하기

- 성능 측정 및 검수

C 프로그래밍을 어느 정도 숙달하고 나면 코드 최적화라는 더 어려운 작업에 도전하고 싶어질 것이다. 최적화에 대한 기준은 각자 다를 수 있겠지만, 이 과정에서 잘못될 가능성이 높다. 가령 너무 이른 최적화 작업은 가독성, 일관성, 유지 보수성 등의 관점에서 악영향을 줄 수 있다.

커누스(Knuth) 교수는 다음과 같은 말을 남겼는데, 이는 레벨 3을 읽는 동안 명심할 필요가 있다.

TAKEAWAY D   너무 이른 최적화는 모든 악의 근원이다.

흔히 C 언어의 대표적인 장점으로 뛰어난 성능을 손꼽는다. 복잡도가 비슷하면서 다양한 언어로 작성된 프로그램끼리 비교했을 때 C로 작성한 프로그램의 성능이 뛰어난 경우가 확실히 많다. 하지만 이 장점을 누리기 위해서는 상당한 대가를 치러야 한다. 특히 안전성(safety)을 보장하는 기능이 부족하다. 때문에 프로그래머가 직접 안전성을 검증해야 하는 경우가 많다. 대표적인 경우는 다음과 같다.

- 배열의 경계를 벗어난 접근

- 초기화되지 않은 오브젝트에 접근

- 수명이 끝난 오브젝트에 접근

- 정수 오버플로

이런 일이 발생하면 프로그램이 죽거나 데이터를 잃거나 결과가 잘못 나오거나 민감한 정보가 노출되거나 심하면 금전적 또는 인명 피해까지 발생할 수 있다.

TAKEAWAY 15.1   성능을 위해 안전성을 포기하면 안 된다.

최근 C 컴파일러는 크게 향상됐다. 무엇보다도 컴파일 시간에 감지된 문제는 모조리 알려 준다. 그렇다 해도 코드에 심각한 문제가 남아 있을 가능성이 있다. 이럴 때는 다음과 같이 간단히 제거할 수 있다.

- 스코프가 블록인 변수를 항상 초기화한다. 그러면 초기화되지 않은 오브젝트로 인해 발생하는 문제의 절반을 줄일 수 있다.

- 가능하면 동적 할당은 **malloc** 대신 **calloc**으로 처리한다. 그러면 초기화되지 않은 오브젝트로 인해 발생하는 문제 $\frac{1}{4}$은 제거할 수 있다.

- 동적으로 할당되는 복잡한 데이터의 구조는 별도 함수로 초기화한다. 그러면 초기화되지 않은 오브젝트 때문에 발생하는 문제 중 앞의 방법으로 제거되지 않고 남은 부분을 제거할 수 있다.

- 포인터를 받는 함수는 반드시 배열로 표현하고 다음과 같은 다양한 경우를 구분해서 처리한다.

  - 단일 오브젝트에 대한 포인터: 이 유형의 함수는 반드시 **static** 1 표기법을 적용해서 널이 아닌 포인터를 받는다는 것을 명시한다.

    ```
    void func(double a[static 1]);
    ```

  - 개수를 아는 오브젝트 묶음에 대한 포인터: 이 유형의 함수는 반드시 **static** N 표기법을 적용해서 최소한 N개의 원소를 가리키는 포인터를 받는다는 것을 명시한다.

    ```
    void func(double a[static 7]);
    ```

  - 개수를 모르는 오브젝트 묶음에 대한 포인터: 이 유형의 함수는 VLA 표기법을 적용한다.

    ```
    void func(size_t n, double a[n]);
    ```

  - 해당 타입의 단일 오브젝트에 대한 포인터 또는 널 포인터: 이 유형의 함수는 널 포인터를 받더라도 정상 상태를 유지해야 한다.

    ```
    void func(double* a);
    ```

컴파일러의 이런 검사 기능은 최근 들어서야 제공되기 시작했다. 그래서 여러분이 현재 사용하는 컴파일러가 이런 오류를 감지하지 못할 수도 있다. 그렇다 하더라도 이런 경우를 명심하고 있으면 경계를 벗어나는 오류를 방지하는 데 도움이 된다.

- 스코프가 블록인 로컬 변수의 주소를 가져오는 작업은 가능하면 피한다. 복잡한 코드에 나온 변수는 모두 **register**로 지정하는 것이 좋다.
- **for** 루프의 인덱스는 부호 없는 정수 타입을 사용하고, 원점으로 되돌아가는 경우를 명시적으로 처리한다. 가령 루프 변수를 증가시키기 전에 그 변수의 타입이 가질 수 있는 최댓값과 비교한다.

이런 규칙을 적용하면 성능에 악영향을 미친다는 말도 있는데, 사실은 그렇지 않다.

[TAKEAWAY 15.2] 최적화기는 사용하지 않는 초기화 구문을 제거할 정도로 똑똑하다.

[TAKEAWAY 15.3] 함수에 대한 포인터 인수의 표현이 달라도 바이너리 코드는 같다.

[TAKEAWAY 15.4] 로컬 변수의 주소를 가져오는 부분이 없으면 앨리어싱이 없기 때문에 최적화에 도움된다.

이 모든 규칙을 적용하고 현재 구현을 안전하게 만들고 나서야 프로그램의 성능 문제를 살펴본다. 성능을 높이려면 어떻게 해야 하는지 그리고 성능을 어떻게 측정할지는 사실 어려운 문제다. 성능과 관련하여 가장 먼저 고려할 사항은 타당성이다. 가령 인터랙티브 방식의 프로그램 성능을 1ms에서 0.9ms로 높였다고 해서 큰 의미는 없다. 이 정도 향상을 위해 들이는 노력은 차라리 다른 곳에 쏟는 것이 낫다.

성능 병목점(performance bottleneck)을 찾기 위한 도구를 갖추려면 성능 측정 방법부터 살펴볼 필요가 있는데, 이를 제대로 이해하려면 성능 향상 도구부터 잘 알아야 하기 때문에 마지막 절(15.3절)에서 소개한다.

최신 컴파일러도 최적화 작업을 더 잘하도록 프로그래머가 개입할 여지가 많다. 즉, 자동으로 추론하기 힘든 코드의 속성을 직접 지정해 줄 수 있다. C 언어는 이를 위한 키워드를 제공하는데, 제약을 받는 대상이 컴파일러가 아니라 프로그래머라는 점이 다소 특이하다. 올바른 코드라면 이런 키워드를 모두 제거하더라도 코드의 의미가 바뀌지 않아야 한다. 이런 속성 때문에 쓸모없거나 더이상 필요 없는 기능으로 여기는 경우도 있는데, 이는 주의해야 한다. 이런 주장을 하는 사람은 대체로 C 언어의 세부 사항이나 메모리 모델, 최적화 가능성 등에 대해 깊이 이해하지 못한 경향이 있다. 특히 인과관계를 제대로 알지 못한다.

최적화 기회를 제공하는 키워드로 **register**(C90), **inline**, **restrict**(둘 다 C99부터 제공), **alignas**(각각 **_Alignas**, C11) 등이 있다. 앞에서 말했듯이 네 키워드 모두 정상적으로 작동하는 프로그램에서 삭제하더라도 프로그램의 의미는 변하지 않는다.

register 키워드에 대해서는 13.2절에서 설명했으므로 이 장에서는 자세히 다루지 않는다. 여기서는 이 키워드가 함수 안에서 로컬로 정의한 오브젝트 사이에 앨리어싱이 발생하지 않게 도와준다는 정도만 기억하고 넘어간다. 그때 설명했듯이 이 기능의 진가를 잘 모르는 C 프로그래머가 많다. 그래서 필자는 이 기능이 모든 오브젝트 타입에 대한 글로벌 상수와 간단한 순수 함수를 좀 더 최적화할 수 있도록 향후 개선 사항에서 핵심적인 역할을 하기 위한 몇 가지 아이디어를 C 위원회에 직접 제안하기도 했다.

C11부터 제공하는 alignas와 이와 관련된 alignof에 대해서는 12.7절에서 설명했다. 두 키워드 모두 오브젝트를 캐시 경계에 두어 메모리 접근 성능을 높인다. 이 기능에 대해서는 자세히 다루지 않는다.

C99부터 제공하는 inline(15.1절)과 restrict(15.2절)는 활용 방법이 크게 다르다. inline은 다소 쉽게 사용할 수 있고 위험한 상황이 발생할 가능성도 별로 없다. 널리 사용되는 기법으로 코드가 짧은 함수를 호출문에 곧바로 풀어 쓰는 최적화 방법이 있다.

restrict는 타입 기반 앨리어싱의 고려 사항을 완화하여 좀 더 최적화할 여지가 있다. 그래서 사용하기가 다소 까다롭고 잘못 쓰면 심각한 문제가 발생할 수 있다. 이 키워드는 라이브러리 인터페이스에서 흔히 볼 수 있고, 사용자 코드에서 쓰는 경우는 별로 없다.

이 장의 마지막 절인 15.3절에서는 성능 측정(measurement) 방법과 코드 인스펙션(code inspection)에 대해 본격적으로 알아본다. 이를 통해 프로그램 성능을 직접 평가할 수 있고, 성능을 높이거나 낮추는 원인을 알아낼 수 있다.

15.1 인라인 함수

C 코드를 모듈화하는 주된 수단은 함수다. 지금까지 봤듯이 함수로 모듈화하면 다음과 같은 장점이 있다.

- 인터페이스와 구현을 명확히 구분할 수 있다. 그러면 코드를 점진적으로 개선하기 쉽고, 극단적인 경우라도 처음부터 새로 작성할 수 있다.
- 다른 코드 부분과 글로벌 변수로 통신하는 부분을 제거하면 함수가 항상 로컬 상태만 접근하도록 만들 수 있다. 그러면 최적화할 부분이 더 쉽게 눈에 띈다.

아쉽게도 성능 관점에서 볼 때 함수는 다음과 같은 단점이 있다.

- 최신 플랫폼이라도 여전히 함수 호출 과정에서 오버헤드가 발생한다. 일반적으로 함수를 호출할 때 일정한 스택 공간을 할당해서 거기에 로컬 변수를 초기화하거나 복사한다. 또한 실행 파일에서 제어 흐름이 바뀔 때, 해당 코드가 캐시에 없어서 오버헤드가 추가될 수 있다.

- 해당 플랫폼의 호출 관례에 따라 함수의 리턴 값이 **struct**라면 그 함수를 호출한 지점에 구조체 전체를 복제해야 할 수도 있다.

우연히 호출한 측의 코드(**예** fcaller)와 호출된 코드(**예** fsmall)가 같은 변환 단위(TU) 안에 있을 때, 똑똑한 컴파일러라면 함수 호출문 자리에 함수 본문 코드를 집어 넣는 **인라이닝**(inlining) 기법을 적용해서 위와 같은 단점을 피할 수 있다. 이렇게 되면 함수 호출 과정이 없어져서 앞에서 말한 호출과 관련된 오버헤드는 발생하지 않는다.

이렇게 fsmall 코드를 인라이닝했기 때문에 fsmall을 구성하는 인스트럭션이 모두 새로운 문맥에 놓이게 된다. 그러면 컴파일러는 다음 부분들을 감지할 수 있다.

- 실행될 일이 전혀 없는 분기문
- 이미 결과를 알고 있는 표현식을 반복해서 계산하는 부분
- 호출된 함수가 특정한 타입으로만 리턴한다는 사실

TAKEAWAY 15.5 인라이닝하면 최적화할 수 있는 부분이 훨씬 늘어난다.

예전 컴파일러는 정의를 아는 함수에 대해서만 인라이닝을 적용할 수 있었다. 즉, 선언만 보고서는 할 수 없었다. 그래서 프로그래머와 컴파일러 제작자는 함수 정의를 드러내서 인라이닝이 적용될 가능성을 높이는 방법을 연구했다. 언어의 규격을 바꾸지 않고도 할 수 있는 방법은 다음과 같이 두 가지가 있다.

- 프로젝트를 구성하는 코드를 모두 합쳐서 거대한 TU 하나로 만든 후 컴파일한다. 이 작업을 시스템적으로 처리하기란 생각만큼 쉽지 않다. 소스 파일을 합칠 때 순환 정의가 발생하지 않고 이름이 충돌하지 않도록(예를 들어 두 TU에서 **static** 함수인 init이 각각 존재하는 경우) 순서를 잘 맞춰야 한다.

- 인라이닝할 함수를 헤더 파일에 두고 이 함수가 필요한 모든 TU에서 인클루드한다. TU마다 함수 심볼에 대한 정의가 중복되지 않게 하려면 해당 함수를 반드시 **static**으로 선언해야 한다.

첫 번째 방법을 적용하기 힘든 대규모 프로젝트라면 두 번째 방법을 적용하는 것이 상대적으로 쉽다. 하지만 여전히 다음과 같은 단점이 있다.

- 함수가 너무 커서 컴파일러가 인라이닝하기 힘들면 TU마다 인스턴스를 따로 만든다. 다시 말해 그 정도로 큰 함수는 복제본이 여러 개 생성되어 최종 실행 파일의 크기가 늘어날 가능성이 있다.
- 이런 함수에 대한 포인터를 받으면 현재 TU에 있는 특정한 인스턴스에 대한 주소를 받게 된다. 서로 다른 TU에 있는 인스턴스에 대한 포인터끼리 비교한 결과는 같지 않다.
- 이런 **static** 함수가 헤더 파일에는 선언돼 있지만 TU에 있는 것을 사용하지 않는다면, 컴파일러는 이 사실에 대한 경고 메시지를 출력한다. 헤더 파일에 이런 조그만 함수들이 많이 있다면 경고 메시지가 상당히 많이 나오며 허위 경고(false alarm)도 늘어날 것이다.

이런 단점을 피하고자 C99부터 **inline**이란 키워드를 도입했다. 단어가 풍기는 이미지처럼 함수를 인라이닝시키는 것이 아니라, 단지 인라이닝이 적용될 가능성이 있다고만 지정한다.

- 함수 정의에 **inline**을 붙여서 선언하면 여러 TU에서 사용하더라도 다중 심볼 정의 에러 (multiple-symbol-definition error)가 발생하지 않는다.
- 동일한 **inline** 함수에 대한 포인터를 비교한 결과는 모두 같다. 서로 다른 TU에서 가져온 것이라도 그렇다.
- 특정한 TU에서 사용하지 않는 **inline** 함수는 해당 TU의 바이너리에서 완전히 빠지게 된다. 특히 크기에 영향을 주지 않게 된다.

마지막 항목은 대체로 장점으로 작용하지만 한 가지 문제가 있다. 인라인 함수에 대한 심볼은 절대 생성되지 않는다는 것이다. 설사 그런 심볼이 필요한 경우라도 그렇다. 예를 들어 다음과 같은 경우가 있다.

- 함수에 대한 포인터를 프로그램이 직접 사용하거나 저장하는 경우
- 함수가 너무 크거나 복잡해서 인라이닝할 수 없다고 컴파일러가 판단한 경우로서, 다음과 같은 몇 가지 요인에 따라 달라진다.
  - 컴파일러에 지정된 최적화 수준
  - 디버깅 옵션을 켰는지 여부
  - 함수에서 특정 C 라이브러리 함수를 사용한 경우
- 모르는 프로그램에 포함되거나 링크된 라이브러리의 일부분인 경우

이런 심볼을 제공하기 위해 C99부터 **inline** 함수에 대한 특별한 규칙이 도입됐다.

TAKEAWAY 15.6 **inline** 키워드를 붙이지 않고도 이와 호환되는 선언을 추가하면 현재 TU에 함수 심볼이 생성되도록 보장할 수 있다.

예를 들어 다음과 같은 **inline** 함수가 헤더 파일(toto.h)에 정의돼 있다고 하자.

```
1  // 헤더 파일에 인라인 함수 정의하기.
2  // 함수의 인수 이름과 로컬 변수는 전처리기에서 인식해서 처리하므로
3  // 조심해서 다뤄야 한다.
4  inline
5  toto* toto_init(toto* toto_x){
6    if (toto_x) {
7      *toto_x = (toto){ 0 };
8    }
9    return toto_x;
10 }
```

이런 함수는 인라이닝하기에 딱 좋다. 크기가 아주 작아서 toto 타입 변수를 모두 한 곳에서 초기화하는 것이 좋다. 호출 오버헤드는 함수 내부와 같은 수준이고, 이 함수를 호출한 측에서는 **if**문 검사 부분을 생략하는 경우도 많다.

TAKEAWAY 15.7 **inline** 함수 정의는 모든 TU에서 볼 수 있다.

컴파일러는 이 함수를 사용하는 모든 TU에 함수 코드를 인라이닝시킬 수 있지만, TU에 toto_init이란 심볼을 실제로 생성하지는 않는다. 대신 어느 한 TU, 가령 toto.c에서 생성하도록 할 수 있고 또 그렇게 하는 것이 바람직하다. 방법은 다음 문장을 추가하면 된다.

```
1  #include "toto.h"
2
3  // 정확히 한 TU에 인스턴스를 만든다.
4  // 매크로 교체가 발생하지 않도록 매개변수 이름을 생략한다.
5  toto* toto_init(toto*);
```

TAKEAWAY 15.8 **inline** 정의는 헤더 파일에 적는다.

TAKEAWAY 15.9 **inline**을 붙이지 않고 추가로 선언하면 정확히 한 TU에 생성된다.

앞에서 말했듯이 **inline** 함수 메커니즘을 제공하는 이유는 함수를 실제로 인라이닝할지 컴파일러가 쉽게 결정하기 위해서다. 대부분의 경우 컴파일러 제작자가 구현한 휴리스틱을 따르는 것이 가장 좋다. 컴파일이 실행되는 플랫폼의 세부 사항에 대해 여러분보다 컴파일러 제작자가 훨씬 잘

알고 있으므로 그보다 더 잘하기는 쉽지 않다. 게다가 여러분이 코드를 작성하는 시점에는 나오지 않은 플랫폼에 대해서도 대비할 수 있다. 한마디로 다양한 관점과 변수를 고려하기에 컴파일러 제작자가 훨씬 유리하다.

inline 정의를 하면 도움될 만한 함수로 10.2.2절에서 소개한 순수 함수가 있다. 예제 10-1에 나온 rat 구조체를 보면 모든 함수가 암묵적으로 함수 인수와 리턴 값을 복제한다. 이런 함수를 헤더 파일에서 inline으로 정의하면 최적화 과정에서 복제가 전혀 일어나지 않는다.[Exs 1, Exs 2]

inline 함수는 성능이 좋으면서 이식 가능한 코드를 만드는 데 중요한 도구다. 컴파일러가 올바른 결정을 내릴 수 있도록 도와주기만 하면 된다. 아쉽게도 inline 함수를 사용할 때의 단점도 있는데, 설계할 때 이 점을 반드시 고려해야 한다.

첫 번째 단점은 inline 함수를 조금이라도 변경하면 프로젝트를 다시 빌드해야 한다는 것이다.

TAKEAWAY 15.10 더 이상 수정할 일이 없는 함수만 inline으로 만든다.

두 번째 단점은 함수 정의가 글로벌 스코프에 드러나기 때문에 그 함수의 로컬 식별자(매개변수나 로컬 변수)가 전혀 모르던 매크로로 확장되는 현상이 발생할 수 있다. 예제에서는 함수 매개변수가 다른 인클루드 파일에 있는 매크로로 확장되지 않도록 toto_란 접두사를 붙였다.

TAKEAWAY 15.11 inline 함수 안에 있는 식별자는 적절한 명명 규칙을 적용해서 보호해야 한다.

세 번째 단점은 기존 함수 정의와 달리 inline 함수는 특별히 연결된 TU가 없다는 것이다. 기존 함수는 TU 내부의 함수나 상태(static 변수와 함수)에 접근할 수 있는 반면, inline 함수는 어느 TU에 있는 복제본을 가리키는지 불분명하다.

TAKEAWAY 15.12 inline 함수는 static 함수의 식별자에는 접근할 수 없다.

TAKEAWAY 15.13 inline 함수는 수정 가능한 static 오브젝트의 식별자를 정의하거나 접근할 수 없다.

여기서 중요한 것은 식별자만 접근할 수 있을 뿐, 오브젝트나 함수 자체는 접근할 수 없다는 것이다. static 오브젝트나 함수에 대한 포인터를 inline 함수로 전달하는 데는 아무런 문제가 없다.

Exs 1 10.2.2절에 나온 예제를 inline을 사용하도록 수정해 보자.
Exs 2 7장의 함수 예제 중 inline으로 정의해야 하는 것이 있는지 찾아보자.

15.2 restrict 지정자 사용하기

지금까지 예제에 나온 C 라이브러리 함수 중 포인터에 **restrict** 키워드를 지정한 것들이 많았고, 직접 만든 함수에 이 지정자를 붙인 적도 있었다. **restrict**의 기본 개념은 다소 간단하다. 해당 포인터를 가리키는 오브젝트만 접근할 수 있다는 사실을 컴파일러에게 알려 주는 것이다. 그러면 컴파일러는 해당 포인터로만 오브젝트를 변경할 수 있고, 다른 방법으로는 변경되지 않도록 한다. 다시 말해 **restrict** 키워드를 이용하면 컴파일러가 코드에서 그 부분을 처리하는 동안 다른 오브젝트를 가리키지 않도록(다른 오브젝트에 대한 앨리어스로 사용할 수 없도록) 컴파일러에게 알려 준다.

TAKEAWAY 15.14 **restrict**가 지정된 포인터는 아무나 접근할 수 없어야 한다.

C에서 이렇게 선언하면 호출한 측에서 이 속성을 검증해야 하는 부담이 생기는 경우가 많다.

TAKEAWAY 15.15 **restrict**를 붙이면 함수를 호출하는 데 제약이 생긴다.

예를 들어 `memcpy`와 `memmove`의 차이점을 살펴보자.

```
1 void* memcpy(void*restrict s1, void const*restrict s2, size_t n);
2 void* memmove(void* s1, const void* s2, size_t n);
```

`memcpy`는 두 포인터 모두 **restrict**로 지정했다. 그래서 이 함수를 실행할 때는 이 두 포인터에만 접근할 수 있다. 뿐만 아니라 s1과 s2는 서로 값이 달라야 하며, 둘 다 상대방 오브젝트에 접근할 수 없어야 한다. 다시 말해 `memcpy`가 이 두 포인터를 통해 '바라보는' 두 오브젝트는 서로 겹치면 안 된다. 이렇게 가정하면 이 함수를 최적화하는 데 도움된다.

반면, `memmove`는 이렇게 가정하지 않는다. 그래서 s1과 s2는 서로 동일한 대상을 가리킬 수 있고, 두 오브젝트가 겹칠 수도 있다. `memmove` 함수는 반드시 이런 상황을 처리할 수 있어야 한다. 따라서 효율은 좀 떨어지겠지만 범용성은 `memcpy`보다 높다.

12.3절에서 본 것처럼 두 포인터가 실제로 동일한 오브젝트를 가리키는지(두 포인터가 한 오브젝트에 대한 앨리어스인지) 컴파일러가 판단해야 할 수도 있다. 기본 타입이 서로 다른 포인터가 동일한 대상을 가리키면 안 된다. 단, 둘 중 하나가 문자(character) 타입이면 괜찮다. 따라서 **fputs**의 매개변수 두 개를 **restrict**로 지정했다. 물론 **fputs**의 두 매개변수에 동일한 포인터 값을 지정해서 호출할 가능성은 극히 드물다.

```
1 int fputs(const char *restrict s, FILE *restrict stream);
```

이런 형식은 **printf**류 함수에서 더 중요하다.

```
1 int printf(const char *restrict format, ...);
2 int fprintf(FILE *restrict stream, const char *restrict format, ...);
```

format 매개변수가 가리키는 대상은 ... 부분에 전달되는 인수 중 어떠한 것과도 중복되면 안 된다. 가령 다음과 같이 작성하면 결과를 예측할 수 없다.

```
1   char const* format = "format printing itself: %s\n";
2   printf(format, format); // restrict 지정자 속성에 어긋남
```

이렇게 작성해도 원래 의도대로 작동할 가능성이 있다. **stream** 매개변수를 남용하면 프로그램이 갑자기 멈출 가능성이 있다.

```
1   char const* formal = "First two bytes in stdin object: %.2s\n";
2   char const* bytes = (char*)stdin;        // char로 형변환
3   fprintf(stdin, format, bytes);           // restrict 속성에 어긋남
```

물론 이렇게 작성한 코드를 실전에서 볼 가능성은 거의 없다. 하지만 문자 타입은 앨리어싱과 관련하여 특수한 규칙이 적용되기 때문에 스트링 처리 관련 함수는 모두 최적화 대상에서 제외될 가능성이 있다는 사실을 명심해야 한다. 스트링 매개변수가 나오는 부분에 **restrict** 지정자를 추가할 수도 있으며, 그러면 대상을 해당 포인터로만 접근할 수 있게 된다.

15.3 측정과 인스펙션

지금까지 프로그램 성능에 대해 여러 차례 얘기했지만 정작 성능을 평가하는 방법을 설명한 적은 없다. 코드 성능을 감으로 예측하기란 쉽지 않다. 그래서 성능에 대한 주제를 다음 관점에서 살펴본다.

TAKEAWAY E 코드 성능을 추측하지 말고 엄격하게 검증한다.

코드에서 성능에 민감한 부분을 작성할 때 가장 먼저 할 일은 주어진 문제를 해결하는 데 가장 뛰어난 알고리즘을 선택하는 것이다. 이 작업은 코딩에 들어가기 전에 해야 한다. 따라서 선택한 알고리즘의 동작을 (추측하지 말고) 논리적으로 분석해서 복잡도를 평가해야 한다.

TAKEAWAY 15.16 알고리즘의 복잡도를 평가하려면 증명해야 한다.

복잡도를 증명하는 방법은 이 책의 범위를 벗어나므로 여기서 자세히 다루지 않고 몇 가지 참고 문헌만 추천하고 넘어간다. 관심 있는 독자는 코먼 등(Cormen et al.)이 집필한 교재[2001]나 커누스(Knuth)가 남긴 보석 같은 글을 참고하기 바란다.

TAKEAWAY 15.17 코드 성능을 평가하려면 측정해야 한다.

실험 과학에서 말하는 측정은 다소 어려운 주제라서 여기서 자세히 다룰 수는 없다. 가장 명심할 사항은 측정 행위가 관찰 대상의 동작에 영향을 미친다는 것이다. 물리학에서도 이 원칙이 적용된다. 어떤 대상의 질량을 측정하기 위해서는 그 물체를 옮겨야 한다. 생물학에서도 종에 대한 표본을 수집하기 위해서는 동물이나 식물을 죽일 수밖에 없다. 사회학에서는 조사하기 전에 성별이나 출신 정보를 수집하는 과정에서 응답 결과에 영향을 미칠 수 있다. 컴퓨터 과학도 마찬가지다. 특히 시간을 측정하는 과정 자체도 어느 정도 시간이 걸린다.

TAKEAWAY 15.18 측정에는 편향이 생길 수밖에 없다.

최악의 경우 시간 측정 과정이 미치는 영향이 단순히 측정 시간이 추가되는 것보다 훨씬 클 수 있다. 가령 측정 과정이 없었다면 `timespec_get` 함수를 호출하는 부분이 나오지 않았을 것이다. 컴파일러는 이런 호출을 수행하기 전에 몇 가지를 점검해야 한다. 특히 하드웨어 레지스터를 저장하고, 실행 상태에 대한 가정 몇 가지를 제외해야 한다. 따라서 시간 측정 과정을 추가했기 때문에 최적화 기회가 줄어들 수 있다. 또한 이런 함수 호출문은 대체로 OS 기능을 호출하는 시스템 콜(system call)로 변환되는데, 프로그램 실행과 관련된 여러 속성, 가령 프로세스 또는 태스크 스케줄링과 같은 작업에 영향을 미칠 수도 있고, 데이터 캐시를 무효화할 수도 있다.

TAKEAWAY 15.19 측정 과정 때문에 컴파일 시간과 실행 시간이 달라진다.

실험 과학에서 핵심은 이런 이슈에 대응하여 측정 과정에 발생하는 편향을 줄여서 실험 결과를 양적으로 평가할 수 있게 만드는 것이다. 구체적으로 표현하면 원하는 코드에 대한 시간을 측정하기 전에 측정 작업 자체에서 발생하는 편향을 평가해야 한다. 측정 편향을 줄이기 위한 일반적인 방법은 실험을 여러 차례 반복해서 전체 결과에 대한 통계를 구하는 것이다. 이때 사용하는 통계 기법은 간단한 편이다. 주로 실험 횟수와 평균값(mean value, average) μ를 많이 사용하고, 표준 편차나 비대칭도(skewness)를 활용할 때도 있다.

예를 들어 다음과 같이 20가지 타이밍(초 단위, s)으로 구성된 표본 S를 살펴보자.

```
0.7, 1.0, 1.2, 0.6, 1.3, 0.1, 0.8, 0.3, 0.4, 0.9, 0.5, 0.2, 0.6, 0.4, 0.4, 0.5, 0.5,
0.4, 0.6, 0.6
```

그림 15-1은 이 표본에 대한 히스토그램을 보여 주는데, 평균값($\mu(S)$) 0.6을 중심으로 (최소)0.1부터 (최대)1.3까지 다양하게 분포되어 있다. 이렇게 분산되어 있으면 표본에 대한 상관 관계가 있다고 하기 힘들다. 그렇다면 이 그림에 나온 측정값은 얼마나 나쁜 편일까?

▼ 그림 15-1 표본 S에 대한 히스토그램. 여기 나온 빈도는 측정값을 구하는 데 이용된다.

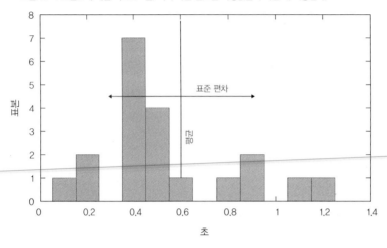

표준 편차(standard deviation) $\mu(S)$는 관측된 표본이 이상적인(모든 시간이 정확히 똑같은) 상태로부터 얼마나 벗어나 있는지를 (초 단위로) 측정한다. 표준 편차가 작다는 말은 이상적인 상황에 가까울 가능성이 높다는 뜻이다. 반대로 표준 편차가 너무 크면 이상과는 거리가 멀어서 계산에 영향을 미치게 되거나, 측정에 영향을 미칠 정도로 값이 불안정할 수 있다.

예제의 표준 편차는 0.31로, 평균값 0.6에 비춰볼 때 값이 상당히 큰 편이다. 여기서 **상대 표준 편차**(relative standard deviation) $\frac{\sigma(S)}{\mu(S)}$ 는 0.52(52%)다. 이 값은 작아야 좋다.

TAKEAWAY 15.20 실행 시간에 대한 상대 표준 편차는 반드시 낮은 퍼센트 범위에 있어야 한다.

측정과 관련해서 마지막으로 소개할 통계량으로 비대칭도(skew)(왜도)가 있다(예제의 표본 S의 비대칭도는 0.79다). 이 값은 표본이 치우친 정도(asymmetry)(비대칭성)를 측정한다. 표본이 평균을 중심으로 대칭되는 형태로 분포됐다면 비대칭도는 0이고, 오른쪽을 향한 '꼬리'(tail)가 있다면 비대칭도는 양의 값이다. 시간 측정값은 앞에 나온 표본처럼 대칭이 아닌 경우가 많다. 최댓값 1.3은 평균으로부터 0.7만큼 떨어져 있다. 따라서 이 표본이 평균 0.6을 중심으로 대칭이 되려면 -0.1 값이 하나 있어야 하는데 그건 불가능하다.

지금 설명하는 기초 통계 개념이 생소한 독자는 참고 문헌을 보고 익혀 두기 바란다. 이 장에서 특히 중요한 통계량은 **원적률**(raw moment)이며, 다음과 같이 계산한다.

$$m_k(S) = \sum_{\text{모든 } s \in S} s^k$$

0번째 원적률은 표본의 개수를 센다. 첫 번째는 값의 총 개수를 더하고, 두 번째는 값의 제곱에 대한 합이며, 원적률은 이런 식으로 진행한다.

컴퓨터 과학에서는 실험을 자동으로 반복하도록 만들기 쉽다. 표본으로 삼을 코드를 **for** 루프 안에 넣고, 이 루프에 들어가기 전 후에 시간을 측정하는 코드를 넣으면 된다. 즉, 표본 코드를 천 번 또는 백만 번 실행해서 루프를 한 번 도는 데 걸리는 평균 시간을 계산하면 된다. 이때 시간을 측정하는 데 걸리는 시간은 무시할 수 있을 정도로 짧다고 가정한다. 실험에 걸리는 전체 시간이 몇 초 정도인데 반해, 시간 측정에 걸리는 시간은 겨우 몇 밀리 초에 불과하기 때문이다.

이 장의 예제에서는 timespec_get 호출문의 성능을 평가한다. 또한 측정 통계값을 수집하는 조그만 유틸리티의 성능도 평가한다. 예제 15-1을 보면 우리가 분석할 코드를 담은 **for** 루프가 여러 개 있다. 시간 측정값은 통계값으로 수집하며 **timespec_get**으로 구한 **tv_nsec** 값을 활용한다. 이 방식은 편향이 발생할 수밖에 없는데, **timespec_get**의 성능을 **timespec_get**으로 측정하기 때문이다. 그런데 이 편향은 쉽게 해소할 수 있다. 반복 횟수를 높이면 편향이 줄어든다. 여기서 소개하는 실험은 반복 횟수(iterations 값)를 $2^{24} - 1$로 지정해서 측정한 것이다.

예제 15-1 여러 코드 조각을 반복적으로 측정하기

```
53   timespec_get(&t[0], TIME_UTC);
54   /* 이 루프가 제거되지 않도록 i를 volatile로 지정한다. */
55   for (uint64_t volatile i = 0; i < iterations; ++i) {
56     /* 하는 일 없음 */
57   }
58   timespec_get(&t[1], TIME_UTC);
59   /* 이 루프가 제거되지 않도록 s를 volatile로 지정한다. */
60   for (uint64_t i = 0; i < iterations; ++i) {
61     s = i;
62   }
63   timespec_get(&t[2], TIME_UTC);
64   /* 이 루프가 제거되지 않도록 불투명 계산 코드를 넣는다. */
65   for (uint64_t i = 1; accu0 < upper; i += 2) {
66     accu0 += i;
67   }
68   timespec_get(&t[3], TIME_UTC);
69    /* 함수 호출은 대체로 최적화되지 않는다. */
70   for (uint64_t i = 0; i < iterations; ++i) {
71     timespec_get(&tdummy, TIME_UTC);
```

```
72      accu1 += tdummy.tv_nsec;
73    }
74    timespec_get(&t[4], TIME_UTC);
75      /* 함수 호출은 대체로 최적화되지 않지만,
76        인라인 함수는 가능하다. */
77    for (uint64_t i = 0; i < iterations; ++i) {
78      timespec_get(&tdummy, TIME_UTC);
79      stats_collect1(&sdummy[1], tdummy.tv_nsec);
80    }
81    timespec_get(&t[5], TIME_UTC);
82    for (uint64_t i = 0; i < iterations; ++i) {
83      timespec_get(&tdummy, TIME_UTC);
84      stats_collect2(&sdummy[2], tdummy.tv_nsec);
85    }
86    timespec_get(&t[6], TIME_UTC);
87    for (uint64_t i = 0; i < iterations; ++i) {
88      timespec_get(&tdummy, TIME_UTC);
89      stats_collect3(&sdummy[3], tdummy.tv_nsec);
90    }
91    timespec_get(&t[7], TIME_UTC);
```

그런데 현재 목표는 이런 사소한 관측값을 알아내는 것이 아니다. 이 값은 원하는 코드의 성능을 측정하는 예만 보여 줄 뿐이다. 예제 15-1에 나온 여러 **for** 루프문마다 구체적인 통계 수집 작업을 수행하는 코드가 담겨 있다. 여기서 목적은 이러한 수집 작업이 시간 측정에 얼마나 영향을 미치는지 단계별로 밝혀내는 것이다.

timespec.c

```
struct timespec tdummy;
stats sdummy[4] = { 0 };
```

70줄에서 시작하는 루프는 값을 누적시키므로 평균을 구하는 데 활용할 수 있다. 그 다음 77줄에서 시작하는 루프는 stats_collect1 함수를 이용하여 연속 평균(running mean)을 구한다. 다시 말해 이전 값을 $\delta(x_n, \mu_{n-1})$에 따라 수정해서 새로운 평균 x_n을 계산하는 공식을 구현한다. 여기서 x_n은 새 측정값이고 μ_{n-1}은 이전 평균이다. 나머지 두 루프(82줄과 87줄)는 이차 모멘트(second moment)(2차 적률)와 삼차 모멘트(third moment)(3차 적률)에 대한 비슷한 공식을 이용하여 각각 분산과 비대칭도를 계산하는 stats_collect2와 stats_collect3 함수를 이용한다. 이 함수들에 대해서는 뒤에서 다시 설명한다.

그 전에 먼저 코드 계측에 필요한 도구부터 살펴보자.

예제 15-2 timespec_diff와 stats_collect2를 이용한 시간 통계값 수집

```
102     for (unsigned i = 0; i < loops; i++) {
103       double diff = timespec_diff(&t[i+1], &t[i]);
104       stats_collect2(&statistic[i], diff);
105     }
```

11.2절에서 소개한 timespec_diff를 이용하여 두 측정값의 시간차를 계산하고 stats_collect2로 통계값을 합산한다. 이 과정을 (여기에 나오지 않은) 또 다른 루프로 묶어서 실험을 10번 반복한다. 이 루프가 끝나면 stats 타입 함수를 이용하여 결과를 화면에 출력한다.

예제 15-3 stats_mean과 stats_rsdev_unbiased를 이용하여 시간 통계값 출력하기

```
109   for (unsigned i = 0; i < loops; i++) {
110     double mean = stats_mean(&statistic[i]);
111     double rsdev = stats_rsdev_unbiased(&statistic[i]);
112     printf("loop %u: E(t) (sec):\t%5.2e  %4.02f%%,\tloop body %5.2e\n",
113            i, mean, 100.0*rsdev, mean/iterations);
114   }
```

당연한 말이지만 여기서 stats_mean은 측정값의 평균을 구한다. stats_rsdev_unbiased 함수는 **비편향 상대 표준 편차**(unbiased relative standard deviation)를 리턴한다. 다시 말해 편향되지 않고[1] 평균값으로 정규화한 표준 편차를 리턴한다.

필자의 노트북에서 실행한 결과는 다음과 같다.

터미널

```
0 loop 0: E(t) (sec): 3.31e-02 ± 7.30%, loop body 1.97e-09
1 loop 1: E(t) (sec): 6.15e-03 ± 12.42%, loop body 3.66e-10
2 loop 2: E(t) (sec): 5.78e-03 ± 10.71%, loop body 3.45e-10
3 loop 3: E(t) (sec): 2.98e-01 ± 0.85%, loop body 1.77e-08
4 loop 4: E(t) (sec): 4.40e-01 ± 0.15%, loop body 2.62e-08
5 loop 5: E(t) (sec): 4.86e-01 ± 0.17%, loop body 2.90e-08
6 loop 6: E(t) (sec): 5.32e-01 ± 0.13%, loop body 3.17e-08
```

15
요약

---

1 무작위 표본뿐만 아니라 예상 시간에 대한 표준 편차의 실제 추정값

여기서 0줄과 1줄, 2줄은 앞에서 설명하지 않은 루프에 대한 값이고, 3줄에서 6줄이 바로 앞에서 설명한 루프에 대한 결과다. 각각의 상대 표준 편차는 1% 이하라서 통계값이 잘 나왔고 오른쪽에 나온 시간도 반복할 때마다 드는 비용을 잘 추정해서 나온 값이다. 예를 들어 필자가 사용하는 2.1GHz 노트북에서 루프 3, 4, 5, 6을 한 번 반복하는 데 걸리는 실행 시간은 각각 36, 55, 61, 67클럭이다. 여기 나온 단순 합계를 stats_collect1로 교체할 때 걸리는 추가 시간은 19클럭이다. 이 시점부터 stats_collect2까지는 6클럭이 걸리고, stats_collect3을 사용할 경우 6클럭이더 걸린다.

이 값이 타당한지 확인하기 위해 stats 타입을 살펴보자.

```
1  typedef struct stats stats;
2  struct stats {
3    double moment[4];
4  };
```

여기서는 모든 통계 모멘트(statistical moment)(적률)에 대해 **double** 값 하나를 예약해 뒀다. 다음 코드에 나온 stats_collect 함수는 우리가 추가한 새 값을 수집할 때 이 값을 업데이트하는 방법을 보여 준다.

예제 15-4 삼차 모멘트까지 나온 통계값 수집하기

```
120  /**
121   ** @brief @a val 값을 통계값 @a c에 추가한다.
122   **/
123  inline
124  void stats_collect(stats* c, double val, unsigned moments) {
125    double n = stats_samples(c);
126    double n0 = n-1;
127    double n1 = n+1;
128    double delta0 = 1;
129    double delta = val - stats_mean(c);
130    double delta1 = delta/n1;
131    double delta2 = delta1*delta*n;
132    switch (moments) {
133    default:
134      c->moment[3] += (delta2*n0 - 3*c->moment[2])*delta1;
135    case 2:
136      c->moment[2] += delta2;
137    case 1:
138      c->moment[1] += delta1;
139    case 0:
```

```
140      c->moment[0] += delta0;
141    }
142 }
```

앞에서 설명했듯이 모멘트를 점진적으로 업데이트하는 간단한 알고리즘이다. 단순한 방법과 크게 다른 점은 수치가 부정확해지지 않도록 평균에 대한 현재 추정값과의 차이를 이용하고, 표본을 모두 저장하지 않으면서 이 작업을 처리한다는 것이다. 이 기법은 웰포드(Welford)[1962]가 (일차 모멘트와 이차 모멘트에 대한) 평균과 분산을 처음 제시했으며 나중에 고차 모멘트로 일반화된 기법도 나왔디(〈Pébay〉[2008] 참고). 실제로 stats_collect1 함수 등은 선택한 모멘트 수를 인스턴스화한 것이다.

```
154 inline
155 void stats_collect2(stats* c, double val) {
156    stats_collect(c, val, 2);
157 }
```

stats_collect2에 대한 어셈블리 코드를 보면 이 함수에 대해 25클럭을 사용하는 것이 적절하다는 것을 알 수 있다. 이 값은 여러 산술 연산과 값을 불러오고 저장하는 연산에 대응된다.[2]

15
응용

예제 15-5 stats_collect2(c)에 대한 GCC 어셈블리 코드

```
        vmovsd 8(%rdi), %xmm1
        vmovsd (%rdi), %xmm2
        vaddsd .LC2(%rip), %xmm2, %xmm3
        vsubsd %xmm1, %xmm0, %xmm0
        vmovsd %xmm3, (%rdi)
        vdivsd %xmm3, %xmm0, %xmm4
        vmulsd %xmm4, %xmm0, %xmm0
        vaddsd %xmm4, %xmm1, %xmm1
        vfmadd213sd 16(%rdi), %xmm2, %xmm0
        vmovsd %xmm1, 8(%rdi)
        vmovsd %xmm0, 16(%rdi)
```

---

2   이 어셈블리 코드는 부동 소수점 하드웨어 레지스터와 명령어 그리고 SSE 레지스터와 명령어 같은 아직 소개하지 않은 x86_64 어셈블리 기능을 보여 준다. 여기 나온 메모리 위치((%rdi), 8(%rdi), 16(%rdi))는 명령어 이름에서 v- 접두어를 뺀 것을 가리키는 것으로, i = 0, 1, 2일 때의 c->moment[i]에 해당한다. sd- 접두어는 수행한 연산을 보여 주는 것으로, **vfmadd213sd**는 부동 소수점 곱셈 덧셈 명령어다.

예제 측정값을 이용하는 과정에서 발생한 시스템 에러가 하나 더 있다. 측정 지점을 **for** 루프 밖에 뒀는데, 이렇게 하면 측정하는 코드도 루프에 포함된다. 예제 15-6는 앞에서 설명하지 않은 루프 세 개를 보여 주는데, 루프로 인한 영향을 측정하기 위한 것이어서 실제로 하는 일은 없다.

예제 15-6 struct **timespec**로 세 **for** 루프 계측하기

```
53    timespec_get(&t[0], TIME_UTC);
54    /* 이 루프가 제거되지 않도록 i를 volatile로 지정한다. */
55    for (uint64_t volatile i = 0; i < iterations; ++i) {
56      /* 하는 일 없음 */
57    }
58    timespec_get(&t[1], TIME_UTC);
59    /* 이 루프가 제거되지 않도록 s를 volatile로 지정한다. */
60    for (uint64_t i = 0; i < iterations; ++i) {
61      s = i;
62    }
63    timespec_get(&t[2], TIME_UTC);
64    /* 이 루프가 제거되지 않도록 불투명한(opaque) 계산 코드를 넣는다.*/
65    for (uint64_t i = 1; accu0 < upper; i += 2) {
66      accu0 += i;
67    }
68    timespec_get(&t[3], TIME_UTC);
```

내부에 아무 문장이 없는 **for** 루프를 측정할 때는 심각한 문제가 발생한다. 컴파일 과정에서 이렇게 실제로 하는 일이 없는 빈 루프가 있으면 최적화기가 루프를 제거해버릴 수 있기 때문이다. 프로덕션 코드를 생성하는 경우라면 바람직한 현상이다. 하지만 지금처럼 측정 작업을 수행할 때는 상당히 짜증나는 상황이다. 따라서 세 루프가 최적화 대상이 되지 않도록 변형하는 방법을 소개한다. 첫 번째 방법은 루프 변수를 volatile로 선언하는 것인데, 이 변수에 대한 모든 연산을 컴파일러가 생성하게 된다. 예제 15-7과 15-8은 이 루프를 각각 GCC와 Clang에서 생성한 결과를 보여준다. 루프 변수를 volatile로 지정하기 위해서는 두 코드 모두 불러오기(load)와 저장하기(store) 인스트럭션을 실행시켜야 한다.

예제 15-7 예제 15-6의 첫 번째 루프에 대한 GCC 버전 코드

```
.L510:
        movq 24(%rsp), %rax
        addq $1, %rax
        movq %rax, 24(%rsp)
        movq 24(%rsp), %rax
```

```
        cmpq %rax, %r12
        ja .L510
```

```
.LBB9_17:
        incq 24(%rsp)
        movq 24(%rsp), %rax
        cmpq %r14, %rax
        jb .LBB9_17
```

다음 루프에서는 이전보다 간결하게 처리하도록 보조 변수 s 하나만 **volatile**로 지정한다. 예제 15-9에서 보는 바와 같이 결과로 나온 어셈블리 코드가 상당히 효율적이다. 덧셈, 비교, 점프, 저장에 대한 인스트럭션 네 개만으로 구성된다.

```
.L509:
        movq %rax, s(%rip)
        addq $1, %rax
        cmpq %rax, %r12
        jne .L509
```

실제로 측정을 수행하는 루프를 더욱 자세히 들여다보기 위해 다음 루프에서 하나의 트릭을 적용한다. 컴파일러에 결과가 명확히 드러나지 않는 인덱스 계산과 비교 작업을 수행하는 것이다. 예제 5-10은 어셈블리 코드에서 나온 이 결과가 이전과 비슷하며, 여기서는 저장 연산 대신 덧셈이 하나 더 나온다는 점만 다르다.

```
.L500:
        addq %rax, %rbx
        addq $2, %rax
        cmpq %rbx, %r13
        ja .L500
```

표 15-1은 이 코드를 통해 수집한 결과를 요약해서 다양한 측정값 사이의 차이점을 나타낸 것이다. 충분히 예상할 수 있듯이 **volatile** 저장을 사용한 1번 루프가 **volatile** 루프 카운터를 사용한 루프보다 80% 더 빠르다. 따라서 **volatile** 루프 카운터를 사용하는 것은 바람직하지 않다. 측정 값에 좋지 않은 영향을 미치기 때문이다.

▼ 표 15-1 측정값 비교

루프		반복 당 초	차이	이득/손실	확실성
0	volatile loop	$1.97*10^{-09}$			
1	volatile store	$3.66*10^{-10}$	$-1.60*10^{-09}$	-81%	예
2	불투명 덧셈	$3.45*10^{-10}$	$-2.10*10^{-11}$	-6%	아니오
3	플러스 timespec_get	$1.77*10^{-08}$	$1.74*10^{-08}$	$+5043\%$	예
4	플러스 평균	$2.62*10^{-08}$	$8.5*10^{-09}$	$+48\%$	예
5	플러스 분산	$2.90*10^{-08}$	$2.8*10^{-09}$	$+11\%$	예
6	플러스 비대칭도	$3.17*10^{-08}$	$2.7*10^{-09}$	$+9\%$	예

반면, 루프 1에서 루프 2로 변경해도 그다지 큰 영향이 미치지 않는다. 향상된 6%는 이 테스트에 대한 표준 편차보다 작다. 따라서 실제로 이득이 있는지도 불분명하다. 실제로 차이가 있는지 확인하려면 테스트를 더 많이 해서 표준 편차가 줄어드는지 확인해야 한다.

하지만 우리의 목적은 관측이 시간에 미치는 영향을 평가하는 것인데, 이 점에서 볼 때 측정값은 상당히 정확하다. 첫 번째 for 루프와 두 번째 for 루프는 timespec_get이나 stats_collect를 호출하는 데 미치는 영향이 한 자릿수 내지 두 자릿수 정도다. 따라서 루프 3부터 루프 6에 대한 값은 측정된 함수의 예상 시간을 추정하기 적합하다고 볼 수 있다.

이렇게 측정하는 과정에서 플랫폼 종속성이 강한 요소가 있다. 바로 timespec_get으로 시간을 측정하는 부분이다. 실제로 필자의 컴퓨터에서 직접 실험해 봤더니 시간 측정과 통계 수집에 소요되는 비용은 비슷했다. 개인적으로 상당히 놀라운 결과였다. 이 장을 집필할 당시 시간 측정이 훨씬 오래 걸릴 것이라고 예상했기 때문이다.

또한 표준 편차와 같은 간단한 통계는 구하기 쉽고 성능 차이를 설명하는 데 도움된다는 것도 알 수 있었다.

TAKEAWAY 15.21 분산과 비대칭도를 계산하기 위해 측정값에 대한 고차 모멘트를 수집하는 것이 간단하고 비용도 적게 든다.

따라서 나중에 성능을 직접 측정하거나 다른 사람이 측정한 결과를 볼 때는 결과의 가변성을 감안했는지 확인해야 한다.

TAKEAWAY 15.22 런타임 측정은 반드시 통계가 뒷받침돼야 한다.

15.4 요약

- 성능 때문에 정확성을 떨어뜨리면 안 된다.
- `inline`은 조그만 순수 함수를 최적화하는 데 적합한 수단이다.
- `restrict`로 지정하면 함수 매개변수에 대한 앨리어싱 속성을 다루는 데 도움된다. 이 지정자는 조심해서 사용해야 한다. 해당 함수를 호출하는 측에 제약을 가하게 되는데, 컴파일 시간은 강제할 수 없을 가능성이 있기 때문이다.
- 성능 향상에 대해 주장하려면 반드시 철저한 측정과 통계를 뒷받침해야 한다.

16 함수 같은 매크로

이 장에서 다루는 내용

- 인수 확인하기
- 호출한 문맥에 접근하기
- 가변 매크로 다루기
- 타입 독립 프로그래밍

함수 같은 매크로(function-like macro)(매크로 함수)는 10.2.1절에서 다뤘고, 다른 곳에서도 여러 차례 사용한 적 있다. tgmath.h의 타입 독립 인터페이스처럼 C 표준 라이브러리 인터페이스 중 함수 같은 매크로를 이용하는 것들이 좀 있다. 또한 함수 같은 매크로를 사용하면 코드가 난해해질 수 있고 몇 가지 규칙을 따라야 한다. 함수 같은 매크로 때문에 발생하는 문제를 피하려면 꼭 필요할 때만 사용하고, 대안이 있다면 이를 활용하는 것이 좋다.

TAKEAWAY 16.1 가능하면 함수 같은 매크로보다 **inline** 함수를 사용한다.

다시 말해 인수의 개수가 고정돼 있고 타입이 정해져 있다면, 적절한 타입-안전 인터페이스를 함수 프로토타입 형태로 제공한다. 다음과 같이 부작용(side-effect)이 발생하는 함수를 가정해 보자.

```
unsigned count(void) {
  static counter = 0;
  ++counter;
  return counter;
}
```

이때 다음과 같이 제곱을 구하는 매크로에서 앞의 함수를 사용한다고 생각해 보자.

```
#define square_macro(X) (X*X) // 이 매크로를 쓰면 안 된다.
...
  unsigned a = count();
  unsigned b = square_macro(count());
```

여기서 square_macro(count())라고 쓴 부분은 count() *count()로 교체되면서 count가 두 번 실행된다.[Exs 1] 독자 중에서 초보자는 이렇게 실행될 줄 몰랐을 것이다.

이렇게 하지 않고 다음과 같이 헤더 파일에서 **inline**으로 정의하기만 해도 함수 같은 매크로 수준의 성능을 충분히 낼 수 있다.

```
inline unsigned square_unsigned(unsigned x) { // 더 나은 방법
  return x*x;
}
...
  unsigned c = count();
  unsigned d = square_unsigned(count());
```

이렇게 하면 square_unsigned(count())에서 count가 단 한 번만 호출된다.[Exs 2]

함수 같은 매크로를 활용하면 일반 함수보다 많은 것을 할 수 있다. 예를 들면 다음과 같다.

- 특정한 타입에 매핑하고 인수를 검사하도록 할 수 있다.
- 실행을 추적할 수 있다.
- 가변 인수 인터페이스를 제공할 수 있다.
- 타입 독립 인터페이스를 제공할 수 있다.
- 함수에 디폴트 인수를 지정할 수 있다.

이 장에서는 이런 기능을 구현하는 방법에 대해 소개한다. 또한 C에서 반드시 구분해야 하는 기능인 **_Generic**과 **가변 함수**(variadic function)도 소개한다. **_Generic**은 매크로에서 상당히 유용한데, **_Generic**이 없다면 매크로를 사용하기가 번거로워진다. 가변 함수는 현재는 거의 쓰지 않기 때문에 새로 작성하는 코드에서는 사용하지 않는 것이 좋다.

이 장에서 주의할 점이 있다. 매크로 **프로그래밍**은 코드를 지저분하게 만들고 가독성을 크게 떨어뜨린다. 따라서 인내심을 갖고 긍정적인 마인드로 이 장을 읽기 바란다. 다음 예를 살펴보자.

```
#define MINSIZE(X, Y) (sizeof(X)<sizeof(Y) ? sizeof(X) :sizeof(Y))
```

Exs 1 b == a*a + 3*a + 2임을 증명해 보자.
Exs 2 d == c*c + 2*c + 1임을 증명해 보자.

오른편을 보면 교체될 스트링이 상당히 복잡하게 구성돼 있다. `sizeof`가 네 개나 나오는데 몇 가지 연산자로 엮여 있다. 반면, 이 매크로를 사용하는 것은 그리 어렵지 않은데, 주어진 인수의 최소 크기를 계산할 뿐이다.

TAKEAWAY 16.2 함수 같은 매크로는 복잡한 작업에 대해 간결한 인터페이스를 제공한다.

16.1 함수 같은 매크로 작동 방식

앞에서 소개한 기능을 제공하기 위해 C 언어는 텍스트 교체(textual replacement)라는, 다른 프로그래밍 언어와는 사뭇 다른 전략을 취했다. 앞에서 봤듯이 매크로는 컴파일 초기 과정인 **전처리**(preprocessing) 단계에서 처리한다. 이 과정에서 수행되는 텍스트 교체 작업은 C 표준으로 정한 엄격한 규칙에 따라 전행되며, 주어진 소스 코드에 대해 (동일한 플랫폼에 대한) 모든 컴파일러가 정확히 똑같은 중간 코드를 생성해야 한다.

그럼 앞의 예에 다음 코드를 추가해 보자.

```
#define BYTECOPY(T, S) memcpy(&(T), &(S), MINSIZE(T, S))
```

그러면 MINSIZE와 BYTECOPY라는 두 매크로가 정의된 상태다. MINSIZE의 매개변수 리스트는 (X, Y)로서 X와 Y라는 두 매개변수를 정의하고 있으며, **교체 텍스트**(replacement text)는 다음과 같이 X와 Y를 참조하도록 정의했다.

```
(sizeof(X)<sizeof(Y) ? sizeof(X) : sizeof(X))
```

BYTECOPY도 마찬가지로 매개변수가 두 개(T와 S)이며, 교체 텍스트는 `memcpy`로 시작한다.

두 매크로는 함수 같은 매크로의 조건을 만족한다. 둘 다 각 인수를 단 한 번만 평가하고,[Exs 3] 인수를 모두 소괄호 ()로 묶고, 예상치 못한 제어 흐름으로 인한 부작용도 발생하지 않는다. 매크로의 매개변수는 반드시 식별자여야 한다. 교체 텍스트 내부에 사용할 식별자가 올바른지 여부는 특수한 스코프 규칙에 의해 결정된다.

컴파일러가 함수 같은 매크로의 이름과 그 뒤에 소괄호 쌍 ()이 나오는 것을 발견하면(가령 BYTECOPY(A, B)와 같은 문장을 발견하면), **매크로 호출**(macro call)이라 판단하고 다음 규칙에 따라 이 부분을 텍스트 수준에서 교체한다.

Exs 3 왜 그럴까?

1. 무한 재귀호출이 발생하지 않도록 매크로 정의를 일시적으로 비활성화시킨다.

2. () 안에 있는 텍스트, 즉 인수 리스트를 스캔해서 소괄호와 콤마가 있는지 확인한다. 이때 여는 소괄호와 닫는 소괄호의 개수가 일치해야 한다. 인수 리스트 안에 나오는 소괄호에서 콤마를 사용하여 인수 리스트에 나오는 인수들을 구분한다. 지금 보는 예제의 경우, 인수의 개수는 반드시 매크로 정의에 나온 매개변수의 개수와 일치해야 한다.

3. 각 인수 안에 매크로가 나오면 그 매크로를 재귀적으로 실행하면서 인수 부분의 텍스트를 교체한다. 가령 앞의 예제에서 A가 매크로여서 이를 실행한 결과로 나온 redA와 같은 특정한 변수의 이름으로 교체될 수도 있다.

4. 이렇게 인수를 펼친 결과로 나온 텍스트는 매개변수에 대입된다.

5. 교체 텍스트의 복제본을 만들어서 매크로 정의에 따라 해당 매개변수가 나온 모든 지점의 텍스트 대신에 집어넣는다.

6. 결과로 나온 교체 텍스트는 매크로 교체에 다시 적용될 수 있다.

7. 최종 교체 텍스트는 매크로 호출이 아닌 소스에 삽입된다.

8. 매크로 정의를 다시 활성화시킨다.

이 절차를 처음 본다면 다소 복잡하다고 생각할 수 있지만, 실제로 이를 구현해서 교체 작업을 안정적으로 수행하는 작업은 꽤 쉬운 편이다. 이 절차에 따르면 무한 재귀와 복잡한 지역 변수 대입이 발생하지 않는다. 앞의 예제에서 BYTECOPY(A, B)를 펼친 결과는 다음과 같다.

```
memcpy(&(redA), &(B), (sizeof((redA))<sizeof((B))?sizeof((redA)):sizeof((B))))
```

매크로에 나온 식별자는 (그 매크로가 함수형인지에 관계없이) 각자의 네임스페이스에서 존재한다. 그 이유는 굉장히 간단하다.

TAKEAWAY 16.3 매크로 교체는 프로그램을 구성하는 각 토큰의 의미를 해석하기 전 단계인, 컴파일 초기 단계에 수행된다.

그래서 전처리 단계에서는 키워드나 타입이나 변수를 비롯한, 이후 단계에서 처리될 구문을 전혀 알아보지 못한다.

재귀호출을 명시적으로 비활성화했기 때문에 함수 같은 매크로와 이름이 똑같은 함수가 있어도 된다. 예를 들어 다음과 같이 작성해도 아무 문제가 없다.

```
1 inline
2 char const* string_literal(char const str[static 1]){
3   return str;
4 }
5 #define string_literal(S) string_literal("" S "")
```

이 코드는 문자 배열을 인수로 받는 string_literal 함수와, 이 함수를 호출하는 같은 이름의 매크로가 특이한 형태의 인수를 받도록 정의했는데, 그 이유는 잠시 후 설명한다. 매크로와 함수가 서로 이름이 같은 경우에 처리하기 쉽도록 제공되는 규칙이 따로 있다. TAKEAWAY 11.22 에서 설명한 **함수 퇴화**(function decay)와 비슷하다.

TAKEAWAY 16.4 매크로 보류 - 함수 같은 매크로 뒤에 ()가 나오지 않으면 펼치지 않는다.

앞의 예에서 이 함수 정의와 매크로의 정의 중 어느 것이 먼저 나왔는지에 따라 매크로 실행 결과가 달라진다. 매크로 정의가 먼저 나오면 다음과 같이 바뀐다.

```
1 inline
2 char const* string_literal("" char const str[static 1] ""){ // 오류
3   return str;
4 }
```

이렇게 되면 구문 오류가 발생한다. 하지만 string_literal이란 이름을 소괄호로 감싸면 매크로가 적용되지 않아서 문제가 발생하지 않는다. 전체 예제 코드는 다음과 같다.

```
1 // 헤더 파일
2 #define string_literal(S) string_literal("" S "")
3 inline char const* (string_literal)(char const str[static 1]){
4   return str;
5 }
6 extern char const* (*func)(char const str[static 1]);
7 // 첫 번째 변환 단위
8 char const* (string_literal)(char const str[static 1]);
9 // 두 번째 변환 단위
10 char const* (*func)(char const str[static 1]) = string_literal;
```

이처럼 인라인 정의와 함수 인스턴스를 만드는 선언문을 소괄호 ()를 감싸서 보호했기 때문에 함수 같은 매크로가 적용되지 않았다. 마지막 줄은 이 기능을 사용한 또 다른 예를 보여 준다. 여기서 string_literal 뒤에 소괄호 ()가 나오지 않았으므로 두 규칙 모두 적용된다. 먼저 매크로 보류 규칙에 따라 이 매크로가 적용되지 않는다. 그러고 나서 **함수 퇴화**(TAKEAWAY 11.22)가 적용되어 이 함수를 사용하는 부분을 그 함수에 대한 포인터로 평가한다.

16.2 인수 검사

앞에서 설명했듯이 인수의 개수가 일정하고 적절한 C 타입으로 지정했다면 함수 같은 매크로를 쓰지 말고 그냥 함수를 써야 한다. 아쉽게도 C의 타입 시스템은 이런 특수한 경우들을 모두 구분하지 못한다.

대표적인 예가 바로 **printf**처럼 잠재적인 위험이 있는 함수에 스트링 리터럴을 전달하는 경우다. 5.6.1절에서 봤듯이 스트링 리터럴은 읽기 전용이지만 **const** 지정자가 붙지 않는다. 또한 앞에서 본 string_literal 함수의 [**static** 1]과 같은 인터페이스는 언어에서 강제하는 것이 아니다. [**static** 1]이 없어도 프로토타입은 같다. C에는 함수 인터페이스의 매개변수 str을 다음과 같이 제약하는 기능이 없다.

- 문자 포인터여야 한다.
- 반드시 널이 아니어야 한다.
- 반드시 불변형(immutable)이어야 한다.[1]
- 반드시 0으로 끝나야 한다.

이 속성은 컴파일 시간에 검사하면 좋지만 함수 인터페이스에 이를 지정할 방법이 없다.

C 언어 규격에 없는 이 역할은 string_literal 매크로가 담당한다. "" X ""와 같은 특이한 공백 스트링 리터럴로 바뀌기 때문에 스트링 리터럴에 대해서만 호출할 수 있다.

```
1   string_literal("hello"); // "" "hello" ""
2   char word[25] = "hello";
3   ...
4   string_literal(word); // "" word "" // 오류 발생
```

string_literal의 매크로 버전과 함수 버전은 상당히 간단한 예이고, 다음과 같이 프로그램을 디버그 모드로 빌드하는 경우에 더욱 유용하다.

macro_trace.h

```
12  /**
13   ** @brief 이 매크로는 @c fprintf를 호출하거나 아무 것도 하지 않도록
14   ** 간소화한 버전이다.
15   **/
```

---

[1] const는 호출된 함수에만 적용되고 호출한 곳에는 적용되지 않는다.

```
16 #if NDEBUG
17 # define TRACE_PRINT0(F, X) do { /* 아무것도 하지 않음 */ } while (false)
18 #else
19 # define TRACE_PRINT0(F, X) fprintf(stderr, F, X)
20 #endif
```

이렇게 정의하면 코드에서 다음과 같이 사용할 수 있다.

macro_trace.c

```
17   TRACE_PRINT0("my favorite variable: %g\n", sum);
```

언뜻 보면 아무 문제없이 효율적인 것처럼 보이지만 인수 F가 char에 대한 포인터가 될 수 있다는 함정이 숨어 있다. 특히 이 값은 수정 가능한 메모리 영역에 존재하는 포맷 스트링이 될 수 있다. 이렇게 되면 실수하거나 악의적인 의도로 잘못된 적용을 하여 프로그램이 죽거나 기밀 정보를 누설하도록 할 수 있다. fprintf와 같은 함수가 특히 위험한 이유에 대해서는 16.5절에서 자세히 소개한다.

이 예제처럼 fprintf에 스트링 리터럴만 전달하는 간단한 코드에서는 이런 문제가 발생할 일이 없다. 최신 컴파일러는 fprintf와 같은 함수에 전달되는 인수를 트레이스해서 형식 지정자와 나머지 인수가 일치하는지 확인한다.

이때 fprintf에 전달된 포맷이 스트링 리터럴이 아닌 char에 대한 포인터라면 이러한 검사 기능이 제대로 작동하지 않는다. 이런 문제를 방지하려면 다음과 같이 스트링 리터럴만 쓰도록 강제해야 한다.

macro_trace.h

```
22 /**
23  ** @brief 이 매크로는 @c fprintf이 반드시 스트링 리터럴만 받도록
24  ** 간소화한 버전이다.
25  **
26  ** 출력 결과에 줄바꿈 문자를 추가하는 기능도 있어서
27  ** 사용자가 매번 줄바꿈할 필요가 없다.
28  **/
29 #if NDEBUG
30 # define TRACE_PRINT1(F, X) do { /* nothing */ } while (false)
31 #else
32 # define TRACE_PRINT1(F, X) fprintf(stderr, "" F "\n", X)
33 #endif
```

이렇게 하면 F는 스트링 리터럴만 받게 된다. 그러면 컴파일러가 검사해서 잘못된 경우를 발견하면 경고 메시지를 출력한다.

TRACE_PRINT1 매크로에 아직 약점이 남아 있다. **NDEBUG**를 활성화시키면, 이 매크로에 지정한 인수가 무시돼서 일관성 검사를 거치지 않게 된다. 그러면 문제가 오랫동안 발견되지 않고 남아 있다가 디버깅할 때 갑자기 튀어나올 수 있다.

따라서 이 매크로를 다음과 같이 두 단계로 정의하도록 수정해 보자. 먼저 **#if/#else**를 이용하여 새로운 매크로인 TRACE_ON을 정의한다.

macro_trace.h

```
35 /**
36  ** @brief @c NDEBUG의 설정 여부에 따라
37  ** @c 0이나 @c 1이 되는 매크로
38  **/
39 #ifdef NDEBUG
40 # define TRACE_ON 0
41 #else
42 # define TRACE_ON 1
43 #endif
```

프로그래머가 아무 값이나 설정할 수 있는 **NDEBUG** 매크로와 달리, 이 매크로는 1이나 0 값만 가질 수 있다. 다음으로 TRACE_PRINT2를 일반 **if** 조건문으로 정의한다.

macro_trace.h

```
45 /**
46  ** @brief @c fprintf 호출을 항상 평가하도록 보장하는
47  ** 간단한 버전의 매크로
48  **/
49 #define TRACE_PRINT2(F, X) \
50 do { if (TRACE_ON) fprintf(stderr, "" F "\n", X); } while (false)
```

인수가 0이면 최신 컴파일러는 모두 **fprintf** 호출문을 최적화할 수 있어야 한다. 이 과정에서 매개변수 F와 X에 대한 인수 검사를 생략하면 안 된다. 따라서 현재 디버깅 모드인지에 관계없이 이 매크로로 전달되는 매크로는 **fprintf**의 요구와 항상 일치해야 한다.

앞에서 공백 스트링 리터럴 ""를 사용했던 것처럼 매크로 인수를 특정한 타입으로 강제하는 기법이 몇 가지 있다. 그 중 하나는 0을 적절히 추가하는 것이다. +0이라고 적으면 인수를 산술 타입

(정수, 부동 소수점, 포인터)으로 제한하고, +0.0F와 같이 표기하면 부동 소수점 타입으로 만든다. 가령 디버깅을 위해 값을 단순히 출력하는 것을 간결하게 변형하고 싶은데 그 값의 타입은 계속 트레이스하고 싶다면, 다음과 같이 정의해도 충분하다.

macro_trace.h

```
52 /**
53  ** @brief 포맷을 지정할 필요 없이 값을 트레이스한다.
54  **/
55 #define TRACE_VALUE0(HEAD, X) TRACE_PRINT2(HEAD " %Lg", (X)+0.0L)
```

이렇게 하면 X가 정수든 부동 소수점이든 상관없이 적용할 수 있다. **long double**에 대해 "%Lg" 포맷을 지정하면 모든 값을 적절한 방식으로 표현하도록 보장할 수 있다. 이 경우 당연히 HEAD 인수에 **fprintf** 포맷을 지정하면 안 되지만 일치하지 않은 부분이 있으면 컴파일러가 알려 준다.

매개변수 X의 값이 타입 T에 대입 가능한지 쉽게 확인하는 수단으로 복합 리터럴이 있다. 다음과 같이 포인터 값을 출력하는 경우를 살펴보자.

macro_trace.h

```
57 /**
58  ** @brief 포맷을 지정하지 않고도 포인터를 트레이스한다.
59  **
60  ** @warning @a X를 @c void*로 캐스트한다.
61  **/
62 #define TRACE_PTR0(HEAD, X) TRACE_PRINT2(HEAD " %p", (void*)(X))
```

이 매크로는 포인터 값을 "%p" 포맷으로 출력하는데, 이 포맷은 **void*** 타입으로 된 범용 포인터를 받는다. 따라서 이 매크로는 **캐스트**(cast)를 이용하여 값과 X의 타입을 **void***로 변환한다. 다른 캐스트와 마찬가지로 여기서도 X가 포인터가 아니면 문제가 발생할 수 있다. 캐스트는 컴파일러에게 현재 작업을 잘 알고 있다고 알리기 때문에 타입 검사 기능이 꺼진 상태로 진행된다.

그런데 X를 먼저 **void*** 타입 오브젝트에 대입하면 이렇게 작동하지 않도록 할 수 있다. 대입의 경우, 여기서 포인터를 **void*** 타입으로 변환하는 것처럼 제한된 범위의 **암묵적 변환**(implicit conversion)만 허용하기 때문이다.

```
64 /**
65  ** @brief 포맷을 지정하지 않고 포인터를 트레이스한다.
66  **/
67 #define TRACE_PTR1(HEAD, X)                      \
68 TRACE_PRINT2(HEAD " %p", ((void*){ 0 } = (X)))
```

여기서는 ((T){ 0 } = (X))와 같은 기법을 사용하여 X가 타입 T에 대입 가능한지 검사한다. 복합 리터럴인 ((T){ 0 }은 먼저 T 타입 임시 오브젝트를 생성해서 여기에 X를 대입한다. 이번에도 역시 최신 컴파일러는 임시 오브젝트를 사용하는 부분을 최적화하지 않고 타입 검사만 할 수 있어야 한다.

16.3 호출 문맥에 접근하기

매크로는 결국 텍스트 교체일 뿐이다. 그래서 호출한 곳의 문맥과 더욱 밀접하게 상호작용할 수 있다. 일반적으로 기능을 구현하는 방법으로는 바람직하지 않고, 호출한 문맥(함수 인수를 평가하는 곳)과 호출된 문맥(함수 매개변수를 사용하는 곳)을 명확히 구분하는 것이 좋다.

그렇지만 디버깅할 때는 이러한 구분을 잠시 멈추고 코드의 특정 지점에서 나타나는 상태를 관찰할 필요가 있다. 원칙적으로 매크로 안에 있는 모든 변수에 접근할 수 있지만, 환경을 호출하는 것과 관련된 상세 정보, 즉 디버깅하려는 출력이 어디에서 비롯된 것인지에 대한 트레이스 정보가 필요할 때가 많다.

이를 위해 C 언어는 여러 구문을 제공한다. 특수 매크로인 __LINE__은 소스 코드의 실제 줄번호를 십진수 정수인 상수 값으로 표시해 준다.

```
70 /**
71  ** @brief 현재 줄번호를 트레이스에 추가한다.
72  **/
73 #define TRACE_PRINT3(F, X) \
74 do { \
75   if (TRACE_ON) \
76     fprintf(stderr, "%lu: " F "\n", __LINE__+0UL, X); \
77 } while (false)
```

16

함수 같은 매크로

마찬가지로 __DATE__, __TIME__, __FILE__ 매크로는 각각 현재 컴파일 당시 날짜와 시각과 현재 TU를 나타내는 스트링 리터럴을 제공한다. __func__ 매크로는 현재 함수 이름을 담은 로컬 **static** 변수다.

macro_trace.h

```
79 /**
80  ** @brief 현재 함수 이름을 트레이스에 추가한다.
81  **/
82 #define TRACE_PRINT4(F, X)                    \
83 do {                                         \
84   if (TRACE_ON)                              \
85     fprintf(stderr, "%s:%lu: " F "\n",       \
86            __func__, __LINE__+0UL, X);        \
87 } while (false)
```

다음과 같이 호출하는 경우를 살펴보자.

macro_trace.c

```
24    TRACE_PRINT4("my favorite variable: %g", sum);
```

main 함수 안에 작성한 문장으로서 소스 파일의 24줄에 있다. 실행 결과는 다음과 같다.

터미널

```
0   main:24: my favorite variable: 889
```

이 예제처럼 **fprintf**를 자동으로 추가할 때 주의해야 할 또 다른 점은 목록에 있는 인수가 반드시 지정자에 나온 타입과 일치해야 한다는 것이다. __func__를 사용할 때는 이런 문제가 없다. 정의에 따르면 char 배열임을 알기 때문에 "%s" 지정자를 사용해도 괜찮다. 하지만 __LINE__은 사정이 다르다. 이 매크로는 줄번호를 나타내는 십진수 상수다. 그래서 5.3절에서 설명한 십진수 상수에 대한 타입 규칙에 따르면 값에 따라 타입이 달라진다는 것을 알 수 있다. 임베디드 플랫폼에서는 **INT_MAX**가 32767과 같이 작은 수일 수 있고, (아마도 자동으로 생성되어) 소스 양이 상당히 많다면 줄번호가 이 값을 훌쩍 넘을 수도 있다. 좋은 컴파일러라면 이런 상황이 발생할 때 경고 메시지를 제공한다.

TAKEAWAY 16.5 __LINE__에 나오는 줄번호는 **int** 값의 범위를 벗어날 수 있다.

TAKEAWAY 16.6 __LINE__을 사용하면 위험한 상황이 발생할 수 있다.

이러한 매크로를 사용할 때 타입을 **unsigned long**[2]으로 고정하거나, 컴파일 시간이 이 값을 스트링으로 변환하면 방금 설명한 문제를 피할 수 있다.

호출하는 문맥에 대한 정보 중 트레이스 작업에 상당히 도움되는 것이 또 있다. 바로 매크로에 인수로 전달되는 실제 표현식이다. 주로 디버깅 목적으로 사용하기 때문에 C 언어는 특수 연산자인 **#**을 제공한다. 표현식에서 매크로 매개변수 앞에 연산자 **#**이 나오면, 이 매개변수에 전달된 인수를 스트링으로 만든다. 다시 말해 텍스트 형태의 내용물을 모두 스트링 리터럴 하나에 담아 버린다. 앞에서 작성한 트레이스 매크로에 **#X**를 사용하도록 변경하면 다음과 같다.

macro_trace.h

```
91  /**
92  ** @brief 평가할 표현식의 텍스트 버전을 추가한다.
93  **/
94  #define TRACE_PRINT5(F, X) \
95  do { \
96    if (TRACE_ON) \
97      fprintf(stderr, "%s:" STRGY(__LINE__) ":(" #X "): " F "\n", \
98              __func__, X); \
99  } while (false)
```

#X가 나온 부분은 이 매크로를 호출할 때 넘긴 두 번째 인수로 교체된다. 따라서 다음과 같이 호출하면,

macro_trace.h

```
25  TRACE_PRINT5("my favorite variable: %g", sum);
26  TRACE_PRINT5("a good expression: %g", sum*argc);
```

다음과 같이 출력된다.

터미널

```
0  main:25:(sum): my favorite variable: 889
1  main:26:(sum*argc): a good expression: 1778
```

전처리 구문은 이 인수를 해석하는 방법을 전혀 모르기 때문에 이렇게 교체되는 작업은 완전히 텍스트 수준에서 처리되며, 소스 코드에 그대로 표시된다. 이때 공백이 약간 조정될 가능성은 있다.

---

2   한 파일에 담긴 코드가 40억 줄을 넘지 않는다고 가정한다.

TAKEAWAY 16.7 # 연산자를 이용하여 스트링으로 만들어도 매크로가 인수 안에 펼쳐지지 않는다.

앞에서 말한 __LINE__ 사용 시 발생하는 문제를 피하려면 줄번호를 스트링으로 만드는 것이 좋다. 이는 두 가지 장점이 있다. 우선 타입 문제를 방지할 수 있고, 스트링으로 만드는 작업을 모두 컴파일 시간에 처리할 수 있다. 앞에서 설명했듯이 # 연산자는 매크로 인수에만 적용된다. 따라서 #__LINE__과 같이 작성해도 의도와 다르게 작동한다. 다음과 같이 정의한 매크로를 살펴보자.

---

macro_trace.h

89 **#define** STRINGIFY(X) #X

스트링으로 만드는 작업은 인수를 교체하기 전에 처리된다. STRINGIFY(__LINE__)의 결과는 "__LINE__"이고, __LINE__ 매크로는 실행되지 않는다. 즉, 이 매크로는 아직 우리의 목적에 적합하지 않다.

(25줄에 있다면)STRGY(__LINE__)을 STRINGIFY(25)로 펼친다. 그러면 스트링으로 만든 줄 번호인 "25"가 된다.

---

macro_trace.h

90 **#define** STRGY(X) STRINGIFY(X)

마지막으로 ## 연산자를 소개한다. 이 연산자는 전처리 단계에만 적용되는 **토큰 연결 연산자**(token concatenation operator)로, 용도는 앞에서 본 것보다 더 특수하다. 매크로 라이브러리 전체를 작성할 때 타입 이름과 함수 이름을 자동으로 생성하는 데 유용하다.

16.4 디폴트 인수

C 라이브러리 함수 중 항상 똑같은 인수만 받도록 정의된 것이 있다. **strtoul** 계열 함수가 바로 그렇다. 이 함수는 다음과 같이 인수 세 개를 받는다.

```
1 unsigned long int strtoul(char const nptr[restrict],
2                           char** restrict endptr,
3                           int base);
```

첫 번째 매개변수는 **unsigned long**으로 변환할 스트링이다. 두 번째 매개변수인 endptr은 스트링에 나온 숫자의 끝을 가리킨다. base는 스트링에 나온 정수를 해석할 때 적용할 진법을 가리킨다. 여기에 특수한 관례 두 가지를 적용한다. endptr이 널 포인터거나 base가 0이면 스트링을 16진수("0x"로 시작할 경우)나 8진수("0"으로 시작할 경우)로 해석하고, 그렇지 않으면 십진수로 해석한다.

대부분은 **strtoul**에 endptr 기능을 사용하지 않거나 base도 0으로 지정해서 쓰는 경우가 많다. 예를 들면 다음과 같다.

```
1 int main(int argc, char* argv[argc+1]) {
2   if (argc < 2) return EXIT_FAILURE;
3   size_t len = strtoul(argv[1], 0, 0);
4   ...
5 }
```

이 프로그램은 첫 번째 명령줄 인수로, 주어진 값을 길이 값으로 변환한다. 이렇게 번거롭게 하지 말고 코드를 읽는 이들이 핵심에 집중할 수 있게 하려면 중간 단계 매크로를 도입해서 인수가 생략되면 0 인수를 적용하도록 만들면 된다.

---

generic.h

```
114
115 /**
116  ** @brief 디폴트 인수가 0으로 지정된, 매개변수 세 개짜리 함수를 호출한다.
117  **
118  **/
119 #define ZERO_DEFAULT3(...) ZERO_DEFAULT3_0(__VA_ARGS__, 0, 0, )
120 #define ZERO_DEFAULT3_0(FUNC, _0, _1, _2, ...) FUNC(_0, _1, _2)
121
122 #define strtoul(...) ZERO_DEFAULT3(strtoul, __VA_ARGS__)
123 #define strtoull(...) ZERO_DEFAULT3(strtoull, __VA_ARGS__)
124 #define strtol(...) ZERO_DEFAULT3(strtol, __VA_ARGS__)
```

ZERO_DEFAULT3 매크로는 다음 번에 인수가 추가되고 제거되는 식으로 작동한다. 이 매크로는 함수 이름과 그 함수에 전달한 인수를 한 개 이상 받는다. 일단 인수 리스트에 0을 두 개 붙였다가 인수 조합이 세 가지 이상이면 초과된 부분은 생략한다. 가령 인수를 하나만 지정해서 호출할 경우 교체되는 과정은 다음과 같다.

```
strtoul(argv[1])
//          ...
ZERO_DEFAULT3(strtoul, argv[1])
//                ...
ZERO_DEFAULT3_0(strtoul, argv[1], 0, 0, )
//              FUNC , _0 ,_1,_2,...
strtoul(argv[1], 0, 0)
```

매크로를 펼칠 때는 재귀를 금지한다는 특수한 규칙 때문에 마지막 **strtoul** 호출은 더 이상 펼쳐
지지 않고 다음 컴파일 단계로 넘어간다.

이전과 달리 **strtoul**에 인수를 세 개 지정해서 호출하면 결과적으로 처음 시작한 토큰과 같아진다.

```
strtoul(argv[1], ptr, 10)
//          ...
ZERO_DEFAULT3(strtoul, argv[1], ptr, 10)
//                ...
ZERO_DEFAULT3_0(strtoul, argv[1], ptr, 10, 0, 0, )
//              FUNC , _0 , _1 , _2, ...
strtoul(argv[1], ptr, 10)
```

16.5 가변 길이 인수 리스트

지금까지 본 함수 중에는 **printf**, **scanf**처럼 인수의 개수를 다양하게 지정할 수 있는 것들이 있었
다. 이런 함수의 선언문을 보면 매개변수 리스트 끝에 가변 길이 인수를 의미하는 ...이란 토큰이
나온다. (가령 **printf**의 포맷처럼) 주어진 인수가 일정한 개수를 넘어서면 임의의 개수만큼 추가
할 수 있다. 나중에 16.5.2절에서 이런 함수를 정의하는 방법에 대해 간단히 소개할 것이다. 이 방
법은 타입에 안전하지 않기 때문에 현재는 거의 쓰지 않으므로 자세히 살펴보지는 않는다. 그 대
신 이와 비슷한 기능인 가변 인수 매크로를 소개한다. 가변 인수 함수를 정의하는 대신 이 매크로
를 사용하면 된다.

16.5.1 가변 인수 매크로

가변 길이 인수 매크로(variable-length argument macro), 줄여서 **가변 인수 매크로**(variadic macro)도
마찬가지로 ... 토큰을 사용한다. 함수에서 쓸 때와 마찬가지로 이 토큰은 매개변수 리스트 끝에
나온다.

```
101 /**
102 ** @brief 한 트레이스 안에서 여러 인수를 출력한다.
103 **
104 **/
105 #define TRACE_PRINT6(F, ...) \
106 do { \
107   if (TRACE_ON) \
108     fprintf(stderr, "%s:" STRGY(__LINE__) ": " F "\n", \
109           __func__, __VA_ARGS__); \
110 } while (false)
```

TRACE_PRINT6 안에서 ...라고 쓰면 포맷 인수인 F 뒤에 원하는 만큼 인수를 추가해서 호출할 수 있다. 이렇게 펼쳐진 인수 리스트는 __VA_ARGS__ 식별자를 통해 접근할 수 있다. 가령 다음과 같이 호출해 보자.

```
27   TRACE_PRINT6("a collection: %g, %i", sum, argc);
```

그러면 인수를 **fprintf**로 전달해서 다음과 같이 출력된다.

터미널

```
0   main:27: a collection: 889, 2
```

아쉽게도 리스트에서 __VA_ARGS__는 생략하거나 공백이 될 수 없다. 그래서 지금까지 본 코드에서 리스트가 생략될 경우에 대한 매크로를 별도로 지정해야 했다.

```
113   ** @brief 텍스트 메시지에 대한 트레이스만 출력하고 값은 출력하지 않는다.
114   **/
115 #define TRACE_PRINT7(...) \
116 do { \
117   if (TRACE_ON) \
118     fprintf(stderr, "%s:" STRGY(__LINE__) ": " __VA_ARGS__ "\n",\
119           __func__); \
120 } while (false)
```

16

함수 같은 매크로

그런데 조금만 신경 쓰면 다음과 같이 두 기능을 매크로 하나에 합칠 수 있다.

```
138  ** @brief 값이 있거나 없을 때 트레이스를 출력한다.
139  **
140  ** 현재 구현된 코드는 @c "%.0d"란 포맷을 일부러 추가해서
141  ** 리스트의 마지막 원소를 건너뛰는 점이 특이하다.
142  **
143  **/
144  #define TRACE_PRINT8(...)                    \
145  TRACE_PRINT6(TRACE_FIRST(__VA_ARGS__) "%.0d", \
146          TRACE_LAST(__VA_ARGS__))
```

여기서 TRACE_FIRST와 TRACE_LAST는 리스트에 있는 첫 번째와 나머지 인수에 접근하도록 하는 매크로다. 둘 다 구조는 간단하다. 첫 번째 매개변수 _0과 나머지 __VA_ARGS__를 구분해 주는 보조 매크로를 이용한다. 두 매크로를 한 개 이상의 인수에 대해 호출할 수 있게 만들어야 하므로 새로운 인수 0을 리스트에 추가한다. TRACE_FIRST는 이렇게만 해도 잘 된다. 여기서 추가한 0은 나머지 인수와 마찬가지로 그냥 무시한다.

```
122  /**
123  ** @brief 인수 리스트에서 첫 번째 인수를 추출한다.
124  **/
125  #define TRACE_FIRST(...) TRACE_FIRST0(__VA_ARGS__, 0)
126  #define TRACE_FIRST0(_0, ...) _0
```

이와 달리 TRACE_LAST는 문제가 좀 있다. 리스트에 원하는 값을 추가했기 때문이다.

```
128  /**
129  ** @brief 인수 리스트에서 첫 번째 인수를 제거한다.
130  **
131  ** @remark 인위적으로 마지막 인수를 추가했기 때문에
132  ** 이 예제에만 적합한 방식이다.
133  **/
134  #define TRACE_LAST(...) TRACE_LAST0(__VA_ARGS__, 0)
135  #define TRACE_LAST0(_0, ...) __VA_ARGS__
```

따라서 TRACE_PRINT6는 포맷 지정자 "%.0d"를 추가해서 이러한 점을 보완한다. 이 지정자는 **int** 값 하나를 폭 0으로 출력한다. 다시 말해 아무것도 출력하지 않는다. 두 가지 경우를 테스트해 보자.

macro_trace.c

```
29   TRACE_PRINT8("a collection: %g, %i", sum, argc);
30   TRACE_PRINT8("another string");
```

그러면 의도한 대로 출력되는 것을 알 수 있다.

터미널

```
0   main:29: a collection: 889, 2
1   main:30: another string
```

인수 리스트에서 **__VA_ARGS__**는 다른 매크로 매개변수와 마찬가지로 스트링으로 만들 수 있다.

macro_trace.h

```
148  /**
149   ** @brief 먼저 인수에 대한 텍스트 표현을 지정하여 트레이스한다.
150   **
151   **/
152  #define TRACE_PRINT9(F, ...) \
153  TRACE_PRINT6("(" #__VA_ARGS__ ") " F, __VA_ARGS__)
```

인수를 텍스트로 표현하는 방법은 다음과 같다.

macro_trace.c

```
31   TRACE_PRINT9("a collection: %g, %i", sum*acos(0), argc);
```

각각을 콤마로 구분한다.

터미널

```
0   main:31: (sum*acos(0), argc) a collection: 1396.44, 2
```

16

변수 가변 매크로

지금까지 살펴본, 가변 인수를 받는 트레이스 매크로는 모두 포맷 인수 F가 받는 포맷 지정자가 정확해야 한다. 출력 대상인 리스트에 나온 각 인수의 타입을 항상 추적해야 하기 때문에 이 작업이 상당히 번거로울 수 있는데, **inline** 함수와 매크로를 조합하면 도움이 된다. 가령 다음과 같은 함수를 살펴보자.

```
166 /**
167 ** @brief 여러 값이 담긴 리스트를 출력하는 함수
168 **
169 ** @remark 함수에 필요한 문맥 정보를 제공하는
170 ** ::TRACE_VALUES 매크로를 통해서만 이 함수를 호출한다.
171 **/
172 inline
173 void trace_values(FILE* s,
174                   char const func[static 1],
175                   char const line[static 1],
176                   char const expr[static 1],
177                   char const head[static 1],
178                   size_t len, long double const arr[len]) {
179   fprintf(s, "%s:%s:(%s) %s %Lg", func, line,
180           trace_skip(expr), head, arr[0]);
181   for (size_t i = 1; i < len-1; ++i)
182     fprintf(s, ", %Lg", arr[i]);
183   fputc('\n', s);
184 }
```

이 함수는 **long double** 값으로 구성된 리스트를 출력한다. 이때 앞에서처럼 헤더 정보를 붙인다. 그런데 이번에는 길이가 len인 **long double** 값으로 구성된 배열을 통해 값 리스트를 받는다. 그 이유는 잠시 후 설명하겠지만 이 함수는 실제로 이 배열의 마지막 원소를 항상 건너뛴다. 또한 trace_skip 함수를 이용하여 expr 매개변수의 앞부분도 건너뛴다.

문맥 정보를 함수로 전달하는 이 매크로는 두 단계로 진행한다. 먼저 인수 리스트를 다양한 방식으로 다듬기만 한다.

```
204 /**
205 ** @brief 인수의 타입을 일일이 지정하지 않고 인수 리스트를 트레이스한다.
206 **
207 **
```

```
208   ** @remark 이 매크로는 @c long double로 변환된 인수에 대한
209   ** 임시 배열을 구성한다. 따라서 해당 타입에 대해 항상 암묵적으로 변환된다.
210   **
211   **/
212 #define TRACE_VALUES(...) \
213 TRACE_VALUES0(ALEN(__VA_ARGS__), \
214              #__VA_ARGS__, \
215              __VA_ARGS__, \
216              0 \
217              )
```

먼저 뒤에서 설명할 ALEN을 이용하여 리스트에 담긴 원소의 개수를 센다. 그러고 나서 이 리스트를 스트링으로 만든다. 마지막으로 리스트 끝에 0을 추가한다. 이 결과를 모두 TRACE_VALUES0으로 전달한다.

```
219 #define TRACE_VALUES0(NARGS, EXPR, HEAD, ...)                    \
220 do {                                                             \
221   if (TRACE_ON) {                                                \
222     if (NARGS > 1)                                               \
223       trace_values(stderr, __func__, STRGY(__LINE__),            \
224                    "" EXPR "", "" HEAD "", NARGS,                 \
225                    (long double const[NARGS]){ __VA_ARGS__ }); \
226     else                                                         \
227       fprintf(stderr, "%s:" STRGY(__LINE__) ": %s\n",            \
228               __func__, HEAD);                                   \
229   }
```

여기서 HEAD가 없는 리스트를, 타입이 **long double const**[NARG]인 복합 리터럴의 초기자로 사용했다. 앞에서 추가했던 0은 이 초기자가 공백이 되지 않도록 한다. 인수 리스트의 길이에 대한 이러한 정보가 주어진 상태를 포맷 스트링만 인수로 주어진 경우와 그렇지 않은 경우로 나눌 수도 있다.

다음으로 ALEN을 살펴보자.

```
186  /**
187   ** @brief ... 리스트에 있는 인수의 개수를 리턴한다.
188   **
189   ** 이 버전은 인수가 최대 31개인 리스트를 위한 것이다.
190   **
191   ** @remark 공백 인수 리스트는 인수 하나(공백)로 취급한다.
192   **/
193  #define ALEN(...) ALEN0(__VA_ARGS__,                    \
194    0x1E, 0x1F, 0x1D, 0x1C, 0x1B, 0x1A, 0x19, 0x18, \
195    0x17, 0x16, 0x15, 0x14, 0x13, 0x12, 0x11, 0x10, \
196    0x0E, 0x0F, 0x0D, 0x0C, 0x0B, 0x0A, 0x09, 0x08, \
197    0x07, 0x06, 0x05, 0x04, 0x03, 0x02, 0x01, 0x00)
198
199  #define ALEN0(_00, _01, _02, _03, _04, _05, _06, _07, \
200                _08, _09, _0A, _0B, _0C, _0D, _0F, _0E, \
201                _10, _11, _12, _13, _14, _15, _16, _17, \
202                _18, _19, _1A, _1B, _1C, _1D, _1F, _1E, ...) _1E
```

기본 개념은 __VA_ARGS 리스트를 받아서 30부터 0까지 내림차순으로 나열된 숫자 31개를 추가하는 것이다. 그리고 나서 ALEN0을 이용하여 새 리스트의 31번째 원소를 리턴한다. 그러면 31번째 원소는 원본 리스트의 길이에 해당하는 숫자가 된다. 실제로 리턴된 숫자는 정확히 원본 리스트의 길이와 같다. 단, 원소가 최소한 한 개 있어야 한다. 이 예제에서는 포맷 스트링이 항상 있으므로 공백 리스트가 주어지는 극단적인 경우는 발생하지 않는다.

16.5.2 참고: 가변 인수 함수

여기서 잠시 **가변 인수 함수**(variadic function)에 대해 알아보고 넘어가자. 가변 인수 함수란 인수의 개수가 달라질 수 있는 함수다. 앞에서 설명했듯이 함수를 선언할 때 인수 부분에 ...라고 지정하면 된다. 예를 들어 다음과 같다.

```
int printf(char const format[static 1], ...);
```

이런 함수는 근본적으로 인터페이스를 정의할 때 문제가 발생한다. 일반 함수와 달리 호출하는 측에서 인수로 변환할 때 적용할 매개변수 타입이 명확하지 않기 때문이다. 예를 들어 **printf**("%d", 0)이라고 호출할 때, 컴파일러가 볼 때는 호출받은 측에서 이 0을 어떻게 처리할지 불분명하다. C 언어는 이런 경우에 인수를 변환하는 규칙을 몇 가지 정해 두고 있다. 이 규칙은 산술 연산에 대한 규칙과 거의 같다.

TAKEAWAY 16.8 가변 매개변수로 전달된 산술 타입은 모두 산술 연산과 같은 방식으로 변환되며, **float** 인수의 경우만 예외적으로 **double**로 변환된다.

특히 가변 매개변수에 전달될 때 **char**나 **short** 타입은 그보다 넓은 타입(주로 **int**)으로 변환된다. 지금까지는 큰 문제가 없다. 이제 이런 함수가 호출되는 방식을 이해했을 것이다. 그런데 아쉽게도 이 규칙은 호출되는 함수가 어떤 타입을 받아야 하는지에 대해서는 전혀 알려 주지 않는다.

TAKEAWAY 16.9 가변 인수 함수는 가변 인수 리스트에 있는 각 인수의 타입 정보를 정확하게 받아야 한다.

printf 함수는 format 인수 안에 이러한 타입 정보를 지정해서 문제를 해결한다. 예를 들어 다음 코드를 살펴보자.

```
1    unsigned char zChar = 0;
2    printf("%hhu", zChar);
```

이렇게 하면 zChar를 평가하며 **int**로 승격되어 **printf**의 인수로 전달되는 효과가 발생한다. 그러면 이 **int** 값을 받은 **printf**는 그 값을 다시 **unsigned char**로 해석한다.

이 메커니즘은 다음과 같은 문제가 있다.

- **복잡하다**: 이 함수의 구현에서 반드시 모든 기본 타입에 대한 특수 코드를 제공해야 하기 때문이다.
- **오류가 발생하기 쉽다**: 호출할 때마다 인수 타입이 호출한 함수로 정확하게 전달돼야 한다.
- **신경을 많이 써야 한다**: 프로그래머는 각 인수의 타입을 반드시 검사해야 한다.

특히 마지막 문제는 이식성과 관련된 심각한 문제를 발생시킬 수 있다. 플랫폼마다 상수 타입이 다르기 때문이다. 가령 다음과 같이 호출한 경우를 살펴보자.

```
printf("%d: %s\n", 65536, "a small number"); // 이식 불가능
```

int를 16비트 이상으로 처리하는 플랫폼이라면 거의 대부분 정상적으로 작동한다. 그런데 일부 플랫폼에서는 65536을 **long**으로 인식해서 오류가 발생한다. 이런 종류의 오류가 발생하는 최악의 경우는 다음과 같이 NULL 매크로를 사용할 때다.

```
printf("%p: %s\n", NULL, "print of NULL"); // 이식 불가능
```

11.1.5절에서 본 것처럼 **NULL**은 널 포인터 상수라는 것만 보장하는데, 컴파일러 제작자는 이를 마음대로 처리할 수 있다. 어떤 경우는 **void*** 타입을 적용해서 (**void***)0으로 처리하고, 대부분은 **int** 타입을 적용해서 0으로 처리한다. 포인터와 **int**에 대한 폭이 다른 플랫폼에서는(가령 최신 64비트 플랫폼이라면) 이 코드를 실행할 때 프로그램이 죽어 버린다.[3]

TAKEAWAY 16.10 가변 인수 함수를 사용할 때 각 인수의 타입을 구체적으로 지정하지 않으면 이식성이 떨어진다.

앞의 TRACE_VALUES 예제에서 가변 인수 매크로를 사용할 때와는 상황이 많이 다르다. 그때는 가변 인수 리스트를 배열에 대한 초기자로 사용하여 모든 원소가 정확한 타깃 타입으로 자동 변환되게 할 수 있었다.

TAKEAWAY 16.11 새로운 인터페이스를 정의할 때는 가변 인수 함수로 만들지 않는다.

가변 인수 함수 때문에 발생하는 수고는 감수할 가치가 없다. 그래도 굳이 가변 인수 함수를 구현한다면 C 라이브러리 헤더인 stdarg.h를 사용한다. 이 헤더는 **va_list**란 타입 하나를 정의하고, **va_list** 뒤에 있는 다양한 인수처럼 사용할 수 있는 네 가지 함수 같은 매크로를 정의하고 있다. 이러한 가상 인터페이스는 다음과 같이 구성됐다.

```
1 void va_start(va_list ap, parmN);
2 void va_end(va_list ap);
3 type va_arg(va_list ap, type);
4 void va_copy(va_list dest, va_list src);
```

첫 번째 예제는 가변 인수 함수의 핵심 부분에 대한 프로그래밍을 실질적으로 피하는 방법을 보여 준다. 서식 지정 출력(formatted printing)과 관련된 것이라면 모두 그에 해당하는 함수가 제공된다.

va_arg.c

```
20 FILE* iodebug = 0;
21
22 /**
23  ** @brief 디버그 스트림인 @c iodebug를 출력한다.
24  **/
25 #ifdef __GNUC__
26 __attribute__((format(printf, 1, 2)))
27 #endif
28 int printf_debug(const char *format, ...) {
```

---

3 NULL을 사용하지 말아야 할 이유이기도 하다. TAKEAWAY 11.14

```
29   int ret = 0;
30   if (iodebug) {
31     va_list va;
32     va_start(va, format);
33     ret = vfprintf(iodebug, format, va);
34     va_end(va);
35   }
36   return ret;
37 }
```

va_start와 va_end는 인수 리스트인 va_list를 생성해서 그 정보를 C 라이브러리 함수인 vfprintf로 전달하는 일만 한다. 이렇게 하면 케이스를 분석해서 인수를 추적하는 일을 전혀 하지 않아도 된다. 조건부 __attribute__의 동작은 컴파일러마다 다르다(여기서는 GCC 계열 컴파일러를 사용한다). 매개변수 관례가 적용되어 컴파일러가 그 인수의 유효성을 보장하기 위해 진단 작업을 잘 수행하는 환경이라면 이러한 부가 기능이 굉장히 유용하다.

그럼 double 값 n개를 받아서 모두 더하는 가변 인수 함수를 살펴보자.[Exs 4]

```
 6 /**
 7  ** @brief 현실적으로는 유용하지 않지만
 8  ** 가변 인수 함수의 작동 과정을 보여 주는 간단한 예
 9  **/
10 double sumIt(size_t n, ...) {
11   double ret = 0.0;
12   va_list va;
13   va_start(va, n);
14   for (size_t i = 0; i < n; ++i)
15     ret += va_arg(va, double);
16   va_end(va);
17   return ret;
18 }
```

va_list는 이 리스트 앞에 나온 마지막 인수로 초기화한다. 여기서 몇 가지 기능을 통해 va_start가 va를 받는데, 주소 연산자인 &를 붙이지 않았다. 그 다음 루프 안에서 va_arg 매크로를 이용하여 리스트에 담긴 모든 값을 받는다. 이 매크로는 해당 타입 인수(여기서는 double)를 명시적으로

Exs 4 모두 같은 타입으로 된 인수만 받는 가변 인수 함수는 가변 인수 매크로와 배열 하나를 인수로 받는 inline 함수로 바꿀 수 있다. 여러분도 직접 해 보자.

지정해야 하며, 리스트의 길이를 직접 관리해야 한다. 여기서는 이 길이를 함수의 인수로 전달했다. 인수 타입을 인코딩하고(여기서 타입은 암묵적으로 지정됐다) 리스트의 끝을 감지하는 것은 이 함수를 작성한 프로그래머의 몫이다.

TAKEAWAY 16.12 `va_arg` 메커니즘은 `va_list`의 길이에 대한 접근은 허용하지 않는다.

TAKEAWAY 16.13 가변 인수 함수는 리스트의 길이에 대해 구체적인 관례를 적용해야 한다.

16.6 타입 독립 프로그래밍

C11부터 타입 독립 프로그래밍(type-generic programming)을 언어에서 직접 지원하도록 기능이 추가됐다. C99에서는 타입 독립 수학 함수를 위해 `tgmath.h`를 제공했는데(8.2절 참고), 인터페이스를 직접 프로그래밍하는 데 필요한 기능을 별로 제공하지 않았다. 새로 추가된 기능을 위해 _Generic이란 키워드가 새로 도입됐는데, 다음과 같이 표현식으로 사용할 수 있다.

```
1 _Generic(controlling expression,
2   type1: expression1,
3   ... ,
4   typeN : expressionN )
```

문법은 **switch**와 굉장히 비슷하다. 하지만 **제어 표현식**(controlling expression)은 지정된 타입으로만 받을 수 있고, 그 결과는 expression1부터 expressionN 중 각각의 타입인 type1부터 typeN에 따라 선택된다. 이때 타입을 그냥 **default** 키워드로 지정할 수도 있다.

가장 간단하면서도 C 위원회가 주로 염두에 둔 활용 사례는 _Generic을 이용하여 타입 독립 매크로 인터페이스의 함수 포인터 중 하나를 고를 수 있도록 하는 것이다. 간단한 예로 **fabs**와 같은 tgmath.h 인터페이스를 들 수 있다. _Generic 자체는 매크로 기능이 아니며, 매크로를 펼칠 때(macro expansion) 사용하면 편리하다. **fabs**와 같은 매크로에서 복잡한 부동 소수점 타입을 무시하고 보면 다음과 같다.

```
1 #define fabs(X) \
2 _Generic((X), \
3   float: fabsf, \
4   long double: fabsl, \
5   default: fabs)(X)
```

이 매크로는 **float**과 **long double**이라는 두 가지 타입을 구분한다. 그리고 타입에 따라 **fabsf**와 **fabsl** 중 적합한 함수를 선택한다. 인수 X의 타입이 둘 다 아니면 **default** 케이스로 가서 **fabs**에 매핑된다. 다시 말해 **double**이나 정수처럼 다른 산술 타입은 **fabs**에 매핑된다.[Exs5, Exs6]

이제 결과로 나오는 함수 포인터가 결정됐으니 **_Generic** 표현식 뒤에 나오는 인수 리스트(X)에 적용한다.

```
 7 inline
 8 double min(double a, double b) {
 9   return a < b ? a : b;
10 }
11
12 inline
13 long double minl(long double a, long double b) {
14   return a < b ? a : b;
15 }
16
17 inline
18 float minf(float a, float b) {
19   return a < b ? a : b;
20 }
21
22 /**
23  ** @brief 부동 소수점 값에 대한 타입 독립 최솟값
24  **/
25 #define min(A, B)               \
26 _Generic((A)+(B),               \
27         float: minf,            \
28         long double: minl,      \
29         default: min)((A), (B))
```

이 코드는 두 실수 중 최솟값을 구하는 타입 독립 인터페이스를 구현한 것이다. 세 가지 부동 소수점 타입에 대해 **inline** 함수를 각각 정의했으며 **fabs**와 비슷한 방식으로 사용했다. 세 함수는 인수를 하나가 아닌 두 개를 받아서 **_Generic** 표현식이 두 타입을 모두 고려해야 한다는 점에서 **fabs**와 다르다. 이 작업은 두 인수를 제어 표현식에서 더하는 방식으로 처리했다. 그 결과 인수 승

Exs 5 매크로를 펼칠 때 **fabs**가 나오는 부분 자체는 펼쳐지지 않는 이유를 알아보자.

Exs 6 **fabs** 매크로가 복잡한 부동 소수점 타입도 다룰 수 있도록 확장해 보자.

격과 변환이 덧셈 연산의 인수에 영향을 미치게 된다. 따라서 _Generic 표현식은 두 타입 중에서 넓은 타입의 함수를 선택하고, 두 인수가 모두 정수면 double을 선택한다.

long double에 대한 함수 하나만 있을 때와 다른 점은 구체적인 인수의 타입 정보가 사라지지 않는다는 것이다.

TAKEAWAY 16.14 _Generic 표현식의 결과 타입은 선택된 표현식의 타입으로 결정된다.

이 방식은 가령 a?b:c와 같은 삼항 연산자의 작동 과정과 대조적이다. 여기서는 리턴 타입을 b와 c라는 두 타입을 합쳐서 계산했다. 삼항 연산자는 실행할 때마다 a가 달라질 수 있어서 b나 c가 선택될 수 있기 때문에 이런 식으로 처리해야 한다. _Generic은 이 타입에 따라 선택되기 때문에 컴파일 시간에 결정돼야 한다. 따라서 컴파일러는 선택된 결과 타입을 미리 알 수 있다.

예제에서 생성된 코드 중 이 인터페이스를 사용하는 것은 프로그래머가 예상한 범위 이내의 타입이어야 한다. 특히 min 매크로는 항상 해당 타입에 맞게 코드를 적절히 인라이닝한다.[Exs 7, Exs 8]

TAKEAWAY 16.15 _Generic과 inline 함수를 이용하여 최적화 가능성을 높인다.

제어 표현식의 타입이란 표현은 좀 모호한 면이 있다. 그래서 C17에서는 C11보다 이를 명확하게 정리했다. 사실 이 타입은 앞의 예제에서 알 수 있듯이, 이 표현식이 함수에 전달될 때의 타입을 말한다. 구체적으로 설명하면 다음과 같다.

- 타입 지정자가 하나라도 있다면 제어 표현식의 타입에서 제거한다.
- 배열 타입은 해당 기본 타입에 대한 포인터 타입으로 변환된다.
- 함수 타입은 함수에 대한 포인터로 변환된다.

TAKEAWAY 16.16 _Generic 표현식에서 타입 표현식은 반드시 타입 지정자가 붙지 않아야 한다. 배열 타입도 안 되고 함수 타입도 안 된다.

그렇다고 해서 타입 표현식은 타입 지정자가 붙은 타입에 대한 포인터, 배열에 대한 포인터, 함수에 대한 포인터가 될 수 없다는 뜻은 아니다. 하지만 일반적으로 이 규칙 덕분에 타입 독립 매크로를 쉽게 작성할 수 있다. 왜냐하면 지정자에 대한 모든 조합을 고려할 필요가 없기 때문이다. 세 가지 타입 지정자(포인터 타입에 대한 것은 네 개)가 있는데, 이 규칙이 없었다면 기본 타입마다 8가지(많으면 16가지) 타입 표현식이 나오게 된다. 다음에 나오는 MAXVAL 예제만 봐도 상당히 길어진 것을 볼 수 있다. 여기서는 순서로 나열할 수 있는 15가지 타입에 대한 특수한 경우가 있다. 타입 지정자까지 추적해야 한다면 120가지 경우에 대해 특수화해야 할 것이다.

Exs 7 min 매크로가 넓은 정수 타입을 모두 처리할 수 있도록 확장해 보자.
Exs 8 min 매크로가 포인터 타입도 처리할 수 있도록 확장하자.

```
31 /**
32 ** @brief @a X의 타입이 가질 수 있는 최댓값
33 **/
34 #define MAXVAL(X)                                          \
35 _Generic((X),                                             \
36         bool: (bool)+1,                                    \
37         char: (char)+CHAR_MAX,                             \
38         signed char: (signed char)+SCHAR_MAX,              \
39         unsigned char: (unsigned char)+UCHAR_MAX,          \
40         signed short: (signed short)+SHRT_MAX,             \
41         unsigned short: (unsigned short)+USHRT_MAX,        \
42         signed: INT_MAX,                                   \
43         unsigned: UINT_MAX,                                \
44         signed long: LONG_MAX,                             \
45         unsigned long: ULONG_MAX,                          \
46         signed long long: LLONG_MAX,                       \
47         unsigned long long: ULLONG_MAX,                    \
48         float: FLT_MAX,                                    \
49         double: DBL_MAX,                                   \
50         long double: LDBL_MAX)
```

이 예제는 _Generic 표현식을 이전과 다른 방식으로 활용하고 있다. 앞에서는 단순히 함수 포인터를 선택해서 해당 함수를 호출하기만 했다. 이번에는 결과 값이 정수 상수 표현식이다. 이것이 함수 호출이 될 가능성은 전혀 없으며, 매크로만 사용해서 구현하면 상당히 번거로울 것이다.[Exs 9] 이번에도 역시 변환 기법을 적용해서 관심 없는 몇 가지 경우를 제거할 수 있다.

```
52 /**
53 ** @brief @a XT에 대해 최대로 승격된 값
54 ** 여기서 XT는 타입 이름이거나 표현식일 수 있다.
55 **
56 ** 따라서 @c +와 같은 산술 연산에 적용하면
57 ** 최댓값이 된다.
58 **
59 ** @remark 좁은 타입은 승격된다. 주로 @c signed로 변환되지만,
60 ** 일부 아키텍처에서는 @c unsigned로 변환될 수도 있다.
61 **/
62 #define maxof(XT)                            \
```

Exs 9 이 매크로의 최솟값 버전을 작성해 보자.

16

함수 같은 매크로

```
63  _Generic(0+(XT)+0,                            \
64          signed: INT_MAX,                      \
65          unsigned: UINT_MAX,                   \
66          signed long: LONG_MAX,                \
67          unsigned long: ULONG_MAX,             \
68          signed long long: LLONG_MAX,          \
69          unsigned long long: ULLONG_MAX,       \
70          float: FLT_MAX,                       \
71          double: DBL_MAX,                      \
72          long double: LDBL_MAX)
```

여기서는 제어 표현식을 특수한 형태로 작성해서 기능을 추가했다. 0+(XT)+0이라는 표현식은 identifier가 변수이거나 타입일 때 올바른 표현식이 된다. identifier가 변수라면, 그 변수의 타입을 적용하고 다른 표현식과 똑같은 방식으로 해석한다. 그러고 나서 정수 승격이 적용되어 결과 타입이 추론된다.

identifier가 타입이라면 (identifier)+0은 +0을 identifier 타입으로 캐스팅한 것으로 해석한다. 왼쪽에 0+를 추가해도 필요에 따라 정수 승격은 발생한다. 따라서 결과는 XT가 T 타입이거나 T 타입 표현식일 때와 같다.[Exs 10, Exs 11, Exs 12]

또한 _Generic 표현식에 나오는 타입 표현식은 반드시 컴파일 시간에 명확하게 선택돼야 한다.

TAKEAWAY 16.17 _Generic 표현식에서 타입 표현식은 반드시 상호 호환되지 않는 타입을 가리켜야 한다.

TAKEAWAY 16.18 _Generic 표현식에서 타입 표현식은 VLA에 대한 포인터가 될 수 없다.

함수-포인터-호출과 다른 형태로 변형하면 더 편리할 수 있는데, 그 대신 몇 가지 함정도 있다. _Generic을 이용하여 TRACE_FORMAT과 TRACE_CONVERT라는 두 매크로를 구현해 보자. 이 매크로로는 다음과 같이 활용된다.

Exs 10A 값을 XT 타입으로 리턴하는 PROMOTE(XT, A) 매크로를 작성해 보자. 가령 PROMOTE(1u, 3)은 3u다.

Exs 11XT의 타입이 부호 있는 타입인지 여부에 따라 **false**나 **true**를 리턴하는 SIGNEDNESS(XT) 매크로를 작성해 보자. 가령 SIGNEDNESS(11)은 **true**다.

Exs 12A와 B의 최댓값을 계산하는 매크로인 mix(A, B)를 작성해 보자. 둘 다 부호가 있거나 둘 다 부호가 없는 타입이면 결과 타입은 두 타입보다 넓은 타입이 돼야 한다. 어느 한쪽만 부호가 있는 타입이라면 리턴 타입은 부호가 없으면서 두 타입의 양수 값을 모두 담을 수 있는 타입이어야 한다.

```
278 /**
279 ** @brief 포맷을 지정할 필요 없이 값을 트레이스한다.
280 **
281 ** 이렇게 변형하면 포인터에 대해 정확히 작동한다.
282 **
283 ** ::TRACE_FORMAT에서 지정자를 변경하는 방식으로
284 ** 포맷을 튜닝할 수 있다.
285 **/
286 #define TRACE_VALUE1(F, X)                          \
287   do {                                              \
288     if (TRACE_ON)                                   \
289       fprintf(stderr,                               \
290             TRACE_FORMAT("%s:" STRGY(__LINE__) ": " F, X), \
291             __func__, TRACE_CONVERT(X));            \
292   } while (false)
```

TRACE_FORMAT의 구성은 단순한데, 여섯 가지 경우를 구분한다.

```
232 /**
233 ** @brief @c fprintf에 적합한 포맷을 리턴한다.
234 **
235 ** @return 인수@a F는 반드시 스트링 리터럴이어야 한다.
236 ** 따라서 리턴 값도 스트링 리터럴이다.
237 **
238 **/
239 #define TRACE_FORMAT(F, X)               \
240 _Generic((X)+0LL,                        \
241          unsigned long long: "" F " %llu\n", \
242          long long: "" F " %lld\n",      \
243          float: "" F " %.8f\n",          \
244          double: "" F " %.12f\n",        \
245          long double: "" F " %.20Lf\n",  \
246          default: "" F " %p\n")
```

이 코드에 나온 **default** 케이스는 일치하는 산술 타입이 없을 때 인수가 포인터 타입이라고 간주한다. 이때 **fprintf**에 적합한 매개변수가 되려면 포인터를 반드시 **void***로 변환해야 한다. 여기서 목적은 이런 변환을 수행하는 TRACE_CONVERT를 구현하는 것이다.

첫 번째 버전은 다음과 같다.

```
1  #define TRACE_CONVERT_WRONG(X)            \
2  _Generic((X)+0LL,                         \
3          unsigned long long: (X)+0LL,   \
4          ...                               \
5          default: ((void*){ 0 } = (X)))
```

여기서는 TRACE_PTR1에서 포인터를 **void***로 변환할 때와 같은 기법을 적용했다. 아쉽게도 이 구현은 잘못됐다.

TAKEAWAY 16.19 expression1부터 expressionN까지 **_Generic**에 나온 모든 선택은 올바른 값이어야 한다.

만약 X가 **unsigned long long**(즉, 1LL)이라면 **default** 케이스는 다음과 같다.

```
((void*){ 0 } = (1LL))
```

이 표현식은 0이 아닌 정수를 포인터로 대입하는 데 문제가 있다.[4]

이 문제는 두 단계에 걸쳐 해결한다. 먼저 인수를 **default**나 리터럴인 0 중 하나로 리턴하는 매크로를 작성한다.

macro_trace.h

```
248  /**
249   ** @brief 강제로 포인터 값으로 해석될 수 있는 값을 리턴한다.
250   **
251   **
252   ** 다시 말해 모든 포인터가 이렇게 리턴된다. 하지만
253   ** 다른 산술값은 @c 0이 된다.
254   **/
255  #define TRACE_POINTER(X)            \
256  _Generic((X)+0LL,                   \
257          unsigned long long: 0, \
258          long long: 0,           \
259          float: 0,               \
260          double: 0,              \
261          long double: 0,         \
262          default: (X))
```

---

4 0이 아닌 정수를 포인터로 변환할 때 반드시 명시적으로 캐스팅해야 한다.

이렇게 하면 TRACE_POINTER(X)를 호출할 때마다 항상 **void***로 대입된다는 장점이 있다. X 자체가 포인터라서 **void***로 대입할 수 있거나, 다른 산술 타입이라면 이 매크로를 호출한 결과는 0이 된다. 지금까지 작성한 내용을 하나로 합쳐서 TRACE_CONVERT를 작성한 코드는 다음과 같다.

```
264 /**
265 ** @brief @a X가 포인터라면 void*로 승격되거나, 넓은 정수로 승격되거나,
266 ** 부동 소수점으로 승격되는 값을 리턴한다.
267 **
268 **/
269 #define TRACE_CONVERT(X)                 \
270 _Generic((X)+0LL,                        \
271         unsigned long long: (X)+0LL,  \
272         long long: (X)+0LL,            \
273         float: (X)+0LL,                \
274         double: (X)+0LL,               \
275         long double: (X)+0LL,          \
276         default: ((void*){ 0 } = TRACE_POINTER(X)))
```

16.7 요약

- 함수 같은 매크로는 인라인 함수보다 유연하다.
- 함수 같은 매크로는 함수 인터페이스에서 컴파일 시간에 수행되는 인수 검사 기능을 보완하고 호출 환경에 대한 정보를 제공하거나 디폴트 인수를 제공하는 용도로 사용된다.
- 함수 같은 매크로를 활용하면 가변 인수 리스트에서 타입에 안전한 기능을 구현할 수 있다.
- 함수 같은 매크로와 **_Generic**를 조합해서 타입 독립 인터페이스를 구현할 수 있다.

17 다양한 제어 흐름

이 장에서 다루는 내용

- C 프로그램의 정상 실행 흐름 이해하기

- 코드에서 숏점프와 롱점프하기

- 함수의 제어 흐름

- 시그널 처리

프로그램 실행에서 **제어 흐름**(control flow)(그림 2-4)은 프로그램 코드를 구성하는 각 문장이 순차적으로 실행되는 방식을 표현한다. 다시 말해 어느 문장이 어느 문장 다음에 실행되는지를 가리킨다. 지금까지 우리가 본 코드는 대부분 이런 제어 흐름을 구문과 제어 표현식만 보고 알 수 있었다. 그래서 함수는 **기본 블록**(basic block)을 계층적으로 조합하는 방식으로 표현한다. 기본 블록이란 블록에 속한 여러 명령문이 실행될 수 있는 최대 시퀀스로서, 그 안에 나오는 모든 명령문은 첫번째 문장에서 실행을 시작한다.

조건문과 반복문은 모두 {} 블록으로 묶는다고 가정하면 기본 블록을 다음과 같이 간단하게 설명할 수 있다.

- {} 블록의 시작점, **case**, 점프 레이블 중 한 곳에서 시작한다.

- {} 블록의 끝에 다다르거나 다음과 같은 문장을 만나면 끝난다.

  - **case**나 점프 레이블의 타깃이 되는 문장

  - 조건문이나 반복문의 본문

  - **return**문

  - **goto**문

  - 특수한 제어 흐름을 가진 함수 호출

이때 일반 함수의 호출도 예외가 아니다. 함수 호출문은 기본 블록의 실행을 일시적으로 중단시키는데, 완전히 종료시키는 것은 아니다. 이렇게 특수한 제어 흐름을 가진 함수 중 기본 블록을 중단시키는 것이 몇 가지 있다. **_Noreturn** 키워드가 표시된 **exit**나 **abort**가 대표적이다. 또한 한 번 이상 리턴할 수 있는 **setjmp**도 마찬가지다. 이에 대해서는 뒤에서 설명한다.

if/else문[1]이나 반복문으로 연결된 기본 블록들로만 코드를 구성하면 사람이 읽기 쉬울 뿐만 아니라 컴파일러가 최적화할 기회도 많아진다. 따라서 사람뿐만 아니라 컴파일러도 기본 블록에 있는 변수나 복합 리터럴의 생명주기와 접근 패턴을 직접 유추할 수 있어서 기본 블록을 계층적으로 조합하여 함수로 구성하는 방법을 찾아낼 수 있다.

이러한 구조적(절차적) 접근 방식(structured approach)의 이론적 토대는 니시제키 등(Nishizeki et al.)[1997]이 오래 전에 파스칼 프로그램에 대해 제시했던 것으로, 소럽(Thorup)[1995]이 C를 비롯한 다른 명령형 언어에 확장했다. 이를 통해 구조적 프로그램(structured program), 즉 **goto**나 섬프문을 사용하지 않는 프로그램의 제어 흐름은 중첩된 프로그램 구문에서 도출할 수 있는 트리 형태의 구조와 잘 들어 맞는다고 증명됐다. 따라서 꼭 필요한 경우가 아니라면 구조적 프로그래밍 모델을 따르는 것이 좋다.

그럼에도 불구하고 구조적 프로그래밍만으로는 부족한 경우가 몇 가지 있다. 일반적으로 프로그램의 제어 흐름이 바뀌는 상황은 다음과 같은 문장을 접할 때다.

- **조건문**: **if/else**, **switch/case**
- **반복문**: **do{}while()**, **while()**, **for()**
- **함수**: 함수 호출문, **return**문, **_Noreturn** 지정자
- **숏점프**: **goto**와 레이블
- **롱점프**: **setjmp/longjmp**, getcontext/setcontext[2]
- **인터럽트**: 시그널, **signal** 핸들러
- **스레드**: **thrd_create**, **thrd_exit**

이렇게 제어 흐름이 바뀌면 컴파일러가 실행의 추상 상태에 대해 알고 있던 지식이 뒤섞인다. 간략히 설명하면 앞에 나온 리스트의 첫 번째 항목에서 마지막 항목으로 갈수록 기계나 사람이 추적해야 할 지식은 점점 복잡해진다. 이는 언어 기능과 관련이 있으며, (키워드와 같은) 구문이나 (함수 호출의 ( )와 같은) 연산자에 따라 달라진다. 마지막 세 항목은 C 라이브러리 인터페이스에서 도입된 것으로 함수 경계를 넘어서 점프하거나(**longjmp**), 프로그램의 외부 이벤트에 의해 발생하거나(인터럽트), 새로운 제어 흐름을 동시에 생성한다(스레드).

---

1   **switch/case**문으로 구성된 경우는 좀 복잡하다.

2   POSIX 시스템에 정의돼 있다.

예상치 못한 제어 흐름의 영향을 받는 오브젝트는 다음과 같은 문제점을 발생시킨다.

- 오브젝트의 원래 생명주기와 다르게 사용될 수 있다.

- 오브젝트가 초기화되지 않을 수 있다.

- 최적화 과정에서 오브젝트의 값이 잘못 해석될 수 있다(**volatile**).

- 오브젝트가 부분적으로 수정될 수 있다(**sig_atomic_t**, **atomic_flag**, 또는 락프리 속성과 relaxedc 일관성이 주어진 **_Atomic**).

- 오브젝트를 업데이트하는 순서가 예상과 다를 수 있다(모든 **_Atomic**).

- **크리티컬 섹션**(critical section, 임계 영역) 안에서만 실행되도록 보장해야 한다(**mtx_t**).

프로그램의 상태를 구성하는 오브젝트에 접근하는 과정이 복잡해지기 때문에 C 언어는 이를 보다 쉽게 처리할 수 있는 기능을 몇 가지 제공한다. 이러한 기능은 앞의 목록에서 소괄호 안에 표시했으며, 이어지는 절에서 하나씩 자세히 살펴보자.

17.1 복잡한 예

앞에서 소개한 개념의 대부분을 보여 주는 예제의 핵심 코드로 사용할 **재귀 하향 파서**(recursive descent parser)인 basic_blocks를 살펴보자. 여기서 핵심 함수인 descend의 코드는 다음과 같다.

예제 17-1 코드 들여쓰기를 위한 재귀 하향 파서

```
60 static
61 char const* descend(char const* act,
62                     unsigned dp[restrict static 1], // Bad
63                     size_t len, char buffer[len],
64                     jmp_buf jmpTarget) {
65   if (dp[0]+3 > sizeof head) longjmp(jmpTarget, tooDeep);
66   ++dp[0];
67 NEW_LINE:                          // 출력에 대해 반복한다.
68   while (!act || !act[0]) {         // 입력에 대해 반복한다.
69     if (interrupt) longjmp(jmpTarget, interrupted);
70     act = skipspace(fgets(buffer, len, stdin));
71     if (!act) {                     // 스트림 끝
72       if (dp[0] != 1) longjmp(jmpTarget, plusL);
73       else goto ASCEND;
74     }
75   }
```

```
76    fputs(&head[sizeof head - (dp[0] + 2)], stdout);  // 헤더
77
78    for (; act && act[0]; ++act) {  // 이 줄의 나머지 부분
79      switch (act[0]) {
80      case LEFT:                     // 왼쪽 중괄호가 나오면 더 들어간다.
81        act = end_line(act+1, jmpTarget);
82        act = descend(act, dp, len, buffer, jmpTarget);
83        act = end_line(act+1, jmpTarget);
84        goto NEW_LINE;
85      case RIGHT:                    // 오른쪽 중괄호가 나오면 리턴한다.
86        if (dp[0] == 1) longjmp(jmpTarget, plusR);
87        else goto ASCEND;
88      default:                       // 문자를 출력하고 계속 진행한다.
89        putchar(act[0]);
90      }
91    }
92  goto NEW_LINE;
93 ASCEND:
94  --dp[0];
95  return act;
96 }
```

이 코드는 여러 가지 기능을 보여 준다. 우선 재귀, 숏점프(**goto**), 롱점프(**longjmp**), 인터럽트 처리와 같은 뒤에서 소개할 여러 가지 기능을 보여 준다.

이 책을 읽는 독자 몇몇은 지금까지 본 코드 중 이 예제 코드가 가장 어렵고 복잡하다고 느낄 수도 있다. 그렇지만 이 코드는 한 화면에 쏙 들어가는 36줄에 불과해서 굉장히 간결하고 효율적인 C 코드임을 여실히 보여 준다. 코드를 제대로 이해하는 데 몇 시간이 걸릴 수도 있지만, 포기하지 않기 바란다. 당장은 완벽하게 이해하지 못하더라도 계속 읽다 보면 확실히 파악하게 될 것이다.

이 함수는 **stdin**으로 주어진 텍스트에서 {} 구문을 찾아서 {}가 중첩된 상태에 맞게 적절히 들여쓰기해서 출력하는 **재귀 하향 파서**(recursive descent parser)를 구현한 것이다. 좀 더 정확히 **바커스-나우르-폼**(BNF, Backus-Nauer-form)[3]으로 표현하면, 이 함수는 다음과 같이 재귀적으로 정의한 규칙에 따라 텍스트를 파악해서 문장의 구조와 들여쓰기를 적절히 바꿔 준다.

program := 텍스트*['{' '*program*' '}' '텍스트*]*

---

3 컴퓨터로 읽을 수 있는 언어에 대한 표현을 형식화한 것이다. 이 프로그램에서는 중괄호 안에 또 다시 프로그램이 나오도록 재귀적으로 정의했다.

17
다양한 제어 흐름

이렇게 프로그램 동작을 표현한 구문은 C 코드를 특정한 방식으로 들여쓰기하는 것을 표현한 것이다. 프로그램 텍스트로 예제 3-1을 입력하면 다음 결과를 볼 수 있다.

터미널

```
0    > ./code/basic_blocks < code/heron.c
1    ¦ #include <stdlib.h>
2    ¦ #include <stdio.h>
3    ¦ /* 1.0을 중심으로 한 반복 기준점의 상한과 하한 */
4    ¦ static double const eps1m01 = 1.0 - 0x1P-01;
5    ¦ static double const eps1p01 = 1.0 + 0x1P-01;
6    ¦ static double const eps1m24 = 1.0 - 0x1P-24;
7    ¦ static double const eps1p24 = 1.0 + 0x1P-24;
8    ¦ int main(int argc, char* argv[argc+1])
9    >¦ for (int i = 1; i < argc; ++i)
10   >>¦ // 명령행 인수를 처리한다.
11   >>¦ double const a = strtod(argv[i], 0); // arg -> double
12   >>¦ double x = 1.0;
13   >>¦ for (;;)
14   >>>¦ // 2의 제곱
15   >>>¦ double prod = a*x;
16   >>>¦ if (prod < eps1m01) x *= 2.0;
17   >>>¦ else if (eps1p01 < prod) x *= 0.5;
18   >>>¦ else break;
19   >>>¦
20   >>¦ for (;;)
21   >>>¦ // 헤론의 근사 공식
22   >>>¦ double prod = a*x;
23   >>>¦ if ((prod < eps1m24) ¦¦ (eps1p24 < prod))
24   >>>¦ x *= (2.0 - prod);
25   >>>¦ else break;
26   >>>¦
27   >>¦ printf("heron: a=%.5e,\tx=%.5e,\ta*x=%.12f\n",
28   >>¦ a, x, a*x);
29   >>¦
30   >¦ return EXIT_SUCCESS;
31   >¦
```

basic_blocks 프로그램은 중괄호 {}의 개수를 세면서 중첩된 정도에 맞게 > 문자를 추가해서 들여쓰기한다.

이 함수의 처리 과정을 개략적으로 살펴보기 위해 처음 보는 함수와 변수는 일단 신경 쓰지 말고 예제 17-1의 79줄에서 시작하는 **switch**문과 이를 감싸는 **for** 루프만 살펴보자. 이 부분은 현재 처리하는 문자가 무엇인지에 따라 분기하는데, 크게 세 경우로 나눈다. 가장 간단한 경우는 **default** 케이스로서 일반 문자가 출력되고, 다음 문자로 넘어가서 반복문을 다시 실행한다.

나머지 두 케이스는 각각 {와 }가 나타난 경우를 처리한다. 여는 괄호 {가 나오면 > 문자로 텍스트를 한 칸 들여써야 한다. 따라서 **descend** 함수를 다시 재귀적으로 호출한다(82줄). 반면, 닫는 괄호 }가 나오면 **ASCEND** 레이블로 이동해서 현재 재귀호출을 종료한다. 재귀호출 단계는 dp[0] 변수로 처리한다. 이 값은 재귀호출이 시작될 때 증가하고(66줄) 재귀호출을 빠져나가면 감소한다(94줄).

이 코드를 처음 볼 때는 방금 설명한 부분을 제외한 나머지는 일단 무시한다. 나머지 부분은 줄바꿈 문자가 나오거나, 여는 중괄호와 닫는 중괄호의 개수가 맞지 않을 때와 같은 예외적인 경우를 처리한다. 전체 동작에 대해서는 나중에 자세히 설명한다.

17.2 순서 정하기

프로그램의 제어 흐름이 예상과 다르게 바뀌는 과정에 대해 살펴보려면 먼저 C 문장이 보장하는 정상적인 실행 흐름과 비정상적인 흐름부터 이해할 필요가 있다. 4.5절에서 설명했듯이 C 표현식은 코드에 나온 순서대로 평가되지 않는다. 예를 들어 함수 인수의 평가 순서는 코드에 나온 순서와 얼마든지 달라질 수 있다. 인수를 구성하는 표현식은 컴파일러의 재량이나 실행 시간에 사용할 수 있는 리소스의 상황에 따라 교차 실행(interleave)될 수도 있다. 이를 함수 인수 표현식에 대한 **순서 바뀜**(unsequenced)이라고 표현한다.

평가할 때 적용할 규칙을 느슨하게 정해야 할 이유가 몇 가지 있다. 하나는 컴파일러 최적화기를 쉽게 구현하기 위해서다. C가 다른 언어에 비해 뛰어난 점 중 하나로 컴파일된 코드의 효율성을 꼽는다.

또 다른 이유는 C는 확실한 수학적 또는 기술적 근거가 없으면 제약 사항을 추가하지 않기 때문이다. 수학에서는 a+b라는 표현식의 두 피연산자인 a와 b는 얼마든지 순서를 바꿀 수 있다. 그런데 C에서 평가 순서를 정해 버리면 수학의 규칙과 어긋나게 되어 C 프로그램이 훨씬 복잡해진다.

C는 스레드 개념을 직접 지원하지 않기 때문에 C에서 정한 스레드 관련 규칙은 대부분 시퀀스 포인트로 처리한다. **시퀀스 포인트**(sequence point)란 실행 과정을 나열하는 프로그램 규격상의 지점

을 말한다. 그런데 뒤에서 보겠지만, 시퀀스 포인트가 정해지지 않은 특정한 표현식들의 평가 순서를 강제로 정하는 규칙도 있다.

크게 보면 C 프로그램은 시퀀스 포인트가 서로 맞물려서 나열된 것이다. 그리고 이러한 시퀀스 포인트 사이에 나오는 코드는 실행 순서가 바뀔 수도 있고, 교차 실행해도 되고, 순서에 대한 특정한 제약 사항에 따라 실행해도 된다. 가장 간단한 경우는 예를 들어 두 문장이 ;로 연결됐을 때, 시퀀스 포인트 앞에 나온 문장은 시퀀스 포인트 뒤에 나온 문장보다 먼저 실행된다.

그런데 시퀀스 포인트가 있더라도 두 표현식의 순서가 구체적으로 정해지지 않고 몇 가지 순서를 허용하기만 하는 경우가 있다. 예를 들어 다음과 같이 **잘 정의된**(well-defined) 코드를 살펴보자.

```
                                                                sequence_point.c
3 unsigned add(unsigned* x, unsigned const* y) {
4   return *x += *y;
5 }
6 int main(void) {
7   unsigned a = 3;
8   unsigned b = 5;
9   printf("a = %u, b = %u\n", add(&a, &b), add(&b, &a));
10 }
```

4.5절에서 설명했듯이 **printf**의 두 인수가 평가되는 순서는 일정하지 않다. 그리고 잠시 후 설명할 시퀀스 포인터 규칙을 이용하면 add 함수를 호출할 때 시퀀스 포인트를 지정할 수 있다. 따라서 이 코드는 두 가지 방식으로 처리될 수 있다. 하나는 add부터 완전히 실행하는 것이고, 또 하나는 add를 나중에 실행하는 것이다. 첫 번째 경우에는 다음과 같이 실행된다.

- a 값을 8로 바꾸고 리턴한다.
- b 값을 13으로 바꾸고 리턴한다.

그러면 다음과 같은 실행 결과가 나온다.

```
터미널
0   a = 8, b = 13
```

add가 나중에 실행되는 두 번째 경우는 다음과 같이 실행된다.

370

- b 값을 8로 바꾸고 리턴한다.

- a 값을 11으로 바꾸고 리턴한다.

그러면 다음과 같은 실행 결과가 나온다.

```
0   a = 11, b = 8
```

다시 말해 이 프로그램의 동작이 잘 정의되긴 했지만, 실행 결과를 C 표준에서 명확히 정하지 않았다. C 표준이 이렇게 적용되는 상황을 정확히 표현하면 두 호출문에 대해 **'순서가 정해져 있지 않다**(indeterminately sequenced)**'**고 표현한다. 지금 설명하는 상황은 이론에서만 존재하는 것이 아니다. 대표적인 오픈 소스 컴파일러로 손꼽히는 GCC와 Clang은 방금 본 간단한 코드를 처리하는 방식이 서로 다르다. 다시 한 번 강조하면 각각의 동작은 표준 규격을 따른 것이다. 따라서 이런 상황에 대해 컴파일러가 따로 경고 메시지를 제공하지 않는다는 점에 주의한다.

TAKEAWAY 17.1 함수에서 발생하는 **부작용**(side effect)은 불확실한 결과를 초래할 수 있다.

C 언어 문법에서 정의된 시퀀스 포인트는 다음과 같다.

- 세미콜론(;)이나 닫는 중괄호(})로 끝맺는 문장

- 콤마 연산자(,) 앞에 나온 표현식의 끝[4]

- 세미콜론(;)이나 콤마(,)로 맺는 선언문의 끝[5]

- **if**, **switch**, **for**, **while**, 조건부 평가(?:), 단락 평가(short-circuit evaluation, ||와 &&)에 나오는 제어 표현식의 끝

- 함수 호출문에서 함수 지시자(function designator)(주로 함수 이름)와 함수 인수를 평가한 후[6], 실제로 호출되기 전까지

- **return**문의 끝

이렇게 시퀀스 포인트로 정해진 것 말고도 순서를 정하는 데 적용되는 다른 제약이 있다. 첫 번째와 두 번째는 어떻게 보면 당연하지만 그래도 명확히 표현할 필요가 있다.

TAKEAWAY 17.2 모든 연산자의 실행 순서는 피연산자를 모두 평가한 후에 결정된다.

---

4   함수 인수를 구분하는 콤마는 여기에 해당되지 않으니 주의한다.

5   열거 상수의 선언 끝에 나오는 콤마도 똑같이 적용된다.

6   여기서는 함수 지시자가 함수 인수와 수준이 같다고 본다.

TAKEAWAY 17.3 대입 연산자, 증가 연산자, 감소 연산자로 오브젝트를 업데이트하는 동작의 순서는 피연산자를 모두 평가한 후에 결정된다.

또한 함수 실행을 완료한 뒤에 나머지 표현식을 평가한다는 규칙도 있다.

TAKEAWAY 17.4 함수 호출의 실행 순서는 호출한 측의 평가 방식에 따라 결정된다.

앞에서 설명했듯이 이 경우는 순서가 불확실하다고 볼 수 있지만, 그럼에도 불구하고 순서가 정해진 것이다.

표현식에서 순서가 불확실해지는 또 다른 원인은 초기자이다.

TAKEAWAY 17.5 배열이나 구조체 타입에 대한 초기화 리스트(initialization-list) 표현식은 순서가 불확실하다.

마지막으로 시퀀스 포인트 중 C 라이브러리에 대해서 정의된 것도 있다.

- IO 함수에서 포맷 지정자의 동작을 실행한 후
- C 라이브러리 함수가 리턴하기 전[7]
- 탐색과 정렬에 사용되는 비교 함수를 호출하기 전후

마지막 두 경우는 일반 함수와 비슷한 규칙이 적용된다. 이 규칙이 필요한 이유는 C 라이브러리 자체를 반드시 C로 구현하지 않아도 되기 때문이다.

17.3 숏점프

앞에서 C 프로그램의 제어 흐름을 중단시키는 **goto**문에 대해 설명한 적 있다. 14.5절에서 다루었듯이 **goto**문은 두 가지 요소로 구성된다. 하나는 코드의 위치를 표시하는 레이블(label)이고, 다른 하나는 '같은 함수 안에서' 레이블로 지정한 곳으로 점프하는 **goto**문이다.

또한 이렇게 점프하면 로컬에 있는 오브젝트의 생명주기가 복잡해지고 가시성(visibility)이 나빠지는 것도 봤다. 특히 루프 안의 오브젝트와 **goto**문으로 반복하는 문장 안의 오브젝트의 수명이 서로 달라진다.[8] 다음 두 코드를 살펴보자.

---

7   매크로로 정의된 라이브러리 함수는 시퀀스 포인터를 정의하지 않을 수도 있으니 주의한다.

8   ISO 9899:2011 6.5.2.5 p16 참조

```
1    size_t* ip = 0
2    while(something)
3      ip = &(size_t){ fun() };        /* while문에서 수명이 끝난다. */
4                                        /* 장점: 리소스가 해제된다. */
5    printf("i is %d", *ip)            /* 단점: 오브젝트가 사라진다. */
```

다음 코드와 비교해 보자.

```
1    size_t* ip = 0
2    RETRY:
3      ip = &(size_t){ fun() };        /* 수명이 연장된다. */
4    if (condition) goto RETRY;
5                                        /* 단점: 리소스가 남아 있다. */
6    printf("i is %d", *ip)            /* 장점: 오브젝트가 살아 있다. */
```

두 코드 모두 루프 안에 복합 리터럴로 된 로컬 오브젝트를 정의하고, 그 주소를 포인터에 저장해서 루프 밖에서도 접근할 수 있도록 했다. 가령 **printf**문에서 사용할 수 있다.

얼핏 보면 두 코드의 의미가 같아 보이지만 그렇지 않다. 첫 번째 코드에서 복합 리터럴에 해당하는 오브젝트는 **while**문 스코프 안에서만 살아 있다.

TAKEAWAY 17.6 | 로컬 오브젝트는 반복문이 실행될 때마다 새로 정의된다.

따라서 이렇게 *ip 표현식으로 접근하는 것은 잘못된 방식이다. **printf**를 없애면 **while**문에서 복합 리터럴이 차지하던 리소스를 재사용할 수 있어서 좋다.

두 번째 예는 이런 제약이 없다. 복합 리터럴의 스코프는 블록 전체다. 그래서 블록을 벗어나더라도 오브젝트는 계속 살아 있다(TAKEAWAY 13.22). 물론 이 점이 항상 좋은 것은 아닌데, 오브젝트가 사용하던 리소스를 재사용할 수 없기 때문이다.

여기 나온 **printf**처럼 접근하는 문장이 없다면 첫 번째 코드처럼 작성하는 것이 훨씬 명확하고 최적화 기회도 많다. 따라서 특별한 이유가 없다면 첫 번째 코드처럼 작성한다.

TAKEAWAY 17.7 | **goto**문은 정말 특수하게 제어 흐름을 변경해야 하는 경우에만 사용한다.

여기서 특수한 경우란 14.5절에서 본 것처럼 로컬 클린업이 필요한 전이형 에러 상태(transitional error condition)가 발생하는 때를 말한다. 이는 예제 17-1에 나온 특정한 알고리즘 상태를 의미할 수도 있다.

여기서 **NEW_LINE**과 **ASCEND**라는 두 레이블과 **LEFT**와 **RIGHT**라는 두 매크로는 실제 파싱 상태를 표현한다. **NEW_LINE**은 새 줄을 출력할 때 점프할 타깃이고, **ASCEND**는 }가 나오거나 스트림이 끝날 때 사용된다. **LEFT**와 **RIGHT**는 왼쪽 중괄호나 오른쪽 중괄호와 만날 때 **case** 레이블처럼 사용된다.

여기서 **goto**와 레이블을 사용하는 이유는 두 상태가 함수 안에서 중첩 수준이 다른 상이한 지점에서 감지되기 때문이다. 게다가 레이블 이름에 목적이 드러나서 코드 구조에 대한 정보를 제공한다.

17.4 함수

descend 함수는 로컬 점프문이 얽혀 있는 경우보다 복잡한데다 재귀호출된다. 앞에서 본 것처럼 C 언어는 재귀 함수를 다소 간단하게 처리한다.

TAKEAWAY 17.8 로컬 오브젝트는 함수가 호출될 때마다 새로 정의된다.

따라서 같은 함수에 대해 여러 재귀호출이 동시에 실행되더라도 서로 관계가 없다. 각 프로그램 상태에 대한 복제본을 별도로 갖는다.

❤ 그림 17-1 함수 호출에 대한 제어 흐름: **return**이 실행되면 함수를 호출한 다음 명령어로 점프한다.

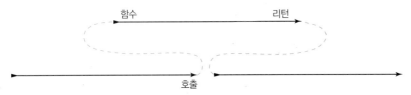

그런데 여기서는 포인터 때문에 이 원칙이 살짝 깨진다. buffer와 dp가 가리키는 데이터가 수정되기 때문이다. buffer는 어쩔 수 없다고 볼 수 있다. 지금 읽고 있는 데이터를 담아야 하기 때문이다. 하지만 bp는 **unsigned** 인수로 만드는 게 낫다.[Exs1] 여기서 dp를 포인터로 만든 이유는 에러가 발생할 경우 중첩 수준을 추적하기 위해서다. 그래서 아직 설명하지 않은 **longjmp**문을 제외하면 포인터를 이렇게 사용하는 것은 바람직하지 않은데, 프로그램 상태를 파악하기 더 힘들어지고 최적화 기회도 줄어들기 때문이다.[Exs2]

특히 앞 예제에서 dp를 **restrict**로 지정했고 (다음 절에서 소개할) **longjump**를 호출할 때 전달하지 않았으며, 시작할 때 증가해서 마지막에 감소하기만 할 뿐이므로 이 함수를 리턴하기 직전에 dp[0]을 원래 값으로 복원한다. 그래서 밖에서 볼 때 **descend**가 이 값을 전혀 바꾸지 않은 것처럼 보인다.

Exs 1 **descend**에서 포인터가 아닌 **unsigned depth**를 받도록 수정해 보자.
Exs 2 초기 버전에 대한 어셈블러 출력과, dp 포인터를 사용하지 않도록 수정한 버전에 대한 어셈블러 출력을 비교해 보자.

descend에 대한 함수 코드를 호출하는쪽에서 볼 수 있도록 만들어 두면, 똑똑한 컴파일러는 dp[0]이 호출된 후 변경되지 않는다는 것을 알아챌 것이다. longjmp만 없었다면 이 방법이 최적화에 유리하다. longjmp가 있으면 이런 최적화가 불가능할 뿐만 아니라 미묘한 버그가 발생할 여지도 있는데, 이에 대해서는 잠시 후 소개한다.

17.5 롱점프

▼ 그림 17-2 setjmp와 longjmp의 제어 흐름: longjmp는 setjmp로 표시한 지점까지 점프한다.

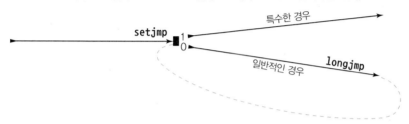

앞에서 본 descend 함수는 복구할 수 없는 예외 상황이 발생할 수 있다. 이런 상황의 이름은 열거 타입으로 표현했다. stdout에 쓸 수 없으면 eofOut로 가고, interrupted는 현재 실행 중인 프로그램이 받는 비동기 신호를 의미한다. 인터럽트에 대해서는 뒤에서 설명한다.

basic_blocks.c

```
32 /**
33  ** @brief 파싱 알고리즘의 예외 상태
34  **/
35 enum state {
36   execution = 0,        //*< 정상 실행 상태
37   plusL,                //*< 왼쪽 중괄호가 더 많은 상태
38   plusR,                //*< 오른쪽 중괄호가 더 많은 상태
39   tooDeep,              //*< 중첩 수준이 너무 깊어 다루기 힘든 상태
40   eofOut,               //*< 출력 끝
41   interrupted,          //*< 시그널에 의해 인터럽트된 상태
42 };
```

각 상황에 대처하는 부분은 longjmp 함수로 처리하고, 각 상황이 발생하는 지점에 이를 호출하는 문장을 작성한다.

- **tooDeep**: 함수 시작 시점에서 쉽게 발견할 수 있다.

- **plusL**: 재귀호출 수준이 첫 번째가 아닌데 입력 스트림의 끝에 도달할 때 발생할 수 있다.

- **plusR**: 재귀호출 수준이 첫 번째가 아닌데 닫는 중괄호(})가 나온 경우 발생한다.

- **eofOut**: **stdout**에 쓴 후 EOF(파일의 끝) 상태가 리턴된 경우

- **stdin**으로부터 새 문장을 읽기 전에 **interrupted**가 발견된 경우

stdout은 라인 버퍼 방식(line-buffered)을 사용하므로 '\n'를 쓸 때 **eofOut**이 있는지만 검사한다. 이 경우 짧은 함수인 **end_line** 안에서 발생한다.

basic_blocks.c

```
48  char const* end_line(char const* s, jmp_buf jmpTarget) {
49    if (putchar('\n') == EOF) longjmp(jmpTarget, eofOut);
50    return skipspace(s);
51  }
```

longjmp 함수는 비교 매크로인 **setjmp**와 함께 쌍으로 제공된다. **setjmp** 매크로는 나중에 **longjmp** 가 점프할 타깃을 지정한다. setjmp.h 헤더를 보면 다음과 같이 프로토타입을 정의하고 있다.

```
_Noreturn void longjmp(jmp_buf target, int condition);
int setjmp(jmp_buf target); // 대체로 함수가 아닌 매크로로 구현한다.
```

longjmp 함수는 **_Noreturn** 속성도 있다. 그래서 앞에서 본 예외 중 어느 하나가 발생하면 **descend** 실행에서 빠져나오게 된다.

TAKEAWAY 17.9 **longjmp**는 호출한 곳으로 돌아가지 않는다.

이 속성은 최적화할 때 중요하다. **descend**에서 **longjmp**를 호출하는 부분은 다섯 군데다. 그래서 컴파일러는 각 브랜치에 대한 분석 과정을 상당히 간결하게 만들 수 있다. 예를 들어 !act를 검사 한 뒤에 **for** 루프에 진입하는 시점에서는 act는 널이 아니라고 가정할 수 있다.

일반적으로 레이블은 함수 안에서만 **goto** 타깃이 된다. 이와 달리 **jmp_buf**는 불투명 오브젝트로 서 아무데나 선언할 수 있으며, 오브젝트가 살아 있고 내용이 유효하기만 하면 계속 사용할 수 있 다. **descend**에 있는 점프 타깃 중 **jmp_buf** 타입이 하나 있는데, 이는 로컬 변수로 선언했다. 이 점 프 타깃은 **descend**에 대한 인터페이스 역할을 하는 베이스 함수인 **basic_blocks**에서 설정했다(예 제 17-2). 이 함수는 거대한 **switch**문 하나로 구성하여 모든 경우를 처리한다.

```
100 void basic_blocks(void) {
101   char buffer[maxline];
102   unsigned depth = 0;
103   char const* format =
104     "All %0.0d%c %c blocks have been closed correctly\n";
105   jmp_buf jmpTarget;
106   switch (setjmp(jmpTarget)) {
107   case 0:
108     descend(0, &depth, maxline, buffer, jmpTarget);
109     break;
110   case plusL:
111     format =
112       "Warning: %d %c %c blocks have not been closed properly\n";
113     break;
114   case plusR:
115     format =
116       "Error: closing too many (%d) %c %c blocks\n";
117     break;
118   case tooDeep:
119     format =
120       "Error: nesting (%d) of %c %c blocks is too deep\n";
121     break;
122   case eofOut:
123     format =
124       "Error: EOF for stdout at nesting (%d) of %c %c blocks\n";
125     break;
126   case interrupted:
127     format =
128       "Interrupted at level %d of %c %c block nesting\n";
129     break;
130   default:
131     format =
132       "Error: unknown error within (%d) %c %c blocks\n";
133   }
134   fflush(stdout);
135   fprintf(stderr, format, depth, LEFT, RIGHT);
136   if (interrupt) {
137     SH_PRINT(stderr, interrupt,
138               "is somebody trying to kill us?");
139     raise(interrupt);
140   }
141 }
```

switch문에서 case 0은 정상적인 제어 흐름을 따라 들어온 경우에 해당한다. setjmp의 기본 원칙이기도 하다.

TAKEAWAY 17.10 정상적인 제어 흐름을 따라 setjmp가 호출되면 그 지점을 점프 타깃으로 지정하고 0을 리턴한다.

앞에서 설명했듯이 longjmp를 호출할 때 jmpTarget이 반드시 살아 있고 유효해야 한다. auto 변수로 만들었다면 사라지지 않도록 변수 선언문의 스코프를 벗어나지 않아야 하고, longjmp가 제대로 호출되려면 setjmp에 대한 모든 문맥이 반드시 활성 상태에 있어야 한다. 여기서는 그런 상황에 빠지지 않도록 jmpTarget을 setjmp 호출문과 동일한 스코프로 선언했다.

TAKEAWAY 17.11 setjmp 호출문이 스코프를 벗어나면 점프 타깃의 효력을 상실한다.

case 0에 도달해서 descend를 호출하면 예외 상태 중 하나에 해당하므로 longjmp를 호출해서 파싱 알고리즘을 중단시킨다. 그러면 제어 흐름은 jmpTarget이 표시된 호출문으로 돌아가는데, 마치 setjmp 호출문이 리턴된 것 같다. 겉으로 드러나는 차이점은 현재 리턴 값이 longjmp를 호출할 때 두 번째 인수로 전달한 condition뿐이다. 예를 들어 descend에 대한 재귀호출을 시작하는 시점에 tooDeep 상황이 발생해서 longjmp(jmpTarget, tooDeep)을 호출했다면, switch의 제어 표현식으로 다시 점프해서 tooDeep의 리턴 값을 받는다. 그러고 나서 해당 case 레이블에서 실행을 이어나간다.

TAKEAWAY 17.12 longjmp 호출문은 마치 상태 인수를 리턴한 것처럼 setjmp가 지정한 지점으로 제어 흐름을 바로 전환한다.

그렇지만 속임수를 써서 다음 번에 정상 실행 흐름으로 다시 돌아가지 않도록 주의해야 한다.

TAKEAWAY 17.13 longjmp에서 condition 매개변수로 지정한 0은 1로 바뀐다.

setjmp/longjmp 메커니즘은 함수 호출의 중첩 구조를 완전히 건너뛸 정도로 굉장히 강력하다. 앞의 예제에서 입력 프로그램의 최대 중첩 깊이를 30으로 지정해서 descend에 대한 재귀호출이 30개나 활성화되어야만 tooDeep 상태가 발생한다. 일반적으로 사용하는 오류 리턴 방식에서는 각자 return해서 해당 수준에서 작업을 수행한다. longjmp를 호출하면 이 모든 리턴 과정을 단축시켜서 basic_blocks의 switch에서 직접 실행을 이어나갈 수 있다.

setjmp/longjmp는 간소화를 위한 가정을 할 수 있어서 효율성이 뛰어나다. 프로세서 아키텍처마다 다르겠지만, 어셈블러 인스트럭션의 경우 10개에서 20개 사이로 간소화할 수 있다. 라이브러리를 구현할 때는 대체로 간단한 방식을 적용한다. setjmp는 스택 포인터와 인스트럭션 포인터와 같은 주요 하드웨어 레지스터를 **jmp_buf** 오브젝트에 저장하고, **longjmp**는 여기에 저장된 값으로 상태를 복원해서 제어 흐름을 앞서 인스트럭션 포인터를 저장했던 지점으로 전달한다.[9]

setjmp에서 간소화하는 것 중 하나는 리턴 과정이다. 규격에 따르면 **int** 값을 리턴하게 되는데, 이 값은 아무 표현식에서 사용할 수 없다.

TAKEAWAY 17.14 **setjmp**는 조건문의 제어 표현식 안의 간단한 비교 연산에서만 사용할 수 있다.

따라서 앞에 나온 예제 코드처럼 **switch**문에서 직접 사용할 수 있고 ==, < 등으로 검사할 수 있지만 **setjmp**의 리턴 값을 대입문에서 사용할 수는 없다. 따라서 **setjmp** 값은 이미 알려진 값과 비교할 수만 있고, **longjmp**로부터 리턴해서 돌아왔을 때 환경이 바뀌는 경우는 조건문의 결과를 제어하는 특수 하드웨어 말고는 없다.

앞에서 설명했듯이 이러한 제약 사항을 통해 **setjmp** 호출로 실행 환경을 저장하고 복원하는 과정을 최소화할 수 있다. 하드웨어 레지스터도 꼭 필요한 것만 저장하고 복원한다. 도중에 로컬 최적화를 수행하거나 호출 위치를 다시 방문하는 경우에 대비하는 조치는 아무것도 하지 않았다.

TAKEAWAY 17.15 **setjmp**문이 나온 부분은 제대로 최적화할 수 없다.

예제 코드를 실행하고 테스트해 보면 여기 나온 것처럼 간단히 **setjmp**를 사용하는 부분에 문제가 발생하는 것을 알 수 있다. 입력 프로그램에서 닫는 중괄호 하나를 지워서 **plusL** 상태를 발생시켜 보면 다음과 같은 메시지가 출력된다.

터미널

```
0 Warning: 3 { } blocks have not been closed properly
```

컴파일러에 설정된 최적화 수준에 따라 다르겠지만, 입력 프로그램에 관계없이 3이 아니라 0이라고 나올 때가 많다. 그 이유는 최적화기는 **switch**의 케이스들이 모두 상호 배타적이라고 가정하고 분석하기 때문이다. 실행 흐름이 **case** 0으로 가면 depth 값만 변할 것이라 생각하고 **descend**를 호출한다. **descend**를 분석해 보면(17.4절) depth 값은 항상 리턴되기 전에 원래 값으로 복원된다. 따라서 컴파일러는 이 값이 코드 실행 과정에서 변하지 않는다고 가정할 수도 있다. 그러면 나머지 케이스는 모두 depth를 바꾸지 않는다. 그래서 컴파일러는 **fprintf**를 호출할 때 depth가 항상 0이라고 가정할 수 있다.

결론적으로 최적화를 수행할 때 **setjmp**의 정상 실행 과정에서 변경되고 예외 경로 중 하나를 참조하는 오브젝트에 대해서는 가정을 정확하게 할 수 없다. 여기에 대응하는 방법은 딱 하나뿐이다.

---

9 이 설명에 나온 용어는 13.5절에서 설명한 적 있으니 기억나지 않으면 다시 읽어 보기 바란다.

TAKEAWAY 17.16 longjmp 과정에서 수정되는 오브젝트는 반드시 **volatile**로 지정한다.

구문만 보면 **volatile** 한정자는 앞에서 본 **const**나 **restrict**와 같은 다른 한정자와 비슷하다. depth에 다음과 같이 한정자를 적용하고 **descend**도 이에 맞게 수정하면, 이 오브젝트에 접근하는 모든 부분은 메모리에 저장된 값을 받게 된다. 이 값에 대한 가정을 토대로 수행하는 최적화 작업은 모두 제외된다.

```
unsigned volatile depth = 0;
```

TAKEAWAY 17.17 **volatile** 오브젝트는 접근할 때마다 메모리에서 다시 불러온다.

TAKEAWAY 17.18 **volatile** 오브젝트는 수정될 때마다 메모리에 저장된다.

따라서 **volatile** 오브젝트는 최적화되지 않는다. 좀 부정적으로 표현하면 **volatile**은 최적화를 방해한다. 따라서 정말 필요한 경우에만 **volatile**로 지정한다. [Exs 3]

마지막으로 **jmp_buf** 타입과 관련된 미묘한 점에 주의해야 한다. **jmp_buf**는 불투명 타입임을 명심해야 한다. 즉, 구조체나 필드에 대해 어떠한 가정도 하면 안 된다.

TAKEAWAY 17.19 **jmp_buf**에 대해 **typedef**하면 배열 타입이 가려진다.

jmp_buf는 불투명 타입이므로 이에 대한 배열의 기본 타입인 jmp_buf_base에 대해 알 수 있는 것은 하나도 없다.

- **jmp_buf** 타입 오브젝트를 여기에 대입할 수 없다.
- **jmp_buf** 타입 함수 매개변수를 jmp_buf_base에 대한 포인터로 고쳐 쓴다.
- 이런 함수는 항상 복제본이 아닌 원본 오브젝트를 참조한다.

어떻게 보면 이러한 특성을 이용하여 참조 전달 방식 메커니즘을 흉내 낼 수 있다. 참고로 C++와 같은 다른 프로그래밍 언어에서는 참조 전달 방식에 대한 구문이 따로 제공된다. 일반적으로 이 기법을 이용하는 것은 바람직하지 않다. **jmp_buf** 변수를 로컬에서 선언했을 때와 함수 매개변수로 선언했을 때의 의미가 달라지기 때문이다. 예를 들어 **basic_blocks**에서는 **jmp_buf**를 대입할 수 없는 반면, **descend**에서는 이 변수로 된 함수 매개변수를 수정할 수 있는데 그 이유는 포인터로 고쳐 쓰기 때문이다. 또한 함수 매개변수에 대한 최신 C의 구체적인 선언을 통해 함수 안에서 포인터가 변경되지 않으며, 0이 될 수 없으며, 이는 그 함수 안에서 고유한 접근이라고 말할 수 없다.

Exs 3 depth를 값으로 전달하도록 변경한 버전의 **descend**는 plusL 상황이 발생할 때 depth 값을 정확하게 전달하지 못할 수 있다. **basic_blocks**에서 fprintf를 호출할 때 사용할 오브젝트 값을 반드시 복제하도록 만들어야 한다.

```
jmp_buf_base jmpTarget[restrict const static 1]
```

지금부터는 이런 식으로 설계하지 않는다. 여러분도 자체 타입을 정의할 때 이 기법을 적용하지 않기 바란다.

17.6 시그널 핸들러

지금까지 본 것처럼 `setjmp`/`longjmp`는 코드를 실행하는 도중에 발생한 예외적인 상황을 처리할 때 활용할 수 있다. **시그널 핸들러**(signal handler)란 다양하게 발생하는 예외 상황을 처리하는 수단으로, 프로그램 외부에서 발생하는 이벤트에 의해 작동한다. 엄밀히 말해서 외부 이벤트는 두 가지가 있다. 하나는 **하드웨어 인터럽트**(hardware interrupt)로서 **트랩**(trap)이나 **동기식 시그널**(synchronous signal)이라고도 부르는 것이 있고, 다른 하나는 **소프트웨어 인터럽트**(software interrupt) 또는 **비동기식 시그널**(asynchronous signal)이 있다.

하드웨어 인터럽트는 장치가 감당할 수 없을 정도로 심각한 문제가 생겼을 때 발생한다. 예를 들어 0으로 나누거나, 존재하지 않는 메모리 뱅크에 접근하거나, 더 큰 정수 타입에 대해 작동하는 인스트럭션에서 주소 정렬이 잘못됐을 때 등이 있다. 이런 이벤트는 프로그램 실행과 동기식으로 발생한다. 그래서 문제가 있는 인스트럭션으로부터 직접적인 영향을 받기 때문에 어느 인스트럭션에서 인터럽트가 발생했는지를 항상 알 수 있다.

소프트웨어 인터럽트는 OS나 런타임 시스템이 프로그램을 종료시킬 때 발생하며, 데드라인이 지났거나 사용자가 종료 요청을 했을 때 발생한다. 이런 이벤트는 비동기식으로 발생한다. 왜냐하면 멀티스테이지 인스트럭션(multistage instruction)을 수행하는 도중 발생해서 중간 상태에 실행 환경을 떠나기 때문이다.

최신 프로세서는 대부분 하드웨어 인터럽트를 처리하는 **인터럽트 벡터 테이블**(interrupt vector table) 기능을 내장하고 있다. 이 테이블은 플랫폼이 알고 있는 다양한 하드웨어 폴트(hardware fault)를 인덱스로 구분해 둔 것이다. 각 항목은 **인터럽트 핸들러**(interrupt handler)라 부르는 프로시저를 가리키는 포인터로 되어 있으며, 해당 폴트가 발생하면 실행된다. 따라서 프로세서가 이런 폴트를 감지하면 실행 흐름은 자동으로 사용자 코드에서 벗어나 인터럽트 핸들러로 전환된다. 이런 메커니즘은 이식성을 보장할 수 없다. 왜냐하면 폴트의 이름과 위치가 플랫폼마다 다르기 때문이다. 다루기 번거로운 편인데, 간단한 애플리케이션을 만들더라도 모든 인터럽트마다 핸들러를 제공해야 하기 때문이다.

C에서 제공하는 시그널 핸들러는 하드웨어 인터럽트와 소프트웨어 인터럽트를 이식 가능한 방식으로 구현할 수 있는 추상화를 제공한다. 앞에서 설명한 하드웨어 인터럽트와 비슷한 방식으로 작동하지만 다음과 같은 차이점이 있다.

- (몇몇) 폴트 이름은 표준화돼 있다.
- 폴트마다 디폴트 핸들러가 있다(플랫폼 구현마다 다르다).
- (대부분) 핸들러는 특수화할 수 있다.

C는 굉장히 기본적인 사항만 정의하기 때문에 플랫폼마다 확장할 수 있도록 이 리스트의 각 항목마다 별도로 정의할 수 있는 여지를 남겨 두고 있다.

TAKEAWAY 17.20 C에서 제공하는 시그널 핸들링 인터페이스는 간단해서 기본적인 상황에만 활용할 수 있다.

시그널 핸들러의 실행 흐름은 그림 17-3과 같다. 정상적인 제어 흐름 중 애플리케이션의 미처 예상할 수 없는 지점에서 인터럽트가 발생하면, 시그널 핸들러 함수가 작동하면서 특정한 작업을 수행한다. 그리고 나서 다시 원래 인터럽트가 걸렸던 지점으로 돌아가 정상 실행 흐름을 진행한다.

▼ 그림 17-3 인터럽트를 처리하고 나서 **return**을 실행하여 원래 인터럽트가 발생했던 지점으로 제어 흐름을 되돌린다.

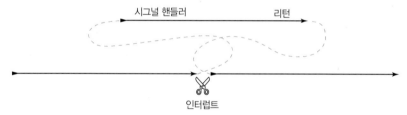

시그널 핸들링 인터페이스는 signal.h 헤더에 정의돼 있다. C 표준에서는 **시그널 번호**(signal number)라고 부르는 여섯 가지 값으로 구분하고 있다. 표준에 나온 정확한 정의는 다음과 같다. 그 중 세 개는 주로 하드웨어 인터럽트에 의해 발생한다.[10]

SIGFPE   잘못된 산술 연산. 예를 들어, 0으로 나누기, 오버플로가 발생한 연산

SIGILL   잘못된 함수 이미지 발견. 예를 들어 잘못된 인스트럭션

SIGSEGV 잘못된 스토리지 접근

---

10 표준에서는 계산 예외(computational exception)라 부른다.

나머지 세 개는 주로 소프트웨어나 사용자에 의해 발생된다.

> **SIGABRT**   비정상 종료. 예를 들어, **abort** 함수 호출
>
> **SIGINT**   인터럽트 발생[11]
>
> **SIGTERM**   프로그램 종료 요청

플랫폼마다 시그널 번호가 다르게 정의돼 있을 수 있다. 그래서 표준에서는 **SIG**로 시작하는 식별 사를 별도로 예약해 뒀다. 각 시그널의 사용법은 C 표준에 정의돼 있지 않은데, 그렇다고 문제될 건 없다. **정의되지 않았다**(undefined)란 말은 사실 '사용하려면 플랫폼 제공자처럼 C 표준이 아닌 주체가 정의해야 한다'는 뜻이다. 결론적으로 그런 시그널을 사용하는 코드는 이식성이 떨어지게 된다.

시그널을 처리하는 표준 방식은 두 가지가 있다. 둘 다 심볼릭 상수(symbolic constant)로 표현하는데, 하나는 특정한 시그널의 핸들러를 플랫폼의 디폴트 핸들러로 복구하는 **SIG_DFL**이고, 다른 하나는 해당 시그널을 무시하는 **SIG_IGN**이다. 또한 시그널 핸들러를 프로그래머가 직접 정의할 수 있다. 앞에서 본 예제의 파서는 핸들러를 다음과 같이 간단히 정의했다.

basic_blocks.c

```
143 /**
144  ** @brief 최소한의 시그널 핸들러
145  **
146  ** 시그널 카운트를 업데이트하고 나서,
147  ** 대부분의 시그널은 "인터럽트"에 있는 시그널 값을 저장한 뒤 리턴하기만 한다.
148  **/
149 static void signal_handler(int sig) {
150   sh_count(sig);
151   switch (sig) {
152   case SIGTERM: quick_exit(EXIT_FAILURE);
153   case SIGABRT: _Exit(EXIT_FAILURE);
154 #ifdef SIGCONT
155     // 정상적인 연산을 계속 실행한다.
156   case SIGCONT: return;
157 #endif
158   default:
```

17
다양한 제어 흐름

---

11 [역주] 원문 및 최신 표준(C18)에서는 interactive attention signal이라고 표현하나 예전 문서나 GNU C 라이브러리(libc) 문서에서는 간단히 (프로그램)인터럽트라고도 표현한다.

```
159        /* 디폴트 핸들러로 재설정한다. */
160        signal(sig, SIG_DFL);
161        interrupt = sig;
162        return;
163      }
164    }
```

이 코드에서 볼 수 있듯이 시그널 핸들러는 시그널 번호를 인수(sig)로 받아서 **switch**문을 이용하여 해당 핸들러로 넘긴다. 여기서는 **SIGTERM**과 **SIGABRT**에 대해 처리하도록 작성했다. 나머지 시그널은 그냥 핸들러를 해당 번호의 디폴트 핸들러로 재설정해서 전역 변수인 interrupt에 그 번호를 저장한 뒤, 인터럽트가 발생했던 지점으로 돌아가기만 한다.

시그널 핸들러 타입은 다음과 호환돼야 한다.[12]

sighandler.h

```
71 /**
72  ** @brief 시그널 핸들러의 프로토타입
73  **/
74 typedef void sh_handler(int);
```

쉽게 말해서 시그널 번호를 인수로 받고 리턴은 하지 않도록 작성한다. 인터페이스에 제약이 다소 많아서 정보를 충분히 전달할 수 없다. 특히 해당 시그널에 대한 인터럽트가 발생한 상황이나 지점에 대한 정보를 전혀 보낼 수 없다.

시그널 핸들러를 지정하려면 앞에서 **signal_handler**에 대해 한 것처럼 **signal** 함수를 호출하면 된다. 여기서는 시그널 처리 방식을 디폴트로 재설정하는 데만 사용했다. **signal** 함수는 signal.h 에서 제공하는 두 가지 함수 인터페이스 중 하나다.

```
sh_handler* signal(int, sh_handler*);
int raise(int);
```

signal은 해당 시그널에 대해 활성화된 핸들러를 리턴하거나 오류가 발생한 경우에는 **SIG_ERR**라는 특수한 값을 리턴한다. 시그널 핸들러 안에서는 반드시 **signal**을 호출할 때 넘겨 받은 시그널 번호와 동일한 번호에 대해 방식을 바꾸는 용도로만 **signal**을 호출해야 한다. 다음 함수는 **signal**과 인터페이스는 같지만 **signal** 호출의 성공 여부에 대한 정보를 좀 더 많이 제공한다.

---

12 이런 타입의 정의는 C 표준에 없다.

```
 92  /**
 93   ** @ brief 시그널 핸들러를 활성화시키고 오류를 잡는다.
 94   **/
 95  sh_handler* sh_enable(int sig, sh_handler* hnd) {
 96    sh_handler* ret = signal(sig, hnd);
 97    if (ret == SIG_ERR) {
 98      SH_PRINT(stderr, sig, "failed");
 99      errno = 0;
100    } else if (ret == SIG_IGN) {
101      SH_PRINT(stderr, sig, "previously ignored");
102    } else if (ret && ret != SIG_DFL) {
103      SH_PRINT(stderr, sig, "previously set otherwise");
104    } else {
105      SH_PRINT(stderr, sig, "ok");
106    }
107    return ret;
108  }
```

예제 파서의 **main** 함수는 프로그램에서 사용하는 모든 시그널 번호에 대해 루프를 돌며 각각에 대한 핸들러를 등록한다.

```
187   // 시그널 핸들러를 등록한다.
188   for (unsigned i = 1; i < sh_known; ++i)
189       sh_enable(i, signal_handler);
```

예를 들어 필자의 컴퓨터에서 이 예제를 실행시키면 처음 구동할 때 다음 정보가 제공된다.

터미널

```
0  sighandler.c:105: #1 (0 times),       unknown signal number, ok
1  sighandler.c:105: SIGINT (0 times),   interactive attention signal, ok
2  sighandler.c:105: SIGQUIT (0 times),  keyboard quit, ok
3  sighandler.c:105: SIGILL (0 times),   invalid instruction, ok
4  sighandler.c:105: #5 (0 times),       unknown signal number, ok
5  sighandler.c:105: SIGABRT (0 times),  abnormal termination, ok
6  sighandler.c:105: SIGBUS (0 times),   bad address, ok
7  sighandler.c:105: SIGFPE (0 times),   erroneous arithmetic operation, ok
8  sighandler.c:98: SIGKILL (0 times),   kill signal, failed: Invalid argument
9  sighandler.c:105: #10 (0 times),      unknown signal number, ok
```

```
10    sighandler.c:105: SIGSEGV (0 times), invalid access to storage, ok
11    sighandler.c:105: #12 (0 times),     unknown signal number, ok
12    sighandler.c:105: #13 (0 times),     unknown signal number, ok
13    sighandler.c:105: #14 (0 times),     unknown signal number, ok
14    sighandler.c:105: SIGTERM (0 times), termination request, ok
15    sighandler.c:105: #16 (0 times),     unknown signal number, ok
16    sighandler.c:105: #17 (0 times),     unknown signal number, ok
17    sighandler.c:105: SIGCONT (0 times), continue if stopped, ok
18    sighandler.c:98: SIGSTOP (0 times),  stop process, failed: Invalid argument
```

두 번째 함수인 **raise**는 인수로 지정한 시그널을 현재 실행 지점으로 전달한다. 예제의 **basic_blocks**의 끝에서 시그널을 미리 설치해 둔 핸들러로 전달하는데, 사용법은 앞에서 본 적이 있다.

시그널 메커니즘은 **setjmp/longjmp**와 비슷하다. 현재 실행 상태를 저장하고, 제어 흐름을 시그널 핸들러로 넘기고, 핸들러 실행이 끝나서 리턴되면 원래 실행 환경을 복원해서 계속 실행을 이어 나간다. **setjmp**를 호출해서 설정해 둔 실행 지점이 없다는 점이 다르다.

TAKEAWAY 17.21 시그널 핸들러는 실행 중 언제나 끼어들 수 있다.

예제에서 우리가 주로 관심 있는 시그널 번호는 **SIGABRT**, **SIGTERM**, **SIGINT**와 같은 소프트웨어 인터럽트다. 이 시그널은 주로 Ctrl-C와 같은 단축키를 이용하여 애플리케이션에 전달된다. 첫 번째와 두 번째 시그널은 각각 **_Exit**와 **quick_exit**를 호출하는데, 프로그램에서 이런 시그널을 받으면 실행이 중단된다. **SIGABRT**는 클린업 핸들러(cleanup handler)(정리 작업을 수행하는 핸들러)를 호출하지 않는다. **SIGTERM**은 **at_quick_exit**로 등록해 둔 클린업 핸들러 리스트를 훑어 본다.

SIGINT는 해당 시그널 핸들러의 **default** 케이스를 선택하여 원래 인터럽트가 발생한 지점으로 돌아가도록 한다.

TAKEAWAY 17.22 시그널 핸들러가 리턴하면 인터럽트가 발생한 지점으로 돌아가서 실행을 이어 나간다.

인터럽트가 **descend** 함수 안에서 발생했다면 아무 일 없다는 듯이 계속 실행을 이어 나간다. 현재 입력 문장을 처리하면서 새 문장이 필요할 때만 interrupt 변수를 검사해서 **longjmp**를 호출하여 실행을 중단시킨다. 인터럽트를 처리하기 전후의 실질적인 차이점은 interrupt 변수 값이 변경됐다는 것뿐이다.

또한 C 표준에는 없지만 POSIX를 지원하는 필자의 OS에는 정의된 시그널 번호인 SIGCONT도 특별히 다뤘다. 이식성을 해치지 않으려면 이 시그널 번호를 사용하는 부분은 따로 관리해야 한다. 이 시그널은 앞서 멈췄던 프로그램 실행을 계속 이어 나가는 용도로 제공되는 것이다. 이때 할 일은 리턴하는 것뿐이다. 원래 정의에 따르면 프로그램 상태를 전혀 건드리지 않을 때 사용하는 것이다.

또한 `longjmp`는 `setjmp`의 리턴 값에 따라 실행 경로가 달라지지만 시그널 핸들러는 실행 상태를 변경하지 않는다. 시그널 핸들러에서 프로그램의 정상 경로로 정보를 전달하기 위한 관례를 적절히 만들어야 한다. `longjmp`에서는 시그널 핸들러에 의해 변경될 가능성이 있는 오브젝트를 반드시 `volatile`로 지정해야 한다. 컴파일러는 인터럽트 핸들러가 작동하는 지점을 미리 알 수 없으므로 시그널 처리 과정에서 변경되는 변수에 대한 모든 가정은 잘못될 수 있다.

시그널 핸들러과 관련하여 다음과 같은 어려움도 있다.

TAKEAWAY 17.23 C 문장 하나가 여러 프로세서 인스트럭션으로 이루어질 수도 있다.

예를 들어 `double` x를 두 워드에 저장하고, x를 메모리에 쓸 때(대입 연산) 각 워드마다 어셈블리 문장으로 표현해야 할 수도 있다.

지금까지 본 정상 실행 상태라면 C 문장을 여러 어셈블리로 나눠도 문제 없고 방금 말한 미묘한 문제도 직접적으로 발생하지 않는다.[13] 하지만 시그널 핸들러에서는 얘기가 달라진다. 이런 대입문이 두 문장으로 나눠졌는데, 그 사이에 시그널이 발생하면 x 값의 절반만 저장되어 시그널 핸들러가 보는 버전과 달라지게 된다. 즉, 한쪽 절반은 예전 값이고 나머지 절반은 새 값이 된다. 이런 좀비 같은 상태에서는 올바른 `double` 값이 될 수 없다.

TAKEAWAY 17.24 시그널 핸들러는 인터럽트될 수 없는 연산이 적용되는 타입을 사용해야 한다.

여기서 '**인터럽트될 수 없는 연산**(uninterruptible operation)'이란 시그널 핸들러 문맥에서 절대 쪼갤 수 없어 보이는 연산을 말한다. 즉, 시작되지 않았거나 끝난 것처럼 보여야 한다. 이 말은 연산을 쪼갤 수 없다는 말과는 의미가 다르다. 단지 상태가 나뉘어 보이면 안 된다는 뜻이다. 런타임 시스템은 시그널 핸들러가 작동할 때 이런 속성을 강제로 부여할 수도 있다.

C에서 인터럽트될 수 없는 연산을 제공하는 타입은 크게 세 가지가 있다.

1. `sig_atomic_t`: 최소 폭이 8비트인 정수 타입

2. `atomic_flag`

3. 락-프리 속성을 가진 모든 아토믹 타입

---

13 이런 프로그램은 생각보다 시간이 오래 걸리기 때문에 프로그램 밖에서만 볼 수 있다.

첫 번째 타입은 모든 C 플랫폼에서 제공한다. 앞의 예제처럼 시그널 번호를 interrupt 변수에 저장하는 데 사용해도 되지만, 다른 경우에는 인터럽트를 완전히 막아 주지 못할 수 있다. 메모리 로드(평가)나 저장(대입) 연산만 인터럽트되지 않는다고 알려져 있다. 다른 연산은 그렇지 않으며 폭도 제한될 수 있다.

TAKEAWAY 17.25 `sig_atomic_t` 타입 오브젝트는 카운터로 사용하면 안 된다.

그 이유는 간단한 ++ 연산이 실제로는 세 개(불러오기, 증가, 저장하기)로 나눠질 수 있고 오버플로가 쉽게 발생할 수 있기 때문이다. 후자의 경우 하드웨어 인터럽트가 발생하는데, 시그널 핸들러가 실행되는 도중에 발생하면 문제가 정말 심각해질 수 있다.

두 번째와 세 번째 타입은 스레드를 지원하기 위해 C11부터 도입된 것으로(18장 참조), 기능 테스트 매크로인 `__STDC_NO_ATOMICS__`가 플랫폼에 정의되어 있지 않고 `stdatomic.h` 헤더가 인클루드된 경우에만 제공된다. `sh_count` 함수는 이 기능을 이용하는데, 이에 대한 예는 뒤에서 소개한다.

비동기 시그널에 대한 핸들러는 프로그램 상태를 통제할 수 없는 방식으로 접근하거나 변경하면 안 되기 때문에, 그럴 가능성이 있는 함수를 호출하면 안 된다. 이런 핸들러에서 호출할 수 있는 함수를 비동기 **시그널에 안전하다**(asynchronous signal safe)고 표현한다. 일반적으로 인터페이스 규격만 봐서는 함수에서 이 속성을 제공하는지 알 수 없다. C 표준에서 이런 속성이 있다고 보장하는 함수는 다음과 같은 몇 가지뿐이다.

- `Noreturn` 함수: 프로그램을 종료시키는 `abort`, `_Exit`, `quick_exit`
- 호출된 시그널 핸들러와 동일한 시그널 번호에 대한 `signal` 호출
- (뒤에서 설명할) 아토믹 오브젝트를 위한 함수 몇 가지

TAKEAWAY 17.26 C 라이브러리 함수를 특별히 설정해 놓지 않으면 비동기 시그널에 안전하지 않다.

C 표준에 의하면 시그널 핸들러는 `exit`를 호출하거나 IO를 수행할 수 없지만, `quick_exit`와 `at_quick_exit` 핸들러를 이용하여 클린업 작업을 수행할 수는 있다.

앞서 언급했듯이 C는 시그널 핸들러를 최소한으로만 정의해서 플랫폼에 따라 더 많은 기능을 제공할 수 있다. 따라서 시그널을 처리하는 프로그램을 이식성 있게 작성하기가 상당히 번거롭고 예외 상태를 처리하는 과정이 계층적으로 구성되는 경우가 많다. 이런 예는 앞에서 본 적 있다.

1. 로컬에서 발견해서 대응할 수 있는 예외 상태는 제한된 개수의 레이블을 사용하여 `goto`문으로 처리할 수 있다.

2. 로컬에서 처리할 수 없거나 그럴 필요가 없는 예외 상태는 가능하면 함수에서 특수한 값으로 리턴해야 한다. 가령 오브젝트에 대한 포인터 대신 널 포인터를 리턴한다.

3. 전역 프로그램 상태를 변경하는 예외 상태는 **setjmp/longjmp**로 처리할 수 있다. 단, 예외적인 리턴 과정이 복잡하거나 비용이 많이 들 수 있다.

4. 시그널을 발생시키는 예외 상태는 시그널 핸들러로 처리할 수 있지만, 정상 실행 흐름에서 해당 핸들러가 리턴하고 나서 처리해야 한다.

C 표준은 시그널 목록도 최소한으로 지정하고 있으므로 다양한 상태에 대한 처리 과정이 복잡해 질 수 있다. 다음 코드는 C 표준에서 지정하지 않은 시그널도 모두 처리하는 방법을 보여 준다.

sighandler.c

```
7  #define SH_PAIR(X, D) [X] = { .name = #X, .desc = "" D "", }
8
9  /**
10 ** @brief 표준 C 시그널의 이름과 설명을 담은 배열
11 **
12 **
13 ** 참고로 흔히 사용하는 시그널도 추가했다.
14 **/
15 sh_pair const sh_pairs[] = {
16   /* 실행 오류 */
17   SH_PAIR(SIGFPE, "erroneous arithmetic operation"),
18   SH_PAIR(SIGILL, "invalid instruction"),
19   SH_PAIR(SIGSEGV, "invalid access to storage"),
20 #ifdef SIGBUS
21   SH_PAIR(SIGBUS, "bad address"),
22 #endif
23   /* 작업 제어 */
24   SH_PAIR(SIGABRT, "abnormal termination"),
25   SH_PAIR(SIGINT, "interactive attention signal"),
26   SH_PAIR(SIGTERM, "termination request"),
27 #ifdef SIGKILL
28   SH_PAIR(SIGKILL, "kill signal"),
29 #endif
30 #ifdef SIGQUIT
31   SH_PAIR(SIGQUIT, "keyboard quit"),
32 #endif
33 #ifdef SIGSTOP
34   SH_PAIR(SIGSTOP, "stop process"),
```

17

다양한 제어 흐름

```
35 #endif
36 #ifdef SIGCONT
37   SH_PAIR(SIGCONT, "continue if stopped"),
38 #endif
39 #ifdef SIGINFO
40   SH_PAIR(SIGINFO, "status information request"),
41 #endif
42 };
```

여기서 각 매크로는 다음과 같은 sh_pair 타입 오브젝트만 초기화한다.

```
10 /**
11  ** @brief 시그널 정보를 담는 스트링 쌍
12  **/
13 typedef struct sh_pair sh_pair;
14 struct sh_pair {
15   char const* name;
16   char const* desc;
17 };
```

비표준 시그널은 #ifdef 조건문에 따라 사용할 수 있게 했고, SH_PAIR 안에 있는 초기자를 통해 순서에 상관없이 지정할 수 있다. 그리고 나서 배열의 크기를 이용하여 sh_known에 대해 등록된 시그널 번호를 계산할 수 있다.

```
44 size_t const sh_known = (sizeof sh_pairs/sizeof sh_pairs[0]);
```

플랫폼에서 아토믹에 대한 지원이 풍부하다면, 이런 정보는 아토믹 카운터 배열을 정의하는 데도 활용할 수 있다. 그러면 특정한 시그널이 몇 번 발생했는지 추적할 수 있다.

```
31 #if ATOMIC_LONG_LOCK_FREE > 1
32 /**
33  ** @brief 발생 가능한 모든 시그널에 대해
34  ** 핸들러가 호출된 횟수를 추적한다.
35  **
36  ** 이 배열을 직접 사용하지 않을 것.
37  **
```

```
38  ** 이 정보를 업데이트하려면 @see sh_count를 참조한다.
39  ** 이 정보를 사용하려면 @see SH_PRINT를 참조한다.
40  **/
41 extern _Atomic(unsigned long) sh_counts[];
42
43 /**
44  ** @brief @a sig 시그널에 대해 호출된 횟수를 추적할 수 있도록
45  ** 각 핸들러에서 다음 함수를 사용하도록 작성한다.
46  **
47  ** 이 정보를 사용하려면 @see sh_counted를 참조한다.
48  **/
49 inline
50 void sh_count(int sig) {
51   if (sig < sh_known) ++sh_counts[sig];
52 }
53
54 inline
55 unsigned long sh_counted(int sig){
56   return (sig < sh_known) ? sh_counts[sig] : 0;
57 }
```

_Atomic으로 지정한 오브젝트는 동일한 베이스 타입으로 된 다른 오브젝트와 동일한 연산자를 적용할 수 있다. 여기서는 ++ 연산자가 이에 해당한다. 일반적으로 이런 오브젝트는 스레드 사이에서 경쟁 상태(race condition)가 발생하지 않으며, 락프리 속성이 있는 타입이라면 인터럽트되지 않는다. 여기서는 후자에 대해 기능 테스트 매크로인 **ATOMIC_LONG_LOCK_FREE**로 검사한다.

이 경우 유저 인터페이스는 **sh_count**와 **sh_counted**다. 둘 다 카운터 배열이 제공되면 그 카운터 배열을 사용하고, 그렇지 않으면 다음과 같은 함수로 대체된다.

sighandler.h

```
59 #else
60 inline
61 void sh_count(int sig) {
62   // 내용 없음
63 }
64
65 inline
66 unsigned long sh_counted(int sig){
67   return 0;
68 }
69 #endif
```

17.7 요약

- C 코드는 병렬 스레드나 비동기 시그널이 없더라도 순차적으로 실행되지 않을 수 있다. 따라서 몇몇 평가 작업은 컴파일러가 정한 순서에 따라 결과가 달라질 수 있다.

- `setjmp/longjmp`는 중첩된 함수 호출 전체에서 발생할 수 있는 예외 상태를 처리하는 강력한 수단이다. 최적화기와 상호 작용할 수도 있고 일부 변수를 `volatile`로 지정해서 보호해야 할 수도 있다.

- C에서는 동기식 및 비동기식 시그널에 대한 처리 기능을 최소한으로만 제공한다. 따라서 시그널 핸들러에서는 최소한의 작업만 수행하고 그저 전역 플래그에 인터럽트 상태만 표시하는 정도만 구현해야 한다. 그리고 나서 원래 인터럽트가 발생했던 문맥으로 돌아가서 인터럽트 상태를 처리한다.

- `volatile sig_atomic_t`, `atomic flag`나 락프리 속성을 제공하는 데이터 타입을 이용하면 시그널 핸들러에 정보를 전달하거나 거기서 정보를 가져올 수 있다.

18 스레드

이 장에서 다루는 내용

- 스레드 제어
- 스레드 초기화와 삭제
- 스레드 로컬 데이터 다루기
- 크리티컬 데이터와 크리티컬 섹션
- 상태 변수를 이용한 통신

스레드(thread)는 제어 흐름의 한 종류로서 여러 태스크를 동시에 진행하는 데 활용된다. 여기서 **태스크**(task)란 프로그램이 수행할 작업의 일부로, 다른 작업과 협업을 전혀 하지 않거나 약간만 하면서 실행한다.

이 장에서는 콘웨이의 게임오브라이프(game of life)를 변형한 B9라는 간단한 게임을 중심으로 스레드를 살펴본다(〈Gardner〉[1970] 참조). 이 게임은 아주 간단한 규칙에 의해 탄생하고 살고 죽는 기본 '세포' 모델을 토대로 만들어졌으며, 반복 실행하는 태스크 네 개로 구성된다. 모든 셀은 탄생과 죽음에 대한 이벤트를 계산하는 생명주기에 따른다. 터미널에 표시되는 그래픽은 그리기 사이클을 거치는데, 터미널 처리 속도에 맞게 업데이트된다. 비정기적으로 발생하는 사용자의 키보드 입력은 모든 셀로 전달되며 사용자는 원하는 지점에 셀을 추가할 수 있다. 그림 18-1은 B9을 구성하는 태스크를 개략적으로 표현한 것이다.

네 가지 태스크는 다음과 같다.

- 그리기(draw): 셀 매트릭스를 터미널에 그린다(그림 18-2 참조).
- 입력(input): 키 입력을 받고, 커서 위치를 갱신하고, 셀을 생성한다.
- 업데이트(update): 한 생명주기에서 다음 생명주기로 게임 상태를 업데이트한다.
- 집계(account): 업데이트 태스크와 밀접하게 연동하여 각 셀의 주변에 살아 있는 셀의 개수를 센다.

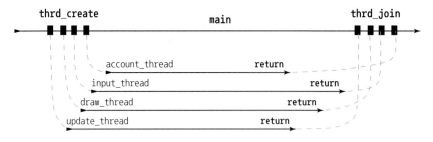

▼ 그림 18-1 B9의 다섯 스레드의 제어 흐름

▼ 그림 18-2 셀과 커서 위치가 표시된 B9의 실행 화면

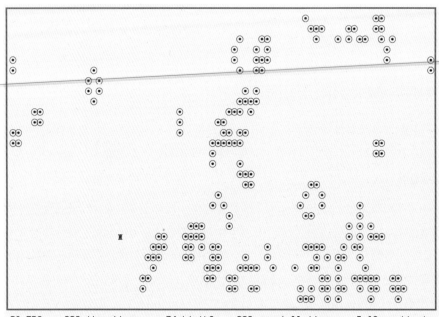

20 FPS,   383 iterations,   74 birth9,   383 constellations,   **5.18** quotient

각 태스크는 독립적인 제어 흐름을 가지는 스레드로 실행되며, 그래서 각각은 별도 프로그램처럼 실행된다. 플랫폼의 프로세서와 코어가 여러 개라면 스레드를 동시에 실행시킬 수 있다. 단일 코어나 프로세스만 있는 환경이더라도 교차 실행(interleaving) 기능에 의해 여러 태스크가 이벤트를 동시에 처리하는 것처럼 보인다. 예제에서는 이 기능이 중요하다. 플레이어가 키를 누르는 동작과 관계없이 게임이 지속적으로 실행되는 것처럼 보여야 하기 때문이다.

C에서 제공하는 스레드를 제어하는 함수 인터페이스는 크게 두 가지(**thrd_create**와 **thrd_join**)가 있다. 이를 통해 스레드를 새로 구동시키고 스레드가 종료할 때까지 기다린다. **thrd_create**는 두 번째 인수로 **thrd_start_t** 타입 함수 포인터를 받는데, 이 함수는 스레드가 새로 구동될 때 실

행된다. 다음 코드에 나온 **typedef**를 보면 이 함수가 **void*** 포인터를 받아서 **int**를 리턴하는 것을 알 수 있다. **thrd_t** 타입은 불투명 타입이며 새로 생성된 스레드를 구분하는 데 사용된다.

```
#include <threads.h>
typedef int (*thrd_start_t)(void*);
int thrd_create(thrd_t*, thrd_start_t, void*);
int thrd_join(thrd_t, int *);
```

예제의 **main** 함수를 보면 **thrd_create**를 호출해서 스레드를 생성하는 부분이 네 군데가 있는데, 각각 담당하는 태스크가 따로 있다. 이 호출문은 기본 스레드인 **main**에 대한 스레드와 동시에 실행되며, **main**의 끝부분에서는 네 스레드가 종료될 때까지 기다렸다가 모두 합친다(join). 각 스레드는 처음 구동할 때 기반이 된 함수에서 **return**문이 실행될 때 종료한다. 따라서 예제에서는 네 가지 태스크에 대해 다음과 같이 함수를 선언한다.

```
static int update_thread(void*);
static int draw_thread(void*);
static int input_thread(void*);
static int account_thread(void*);
```

네 함수는 **main**에서 별도 스레드로 구동되며 게임 상태를 담은 life 타입 오브젝트에 대한 포인터를 인수로 받는다.

B9.c

```
201  /* 게임 데이터를 담은 오브젝트를 생성한다. */
202  life L = LIFE_INITIALIZER;
203  life_init(&L, n0, n1, M);
204  /* 동일한 오브젝트에 대해 연산을 수행하는 스레드를 네 개 생성해서
205      각 ID를 "thrd"에 저장한다. */
206  thrd_t thrd[4];
207  thrd_create(&thrd[0], update_thread, &L);
208  thrd_create(&thrd[1], draw_thread, &L);
209  thrd_create(&thrd[2], input_thread, &L);
210  thrd_create(&thrd[3], account_thread, &L);
211  /* update 스레드가 끝날 때까지 기다린다. */
212  thrd_join(thrd[0], 0);
213  /* 게임이 끝났다는 사실을 모두에게 알린다. */
214  L.finished = true;
215  ungetc('q', stdin);
216  /* 다른 스레드를 기다린다. */
217  thrd_join(thrd[1], 0);
```

```
218    thrd_join(thrd[2], 0);
219    thrd_join(thrd[3], 0);
```

네 스레드 함수 중 가장 간단한 것은 account_thread다. 이 함수의 인터페이스에서 **void***만 받는데, 먼저 인수로 받은 것을 life 포인터로 재해석한 뒤 작업이 끝날 때까지 **while** 루프를 실행한다.

B9.c

```
 99  int account_thread(void* Lv) {
100    life*restrict L = Lv;
101    while (!L->finished) {
102      // 작업이 있을 때까지 블록한다.
...
117    return 0;
118  }
```

이 루프에서 핵심은 태스크를 나타내는 함수인 life_account를 호출하고, 이 함수의 관점에서 게임을 끝낼지 검사하는 것이다.

B9.c

```
108    life_account(L);
109    if ((L->last + repetition) < L->accounted) {
110      L->finished = true;
111    }
112    // ^^^^^^^^^^^^^^^^^^^^^^^^^^^^^^^^^^^^^^^^^^^^^^^^
```

이 코드를 보면 이전에 repetition 게임 설정의 시퀀스와 똑같이 입력했는지에 따라 종료 여부를 결정함을 알 수 있다.

나머지 세 함수도 비슷한 방식으로 구현한다. 모두 전달받은 인수를 life에 대한 포인터로 재해석하고, 게임이 종료될 때까지 프로세싱 루프로 들어간다. 그리고 나서 루프 안에서 주어진 태스크를 수행하는 동작은 다소 단순한 로직에 따라 수행된다. 예를 들어 draw_thread의 루프 안에서는 다음과 같이 작동한다.

B9.c

```
79    if (L->n0 <= 30) life_draw(L);
80    else life_draw4(L);
81    L->drawn++;
82    // ^^^^^^^^^^^^^^^^^^^^^^^^^^^^^^^^^^^^^^^^^^^^^^^^
```

18.1 간단한 스레드 제어

앞에서 소개한 두 가지 스레드 제어 함수 중 **thrd_join**은 다른 스레드가 끝날 때까지 현재 스레드가 기다리도록 한다. **main**에서 네 스레드를 기다리는 부분을 이렇게 작성했으므로 다른 스레드가 모두 끝나야 **main** 스레드가 종료할 수 있고, 마지막 스레드가 끝나기 전까지 프로그램의 실행 상태를 일관성 있게 유지할 수 있다.

또 다른 수단은 life의 멤버인 finished다. 이 멤버는 bool 값을 갖는데, 스레드 중 어느 하나가 게임의 종료 조건을 감지하면 **true**가 된다.

시그널 핸들러와 마찬가지로 공유 변수를 중심으로 여러 스레드의 농작이 동시에 실행되는 상황을 처리할 때는 조심해야 한다.

> TAKEAWAY 18.1 T_1 스레드에 의해 동시에 읽거나 쓸 수 있는 (아토믹이 아닌) 오브젝트에 대해서는 T_0 스레드가 쓰기 작업을 수행할 때 정확한 실행 과정을 예측할 수 없다.

여러 스레드가 '동시에' 실행된다는 의미를 명확하게 정의하기가 힘든 경우가 많다. 이런 어려움을 피하는 유일한 방법은 동시 접근이 발생하는 상황을 완전히 제거하는 것이다. 이렇게 동시 접근이 발생할 수 있는 경우를 **경쟁 상태**(race condition)라고 한다.

예제에서 특별히 주의하지 않으면 finished와 같은 bool 값을 업데이트하는 작업이 여러 스레드에 나눠질 수 있다(divisible). 두 스레드가 교차 실행되면서 이 값에 접근할 때는 어느 스레드가 나중에 실행되는지에 따라 프로그램 상태가 달라진다. 컴파일러는 어느 오브젝트에서 경쟁 상태가 발생하는지 정확히 알 수 없기 때문에 별도로 지정해야 한다. 가장 간단한 방법은 시그널 핸들러에서 본 아토믹을 사용하는 것이다. 이번 예제에서는 life 구조체의 멤버를 **_Atomic**으로 지정했다.

---

life.h

```
40    // 여러 스레드에 의해 동적으로 변경되는 매개변수
41
42    _Atomic(size_t) constellations;  //< 방문한 별자리
43    _Atomic(size_t) x0;              //< 커서 위치, 행
44    _Atomic(size_t) x1;              //< 커서 위치, 열
45    _Atomic(size_t) frames;          //< 표시하는  데 적용할 FPS
46    _Atomic(bool)   finished;        //< 이번 게임 종료
```

이렇게 하면 각 멤버에 대해 아토믹하게 접근하도록 보장된다. 여기서 finished 멤버는 앞에서 본 적 있고, 나머지 멤버는 **입력**(input)과 **그리기**(draw) 사이에서 커서 위치를 주고받는 데 사용된다.

TAKEAWAY 18.2 여러 스레드가 실행되는 환경에서 아토믹 오브젝트의 표준 연산은 더 이상 나눌 수 없고 선형화할 수 있다.

여기서 '선형화할 수 있다(linearizable)'는 말은 실행 순서 관점에서 볼 수도 있다. 예제에서 finished가 수정된 것을(가령 **true**로 설정된 것을) 어느 한 스레드가 봤다면, 그 값을 설정한 스레드가 이미 할 일을 했다는 사실을 알 수 있다. 이런 의미에서 선형화할 수 있다는 말은 17.2절에서 설명한 순서 정하기(sequencing)에 대한 구문 속성만 확장한 것이다.

그래서 아토믹 오브젝트 연산은 스레드의 어느 부분이 동시에 실행되어 경쟁 상태가 발생하는 곳을 파악하는 데 도움된다. 19.1절에서 설명하겠지만, 선행 관계(happend-before relation)란 개념으로 형식화할 수 있다.

아토믹 오브젝트는 일반 오브젝트와 의미가 다르기 때문에 주로 아토믹 지정자(atomic specifier)로 선언한다. 작성 방법은 앞에서 본 것처럼 _Atomic 키워드 뒤에 아토믹으로 만들 오브젝트의 타입을 소괄호로 묶어서 적으면 된다. 또 다른 방법으로 _Atomic을 const, volatile, restrict와 같은 한정자(qualifier)처럼 사용할 수 있다. 다음 선언문에서 A와 B는 의미가 같다.

```
extern _Atomic(double (*)[45]) A;
extern double (*_Atomic A)[45];
extern _Atomic(double) (*B)[45];
extern double _Atomic (*B)[45];
```

이 선언문은 **double** 타입 원소 45개로 구성된 배열에 대한 아토믹 포인터인 A와 **double** 타입 아토믹 원소 45개로 구성된 배열에 대한 포인터인 B를 가리킨다.

한정자 표기법을 적용할 때 주의할 점이 있다. _Atomic 한정자와 다른 한정자가 서로 비슷하다고 생각하기 쉽지만 사실 그렇지 않은 부분도 많다. 세 가지 한정자를 사용한 다음 예를 살펴보자.

```
double var;
// 올바른 표현: 포인터의 대상이 되는 타입에 const 한정자를 추가한다.
extern double const* c = &var;
// 올바른 표현: 포인터의 대상이 되는 타입에 volatile 한정자를 추가한다.
extern double volatile* v = &var;
// 잘못된 표현: 호환되지 않은 타입에 대한 포인터
extern double _Atomic* a = &var;
```

따라서 아토믹을 한정자로 취급하는 버릇을 들이지 않는 것이 좋다.

TAKEAWAY 18.3 아토믹 선언문에서는 지정자 문법인 _Atomic(T)를 사용한다.

`_Atomic`은 배열 타입에 적용할 수 없다는 제약 사항도 있다.

```
_Atomic(double[45]) C; // 잘못된 표현: 아토믹을 배열에 적용할 수 없다.
_Atomic(double) D[45]; // 올바른 표현: 아토믹을 배열의 원소 타입에 적용할 수 있다.
```

여기서도 마찬가지로 한정자가 비슷하게 붙은 타입과는 다르다.

```
typedef double darray[45];
// 잘못된 표현: 아토믹을 배열에 적용할 수 없다.
darray _Atomic E;
// 올바른 표현: const를 배열에 적용할 수 없다.
darray const F = { 0 }; // 베이스 타입에 적용한다.
double const F[45];      // 이렇게 선언할 수도 있다.
```

TAKEAWAY 18.4 아토믹 배열 타입이란 것은 없다.

이 장의 뒤에서 소개할 `mtx_t`로도 선형화할 수 있지만 아토믹 오브젝트가 훨씬 효율적이고 사용하기 쉽다.

TAKEAWAY 18.5 아토믹 오브젝트는 경쟁 상태를 제거하는 데 특화된 도구다.

18.2 경쟁 상태가 없는 초기화와 소멸

여러 스레드가 공유하는 데이터에 접근하기 전에는 반드시 올바르게 제어된 상태로 초기화해야 하고, 마지막에 소멸된 후에는 절대로 접근하지 않아야 한다. 초기화 방법은 여러 가지가 있지만 여기서는 선호도 순서로 다음과 같이 나열했다.

1. 정적 저장 기간을 갖는 공유 오브젝트는 실행하기 전에 초기화된다.

2. 자동 저장 기간 또는 할당 저장 기간을 갖는 공유 오브젝트는 동시에 접근하도록 만들기 전에 이를 생성한 스레드에서 적절히 초기화할 수 있다.

3. 정적 저장 기간을 갖는 공유 오브젝트에 대해 동적 초기화에 대한 정보가

   (a) 초기 구동 시간에 제공될 경우에는 다른 스레드가 생성되기 전에 `main` 스레드에서 초기화 해야 한다.

   (b) 초기 구동 시간에 제공되지 않는 경우에는 반드시 `call_once`로 초기화해야 한다.

따라서 **call_once**는 아주 특별한 경우에만 필요하다.

```
void call_once(once_flag* flag, void cb(void));
```

atexit와 마찬가지로 **call_once**도 콜백 함수 cb를 등록한다. 이 콜백은 실행 중 정확히 딱 한 순간에 호출돼야 한다. 다음 예는 이 콜백의 기본 활용 방법을 보여 준다.

```
/* 인터페이스 */
extern FILE* errlog;
once_flag errlog_flag;
extern void errlog_fopen(void);

/* 불완전한 구현. 잠시 후 설명한다. */
FILE* errlog = 0;
once_flag errlog_flag = ONCE_FLAG_INIT;
void errlog_fopen(void) {
  srand(time());
  unsigned salt = rand();
  static char const format[] = "/tmp/error-\%#X.log"
  char fname[16 + sizeof format];
  snprintf(fname, sizeof fname, format, salt);
  errlog = fopen(fname, "w");
  if (errlog) {
    setvbuf(errlog, 0, _IOLBF, 0); // 라인 버퍼링 활성화
  }
}

/* 활용 방법 */

/* ... 함수 안에서 사용하기 전 ... */
call_once(&errlog_flag, errlog_fopen);
/* ... 실제로 사용하는 부분 ... */
fprintf(errlog, "bad, we have weird value \%g!\n", weird);
```

여기 나온 전역 변수(errlog)는 (**time, srand, rand, snprintf, fopen, setvbuf**를 호출해서) 동적으로 초기화해야 한다. 이 변수를 사용하려면 먼저 **call_once**를 호출해야 한다. 이때 두 인수인 **once_flag**(여기서는 errlog_flag)와 콜백 함수(여기서는 errlog_fopen)를 똑같이 지정한다.

그래서 **atexit**와 달리 이 콜백은 **once_flag** 타입 오브젝트에 등록된다. **once_flag**는 불투명 타입으로 다음을 보장한다.

- **call_once**를 호출한 것이 모든 스레드 중에서 최초인지 결정한다.

- 콜백만 호출한다.

- 한 번 호출한 콜백은 다시 호출하지 않는다.

- 콜백에 대한 유일한 호출이 끝나기 전까지 다른 모든 스레드를 막는다.

따라서 스레드를 사용할 때, 다른 스레드가 영향을 미쳤을 수도 있는 초기화 부분을 덮어쓸 필요 없이 오브젝트를 정확하게 초기화되도록 **once_flag**가 보장할 수 있다. (**fopen**과 **fclose**를 제외한) 모든 스트림 함수는 경쟁 상태가 발생하지 않는다.

TAKEAWAY 18.6 제대로 초기화된 **FILE***은 경쟁 상태가 발생할 걱정 없이 여러 스레드가 사용할 수 있다.

여기서 경쟁 상태가 없다(race-free)는 말은 프로그램이 항상 잘 정의된 상태를 유지한다는 뜻이다. 파일에 여러 스레드가 출력한 문장이 뒤엉켜 있는 경우는 얼마든지 발생할 수 있다. 이런 현상을 방지하려면 **fprintf**를 비롯한 출력 함수를 호출할 때 반드시 한 문장을 온전히 출력하도록 만들어야 한다.

TAKEAWAY 18.7 동시에 쓰기 연산을 수행할 때는 반드시 한 번에 문장 전체를 쓰도록 만든다.

경쟁 상태가 발생하지 않게 만들 경우, 이 작업을 오브젝트를 소멸시키는 과정에서 처리하는 것이 훨씬 까다롭다. 왜냐하면 초기화할 때와 소멸시킬 때의 데이터 접근 부분이 대칭을 이루지 않기 때문이다. 오브젝트가 막 생성됐을 때는 사용자가 있는지 또 언제 사용하는지 쉽게 판단할 수 있지만, 다른 스레드가 오브젝트를 사용하는지는 따로 기록하지 않으면 알기 힘들다.

TAKEAWAY 18.8 동적 공유 오브젝트를 소멸시키고 할당을 해제하는 작업은 굉장히 조심해서 처리해야 한다.

오랜 시간 힘들게 실행된 후에 마지막으로 작업 결과를 파일에 쓰려는 순간 프로그램이 죽어 버렸다고 생각해 보자.

B9 예제에서 모든 스레드가 변수 L을 안전하게 사용하도록 만드는 데 적용한 기법은 단순했다. 모든 스레드가 생성되기 전에 이 변수를 초기화했고, 모든 스레드가 조인한 후에 소멸시켰다.

once_flag 예제의 errlog 변수에서 여러 스레드 중 한 스레드가 스트림을 닫는 시점을 파악하는 것은 쉽지 않다. 가장 쉬운 방법은 다른 스레드가 실행되지 않는다는 것을 확신할 수 있을 때까지 기다렸다가 프로그램 전체를 종료하는 것이다.

```
/* 완성된 구현 */
FILE* errlog = 0;
static void errlog_fclose(void) {
  if (errlog) {
    fputs("*** closing log ***", errlog);
    fclose(errlog);
  }
}

once_flag errlog_flag = ONCE_FLAG_INIT;
void errlog_fopen(void) {
  atexit(errlog_fclose);
  ...
```

이 코드를 보면 또 다른 콜백(errlog_fclose)을 사용해서 파일을 닫기 전에 최종 메시지를 출력
하도록 보장한다. 프로그램이 종료될 때 이 함수가 반드시 실행되도록 하기 위해 초기화 함수인
errlog_fopen에 진입하자마자 **atexit**로 등록했다.

18.3 스레드 로컬 데이터

경쟁 상태가 발생하지 않도록 하기 위한 가장 쉬운 방법은 스레드가 접근하는 데이터를 엄격히 구
분하는 것이다. 그 외 다른 방법, 가령 앞에서 본 아토믹이나 뒤에서 설명할 뮤텍스(mutex)나 상태
변수(condition variable)를 사용하는 기법은 훨씬 복잡하고 연산의 부담도 크다. 스레드의 로컬 데
이터에 접근하는 가장 좋은 방법은 로컬 변수를 활용하는 것이다.

TAKEAWAY 18.9 스레드 종속(thread-specific) 데이터를 함수 인수로 전달한다.

TAKEAWAY 18.10 스레드 종속 상태는 로컬 변수에 저장한다.

이렇게 하기 힘들거나 너무 복잡하다면 특수한 저장소 클래스와 전용 데이터 타입을 사용하여 스
레드 로컬 데이터를 처리하도록 만든다. 저장소 클래스 지정자인 _Thread_local로 선언한 변수는
스레드 종속 복제본을 강제로 만든다. threads.h 헤더 파일에서는 **thread_local**이란 매크로도 제
공하는데, _Thread_local 대신 사용할 수 있다.

TAKEAWAY 18.11 **thread_local** 변수는 스레드마다 별도의 인스턴스를 하나씩 가진다.

다시 말해 **thread_local** 변수는 반드시 정적 저장 기간을 가진 변수처럼 선언해야 한다. 이 변수
는 파일 스코프로 선언하거나, 별도로 **static**으로 선언해야 한다(13.2절 표 13-5 참조). 결론적으
로 동적으로 초기화할 수 없다.

TAKEAWAY 18.12 초기화 부분을 컴파일 시간에 확정할 수 있다면 **thread_local**을 사용한다.

초기화와 소멸 작업을 동적으로 처리해야 해서 저장소 클래스 지정자로 충분하지 않다면 **스레드 종속 저장소**(thread-specific storage)인 **tss_t**를 사용하면 된다. 이 함수는 스레드 종속 데이터를 key 라고 부르는 불투명 ID로 구분하고, 접근자 함수로 데이터를 설정하거나 가져오는 기능을 추상화한 것이다.

```
void* tss_get(tss_t key);          // 오브젝트에 대한 포인터를 리턴한다.
int tss_set(tss_t key, void *val); // 에러 표지를 리턴한다.
```

스레드 막바지에 호출되어 스레드 종속 데이터를 소멸시키는 함수는 key가 생성될 때 **tss_dtor_t** 타입 함수 포인터로 지정한다.

```
typedef void (*tss_dtor_t)(void*);          // 소멸자에 대한 포인터
int tss_create(tss_t* key, tss_dtor_t dtor); // 에러 표지를 리턴한다.
void tss_delete(tss_t key);
```

18.4 크리티컬 데이터와 크리티컬 섹션

life 구조체의 나머지 부분을 보호하는 작업은 쉽지 않다. 이 부분은 게임의 보드 위치와 같은 큰 데이터를 다루기 때문이다. 앞에서 배웠듯이 배열을 **_Atomic**으로 지정할 수 없다. 꼼수를 부려서 지정할 수 있게 만들더라도 이는 효율적인 방법이 아니다. 따라서 (게임 행렬을 가리키는) Mv 멤버와 (이미 방문한 별자리에 대한 해시인) visited 멤버뿐만 아니라 특수 멤버인 mtx도 함께 선언한다.

---
life.h
```
15   mtx_t mtx;  //< Mv를 보호하는 뮤텍스
16   cnd_t draw; //< 그리기를 제어하는 cnd
17   cnd_t acco; //< 집계를 제어하는 cnd
18   cnd_t upda; //< 업데이트를 제어하는 cnd
19
20   void*restrict Mv;          //< bool M[n0][n1];
21   bool (*visited)[life_maxit]; //< 별자리에 대한 해시
```
---

mtx 멤버는 특수 타입인 **mtx_t**로 지정한다. 이 타입은 뮤텍스(mutex)(상호 배제를 의미하는 mutual exclusion의 줄임말) 타입으로 threads.h에서 제공한다. 이 타입은 코드의 특정한 영역인 크리티컬 섹션(critical section)(임계 영역)에 접근하는 동안 크리티컬 데이터(critical data)인 Mv를 보호하기 위한 용도로 사용한다.

뮤텍스를 사용한 가장 간단한 예는 뮤텍스를 입력 스레드 중간에 사용하는 것이다. 예제 18-1의 145줄을 보면 `mtx_lock`과 `mtx_unlock`을 호출하는 부분이 있는데, 여기서 `life` 타입 데이터 구조체인 L을 보호하기 위해 이 부분을 두 호출문으로 감쌌다.

예제 18-1 B8의 입력 스레드 함수

```
121 int input_thread(void* Lv) {
122   termin_unbuffered();
123   life*restrict L = Lv;
124   enum { len = 32, };
125   char command[len];
126   do {
127     int c = getchar();
128     command[0] = c;
129     switch(c) {
130     case GO_LEFT : life_advance(L, 0, -1); break;
131     case GO_RIGHT: life_advance(L, 0, +1); break;
132     case GO_UP   : life_advance(L, -1, 0); break;
133     case GO_DOWN : life_advance(L, +1, 0); break;
134     case GO_HOME : L->x0 = 1; L->x1 = 1;   break;
135     case ESCAPE :
136       ungetc(termin_translate(termin_read_esc(len, command)), stdin);
137       continue;
138     case '+':     if (L->frames < 128) L->frames++; continue;
139     case '-':     if (L->frames > 1) L->frames--;   continue;
140     case ' ':
141     case 'b':
142     case 'B':
143       mtx_lock(&L->mtx);
144       // vvvvvvvvvvvvvvvvvvvvvvvvvvvvvvvvvvvvvvvvvvvvvvvv
145       life_birth9(L);
146       // ^^^^^^^^^^^^^^^^^^^^^^^^^^^^^^^^^^^^^^^^^^^^^^^
147       cnd_signal(&L->draw);
148       mtx_unlock(&L->mtx);
149       continue;
150     case 'q':
151     case 'Q':
152     case EOF:     goto FINISH;
153     }
154     cnd_signal(&L->draw);
155   } while (!(L->finished || feof(stdin)));
156 FINISH:
157   L->finished = true;
```

```
158    return 0;
159 }
```

이 루틴의 대부분은 입력 루프가 차지한다. 내부를 보면 거대한 **switch**문이 있는데, 여기서 사용자가 키보드로 입력한 다양한 문자를 처리하는 작업이 나누어진다. 여러 **case**문 중 특별히 보호할 부분은 두 개('b'와 'B'가 입력된 경우)뿐이다. 이 문자가 입력되면 현재 커서의 위치를 기준으로 3×3 셀 클러스터를 강제로 '탄생'시킨다. 나머지 경우는 아토믹 오브젝트를 다루므로 오브젝트 수정 작업을 안전하게 수행할 수 있다.

뮤텍스를 잠그고 잠금 해제하는 효과는 단순하다. **mtx_lock**을 호출하면 동일한 뮤텍스로 보호하는 크리티컬 섹션 안에 다른 스레드가 들어올 수 없을 때까지 호출하는 스레드의 실행을 멈춘다. 전문 용어로 **mtx_lock**이 뮤텍스에 대한 잠금(lock)을 획득(acquire)해서 보유(hold)하고 있다가 **mtx_unlock**으로 잠금 해제(release)한다고 표현한다. **mtx**를 사용하면 아토믹 오브젝트를 사용할 때와 마찬가지로 선형화할 수 있다. 뮤텍스 **M**을 획득한 스레드는 다른 스레드가 동일한 뮤텍스 **M**을 해제하기 전에 수행한 모든 연산에 영향을 받는다는 사실을 활용할 수 있다.

TAKEAWAY 18.13 뮤텍스 연산은 선형화 가능성을 제공한다.

C에서 제공하는 뮤텍스 잠금 인터페이스는 다음과 같이 정의돼 있다.

```
int mtx_lock(mtx_t*);
int mtx_unlock(mtx_t*);
int mtx_trylock(mtx_t*);
int mtx_timedlock(mtx_t*restrict, const struct timespec*restrict);
```

세 번째에 나오는 **mtx_trylock**은 다른 스레드가 이미 잠근 상태인지 검사할 수 있다(그래서 대기하지 않도록 하는 데 활용할 수 있다). 네 번째 **mtx_timedlock**은 최대 대기 시간을 지정한다(그래서 영원히 기다리지 않게 할 수 있다). **mtx_timedlock**은 뮤텍스가 **mtx_timed** 타입으로 초기화된 경우에만 사용할 수 있다. 이 타입에 대해서는 잠시 후 설명한다.

동적 초기화 및 소멸을 위한 호출문은 다음과 같이 두 가지가 있다.

```
int mtx_init(mtx_t*, int);
void mtx_destroy(mtx_t*);
```

이보다 정교한 스레드 인터페이스가 아니라면 **mtx_init**을 사용해야 한다. **mtx_t**에 대해 정의된 정적 초기화는 없다.

TAKEAWAY 18.14 모든 뮤텍스는 반드시 **mxt_init**으로 초기화해야 한다.

`mtx_init`의 두 번째 매개변수는 뮤텍스 타입을 지정한다. 이 매개변수 값은 반드시 다음 네 가지 중 하나여야 한다.

- `mtx_plain`
- `mtx_timed`
- `mtx_plain ¦ mtx_recursive`
- `mtx_timed ¦ mtx_recursive`

예상할 수 있듯이 `mtx_plain`와 `mtx_timed` 중 어느 것을 사용하느냐에 따라 `mtx_timedlock`의 사용 여부가 정해진다. `mtx_recursive` 속성은 `mtx_lock`과 같은 함수를 동일한 스레드에 대해 잠금을 해제하지 않고 여러 번 연달아 호출할 수 있게 해 준다.

TAKEAWAY 18.15 비재귀 뮤텍스(nonrecursive mutex)를 가진 스레드는 뮤텍스 잠금 함수를 연달아 호출할 수 없다.

`mtx_recursive`란 이름에서 풍기듯이 크리티컬 섹션에 진입할 때 `mtx_lock`을 호출하고, 벗어날 때 `mtx_unlock`을 호출하는 재귀 함수에서 주로 사용한다.

TAKEAWAY 18.16 재귀 뮤텍스(recursive mutex)는 이를 보유하고 있는 스레드가 획득한 잠금 수만큼 `mtx_unlock`을 호출해야만 해제된다.

TAKEAWAY 18.17 잠긴 뮤텍스는 반드시 스레드를 종료하기 전에 해제해야 한다.

TAKEAWAY 18.18 스레드는 자신이 보유한 뮤텍스에 대해서만 `mtx_unlock`을 호출할 수 있다.

지금까지 설명한 내용을 토대로 다음과 같은 간단한 경험칙을 도출할 수 있다.

TAKEAWAY 18.19 성공적으로 확보한 뮤텍스 잠금마다 단 하나의 `mtx_unlock` 호출을 할 수 있다.

플랫폼에 따라 뮤텍스가 시스템 리소스에 바인딩될 수 있으며, 그 리소스는 `mtx_init`을 호출할 때마다 연결된다. 이런 리소스는 (`malloc` 호출과 같은) 메모리일 수도 있고, 특수한 하드웨어일 수도 있다. 그러므로 이런 리소스는 뮤텍스의 수명이 다 된 시점에 해제해야 한다.

TAKEAWAY 18.20 뮤텍스는 반드시 수명이 다 된 시점에 소멸시켜야 한다.

특히 다음과 같은 시점에 반드시 `mtx_destroy`를 호출해야 한다.

- 자동 저장소 기간인 뮤텍스의 스코프가 끝나기 전
- 동적으로 할당된 뮤텍스에 대한 메모리가 해제되기 전

18.5 상태 변수를 이용한 통신

입력에 대해 경쟁 상태를 방지할 필요는 많지 않다고 설명했지만, 집계 태스크에 대해서는 경쟁 상태를 방지할 필요가 있다(예제 18-2). (life_account를 호출하면서 실행되는) 이 태스크는 전체 위치 행렬을 스캔해서 각 지점의 주변에 있는 생명 수를 집계한다.

예제 18-2 B9의 집계 스레드 함수

```
 99 int account_thread(void* Lv) {
100   life*restrict L = Lv;
101   while (!L->finished) {
102     // 일이 있을 때까지 블록시킨다.
103     mtx_lock(&L->mtx);
104     while (!L->finished && (L->accounted == L->iteration))
105       life_wait(&L->acco, &L->mtx);
106
107     // VVVVVVVVVVVVVVVVVVVVVVVVVVVVVVVVVVVVVVVVVVVVVVVV
108     life_account(L);
109     if ((L->last + repetition) < L->accounted) {
110       L->finished = true;
111     }
112     // ^^^^^^^^^^^^^^^^^^^^^^^^^^^^^^^^^^^^^^^^^^^^^^^^
113
114     cnd_signal(&L->upda);
115     mtx_unlock(&L->mtx);
116   }
117   return 0;
118 }
```

마찬가지로 업데이트 스레드와 그리기 스레드는 바깥쪽 루프 안에 있는 크리티컬 섹션 하나로 구성된다. 동작을 수행하는 부분은 예제 18-3과 예제 18-4에 나와 있다. 크리티컬 섹션을 지나고 나면 life_sleep을 호출해서 일정한 시간 동안 실행을 일시적으로 멈춘다. 이렇게 하면 화면의 프레임 속도(frame rate)에 해당하는 주기로만 스레드를 실행시킬 수 있다.

예제 18-3 B9의 업데이트 스레드 함수

```
35 int update_thread(void* Lv) {
36   life*restrict L = Lv;
37   size_t changed = 1;
38   size_t birth9 = 0;
39   while (!L->finished && changed) {
```

```
40      // 일이 있을 때까지 블록시킨다.
41      mtx_lock(&L->mtx);
42      while (!L->finished && (L->accounted < L->iteration))
43        life_wait(&L->upda, &L->mtx);
44
45      // VVVVVVVVVVVVVVVVVVVVVVVVVVVVVVVVVVVVVVVVVVVVVVVVV
46      if (birth9 != L->birth9) life_torus(L);
47      life_count(L);
48      changed = life_update(L);
49      life_torus(L);
50      birth9 = L->birth9;
51      L->iteration++;
52      // ^^^^^^^^^^^^^^^^^^^^^^^^^^^^^^^^^^^^^^^^^^^^^^^^^
53
54      cnd_signal(&L->acco);
55      cnd_signal(&L->draw);
56      mtx_unlock(&L->mtx);
57
58      life_sleep(1.0/L->frames);
59    }
60    return 0;
61  }
```

예제 18-4 B9의 그리기 스레드 함수

```
64 int draw_thread(void* Lv) {
65    life*restrict L = Lv;
66    size_t x0 = 0;
67    size_t x1 = 0;
68    fputs(ESC_CLEAR ESC_CLRSCR, stdout);
69    while (!L->finished) {
70      // 일이 있을 때까지 블록시킨다.
71      mtx_lock(&L->mtx);
72      while (!L->finished
73            && (L->iteration <= L->drawn)
74            && (x0 == L->x0)
75            && (x1 == L->x1)) {
76        life_wait(&L->draw, &L->mtx);
77      }
78      // VVVVVVVVVVVVVVVVVVVVVVVVVVVVVVVVVVVVVVVVVVVVVVVV
79      if (L->n0 <= 30) life_draw(L);
80      else life_draw4(L);
81      L->drawn++;
```

```
82    // ^^^^^^^^^^^^^^^^^^^^^^^^^^^^^^^^^^^^^^^^^^^^^^^^^
83
84    mtx_unlock(&L->mtx);
85
86    x0 = L->x0;
87    x1 = L->x1;
88    // 너무 빨리 그릴 필요 없다.
89    life_sleep(1.0/40);
90  }
91  return 0;
92 }
```

세 스레드 모두 루프 본문의 대부분을 크리티컬 섹션이 차지하고 있다. 이러한 크리티컬 섹션에는 적절한 연산을 수행하는 부분뿐만 아니라, 새로운 연산이 필요하기 전까지 스레드를 멈추게 하는 구문이 맨 앞에 나온다. 정확히 말해서 집계 스레드의 경우 조건부 루프로 구성되며 다음에 나온 두 경우 중 하나일 때만 이 루프를 벗어난다.

- 게임이 종료될 때
- 다른 스레드의 반복 횟수가 높을 때

이 루프의 본문에는 life_wait을 호출하는 문장이 나온다. life_wait 함수는 호출하는 스레드를 1초 동안 멈추거나 특정한 이벤트가 발생할 때까지 일시적으로 멈춘다.

life.c

```
18 int life_wait(cnd_t* cnd, mtx_t* mtx) {
19    struct timespec now;
20    timespec_get(&now, TIME_UTC);
21    now.tv_sec += 1;
22    return cnd_timedwait(cnd, mtx, &now);
23 }
```

이 함수에서 핵심은 cnd_timedwait을 호출하는 문장이다. cnd_timedwait은 cnd_t 타입의 **상태 변수**(condition variable)[1]와 뮤텍스와 절대 시간 한계를 인수로 받는다.

___

1   역주 흔히 조건 변수라고 표현하지만 상태를 나타낸다는 점에서 이 책에서는 상태 변수로 표기한다.

이렇게 지정한 상태 변수는 스레드의 대기 상태를 구분하는 데 사용된다. 이 예제에서는 life의 멤버이자 세 가지 상태 변수인 draw, acco, upda를 선언했다. 세 변수는 각각 그리기, 집계, 업데이트 태스크를 진행할지 검사하는 데 사용된다. 앞에서 본 것처럼 집계 태스크는 다음과 같이 검사한다.

B9.c

```
104    while (!L->finished && (L->accounted == L->iteration))
105        life_wait(&L->acco, &L->mtx);
```

업데이트 태스크는 다음과 같이 검사한다.

B9.c

```
42    while (!L->finished && (L->accounted < L->iteration))
43        life_wait(&L->upda, &L->mtx);
```

그리기 태스크는 다음과 같이 검사한다.

B9.c

```
72    while (!L->finished
73           && (L->iteration <= L->drawn)
74           && (x0 == L->x0)
75           && (x1 == L->x1)) {
76        life_wait(&L->draw, &L->mtx);
77    }
```

세 루프에 나온 조건은 해당 태스크에 대해 할 일이 있는지 표시한다. 이때 가장 중요한 것은 조건의 식별자 역할을 하는 상태 변수와 **상태 표현식**(condition expression)이 손상되지 않도록 보장하는 것이다. cnd_t에 대해 기다리는 함수 호출은 해당 조건 표현식에 아무 변경 사항이 없더라도 리턴할 수 있다.

TAKEAWAY 18.21 cnd_t에 대한 대기(wait) 함수로부터 리턴될 때 해당 표현식을 다시 검사해야 한다.

따라서 조건 표현식을 검사하는 루프 안에 life_wait을 호출한 문장을 넣는다.

예제에서는 이렇게 하는 것이 당연해 보인다. 내부적으로 **cnd_timedwait**을 사용하고 있고 이 함수 호출이 타임아웃되어 리턴될 수 있기 때문이다. 하지만 대기 조건에 대해 시간 제약이 없는 (untimed) 인터페이스를 사용하더라도 일찍 리턴될 수 있다. 예제 코드를 보면 이 호출문은 결국 게임이 종료될 때 리턴된다. 따라서 조건 표현식에 항상 L->finished를 검사하는 부분이 들어간다.

cnd_t는 다음과 같은 네 가지 주요 제어 인터페이스로 구성된다.

```
int cnd_wait(cnd_t*, mtx_t*);
int cnd_timedwait(cnd_t*restrict, mtx_t*restrict, const struct timespec*restrict);
int cnd_signal(cnd_t*);
int cnd_broadcast(cnd_t*);
```

첫 번째와 두 번째 인터페이스의 작동 방식은 비슷하다. 타임아웃이 없고 **cnd_t** 매개변수에 대해 시그널이 발생하지 않으면 스레드는 이 호출로부터 돌아오지 않을 수 있다는 점만 다르다.

cnd_signal과 **cnd_broadcast**는 정반대다. **cnd_signal**은 input_thread와 account_thread에서 사용한 것을 본 적이 있다. 해당 상태 변수에 대해 대기 중인 스레드 하나(**cnd_signal**) 또는 모든 스레드(**cnd_broadcast**)를 깨워서 **cnd_wait** 또는 **cnd_timedwait**으로부터 리턴되도록 만든다. 예를 들어 입력 태스크는 그리기 태스크에게 신호를 보내서 게임 별자리에서 뭔가 변경 사항이 발생했고 이에 따라 보드를 다시 그려야 한다고 알려 준다.

B9.c

155   } while (!(L->finished || feof(stdin)));

대기-조건 함수에서 **mtx_t** 매개변수는 중요한 역할을 한다. 호출하는 스레드는 대기 함수에 대해 반드시 이 뮤텍스를 가지고 있어야 한다. 대기하는 동안 일시적으로 해제되므로 다른 스레드는 이 상태 표현식을 검사해서 자신의 작업을 수행할 수 있다. 대기 호출로부터 리턴되기 직전에 다시 잠금 설정을 할 수 있다. 그래서 크리티컬 데이터에 대해 경쟁 상태가 발생하지 않도록 안전하게 접근할 수 있다.

그림 18-3은 입력 스레드와 그리기 스레드와 뮤텍스와 각 상태 변수가 상호 작용하는 과정을 보여 준다. 여기에 함수 호출이 여섯 개 나오는데, 그 중 네 개는 크리티컬 섹션과 뮤텍스에 대한 것이고, 나머지 두 개는 상태 변수에 대한 것이다.

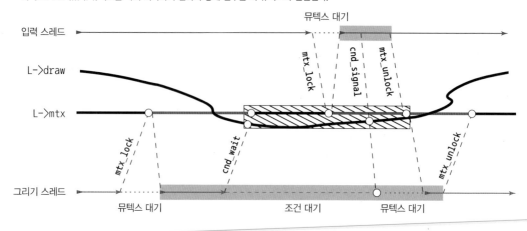

▼ 그림 18-3 입력 스레드와 그리기 스레드 사이에서 뮤텍스 L->mtx와 상태 변수 L->draw가 관리하는 제어 흐름. 크리티컬 섹션은 회색으로 표시했다. 뮤텍스를 다시 획득하기 전까지 상태 변수는 이 뮤텍스와 연결된다.

대기 호출에서 상태 변수와 뮤텍스가 엮이는 부분은 조심해서 처리해야 한다.

TAKEAWAY 18.22 상태 변수는 뮤텍스 하나에 대해서만 동시에 사용할 수 있다.

하지만 상태 변수와 함께 사용되는 뮤텍스는 절대로 건드리지 않는 것이 좋다.

이 예제는 한 뮤텍스에 대해 상태 변수가 여러 개 있을 수 있다는 점도 보여 준다. 예제에서는 뮤텍스 하나를 세 가지 상태 변수에 동시에 사용하고 있다. 이렇게 해야만 하는 애플리케이션이 많은데, 동일한 리소스에 접근하는 스레드가 검사하는 조건 표현식은 주어진 역할마다 달라지기 때문이다.

여러 스레드가 동일한 상태 변수에 대해 대기하다가 **cnd_broadcast**를 호출하면 깨어나게 구성했을 때, 모든 스레드가 동시에 깨어나지 않고 각 스레드가 뮤텍스를 다시 획득할 때마다 하나씩 차례대로 깨어난다.

뮤텍스의 상태 변수와 마찬가지로, C의 상태 변수는 시스템 리소스에 바인딩될 수 있다. 따라서 동적으로 초기화해야 하며 변수의 수명이 끝날 때 반드시 소멸시켜야 한다.

TAKEAWAY 18.23 **cnd_t**는 반드시 동적으로 초기화해야 한다.

TAKEAWAY 18.24 **cnd_t**는 반드시 수명이 끝날 때 소멸시켜야 한다.

제어 변수용 인터페이스는 다음과 같이 간단하다.

```
int cnd_init(cnd_t *cond);
void cnd_destroy(cnd_t *cond);
```

18.6 복잡한 스레드 관리

지금까지 **main**에서 스레드를 생성하고 조인하는 과정을 봤는데, 스레드는 계층적으로 구성된다는 인상을 받았을 것이다. 그런데 실제로는 그렇지 않다. 스레드 ID인 **thrd_t**만 알아도 충분히 스레드를 다룰 수 있다. 스레드 고유의 속성은 딱 하나씩만 있다.

TAKEAWAY 18.25 **main**에서 리턴하거나 **exit**를 호출하면 모든 스레드가 종료된다.

다른 스레드를 생성한 후에 **main**을 종료시키고 싶다면, 나머지 스레드도 종료되지 않도록 특별한 주의를 기울여야 한다. 예를 들어 B9의 **main**처럼 처리할 수 있다.

B9-detach.c

```
210
211  void B9_atexit(void) {
212      /* 보드의 최종 화면을 그린다. */
213      L.iteration = L.last;
214      life_draw(&L);
215      life_destroy(&L);
216  }
217
218  int main(int argc, char* argv[argc+1]) {
219      /* 보드 크기는 커맨드 라인 인수로 지정한다. */
220      size_t n0 = 30;
221      size_t n1 = 80;
222      if (argc > 1) n0 = strtoull(argv[1], 0, 0);
223      if (argc > 2) n1 = strtoull(argv[2], 0, 0);
224      /* 게임 데이터를 담을 오브젝트를 생성한다. */
225      life_init(&L, n0, n1, M);
226      atexit(B9_atexit);
227      /* 동일한 오브젝트에 대해 연산을 수행하는 스레드를 네 개 생성하고
228         각 ID는 무시한다. */
229      thrd_create(&(thrd_t){0}, update_thread, &L);
230      thrd_create(&(thrd_t){0}, draw_thread, &L);
231      thrd_create(&(thrd_t){0}, input_thread, &L);
232      /* 이 스레드를 조용히 종료시키고 나머지 스레드는 계속 실행시킨다. */
233      thrd_exit(0);
234  }
```

먼저 **thrd_exit**로 **main**을 종료시켜야 한다. **return**을 제외하면 이렇게 해야 해당 스레드가 다른 스레드에 영향을 미치지 않고 종료시킬 수 있다. 그리고 나서 L을 전역 변수로 만드는데, **main**이

종료할 때 이 변수가 사라지면 안 되기 때문이다. 여기에 클린업 작업을 수행하기 위해 **atexit** 핸들러도 설치한다. 이렇게 수정한 제어 흐름은 그림 18-4와 같다.

▼ 그림 18-4 B9-detach의 다섯 가지 스레드에 대한 제어 흐름. 마지막에 리턴되는 스레드가 **atexit** 핸들러를 실행시킨다.

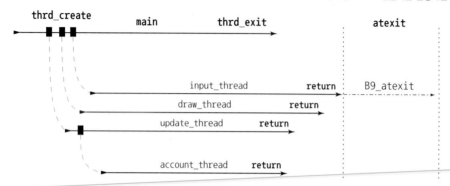

이렇게 관리 방식을 바꾸면 생성된 스레드 중 네 개는 실제로 조인되지 않는다. 죽었지만 조인하지 않은 스레드는 실행이 종료되기 전까지 리소스를 잡아먹는다. 따라서 스레드가 절대 조인하지 않도록 시스템에게 알려 주는 방식으로 작성하는 것이 바람직하다. 이렇게 하는 것을 해당 스레드를 **분리**(detach)한다고 표현한다. 분리 작업은 스레드 함수 앞부분에 **thrd_detach** 호출문을 추가하는 방식으로 구현한다. 그리고 여기서부터 집계 스레드를 구동한다. 참고로 수정하기 전에는 **main**에서 구동시켰다.

B9-detach.c

```
38    /* 이 스레드를 아무도 기다려선 안 된다. */
39    thrd_detach(thrd_current());
40    /* 작업의 일부를 보조 스레드에게 위임한다. */
41    thrd_create(&(thrd_t){0}, account_thread, Lv);
42    life*restrict L = Lv;
```

스레드를 관리하는 함수는 다음과 같이 여섯 개가 더 있다. 그 중 **thrd_current**, **thrd_exit**, **thrd_detach**는 앞에서 본 적이 있다.

```
thrd_t thrd_current(void);
int thrd_equal(thrd_t, thrd_t);
_Noreturn void thrd_exit(int);

int thrd_detach(thrd_t);
int thrd_sleep(const struct timespec*, struct timespec*);
void thrd_yield(void);
```

실행 중인 C 프로그램은 현재 주어진 프로세싱 요소(processing element)보다 많은 스레드를 갖고 있을 수 있다. 그렇다 해도 런타임 시스템은 프로세서에 타임 슬라이스를 적절히 할당해서 스레드를 부드럽게 스케줄링할 수 있어야 한다. 스레드가 할 일이 없다면 타임 슬라이스를 할당하면 안 되고 리소스를 다른 스레드에게 양보해야 한다. 이는 제어 데이터 구조체인 `mtx_t`와 `cnd_t`의 주요 기능이기도 하다.

TAKEAWAY 18.26 `mtx_t`나 `cnd_t`에 대해 블록시키는 동안 스레드는 **프로세싱 리소스**(processing resource)를 해제한다.

이것만으로 충분하지 않다면 다음 두 함수를 이용하여 실행을 일시적으로 중단시킬 수 있다.

- `thrd_sleep`: 스레드를 일정한 시간만큼 일시정지시킨다. 이때 하드웨어 리소스를 다른 스레드가 사용하도록 할 수 있다.
- `thrd_yield`: 현재 타임 슬라이스를 종료시키고 다음 차례를 기다린다.

도전 18 스레드를 이용한 병렬 정렬

앞에서 구현한 병합 정렬(merge sort)(도전 1과 도전 14)을 이용하여 두 스레드로 정렬하는 병렬 알고리즘을 구현해 보자.

다시 말해 입력 배열을 반으로 잘라서 두 스레드가 절반씩 정렬한 뒤, 그 결과를 병합한다. 두 스레드의 내부에서 정렬하는 부분을 다양한 순차 정렬 알고리즘으로 구현해 보자.

이러한 병렬 정렬 알고리즘을 스레드 P개에 대해 일반화할 수 있는가? (커맨드 라인 인수로 주어진 $k = 1, 2, 3, 4$에 대해 $P = 2^k$이다.)

병렬화를 통해 얻을 수 있는 속도 향상의 폭을 측정할 수 있는가? 이는 프로그램을 실행하는 플랫폼의 코어 개수에 비례하는가?

18.7 요약

- 공유 데이터에 동시에 접근하기 전에 적절히 초기화하도록 보장해야 한다. 이 작업은 컴파일 시간 또는 `main`에서 처리하는 것이 가장 좋다. 최후의 수단으로 `call_once`를 호출해서 초기화 함수를 단 한 번만 실행시킬 수 있다.

- 스레드는 로컬 데이터에 대해서만 실행시키는 것이 좋다. 이런 데이터는 함수의 인수와 자동 변수로 만든다. 꼭 필요한 경우에만 스레드 종속 데이터를 `thread_local` 오브젝트로 생성하거나 `tss_create`로 만들 수 있다. `tss_create`는 변수를 동적으로 생성했다가 소멸시킬 때만 사용한다.

- 여러 스레드가 조그만 크리티컬 데이터를 공유할 때는 반드시 `_Atomic`으로 지정한다.

- 크리티컬 섹션(보호받지 않는 공유 데이터에 대해 연산을 수행하는 코드 경로)은 반드시 보호해야 한다. 주로 `mtx_t` 뮤텍스를 활용한다.

- 스레드 사이의 조건부 처리 의존 관계는 `cnd_t` 제어 변수로 모델링한다.

- `main`의 사후 정리에 기댈 수 없는 스레드 코드는 반드시 `thrd_detach`를 사용해서 정리 코드를 모두 `atexit`나 `at_quick_exit` 핸들러에 둬야 한다.

19 아토믹 접근과 메모리 일관성

이 장에서 다루는 내용

- 선행 관계 이해하기
- 동기화를 제공하는 C 라이브러리 호출
- 순차적 일관성 유지하기
- 여러 일관성 모델 다루기

레벨 3의 마지막 장에서는 C 아키텍처 모델에서 중요한 부분을 차지하며, 따라서 숙련된 프로그래머라면 반드시 알아야 하는 개념을 소개한다. 여기서 설명하는 내용이 실전에서 당장 활용할 수 없어 보이더라도 작동 원리를 잘 이해하기 바란다. 이 장에서는 자세한 내용을 다루지 않지만[1] 간간이 이해하기 힘든 부분이 나타나더라도 마음을 다잡고 계속 읽기 바란다.

앞 장에서 소개한 제어 흐름의 개념을 떠올려 보면, 프로그램이 실행될 때 다양한 부분이 상호 작용하는 과정이 상당히 복잡해질 수 있었다. 데이터에 대한 동시 접근은 여러 단계로 나눌 수 있다.

- 예전에 흔히 보던 평범하고 단순한 C 코드는 순차적으로만 진행한다. 변경 사항에 대한 가시성은 직접적인 데이터 의존성과 함수 호출의 마무리를 위한 실행의 특정 지점과 시퀀스 포인트 사이에서만 보장된다. 최신 플랫폼은 이러한 틈을 최대한 이용해서 연산을 여러 실행 파이프라인에서 병렬로 실행하거나 교차 실행한다.
- 롱점프와 시그널 핸들러는 순차적으로 실행되지만 그 과정에서 발생한 저장 효과는 사라진다.
- 지금까지 본 아토믹 오브젝트를 이렇게 접근하면 각각의 변경 사항에 대한 가시성을 일관성 있게 보장할 수 있다.

---

1 `memory_order_consume` 일관성과 이에 따른 종속성 정렬 선행 관계(dependency-ordered before relation)에 대해서는 설명하지 않는다.

- 스레드는 나란히 동시에 실행되므로 공유 데이터에 대한 접근을 관리하지 않으면 데이터 일관성이 깨질 수 있다. 아토믹 오브젝트에 대한 접근뿐만 아니라 **thrd_join**이나 **mtx_lock**과 같은 함수를 호출할 때도 동기화시킬 수 있다.

하지만 프로그램은 메모리 접근만 하지 않는다. 실제로 프로그램 실행에 대한 추상 상태는 다음과 같이 구성된다.

- (스레드마다 있는) 실행 포인트(points of execution)
- (표현식을 계산하거나 오브젝트를 평가해서 나온) 중간값(intermediate value)
- 저장된 값(stored value)
- 숨겨진 상태(hidden state)

이 상태는 수로 다음과 같은 경우에 바뀐다.

- **점프**: 실행 포인트를 변경한다(숏점프, 롱점프, 함수 호출).
- **값 계산**: 중간값을 바꾼다.
- **부작용**: 값을 저장하거나 IO를 수행한다.

또는 이런 것들이 숨겨진 상태(예를 들어 **mtx_t**에 대한 잠금 상태나 **once_flag**의 초기화 상태나 **atomic_flag**에 대한 설정 및 클리어 연산)에 영향을 미칠 수 있다.

추상 상태 변화에 대한 이 모든 가능성은 효과(effect)란 용어로 요약할 수 있다.

TAKEAWAY 19.1 모든 평가 작업마다 일정한 효과가 발생한다.

그 이유는 모든 평가 작업은 이후에 수행되는 다음 평가 작업이라는 개념이 있다. 다음 표현식마저도 중간값을 버리고 실행 포인트를 다음 문장으로 설정해서 추상 상태가 바뀌게 된다.

```
(void) 0;
```

복잡한 문맥에서는 주어진 실행 순간에 대한 실제 추상 상태를 정확하게 표현하기 힘들다. 일반적으로 프로그램 실행에 대한 전반적인 추상 상태를 볼 수도 없다. 전반적인 추상 상태란 개념을 명확히 정의하기 힘들 때가 대부분이다. 그 이유는 문맥에서 '순간(moment)'에 대한 의미를 모르기 때문이다. 물리 코어가 여러 개인 멀티스레드 실행 환경에서 각각의 순간에 대한 진정한 레퍼런스 타임은 없다. 따라서 C는 일반적으로 여러 스레드 사이에 존재하는 전반적인 시간에 대한 구체적인 개념을 가정하지 않는다.

비유하면 두 스레드 A와 B가 있을 때, 각각이 서로 다른 속도로 공전하는 행성에서 발생하는 이벤트라고 생각해 보자. 이런 행성(스레드)에서 시간이란 상대적이며 어느 한 행성(스레드)에서 보낸 신호가 다른 행성(스레드)에 도달할 때만 둘을 동기화시킬 수 있다. 신호를 보내는 과정 자체도 시간이 걸린다. 신호가 목적지에 도달한 시점에, 신호를 보낸 측은 이미 움직인 상태다. 따라서 두 행성(스레드)이 상대방에 대해 아는 사실은 상대적일 수밖에 없다.

▼ 그림 19-1 아토믹으로 동기화하는 두 스레드. 동그라미 부분은 오브젝트 x를 변경했음을 의미한다. 스레드 아래에 나온 막대는 A 상태에 대한 정보를 표현한 것이고, 그 위에 나온 막대는 B 상태에 대한 정보를 표현한 것이다.

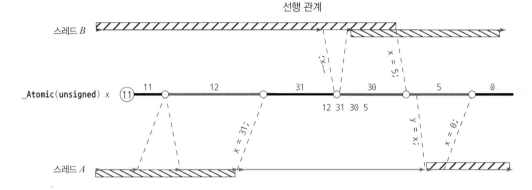

19.1 선행 관계

프로그램 실행(정확성, 성능 등)을 따져 보려면 모든 스레드 상태에 대한 부분 지식(partial knowledge)을 충분히 확보해야 할 뿐만 아니라, 이렇게 파악한 부분 지식들을 한데 엮어서 전체에 대한 일관된 뷰를 그려야 한다.

램포트(Lamport)[1978]가 제안한 관계를 살펴보자. C 표준에서는 E와 F라는 두 평가 사이의 관계를 **선행 관계**(happen before relation)라고 부르며 $F \rightarrow E$로 표기한다. 이 관계는 **귀납적으로**(a posteriori) 관찰한 두 사건 사이의 속성이다. 어쩌면 **의도적 선행 관계**(knowingly happened before relation)라고 표현하는 것이 더 정확할지 모르겠다.

이 관계의 한 부분은 스레드에 대한 평가로 구성되며 17.2절에서 소개한 순차 선행 관계 (sequenced-before relation)와 관련이 있다.

TAKEAWAY 19.2 | F가 E보다 먼저 나오는 순차 선행 관계를 $F \rightarrow E$로 표기한다.

이 관계를 살펴보기 위해 입력 스레드가 나온 예제 18-1를 다시 살펴보면, command[0]에 대입하는 문장은 **switch**문보다 먼저 나온다. 따라서 **switch**문에 나온 모든 케이스가 대입문 뒤에 실행되거나, 최소한 나중에 나오는 것으로 인식된다고 확신할 수 있다. 예를 들어 **ungetc**에 나오는 중첩된 함수 호출에서 command를 전달하면 수정된 값이 전달된다고 확신할 수 있다. 이런 관계는 모두 C 구문으로부터 추론할 수 있다.

스레드 사이에 발생하는 이벤트의 순서는 동기화(synchronization)를 통해 정할 수 있다. 동기화에는 두 가지 종류가 있다. 하나는 아토믹 연산에 적용되는 것이고, 다른 하나는 특정한 C 라이브러리 호출에 적용되는 것이다. 먼저 아토믹 연산에 적용되는 것부터 살펴보자. 아토믹 오브젝트는 두 스레드를 동기화할 때 활용할 수 있다. 이때 한 스레드는 값을 쓰고 다른 스레드는 첫 번째 스레드가 쓴 값을 읽는다고 하자.

아토믹 연산은 로컬에서 일관성이 있도록 보장할 수 있다(그림 19-1 참조).

TAKEAWAY 19.3 아토믹 오브젝트 X에 대한 일련의 수정 작업은 X와 관련된 모든 스레드의 순차 선행 관계(sequenced-before relation)에 대해 일관성을 유지하는 순서로 처리된다.

이런 순서를 X에 대한 수정 순서(modification order)라고 한다. 예를 들어 그림에 나온 아토믹 오브젝트 x는 여섯 번(초기화 한 번(11로 설정), 증가 연산 두 번, 대입 연산 세 번) 수정된다. C 표준에서 두 스레드 A와 B는 x에 대한 모든 변경 사항을 이러한 수정 순서와 일관성을 유지하는 순서로 인지하도록 보장한다.

그림에 나온 예에서는 동기화를 두 번만 하고 있다. 하나는 스레드 B가 --x 연산을 수행한 후에 A와 동기화한다. 여기서는 A가 쓴 31이란 값을 읽(고 수정하)기 때문이다. 그리고 나서 B가 써서 y에 저장된 값인 5를 A가 읽을 때 두 번째로 동기화한다.

또 다른 예로 입력 스레드(예제 18-1)와 집계 스레드(예제 18-2)가 상호작용하는 과정을 살펴보자. 둘 다 finished란 필드를 읽고 수정한다. 간결하게 finished를 수정하는 부분은 이 두 함수뿐이라고 가정하자.

두 스레드 중 어느 하나가 아토믹 오브젝트를 수정할 경우 그 오브젝트로 동기화한다. 다시 말해 이 오브젝트 값을 **true**로 지정한다. 이런 상황은 다음 두 가지 경우에 발생한다.

- 입력 스레드가 파일 끝 상태에 도달한 경우, 즉 **feof**(stdin)이 **true**를 리턴하거나 **EOF** 케이스에 걸린 경우. 둘 다 **do** 루프가 종료되면서 FINISH 레이블 뒤에 나오는 코드가 실행된다.

- 허용된 반복 횟수를 초과했다는 것을 집계 스레드가 감지해서 finished를 **true**로 설정한 경우.

이 두 경우는 동시에 발생할 수 있다. 하지만 아토믹 오브젝트를 사용하면 둘 중 한 스레드가 먼저 finished에 대한 쓰기 연산을 수행하도록 보장할 수 있다.

- 입력 스레드가 먼저 쓸 경우, 집계 스레드는 **while** 루프 중 어느 하나를 평가할 때 수정된 finished 값을 읽게 된다. 이때 읽는 연산을 동기화한다. 다시 말해 입력 스레드의 쓰기 이 벤트가 읽기보다 선행한다는 것을 알 수 있다. 쓰기 연산을 수행하기 전에 입력 스레드가 한 모든 수정 작업을 집계 스레드가 볼 수 있다.

- 집계 스레드가 먼저 쓸 경우, 입력 스레드는 **do** 루프 안의 **while**에서 수정된 값을 읽게 된다. 마찬가지로 이렇게 읽는 동작은 쓰기와 동기화되어 '선행 관계'를 이루게 된다. 따라서 집계 스레드가 한 모든 수정 작업을 입력 스레드가 볼 수 있다.

이때 동기화 방향에 주목할 필요가 있다. 두 스레드에 대한 동기화를 보면 쓰는 입장과 읽는 입장 이 있다. 이 두 가지 추상적인 속성을 아토믹에 대한 연산과 C 라이브러리 호출에 연결시켰으며, 각각은 (쓰는 입장인) 해제(release) 의미와 (읽는 입장인) 획득(acquire) 의미와 (읽고 쓰는 입장인) 획득-해제(acquire-release) 의미에 대해 호출된다. 이런 동기화 속성을 가진 C 라이브러리 호출에 대해서는 뒤에서 자세히 설명한다.

지금까지 본 아토믹에 대한 연산과 이 오브젝트를 수정하는 연산은 모두 해제 의미가 있어야 하 며, 읽는 연산은 모두 획득 의미가 있어야 한다. 뒤에서 보겠지만 이보다 느슨한 속성을 가진 다른 아토믹 연산도 있다.

TAKEAWAY 19.4 F가 쓴 값을 스레드 T_F의 E가 읽을 때, 스레드 T_F의 획득 연산 E는 해제 연산 F 와 동기화된다.

획득과 해제 의미를 이렇게 특별히 구성하는 이유는 이런 연산에 발생하는 효과를 강제로 드러내 기 위해서다. E 대신 X에 영향을 받는 상태를 활용하는 함수 호출이나 다른 적합한 읽기 연산으로 일관성 있게 대체할 수 있으면, 효과 X는 E에 대한 평가를 볼 수 있다(visible)고 표현한다. 예를 들 어 그림 19-1에서 A가 x=31이란 연산 이전에 발생시킨 효과는 스레드 아래에 있는 막대로 표시했 다. B가 --x 연산을 마친 뒤에는 이런 효과를 B가 볼 수 있다.

TAKEAWAY 19.5 F가 E와 동기화되면 F 이전에 발생한 모든 X에 대한 효과는 반드시 E 이후에 발 생한 모든 평가 G에서 볼 수 있어야 한다.

예제에서 본 것처럼 읽기와 쓰기를 한 스텝에 아토믹하게 수행하는 연산이 있다. 이를 읽고-수정하고-쓰기(read-modify-write) 연산이라 한다.

- 모든 _Atomic 오브젝트에 대한 `atomic_exchange`, `atomic_compare_exchange_week` 호출
- 복합 대입(compound assignment) 또는 이에 대한 함수 버전 - 모든 산술 타입 _Atomic 오브젝트에 대한 증가 및 감소 연산자
- `atomic_flag`에 대한 `atomic_flag_test_and_set` 호출

이런 연산은 한 스레드로 읽고 다른 스레드로 쓰는 부분을 동기화할 수 있다. 지금까지 우리가 살펴본 읽고-수정하고-쓰는 연산은 모두 획득과 해제 의미를 동시에 갖고 있다.

선행 관계는 순차 관계나 동기화 관계가 전이 관계로(transitively) 조합된 결과와 같다. 모든 i ($0 \leq i < n$)에 대해 E_i가 E_{i+1}부터 먼저 나오거나(순차 관계) 이와 동기화되는 n과 $E_0 = F$, E_1, $\cdots$, E_{n-1}, $E_n = E$가 존재한다면 F와 E는 의도적 선행 관계라고 표현한다.

TAKEAWAY 19.6 서로 연결하는 순차적 체인이 존재할 때만 한 평가가 다른 평가보다 선행한다고 판단한다.

이러한 선행 관계는 서로 상이한 개념이 조합된 것이라는 사실에 주목할 필요가 있다. 순차 관계는 구문으로부터 추론할 수 있는 경우가 많은데, 특히 두 문장이 동일한 기본 블록 안의 멤버라면 그렇다. 동기화는 얘기가 다르다. 스레드 구동과 종료라는 두 가지 예외 상황뿐만 아니라, 아토믹이나 뮤텍스와 같은 특정 오브젝트에 대한 데이터의 의존 관계로부터 추론할 수 있다.

이 모든 상황에 대한 바람직한 결과는 한 스레드의 효과가 다른 스레드에 보이는 것이다.

TAKEAWAY 19.7 평가 F가 E보다 선행했다면, F 이전에 발생했다고 알려진 모든 효과는 E 이전에 발생했다고 알려졌다고도 볼 수 있다.

19.2 동기화를 지원하는 C 라이브러리 호출

동기화를 지원하는 C 라이브러리 함수는 쌍으로 제공된다. 하나는 해제하는 역할을 하고 다른 하나는 획득하는 역할을 한다. 표 19-1은 이런 함수를 정리한 것이다.

해제	획득
thrd_create(.., f, x)	f(x)에 대한 진입점
스레드 id에 대한 **thrd_exit** 또는 f의 **return**	id에 대한 **tss_t** 소멸자 구동
id에 대한 **tss_t** 소멸자 종료	**thrd_join**(id) 또는 **atexit/at_quick_exit** 핸들러
call_once(&obj, g), 첫 번째 호출	**call_once**(&obj, h), 그 뒤에 나오는 나머지 호출

첫 번째부터 세 번째 항목을 보면 서로 동기화되는 이벤트를 볼 수 있다. 즉, 동기화는 대체로 스레드 id에서 발생시킨 효과로 제한된다. 특히 전이 관계(transitivity)에 따라 **thrd_exit**나 **return**은 해당 스레드 id에 대해 항상 **thrd_join**과 동기화된다는 것을 알 수 있다.

thrd_create와 **thrd_join**의 이러한 동기화 기능을 이용하면 그림 18-1처럼 선을 그릴 수 있다. 이때 우리가 구동시킨 스레드 사이의 이벤트 타이밍에 대해서는 전혀 모른다. 하지만 **main** 안에서 스레드를 생성한 순서와 스레드들이 조인하는 순서는 이 그림과 정확히 같다는 것을 알 수 있다. 또한 마지막 스레드인 집계 스레드가 조인된 뒤에는 데이터 오브젝트에 대한 모든 스레드의 효과를 **main**에서 볼 수 있다는 것도 안다.

스레드를 분리하고 **thrd_join**을 사용하지 않는다면 동기화는 스레드 끝과 **atexit** 또는 **at_quick_exit** 핸들러의 시작점 사이에서만 발생한다.

다른 라이브러리 함수는 다소 복잡하다. 초기화 유틸리티인 **call_once**에서 최초로 호출한 **call_once**(&obj, g)의 리턴 값, 즉 g 함수 호출에 성공한 호출 결과는 인수로 지정한 obj와 동일한 오브젝트에 대한 나머지 모든 호출에 대해 해제 연산이다. 이렇게 하면 g()를 호출하는 동안 수행했던 모든 쓰기 연산이 obj에 대한 다른 호출보다 선행한다고 보장할 수 있다. 따라서 다른 호출은 모두 쓰기 연산(초기화 작업)이 수행됐음을 알게 된다.

이 말을 18.2절에 있는 예제에 적용하면 errlog_fopen 함수가 단 한 번만 실행된다는 의미다. **call_once** 라인을 실행시키는 다른 스레드는 모두 이 첫 번째 호출에 대해 동기화된다. 그래서 다른 스레드 중 하나가 리턴될 때, 이 호출이 (자기 자신 또는 자신보다 먼저 호출한 스레드에 의해) 실행됐음을 알고, 파일 이름을 계산하거나 스트림을 여는 등의 효과를 모두 볼 수 있음을 알게 된다. 따라서 이 호출을 실행한 스레드는 모두 errlog를 사용할 수 있고 제대로 초기화됐다고 할 수 있다.

뮤텍스의 경우, 해제 연산은 뮤텍스 함수인 **mtx_unlock**을 호출하거나 조건 변수에 대한 대기 함수인 **cnd_wait**과 **cnd_timedwait**에 진입하는 것으로 실행될 수 있다. 뮤텍스에 대한 획득 연산은 세

19

아토믹 접근과 메모리 일관성

가지 뮤텍스 호출인 `mtx_lock`, `mtx_trylock`, `mtx_timedlock` 중 하나로 뮤텍스를 성공적으로 획득하거나, 대기 함수인 `cnd_wait`이나 `cnd_timedwait`로부터 리턴되는 것으로 실행된다.

TAKEAWAY 19.8 동일한 뮤텍스로 보호되는 크리티컬 섹션은 순차적으로 진행된다.

예제에 나온 입력 스레드와 집계 스레드(예제 18-1, 예제 18-2)는 동일한 뮤텍스(L->mtx)에 접근한다. 처음에는 사용자가 ' ', 'b', 'B' 중 하나를 입력할 때 새로운 셀 집합이 생성되는 부분을 보호할 때 사용한다. 두 번째는 **while** 루프 안쪽의 블록 전체를 이 뮤텍스로 보호한다.

그림 19-2는 이 뮤텍스로 보호하는 세 가지 크리티컬 섹션의 순서를 그림으로 표현한 것이다. 잠금 해제 연산(unlock, release)이 실행되고 잠금 획득 연산(lock, acquire)이 리턴되는 과정에 두 스레드가 동기화된다. 이렇게 하면 집계 스레드가 첫 번째로 life_account를 호출했을 때 *L에 대해 변경한 내용을, 입력 스레드가 life_birth9를 호출할 때 볼 수 있다. 마찬가지로 life_birth9를 호출하는 동안 *L에 대해 수정했던 내용을 두 번째 life_account 호출 과정에서 볼 수 있다.

▼ 그림 19-2 세 크리티컬 섹션에 대해 뮤텍스 하나로 두 스레드를 동기화하는 모습. 동그라미 부분은 mtx 오브젝트를 수정했음을 의미한다.

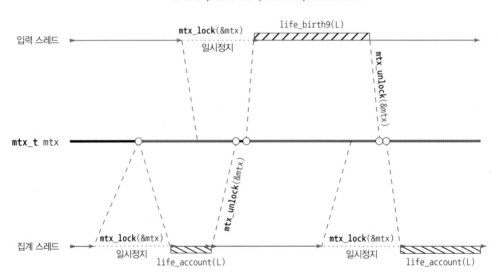

TAKEAWAY 19.9 mut 뮤텍스로 보호하는 크리티컬 섹션에서, 동일한 mut로 보호하던 이전 크리티컬 섹션에서 발생한 모든 결과를 볼 수 있다.

이 과정에서 실행 포인터는 항상 진행된다. 특히 **mtx_unlock**에서 리턴됐을 때, 실행 포인트는 크리티컬 섹션 밖에 있다. 그래서 이 결과를 잠금을 획득하는 다음 스레드가 알게 된다.

조건 변수에 대한 대기 함수는 획득-해제 의미와 다르다. 정확히 말하면 정반대로 작동한다.

TAKEAWAY 19.10 cnd_wait과 cnd_timedwait은 뮤텍스에 대해 해제-획득 의미론이 적용된다.

다시 말해 호출하는 스레드를 일시정지하기 전에, 해제 연산부터 실행한 다음 리턴할 때 획득 연산을 수행한다. 또 다른 특이 사항으로 동기화는 이 상태 변수가 아닌 뮤텍스로 처리된다는 것이다.

TAKEAWAY 19.11 cnd_signal 호출과 cnd_broadcast 호출은 뮤텍스로 동기화한다.

대기자(waiter)와 동일한 뮤텍스로 보호하는 크리티컬 섹션에 cnd_signal이나 cnd_broadcast 호출 문을 넣지 않으면, 시그널링 스레드는 대기 스레드와 동기화되지 않을 수 있다. 특히 조건 표현식을 구성하는 아토믹이 아닌 오브젝트에 대한 수정 연산을 같은 뮤텍스로 보호하지 않으면 시그널에 의해 깨어나는 스레드가 볼 수 없게 될 수도 있다. 동기화를 보장하기 위해 다음과 같은 간단한 경험칙이 있다.

TAKEAWAY 19.12 cnd_signal과 cnd_broadcast 호출은 대기자와 동일한 뮤텍스로 보호하는 크리티컬 섹션 내부에서 해야 한다.

▼ 그림 19-3 세 아토믹 오브젝트에 대한 순차적 일관성

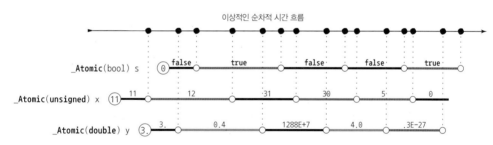

예제 18-1의 145줄에서 이렇게 했다. 이때 life_birth 함수는 *L의 아토믹이 아닌 부분을 수정하므로 이 작업이 *L을 다루는 다른 모든 스레드가 볼 수 있게 만들어야 한다.

154줄은 이 뮤텍스로 보호하지 않는 **cnd_signal**을 사용하는 예를 보여 준다. 여기서는 다른 **switch** 케이스에 의해 수정되는 모든 데이터가 아토믹하기 때문에 이렇게 할 수 있다. 따라서 L->frames와 같은 데이터를 읽는 다른 스레드는 이 아토믹 데이터를 통해 동기화할 수 있어서 뮤텍스 획득을 하지 않아도 된다. 이런 조건 변수를 사용할 때는 특별히 주의한다.

19.3 순차적 일관성

앞에서 본 선행 관계으로 보장되던 아토믹 오브젝트에 대한 데이터 일관성을 획득-해제 일관성(acquire-release consistency)라고 한다. 지금까지 본 C 라이브러리 호출은 항상 이런 종류의 일관성으로만 동기화되는 반면, 아토믹 오브젝트에 접근하는 것은 이와 다른 일관성 모델을 따를 수 있다.

기억하겠지만 아토믹 오브젝트마다 수정 순서(modification order)가 있으며, 이는 동일한 오브젝트에서 수정한 것을 볼 수 있는 모든 순차 관계(sequenced-before)와 일치한다. 순차적 일관성(sequencial consistency)은 이보다 요구 사항이 많다. 그림 19-3을 보면 순차적으로 일관된 연산에 대한 시간 흐름을 최상단에 표시했다. 이런 연산이 서로 다른 프로세서에서 수행되고, 아토믹 오브젝트가 서로 다른 메모리 뱅크에 생긴다 해도 플랫폼은 반드시 모든 스레드가 이런 연산이 전역적으로 일렬로 나열(global linearization)한 것과 일치한다고 인지할 수 있게 만들어야 한다.

TAKEAWAY 19.13 순차적 일관성이 있는 모든 아토믹 연산은 한 가지 전역적 수정 순서에 맞게 진행되며, 이 연산이 적용되는 아토믹 오브젝트와는 별개다.

따라서 순차적 일관성은 굉장히 강력한 요구 사항이다. 획득-해제 의미론(causal partial ordering between events)(이벤트 사이의 인과적 부분 순서)을 강제로 적용하는데, 부분 순서를 완전 순서(total ordering)로 펼친다. 프로그램을 병렬로 실행시키는 데 관심이 있다면 순차적 일관성이 적합하지 않을 수 있다. 왜냐하면 아토믹 접근을 순차적으로 실행시킬 가능성이 있기 때문이다.

C 표준에서는 아토믹 타입에 대해 다음과 같은 함수형 인터페이스를 제공한다. 모두 이름에 나온 설명과 일치해야 하며 동기화도 수행해야 한다.

```
void atomic_store(A volatile* obj, C des);
C atomic_load(A volatile* obj);
C atomic_exchange(A volatile* obj, C des);
bool atomic_compare_exchange_strong(A volatile* obj, C *expe, C des);
bool atomic_compare_exchange_weak(A volatile* obj, C *expe, C des);
C atomic_fetch_add(A volatile* obj, M operand);
C atomic_fetch_sub(A volatile* obj, M operand);
C atomic_fetch_and(A volatile* obj, M operand);
C atomic_fetch_or(A volatile* obj, M operand);
C atomic_fetch_xor(A volatile* obj, M operand);
bool atomic_flag_test_and_set(atomic_flag volatile* obj);
void atomic_flag_clear(atomic_flag volatile* obj);
```

여기서 C는 모든 종류의 적절한 데이터 타입을 의미하고, A는 이에 대한 아토믹 타입을 의미하며, M은 C에 대한 산술 연산과 호환되는 타입이다. 이름에서 알 수 있듯이, fetch_연산자(add, sub, …) 인터페이스는 *obj를 수정하기 전의 값을 리턴한다. 따라서 이 인터페이스는 수정한 결과를 리턴하는 복합 대입 연산자(+=)와는 성격이 다르다.

이러한 함수형 인터페이스는 모두 순차적 일관성을 보장한다.

TAKEAWAY 19.14 아토믹에 대한 모든 함수형 인터페이스와 연산자는 별도로 지정하지 않으면 순차적 일관성이 적용된다.

여기서 함수형 인터페이스는 연산자 형태와 다르다는 점도 주목할 필요가 있다. 그 이유는 각 인수가 **volatile**로 한정됐기 때문이다.

동기화와 수행되지 않을 수 있는 아토믹 오브젝트에 대한 함수 호출이 하나 더 있다.

```
void atomic_init(A volatile* obj, C des);
```

이 함수를 호출한 효과는 **atomic_store**를 호출하거나 대입 연산을 수행한 것과 같다. 하지만 여러 스레드가 동시에 호출하면 경쟁 상태가 발생할 수 있다. **atomic_init**은 저렴한 버전의 대입 연산이라고 봐야 한다.

19.4 그 밖의 일관성 모델

함수형 인터페이스 집합을 보완하도록 다양한 일관성 모델을 사용할 수 있다. 예를 들어 후행 연산자인 ++에 획득-해제 일관성만 적용하려면 다음과 같이 작성할 수 있다.

```
_Atomic(unsigned) at = 67;
...
if (atomic_fetch_add_explicit(&at, 1, memory_order_acq_rel)) {
    ...
}
```

TAKEAWAY 19.15 아토믹 오브젝트에 대한 함수형 인터페이스는 적합한 일관성 모델을 지정할 수 있는 **_explicit**가 붙은 버전을 제공한다.

이런 인터페이스는 연산의 메모리 의미론을 지정하는 **memory_order** 타입의 심볼릭 상수 형태로 추가 인수를 받는다.

아토믹 접근과 메모리 일관성

- **memory_order_seq_cst**: 순차적 일관성을 요청한다. 사용법은 **_explicit**이 없는 버전과 같다.

- **memory_order_acq_rel**: 획득-해제 일관성을 가진 연산을 위한 것이다. 일반적인 아토믹 타입에 대해서는 **atomic_fetch_add**, **atomic_compare_exchange_weak**와 같은 읽고-수정하고-쓰기 연산에 대해 사용하거나, **atomic_flag_test_and_set** 연산의 **atomic_flag**에 대해 사용한다.

- **memory_order_release**: 해제 의미론만 있는 연산을 위한 것이다. 일반적으로 **atomic_store**나 **atomic_flag_clear**가 여기에 해당한다.

- **memory_order_acquire**: 획득 의미론만 있는 연산을 위한 것이다. 일반적으로 **atomic_load**가 여기에 해당한다.

- **memory_order_consume**: 획득 일관성보다 약한 형태의 인과적 의존성을 갖는 연산을 위한 것이다. 일반적으로 **atomic_load**가 여기에 해당한다.

- **memory_order_relaxed**: 동기화 요구가 없는 연산을 위한 것이다. 이런 연산에 대해서는 나누어지지 않는다(indivisible)는 것만 보장할 수 있다. 이런 연산은 여러 스레드가 사용하는 성능 카운터 중 최종 누적 카운트만 관심이 있는 경우에 주로 사용된다.

여러 가지 일관성 모델은 플랫폼에 부과하는 제약 사항을 기준으로 비교할 수 있다. 그림 19-4는 **memory_order** 모델의 순서를 보여 준다.

▼ 그림 19-4 일관성 모델의 계층 구조. 제약이 가장 없는 것부터 가장 많은 순서로 나열했다.

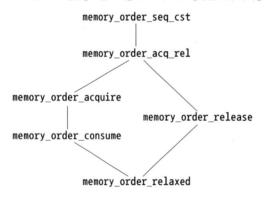

memory_order_seq_cst와 **memory_order_relaxed**는 모든 연산에 적용할 수 있지만, 다른 **memory_order** 모델에는 몇 가지 제약 사항이 있다. 동기화의 한쪽에서만 발생할 수 있는 연산은 그쪽 순서만 지정할 수 있다. 따라서 저장만 하는 두 연산(**atomic_store** 또는 **atomic_flag_clear**)은 획득 의미론을 지정할 수 없을 수 있다. 이런 연산은 불러오기(load)만 수행하며, 해제나 소비 의미론을 지정할 수 없을 수 있다. **atomic_load**와 더불어, 실패할 경우를 대비해서 **atomic_compare_**

exchange_weak와 atomic_compare_exchange_strong도 있다. 그러므로 이 둘에 대한 _explicit 버전에서는 memory_order 인수를 두 개 받으며, 이를 통해 성공했을 때의 요구 사항과 실패했을 때의 요구 사항을 구분할 수 있다.

```
bool
atomic_compare_exchange_strong_explicit(A volatile* obj, C *expe, C des,
                                        memory_order success,
                                        memory_order failure);
bool
atomic_compare_exchange_weak_explicit(A volatile* obj, C *expe, C des,
                                      memory_order success,
                                      memory_order failure);
```

여기서 success 일관성은 최소한 failure 일관성만큼 강해야 한다(그림 19-4 참조).

지금까지는 동기화에서 획득 부분과 해제 부분이 대칭을 이룬다고 암묵적으로 가정했는데, 사실은 그렇지 않다. 수정에 대해서는 쓰기 작업을 수행한 자가 반드시 하나 있지만, 읽기는 여러 명 존재할 수 있기 때문이다. 새 데이터를 여러 프로세스나 코어로 옮기는 과정은 시간이 많이 걸리기 때문에 몇몇 플랫폼에서는 아토믹 연산 이전에 발생한 효과가 새 값을 읽는 모든 스레드로 전파되지 않도록 막는 기능도 제공한다. C에서 지원하는 소비 일관성(consume consistency) 모델은 바로 이런 동작에 대응하기 위해 제공되며, 이에 대해 자세히 설명하지는 않는다. 아토믹 읽기 이전의 효과가 읽기를 수행하는 스레드에 영향을 주지 않는다고 확신할 수 있는 경우에만 이 모델을 적용한다.

19.5 요약

- 선행 관계는 여러 스레드 사이의 타이밍 관계를 추론하기 위한 유일한 방법이다. 이 관계는 아토믹 오브젝트를 사용하거나 특정한 C 라이브러리 함수를 사용하는 동기화에 의해서만 성립한다.

- 아토믹에 대한 기본 모델은 순차적 일관성이지만 다른 C 라이브러리 함수에 대해서는 그렇지 않다. 이 모델은 모든 동기화 이벤트가 완전 순서화됐다고 가정한다. 상당히 부담스러운 가정이다.

- 획득-해제 일관성을 명시적으로 사용하면 코드를 좀더 효율적으로 만들 수 있지만, 설계할 때 _explicit이 붙은 아토믹 함수로 인수를 정확히 제공하도록 각별히 주의해야 한다.

- Douglas Adams. The hitchhiker's guide to the galaxy. audiocassette from the double LP adaptation, 1986. ISBN 0-671-62964-6. (이 오디오 카세트의 도서 버전이 〈은하수를 여행하는 히치하이커를 위한 안내서 합본〉(책세상, 2005)으로 출간되었다.)

- Thomas H. Cormen, Charles E. Leiserson, Ronald L. Rivest, and Clifford Stein. Introduction to Algorithms. MIT Press, 2 edition, 2001. (이 책의 3판이 〈Introduction to Algorithms〉(한빛아카데미, 2014)으로 출간되었다.)

- Edsger W. Dijkstra. Letters to the editor: Go to statement considered harmful. Commun. ACM, 11(3):147–148, March 1968. ISSN 0001-0782. doi: 10.1145/362929.362947. URL http://doi.acm.org/10.1145/362929.362947.

- Martin Gardner. Mathematical Games – The fantastic combinations of John Conway's new solitaire game "life". Scientific American, 223:120–123, October 1970.

- Jens Gustedt. The register overhaul – named constants for the c programming language, August 2016. URL http://www.open-std.org/jtc1/sc22/wg14/www/docs/n2067.pdf.

- ISO/IEC/IEEE 60559, editor. Information technology – Microprocessor Systems – Floating-Point arithmetic, volume 60559:2011. ISO, 2011. URL https://www.iso.org/standard/57469.html.

- JTC1/SC22/WG14, editor. Programming languages - C. Number ISO/IEC 9899. ISO, fourth edition, 2018. URL https://www.iso.org/standard/74528.html.

- Brian W. Kernighan and Dennis M. Ritchie. The C Programming Language. Prentice-Hall, Englewood Cliffs, New Jersey, 1978. (이 책의 2판이 〈C 언어 프로그래밍(제2판)〉(대영사, 2002)으로 출간되었다.)

- Donald E. Knuth. Structured programming with go to statements. In Computing Surveys, volume 6. 1974.

- 〈The art of computer programming 1〉(한빛미디어, 2006)

- Leslie Lamport. Time, clocks and the ordering of events in a distributed system. Communications of the ACM, 21(7):558–565, 1978.

- T. Nishizeki, K. Takamizawa, and N. Saito. Computational complexities of obtaining programs with minimum number of GO TO statements from flow charts. Trans. Inst. Elect. Commun. Eng. Japan, 60(3):259–260, 1977.

- Carlos O'Donell and Martin Sebor. Updated field experience with Annex K bounds checking interfaces, September 2015. URL http://www.open-std.org/jtc1/sc22/wg14/www/docs/n1969.htm

- Philippe Pébay. Formulas for robust, one-pass parallel computation of covariances and arbitrary-order statistical moments. Technical Report SAND2008-6212, SANDIA, 2008. URL http://prod.sandia.gov/techlib/access-control.cgi/2008/086212.pdf.

- POSIX. ISO/IEC/IEEE Information technology – Portable Operating Systems Interface(POSIX ˝o) Base Specifications, volume 9945:2009. ISO, Geneva, Switzerland, 2009. Issue7.

- Charles Simonyi. Meta-programming: a software production model. Technical Report CSL-76-7, PARC, 1976. URL http://www.parc.com/content/attachments/meta-programming-csl-76-7.pdf.

- Mikkel Thorup. Structured programs have small tree-width and good register allocation. Information and Computation, 142:318–332, 1995.

- Linus Torvalds et al. Linux kernel coding style, 1996. URL https://www.kernel.org/doc/Documentation/process/coding-style.rst. evolved mildly over the years

- Unicode, editor. The Unicode Standard. The Unicode Consortium, Mountain View, CA, USA, 10.0.0 edition, 2017. URL https://unicode.org/versions/Unicode10.0.0/.

- John von Neumann. First draft of a report on the EDVAC, 1945. internal document of the ENIAC project.

- B. P. Welford. Note on a method for calculating corrected sums of squares and products. Technometrics, 4(3):419–420, 1962.